# TRABALHO NA CONSTITUIÇÃO
## DIREITO INDIVIDUAL
## COM JURISPRUDÊNCIA E DIREITO COMPARADO

**CARLOS ALBERTO GOMES CHIARELLI**

*Senador Constituinte. Doutor em Direito. Ex-Ministro da Educação. Ex-Ministro da Integração. Ex-membro do Conselho de Administração da OIT. Ex-Deputado Federal. Ex-Secretário Estadual do Trabalho e Ação Social do RS. Ex-Presidente da Associação de Universidades do Mercosul.*

**MARCELO RUGERI GRAZZIOTIN**

*Advogado, Professor, Mestre em Direito pela Universidade de Caxias do Sul e Presidente da Ordem dos Advogados do Brasil Subseção de Caxias do Sul — RS.*

# TRABALHO NA CONSTITUIÇÃO

## DIREITO INDIVIDUAL
## COM JURISPRUDÊNCIA E DIREITO COMPARADO

**2ª edição**

**EDITORA LTDA.**

© Todos os direitos reservados

Rua Jaguaribe, 571
CEP 01224-001
São Paulo, SP — Brasil
Fone (11) 2167-1101
www.ltr.com.br

LTr 4708.6
Novembro, 2012

Dados Internacionais de Catalogação na Publicação (CIP)
(Câmara Brasileira do Livro, SP, Brasil)

Chiarelli, Carlos Alberto Gomes

Trabalho na constituição : direito individual com jurisprudência e direito comparado / Carlos Alberto Gomes Chiarelli, Marcelo Rugeri Grazziotin. 2. ed. — São Paulo : LTr, 2012.

Bibliografia.
ISBN 978-85-361-2366-0

1. Brasil — Constituição (1988) 2. Direito comparado 3. Direito do trabalho — Jurisprudência 4. Trabalho e classes trabalhadoras — Brasil I. Grazziotin, Marcelo Rugeri. II. Título.

12-12980         CDU-342.4(81)"1998":331

Índices para catálogo sistemático:

1. Brasil : Constituição de 1988 e direito do trabalho     342.4(81)"1988":331
2. Brasil : Direito do trabalho e Constituição de 1988     342.4(81)"1988":331

# *N*OVA APRESENTAÇÃO

O bom filho à casa torna. Adulto e com algumas marcas que o passar inevitável do tempo deixou salientes.

Terminara, há pouco (falo de 1989) a Constituinte e um apelo forte, mas silencioso, atormentava-me e me estimulava, simultaneamente, o que parecia — não sei bem — se um desejo ou uma missão (ou ambas, quem sabe?).

Estava a cobrar-me de voltar às lides acadêmicas, e, com as lembranças recentes de constituinte, lançar-me, de volta, nas águas correntes do Direito do Trabalho a escrever sobre os recentes textos juslaborais da então nova Carta Magna.

E foi o que fiz. O nome não podia ser outro, explorando o duplo sentido: "Trabalho na Constituição", como sempre, gerados no ventre fecundo da "LTr". Ao volume sobre Direito Individual seguiu-se o de Coletivo.

Passados vinte anos dessas empreitadas doutrinárias, com certas pitadas de molho histórico (enfim, o depoimento de "dentro", de quem viveu o processo de criação), a cócega da criatividade volta a desafiar nossa aspiração intelectual.

Depois dos livros do início da década de 1990 (outro milênio, outro século), a nossa legislação trabalhista passou por mudanças profundas: nem sempre boas, nem sempre más; nem sempre oportunas, nem sempre desnecessárias.

Lançou-se um farto material jurisprudencial, com marcante presença do Supremo e sua privilegiada hierarquia; medidas provisórias editaram-se, por ínvios atalhos para ocupar espaços abertos — o que pode ter sido útil — ou intentar abri-los (o que, muitas vezes, se fez desrespeitoso à hierarquia das normas).

Fez-se a Reforma prevista, muito imediata e, por isso, gerando uma espécie de nova Constituição, atropelando dispositivos que não tiveram tempo de maturar.

Emendas foram editadas às pencas. Em geral, não as mais urgentes e requeridas, mas as que atendiam, circunstanciais e momentâneos temas da atualidade.

Com isso, pode-se dizer que a Constituição hoje vigente é similar à de 1988, mas não é mais a mesma. Inspira-se nela, mas mudaram, inclusive na parte trabalhista, pontos e diretrizes importantes. Há uma Carta, no laboral, parecida com a de 1988, mas com vários traços diferentes, que lhe dão novo perfil. E até nova identidade.

Daí o porquê desta obra que, mais do que uma mera atualização (o que também é feito), é uma reinterpretação, à luz dos novos tempos e do seu séquito de reforma, emendas, leis, sentenças etc.

Podamos uma parte de nossas informações históricas (fatos e situações que, na época, pressionavam os Constituintes e que, hoje, no correr da História, perderam-se nos caminhos múltiplos da vida). Impôs-se buscar — hoje, com mais tempo — informações sobre Constituições de outros países. E o fizemos bastante diversificadas (da Rússia ao Uruguai; do México à França; da Itália à Argentina; da Etiópia ao Paraguai etc. etc. etc.), de maneira que se tenha uma possibilidade de aquilatar parecenças e de registrar dissemelhanças.

Enriqueceu-se o elenco informativo com as múltiplas Convenções da OIT, fazendo com que se tivesse a noção exata da sua lenta e burocrática trajetória, pelo Legislativo e pelo Executivo, até serem incorporadas à vida normativa nacional.

Importante destacar que só foi possível ultimar esta obra conceitual e opinativa (mais posições próprias do que citações) com a parceria autoral, na inovação atualizadora, do Mestre em Direito e Professor de Direito do Trabalho da Universidade de Caxias do Sul, Marcelo Grazziotin, também presidente da Subsecção da OAB, já autor publicado.

Suas contribuições, de inestimável valia contemporânea, fizeram-no corresponsável por esta nova empreitada jurídica, por mérito próprio.

De qualquer maneira, ao encerrar esta apresentação, não me proponho a despedidas longevas. Apenas a um até breve, posto que já nos cobra a edição do Direito Coletivo, no qual algumas coisas boas, outras más e tantas discutíveis compuseram a História juslaboral das últimas duas décadas.

A verdade é que, como diziam os pragmáticos romanos, *sine labor, nihil*, o que foi atualizado por Ulrich Beck, assegurando que, se o trabalho um dia aparentemente desaparecesse, no dia seguinte o mundo se reconstruiria graças ao próprio e imortal trabalho. E é ele nosso tema, nosso desafio e nossa inspiração.

Porto Alegre, abril de 2012.

CARLOS ALBERTO CHIARELLI

# REENCONTRO(*)

Este livro é um reencontro. Como na trajetória de que fala o poeta gaúcho, "caminho na direção de mim mesmo".

Reencontro nele, e com ele, pedaços da memória recente dos debates ruidosos da Constituinte, a qual parecia perpétua e foi eterna enquanto durou, como no verso de Vinicius; reencontro com teses não acolhidas, com mudanças modernizadoras introduzidas — e, na maioria, ainda não implementadas —, com acontecimentos que ganharam pública notoriedade e com episódios que, significativos, morreram, discretos e desconhecidos, na intimidade dos bastidores.

Reencontro com aquela ânsia do *a fazer* e a expectativa de uma sociedade — a nossa — estimulada pelo milagre sempre esperado do que iria ser feito. Reencontro com esperanças e frustrações; sonhos e concretudes; ideias e ideais; necessidades e cobranças; apelos e possibilidades...

Neste livro, coloco-me diante do espelho do que foi e do que fui. Do que esperava da Constituinte, e do que esperavam de mim. E do que esperávamos todos do Brasil, que somos nós todos.

É reencontro também do estudioso do Direito do Trabalho, o qual, na estrada constituinte, encontrou-se com os tempos e os temas de antes e de sempre. E o político circunstancial, quase involuntário, pôde viabilizar ao advogado, ao professor, ao enamorado do Direito do Trabalho um retorno ao convívio que fora fraterno e estimulante; interessado e não interesseiro; apaixonado e produtivo, na faculdade, nas palestras, nos tribunais, nos livros. Reacendeu-se a paixão. Fomos redescobertos namorando, sem receio e sem temores...

Reencontro presente com o passado que continua vivo.

---

(*) Apresentação da 1ª ed. — 1989.

Este livro é um pouco a História do político que não deixou de ser professor e advogado; que não cortou vínculos com a sala de aula, com a audiência e com o renovar criativo do Direito do Trabalho que é multifacético, surpreendente, plasmado menos nos códigos e mais na lição de convivência da vida diuturna. De alguém que veio, mas não saiu, nem quer sair, do mundo do Direito, muito mais sábio, justo, afetuoso do que o universo desértico e frio das normas e das leis, mesmo, e sobretudo, para quem as faz, ou deveria fazê-las.

Este livro é depoimento, quase confissão. É análise do advogado, que já foi e não quer deixar de ser; do professor que não abre mão de seus propósitos e princípios; do constituinte, que viveu o outro lado do processo fecundo de fazer, com suas vicissitudes e qualidades, anacronismos e inovações, defeitos e avanços, uma nova Constituição que precisará preencher o sonho dos que, esperando, idealizam, e o dia a dia dos que, pragmáticos, convivem.

Já se disse que "todo depende del color del cristal con que se mira". Aqui penso que esteja a narrativa, com a análise que, sem fugir ao político-doutrinário, sem omitir a realidade constituinte, tem a preocupação do mérito jurídico; aqui, conto, sem retoque e até com afeto, a História da Lei Maior, vendo-a de todos os seus ângulos como quem, carinhosamente, esperava dela, coparticipou da sua fecundação, acompanhou-a na gestação e, no limite da possível isenção humana, julga o que ela diz, é, será e ainda não chegou a ser.

Veja, pois, meu caro leitor, este livro não só como a crítica distante e imune do juslaboralista que interpreta a nova Constituição e os seus múltiplos reflexos sobre o Capital e o Trabalho; nem tampouco como o apaixonado discurso político de quem, impelido pela ideologia e no vigor da tribuna, faz a catequese da emoção.

Este livro fala desta e nesta Constituição que é um pouco de cada um e bastante de nós todos; sendo e querendo ser, nem sempre chegando a ser tanto quanto aspirávamos a que fosse.

Com este livro, faço, sem atalhos e sem pressa, o trajeto amigo da estrada do reencontro, que passeia no meu passado e me dá perspectivas de viajar rumo a esperanças do amanhã. Mais importante: do reencontro com tantos, do outro lado desta folha (que, almejo, tenha vida, silente voz forte e permanente), desejosos, como eu, de construir, sem milagres, uma sociedade melhor.

Brasília, junho de 1989.

CARLOS CHIARELLI

# Sumário

Prefácio — Roberto Sbravati .................................................................. 11

Introdução aos Direitos Sociais .......................................................... 13

| | | |
|---|---|---|
| Capítulo I | Garantia de emprego .................................................... | 17 |
| Capítulo II | Seguro-desemprego ...................................................... | 52 |
| Capítulo III | Fundo de Garantia do Tempo de Serviço ................. | 61 |
| Capítulo IV | Salário mínimo ............................................................... | 77 |
| Capítulo V | Piso salarial .................................................................... | 90 |
| Capítulo VI | Irredutibilidade de salário ........................................... | 96 |
| Capítulo VII | Garantia de salário mínimo quando a remuneração for variável ..................................................................... | 102 |
| Capítulo VIII | Décimo terceiro salário ................................................ | 107 |
| Capítulo IX | Remuneração do trabalho noturno superior ao do diurno ............................................................................. | 115 |
| Capítulo X | Proteção do salário ....................................................... | 123 |
| Capítulo XI | Participação nos lucros da empresa .......................... | 131 |
| Capítulo XII | Salário-família ............................................................... | 144 |
| Capítulo XIII | Jornada de trabalho de 44 horas semanais .............. | 155 |
| Capítulo XIV | Jornada de trabalho de turno de 6 horas ................. | 170 |
| Capítulo XV | Repouso semanal remunerado ................................... | 175 |

| | | |
|---|---|---|
| Capítulo XVI | Valor das horas extraordinárias trabalhadas .................. | 183 |
| Capítulo XVII | Férias remuneradas com acréscimo de um terço ........ | 191 |
| Capítulo XVIII | Licença à gestante .............................................................. | 201 |
| Capítulo XIX | Licença à paternidade ........................................................ | 219 |
| Capítulo XX | Proteção ao mercado de trabalho da mulher .............. | 224 |
| Capítulo XXI | Aviso-prévio......................................................................... | 231 |
| Capítulo XXII | Saúde, higiene e segurança .............................................. | 239 |
| Capítulo XXIII | Adicional de atividades penosas, insalubres e perigosas | 248 |
| Capítulo XXIV | Aposentadoria .................................................................... | 257 |
| Capítulo XXV | Creches e pré-escolas — Assistência ............................... | 266 |
| Capítulo XXVI | Convenções e acordos coletivos de trabalho ............... | 271 |
| Capítulo XXVII | Proteção em face da automação ..................................... | 279 |
| Capítulo XXVIII | Seguro contra acidentes do trabalho ............................. | 284 |
| Capítulo XXIX | Prescrição dos direitos trabalhistas ................................ | 295 |
| Capítulo XXX | Proibição de discriminação salarial ................................. | 305 |
| Capítulo XXXI | Discriminação salarial — Portador de deficiência física | 317 |
| Capítulo XXXII | Distinção entre trabalho manual e técnico ................... | 322 |
| Capítulo XXXIII | Proteção do trabalho do menor ...................................... | 327 |
| Capítulo XXXIV | Igualdade de direitos — Trabalhador permanente e avulso................................................................................... | 338 |
| Capítulo XXXV | Direitos dos empregados domésticos ........................... | 345 |
| Referências bibliográficas................................................................................ | | 357 |

# Prefácio

Com o sentimento de alegria é que recebi o honroso convite dos autores desta obra para realizar esta breve apresentação. De um lado, a figura de Carlos Alberto Chiarelli, doutor em direito, professor de escol, reconhecido não somente pelas suas qualidades como jurista, mas, também por figura de homem público, desempenhando seu mister como deputado federal, senador e ministro da educação, além de outras importantes atribuições e contribuições à República. Parceiro autoral de agora, Marcelo Rugeri Grazziotin, mestre em direito, brilhante professor, destacado advogado, preside uma das maiores subseções da Ordem dos Advogados do Rio Grande do Sul, o que já reflete o grau de respeito e de admiração de seus pares. Pois bem: "Trabalho na Constituição" foi lançado à comunidade jurídica e à sociedade, em sua primeira edição, em 1989, portanto logo após o luminar ingresso da denominada "constituição cidadã", permitindo uma proficiente análise histórica do direito do trabalho, à luz dos preceitos erigidos na Carta Magna. Porém, os anos fluíram e, como sói acontecer, as interferências intersubjetivas presentes na conduta humana também sofreram modificações, o que motivou — fato notório — a presente obra, que, longe de conter um caráter de atualização, possibilita a imersão de todos nós à reflexão das mudanças ocorridas no lapso temporal de vigência da Constituição. Obra de tal envergadura, pois, torna-se mais um precioso sustentáculo para sairmos da menoridade, conforme o otimismo iluminista de Kant, permitindo que tenhamos mais consciência do que representa o trabalho, essa força extraordinária que impulsiona o mundo, que gera tensão e progresso, mas que, talvez em uma ousada visão transcendente, constitui um dos mais valorosos lenitivos para a alma dos homens.

Roberto Sbravati
Desembargador do Tribunal de Justiça do
Estado do Rio Grande do Sul.

# INTRODUÇÃO AOS DIREITOS SOCIAIS

A Constituição de 1988 resolveu, diferentemente da anterior, ensejar como que um prefácio ao elenco de disposições protetivas inseridas no horizonte do Direito do Trabalho e da Previdência Social, oferecendo um dispositivo prévio (art. 6º), em que se compromete a Carta Magna, com garantias sociais tais como a educação, a saúde, o trabalho etc., em favor da cidadania. Trata-se mais de uma manifestação de dever-ser do que propriamente de algo que seja, na plenitude. É uma afirmação — para os mais pessimistas, meramente discursiva ou idealística — dos constituintes que intentavam, com tal dispositivo, marcar posição e endereçar o horizonte da política social brasileira rumo a determinados compromissos e prioridades históricas, com o atendimento preferencial de compartimentos populacionais mais relegados da sociedade. Uma sadia intenção de uma Constituição recente de país do então Terceiro Mundo.

Para o país que convivia com um salário mínimo vexatório de até menos de 30 dólares reais e que, simultaneamente, se dizia a sétima potência industrial do mundo, o dever de recuperação das desigualdades, das distâncias, era imperativo moral, muito mais do que social ou até mesmo econômico. Era uma questão ética, antes de ser uma equação financeira, ou uma decisão política.

Esse questionamento de foro íntimo, o qual ficaria no mundo pessoal de cada um, derramava-se como realidade envolvente de todos nós, sob forma de sistema coletivo e evidente, sendo, por isso, estimulante para a elaboração desse artigo de natureza declaratória, que é o sexto. O constituinte quis dizer com isso que se precisava melhorar a oferta de vagas e a qualidade do ensino e da pesquisa; o número de leitos e o atendimento básico à população enferma; os postos de trabalho e a formação profissional, sem falar na busca de um salário justo; os cuidados com a maternidade, com a infância e com os desamparados precisavam sair dos discursos e ganhar verbas, obras, serviços, atenção concreta e resultados eficazes etc. Essa é a leitura prática do art. 6º. Um pouco a declaração do óbvio, não há dúvida, sem eficácia por si só, mas ditado pela vergonha de não podendo fazer já o que precisava ser feito, pelo menos dizer logo — muito do bacharelismo de nossa política — o que se deveria, pretenderia e teria de fazer imediatamente.

Todos os procedimentos, porém, ficavam cerceados, ou, pelo menos, limitados pela expressão final do artigo em exame: "na forma desta Constituição". Maneira, a um tempo, artificiosa e pragmática de tratar cada um dos itens, estabelecendo mecanismos, prazos e condicionantes que facilitariam o alargamento temporal para o propósito da operação efetiva.

O artigo sexto da Constituição recebeu duas Emendas Constitucionais: a primeira de número 26[1], datada de 14 de fevereiro de 2000 (DOU dia 15.2.2000), acrescendo o direito à moradia, e a segunda, de número 64[2], de 4 de fevereiro de 2010 (DOU 4.2.2010), que acresceu o direito à alimentação.

A primeira Emenda Constitucional, de número 26, que acresceu o direito à moradia junto ao art. 6º, foi proposta pelo Senador Mauro Miranda (natural de Uberaba/MG, tendo como profissão engenheiro), argumentando que obrigaria o Estado a automatizar a transferência de recursos para a construção de habitações populares, dentro do regime de investimento social. Afirmou o Senador:

> Minha emenda não é uma panaceia para acabar com a história de frustrações que tem marcado as políticas que foram aplicadas pelos governos nas últimas décadas. Nem pretende ser uma solução milagrosa para essa grande chaga social da noite para o dia. A inserção do direito à moradia no texto constitucional tem o sentido prático de criar um instrumento de luta. É esse o objetivo — explicou o senador.[3]

O acréscimo do direito à alimentação provocado pela Emenda Constitucional de número 64 foi de iniciativa do Senador Antônio Carlos Valadares (PSB-SE), com o objetivo de tornar a alimentação mais um direito social previsto pela Constituição. Salienta-se que o combate à fome é preocupação internacional.

A emenda constitucional demonstra a vontade do Poder Legislativo em dar sua contribuição à conscientização da sociedade brasileira diante de grupos vulneráveis da população que sofrem ainda o grave problema da fome e da desnutrição.[4]

---

(1) Art. 6º São direitos sociais a educação, a saúde, o trabalho, **a moradia**, o lazer, a segurança, a previdência social, a proteção à maternidade e à infância, a assistência aos desamparados, na forma desta Constituição.

(2) Art. 6º São direitos sociais a educação, a saúde, **a alimentação**, o trabalho, a moradia, o lazer, a segurança, a previdência social, a proteção à maternidade e à infância, a assistência aos desamparados, na forma desta Constituição.

(3) Disponível em: <http://www.direito2.com.br/asen/1999/out/7/mauro-miranda-defende-direito-a-moradia>. Acesso em: 13 jul. 2011.

(4) Disponível em: <http://www.jusbrasil.com.br/noticias/2090073/antonio-carlos-valadares-comemora-promulgacao-da-pec-da-alimentacao>. Acesso em: 13 jul. 2011.

Nota-se que o acréscimo destes direitos — moradia e alimentação —, junto ao art. 6º, mais uma vez possui efeito declaratório, reiterando-se os direitos que necessitam ser melhorados, chamando a atenção de todos e, em especial, do Poder Público.

Vamos ver, a seguir, o que aconteceria com cada um desses itens que, elencados, faziam o largo e detalhado currículo da nova Constituição em matéria, sobretudo, trabalhista, quer no plano das relações individuais, quer no mundo do Direito Coletivo do Trabalho.

O *caput* do art. 7º apresentava diferença essencial com relação às normas constitucionais similares antecedentes. A Carta de 1967, falava em assegurar aos "trabalhadores os seguintes direitos", enquanto o texto de 1988 fez questão de exemplificar, para dar garantia de abrangência, ao referir aos "trabalhadores urbanos e rurais". Com a Carta Magna anterior, permitia-se que o rurícola fosse excluído, se não da totalidade, da maior parte dos direitos laborais. Estratificou-se o que já vinha de Constituições anteriores, sempre discriminatórias com relação ao homem do campo, uma injustiça na Constituição de 1967. E, sem a cobertura constitucional, há pouco, muito pouco, se atreveu a legislação ordinária complementar de então, ainda que tivessem ocorrido alguns avanços do assalariado rural.

Para evitar contrastes e confrontos, o *caput* do art. 6º igualou trabalhadores urbanos e rurais, referindo às espécies do gênero em pé de igualdade, o que, se não tivéssemos antecedentes de tratamento diferenciado, poderia ser entendido como algo expletivo ou escatológico, mas que se impunha, pela história de exclusões injustas.

O *caput* do art. 7º evitava que, numa exegese tradicional, se chegasse ao entendimento de que, sendo indicativo e exemplificativo, fosse terminativo do elenco de direitos definidos, em favor dos trabalhadores. Para que não se caísse na tentação dessa exegese, colocou-se no texto o aviso de que "são direitos dos trabalhadores urbanos e rurais, *além de outros,* que visem à melhoria de sua condição social...".

Expressava, portanto, o fato de o alentado número de direitos constantes do *caput* do art. 7º não esgotar a proteção oferecida pela Constituição ao trabalhador, no pertinente ao Direito do Trabalho e à Previdência posto que os direitos sociais anunciados pelo art. 6º vão além da relação de emprego, que é espécie, e da relação de trabalho, que é seu gênero; os direitos sociais desembocam em outros campos da relação humana, como na educação, na saúde etc. Apesar de sua indiscutível importância e valia, escapam dos limites desses comentários adstritos basicamente às questões jurídico-laborais e securitárias e suas mais diretas consequências.

# Capítulo I

# Garantia de Emprego

**TRAJETÓRIA NA CONSTITUINTE**

> *Subcomissão dos Direitos dos Trabalhadores*
>
> "estabilidade desde a admissão no emprego, salvo o cometimento de falta grave comprovada judicialmente, facultado o contrato de experiência de noventa dias".
>
> *Comissão da Ordem Social*
>
> "garantia de direito ao trabalho mediante relação de emprego estável, ressalvados:
>
> a) ocorrência de falta grave comprovada judicialmente;
>
> b) contrato a termo, não superior a dois anos, nos casos de transitoriedade dos serviços ou da atividade da empresa;
>
> c) prazos definidos em contratos de experiência, não superiores a noventa dias, atendidas as peculiaridades do trabalho a ser executado".
>
> *Comissão de Sistematização*
>
> "garantia de emprego. protegido contra despedida imotivada, assim entendida a que não se fundar em:
>
> a) contrato a termo, assim conceituado em lei;
>
> b) falta grave, assim conceituada em lei;
>
> c) justa causa, baseada em fato econômico intransponível, fato tecnológico ou infortúnio da empresa, de acordo com os critérios estabelecidos na legislação do trabalho".
>
> *Constituição Federal, art. 7º, 1 — (texto oficial)*
>
> "RELAÇÃO DE EMPREGO PROTEGIDA CONTRA DESPEDIDA ARBITRÁRIA OU SEM JUSTA CAUSA, NOS TERMOS DE LEI COMPLEMENTAR, QUE PREVERÁ INDENIZAÇÃO COMPENSATÓRIA, DENTRE OUTROS DIREITOS".

Se não a mais, uma das mais árduas batalhas travadas no seio da Constituinte, ocorreu no pertinente ao emprego e à garantia para o empregado de nele permanecer. Depois de uma compreensível ousadia dos constituintes que se aprofundaram no exame da matéria, quer a nível da subcomissão específica — em que ocorreram incursões um pouco mais ousadas — quer na comissão temática — em que foi dada forma e conteúdo próximos de parâmetros recomendados ou, pelo menos, aceitos por expressiva parcela da boa doutrina — e, sobretudo, na Comissão de Sistematização — célula criativa dos momentos mais fecundos e pioneiros da nova Carta Constitucional, nem todos confirmados na manifestação posterior, mais tíbia e reprimida do plenário —, chegou-se a um verdadeiro impasse nacional. Mobilizou-se a opinião pública e, diga-se de passagem, setores empresariais poderosos empregaram instrumentos de comunicação social e pressão de massa para criar imagem e, às vezes, até para distorcê-la, no sentido de dar a ideia de que o instituto de garantia de emprego, acolhida em votação dramática e emocionante na Comissão de Sistematização, poderia ser gesto revolucionário (cerca de cinquenta países capitalistas a consagravam), além de inovador (na Alemanha Ocidental da época, onde se cultuava o lucro e a economia de mercado, e onde se fazia o bem-estar social na base da livre iniciativa, tal garantia vigorava há trinta e sete anos).

E muita gente acreditou nisso. Até alguns trabalhadores. Uns, por ingenuidade na qual se inoculou, com hábil reiteração, o temor do despedimento geral se a garantia fosse acolhida. E eles, temerosos, creram, não se recordando de que foi também esse o argumento que segmentos de menor sensibilidade social usaram, na época, para tentar contrapor-se à aprovação da lei que criou o 13º salário, à que instituiu o salário-família, à que, na década de 1940, implantou o repouso semanal remunerado etc. Nenhuma novidade quanto à forma de tentar inviabilizar-se novidades, ditadas pelo imperativo da Justiça Social que vai subindo degrau por degrau nas relações trabalhistas.

Outros, em menor número, defenderam uma troca do patrimônio social, por dinheiro. Estimularam a troca da conquista social da garantia do emprego, posto que tempo de serviço é tempo de vida, por mera indenização. Esqueceram que uma empresa, mais do que instituição — filha do capital —, é agência de produção (e até da educação); descendente dileta do regime de livre-iniciativa, fruto da integração capital-trabalho, e que só se desenvolve pela harmonização desses dois fatores e pela eficácia de seus agentes humanos, dirigentes e dirigidos, no jogo da competição. Da livre-iniciativa que não deveria ser fruto do capitalismo selvagem, do lucro pelo lucro, mas que se deve pautar pela ideia das oportunidades iguais, do liberalismo social, do Estado não só gendarme, mas também não opressor e intervencionista. Do Estado que existe não para oprimir a pessoa que o criou, nem também para abandoná-la na orfandade das desigualdades. Trocar vida por indenização, fazer do trabalho mercadoria de valor calculável "forfaitariamente", tirar humanidade da relação de emprego, pode ser regressão. Sim, regressão, posto que a Constituição de 1967, mesmo absorvendo o Fundo de Garantia do Tempo de Serviço (Lei n. 5.107, de 13.9.1966), ousou afirmar, no seu art. 165, que, entre outros direitos, assegurava:

> "XIII — Estabilidade com indenização ao trabalhador despedido ou fundo de garantia equivalente".

Não que o texto da Constituição anterior fosse exemplar ou tivesse sido promissor. Temos andado de Herodes para Pilatos, nesse particular. Recomendável era a disposição da Constituição de 1946. Era surpreendente se estivesse em 1988, depois de quatro décadas, em matéria de conquistas e garantias sociais, caminhando naquele momento na contramão da História, revogando benefícios e reingressando no contratualismo puro.

Quando se recorda o desejo de uma sociedade cujo brado reivindicatório por uma Constituinte era flagrante; quando se entende que essa reivindicação era oportuna e imperativa; quando se acolheu tal proposta do povo e se pôs em prática o projeto de elaborar uma nova Constituição, era porque todos, governantes e governados, eleitores e eleitos, representantes e representados, estariam cientes e conscientes de que se precisava mudar. Se tal não fosse verdade, razão inexistiria para convocar a Constituinte, e para, com ela, fazer uma nova Constituição. Havia o sentimento de reformar e inovar. Pelo menos, conservar melhorando, o que também quer dizer reformar parcialmente. E nas questões Capital-Trabalho, na problemática empregado-empregador, a lição dos tempos, da então contemporaneidade, do mundo ocidental-democrático-capitalista, era a da melhoria de tratamento ao homem que produz, de incrementos salariais, de reduções de jornada, de cuidados com insalubridade, a periculosidade, a penosidade, da preservação do hífen insubstituível entre o social e o econômico que é a ponte do emprego. Ora, inimaginável seria fazer nova Constituição, e não alterá-la no capítulo das relações trabalhistas e sindicais, sobretudo num país onde a lei orgânica (CLT) do trabalho, decreto-lei de 1943, rondava meio século de existência e vinha de um Brasil no máximo agroindustrial, de população, à época, prevalentemente campesina, de civilização litorânea, de regime ditatorial que se queria assemelhar aos modelos corporativos do Eixo. Excusado dizer que reformular era preciso, e ninguém haveria de pensar que, se indispensável mudar, tal se faria no rumo do recuo, da redução protetiva, da anulação de conquistas já incorporadas ao patrimônio social do trabalhador.

A verdade é que, depois de se ter chegado a sensatas e progressistas fórmulas de equilíbrio, sem maiores arrojos e sem teses revolucionárias de radicais que propunham estabilidade nos moldes superados de épocas pretéritas e inspiradas em modelos malsucedidos de economias já transformadas, sentiu-se a borrasca da reação fortemente orquestrada do poder econômico. O que fora conquista tranquila na Carta liberal de 1946; o que sobrevivera no texto de 1967, mesmo debilitado por alternativas afilhadas a uma linha predatória e arcaica, atacava-se impiedosamente na véspera da decisão da Carta de 1988.

Parecia que o mundo viria abaixo. Nada foi tão polêmico, tão conflitante, por tantos *lobbies* amparado, com tanta publicidade onerosa apresentada, com tantos argumentos insensatos expostos quanto a guerra à estabilidade. O mais interessante é que, em momento algum, chegou-se a votar em favor da estabilidade propriamente dita. Estabilidade que se caracteriza por estabelecer uma certa propriedade do trabalhador ao emprego e que pressupõe, para o afastamento do empregado, inquérito judicial prévio com a obrigação, para o empregador, da prova da falta grave. Isso não foi proposto e, muito menos, adotado nos diferentes momentos de elaboração da Carta de 1988. No entanto, quem ouviu rádio, viu televisão e leu jornal, sobretudo no período de novembro/87 até maio/88, no Brasil, tinha certeza — pelo massacre desinformativo veiculado — de que tudo isso fora aprovado pela Comissão de Sistematização. E isso era mentira. O que se chegou a aprovar foi não a estabilidade, *mas a garantia de emprego,* que é parente daquela, mas que não é a mesma pessoa, nem mesmo sua irmã gêmea. Será irmã mais nova, ou, quem sabe, prima mais moderna, ágil e eficaz. Estabilidade foi escrita mesmo na CLT, vigorando desde 1943, aqui no Brasil, e o nosso país, apesar dela e de seus defeitos, não faliu, não teve revolução social, não passou a ser um Estado sindicalista. Ao contrário, consolidou-se com ela (e, quem sabe, apesar dela), um regime de livre-iniciativa, lucro aberto, e de razoável prosperidade nacional. Portanto, mesmo a estabilidade tradicional, que regrou as relações trabalhistas durante 24 anos no Brasil, não nos levou ao caos, sendo surpreendente o alarido e a revolta contra a adoção de algo que não lhe era igual, nem mesmo análogo. O que se acolheu na Comissão de Sistematização e, por isso, desencadeou a "ira dos deuses" foi a garantia do emprego. E o que ela significa? Inspirada no modelo da então Alemanha Ocidental, exitoso na prática, participante do processo de recuperação econômica daquele país, instrumento de convivência entre trabalhadores e empregadores no milagre do pós-guerra, a *garantia de emprego* distinguiu-se da estabilidade tradicional pela sua flexibilidade. Entende a realidade do mercado e a incorpora na vida da relação Capital-Trabalho, consciente de que a empresa não é um ser autônomo, vivendo numa ilha da fantasia, imune a fatores conjunturais de mercado e aos "ups" e "downs" da vida competitiva, do comprar e vender, do produzir e consumir.

Por isso, o que a garantia do emprego estabelecia era vedação à despedida injustificada. Isto é, não se acolhia, na lei, a rescisão sem justa causa. Pelo menos, sem uma causa que tivesse um conteúdo lógico, de sensatez bilateral, ou que, mesmo escapando à vontade de ambas, sobre elas atuasse ao incidir sobre os próprios equilíbrios financeiro e patrimonial da empresa.

A garantia de emprego era uma vacina contra o arbítrio; um limite ao *jus gestionis* do empregador. Ele pode despedir, mas terá de ter um motivo, que justifique, mais do que pelo Direito, pelo bom-senso, e que esteja além do seu poder discricionário.

A estabilidade tradicional, estratificada e pouco moldável à realidade econômica dinâmica, requeria inquérito prévio, perante a Justiça, e condicionava a valia da despedida a que o empregado cometesse um ato delituoso. No mínimo, a culpa agravada pela reiteração ou pela lesividade altamente danosa do erro, da omissão, do despreparo técnico-funcional. Ou pelo dolo, isto é, pela intenção de prejudicar a empresa, de danificar patrimônio, de atuar erroneamente. O trabalhador, para ser afastado do emprego, em que era estável, teria de ser antes caracterizado como um "delituoso laboral", com o ingrediente do ilícito, ou, pelo menos, do desrespeito contratual contundente.

Na garantia de emprego, não havia nada disso. O rompimento contratual por iniciativa unilateral do empregador poderia ocorrer, desde que, mesmo sendo este um empregado zeloso e prestativo, sem culpa pessoal ou funcional, por omissão ou comissão, houvesse uma motivação que sobrepairasse a sua vontade e que atuasse como concausa para embasar a decisão patronal. Era, por exemplo, a situação econômico-financeira de crise, de dificuldades graves por que passasse a empresa num determinado momento. Era o reconhecimento realista das oscilações, às vezes duradouras, outras vezes bruscas e furiosas do mercado. A empresa, por exemplo, atuando num setor voltado preponderantemente à exportação e nela estando exitosa, admitia empregados e mais empregados. E crescia exultantemente. De repente, circunstâncias exógenas (normas protecionistas do país importador por excelência, mudando tarifas aduaneiras ou impondo sobretaxas alfandegárias) reduziam a capacidade competitiva do produto e, consequentemente, apequenavam o mercado. Consequência: havia de reduzir a produção, porque se via diminuída a capacidade de compra do importador, fator prioritário da expansão do empreendimento. O que fazer? Nos moldes da estabilidade tradicional, a empresa — sacudida pela crise — ficaria presa à manutenção de seus quadros originários, se estáveis, posto que não poderia reduzir custos operacionais e, esganada em receitas diminuídas, iria ser condenada à exaustão e à morte, porque não poderia agilmente celebrar acertos racionais com seus empregados, despedindo alguns, para redimensionar-se, e manter o emprego de muitos outros, a fim de, reequilibrada orçamentariamente em sua nova realidade, tentar superar a fase difícil. Com a garantia de emprego — como a rescisão não dependia da culpa, do delito, da falha do trabalhador, mas de um fato real, que determinasse uma causa justificável, que não fosse arbítrio do empregador — a despedida poderia ser processada, mediante adequada indenização, a ser fixada por lei, em nome do interesse coletivo e de prioridades sociais. Preservar a empresa, garantir pelo menos parte dos empregos era medida de conteúdo social e de sensibilidade humana. O antissocial, em nome do aparente interesse do trabalhador, por não poder indenizar parte — havendo causa comprovada — é condenar o todo à rescisão, e a empresa, com chances futuras de produzir, empregar e reempregar, à extinção.

A garantia de emprego compreendia, dentre suas causas excludentes, a crescente e compreensível (pela necessidade exigente da competitividade) automatização do processo produtivo. Não se tratava de mera troca do homem pela máquina. Há de se analisar caso a caso. Em cada empresa, em cada setor, em cada momento da conjuntura econômica, quando a medida se quisesse ou se precisasse adotar. Jogaria, então, a lei que regulasse a disposição constitucional e por aí se haveria de fortalecer a relação entre as empresas e o sindicato, porque patrão e empregado, contrapartes circunstanciais, na ocasião de discussão de contratos coletivos de trabalho, a cada ano ou a cada dois anos, deveriam ser, a cada dia, copartícipes, interessados no êxito do empreendimento (a empresa) comum.

Assim, a *estabilidade*, produto da década de 1930 e consolidada nas normas de 1940, *já em 1988, cedia lugar,* nos países abertos e de economia dinâmica, liberal, onde o lucro e o bem-estar social buscavam associar-se, à *garantia de emprego.* Fim para o direito ilimitado do patrão, de, pagando, poder despedir, por ser detentor do Capital, colocando o trabalhador debaixo *do talante* de uma vontade que poderia, a qualquer momento, em troca de valores indenizatórios, colocá-lo na rua da amargura depois de uma vida de vinculação e coparticipação na sorte dessa comunidade de produção lucrativa, que é a empresa. Também nada de revoluções com cheiro de progressismo aparente e conteúdo arcaico, onde se engessaria a empresa, cuja vida está ligada à da competição desenfreada do mercado, para poder nele sobreviver, adaptando-se às regras da economia aberta. Não se pode ter empresa de porte sem empregados. Por isso, entre tantas razões solidárias, também é preciso protegê-los. Mas também não se terão empregados, nem emprego, se não tivermos a empresa, e, com ela, mais empregos e empregados, e se não estimularmos a empresa a crescer e a recrutar mais mão de obra. E que cresçam para que, na sua competição, se gere um clima de valorização do trabalho e do trabalhador e, por decorrência, do próprio salário, valor mercantil dessa espécie de *leasing* da capacidade humana.

A garantia de emprego é proteção social, sem inviabilização econômica. É o trabalhador protegido contra eventual autoritarismo patronal. É o empresário garantido, em termos de *jus variandi*, ante exigências de adaptação do mercado no qual atua e do qual depende a própria empresa. Não se permite a despedida pelo simples desejo de despedir, mesmo quando, para que isso possa ocorrer, se cobram preços indenizatórios elevados, o que poderia reduzir as despedidas injustas, não porque sejam menos injustas, mas porque são mais caras, só podendo praticá-las os que tivessem dinheiro para pagá-las onerosamente, o que não as faz menos injustas.

A garantia de emprego que a Comissão de Sistematização aprovara excepcionava casos explícitos de possível rompimento contratual, alcançando o contrato a termo em sua expressão genérica, englobando o de obra certa (construção civil, preponderantemente), o acontecimento suscetível de previsão aproximada (contrato de safra, com o que se colocava a questão prevalente do setor agropecuário) e, evidentemente, o de experiência (pela sua própria razão de ser); alongava-se a itens outros, já referidos, como a situação decorrente da dificuldade econômica e/ou financeira grave por que passasse a empresa, devidamente comprovada, e a alteração exigida por aperfeiçoamento tecnológico, particularmente a automatização etc.

A fórmula, por si só, daria ao Fundo de Garantia do Tempo de Serviço, já valioso nos pedidos de demissão e também como seguro complementar na situação de pecúlio-adicional para os aposentados e para as famílias dos trabalhadores optantes falecidos, uma dimensão social nova. Excluída a hipótese da dispensa, por arbítrio patronal, haveria rompimentos contratuais com maior ou menor indenização. O pedido de demissão do trabalhador daria a ele — como hoje ocorre — o direito de manter o seu patrimônio recolhido ao FGTS. A despedida por decisão do empregador, embasada em comprovada situação de dificuldade financeira da empresa, exigiria um complemento indenizatório que haveria de ser elemento complementar dos depósitos (com juros e correção monetária) já recolhidos ao FGTS. Na hipótese de rescindir-se o contrato de trabalho, por decisão empresarial face produção automatizada, incorreria o patrão na obrigação de pagamento de um adicional de ressarcimento que não ocorreria, obviamente, na circunstância de que o contrato se concluísse pelo fim do prazo de experiência ajustado, ou pelo término da obra certa que justificou o entendimento laboral inicial, em cujas hipóteses se reservaria ao trabalhador tão somente o acervo das parcelas depositadas na sua conta do FGTS.

Sistema dessa natureza poderia implicar o remanejamento do tradicional prazo de experiência contratual. Esta, não tendo duração uniforme na prática legal nem contratual trabalhista mundo afora, haveria de assegurar um tempo — talvez variável setorialmente — capaz de compatibilizar-se com o indispensável para uma aferição eficaz, sem precoces raízes definitivas, impedindo, às vezes, uma competente avaliação do profissional.

*a)* A fórmula adotada pela Comissão de Sistematização — um dos pontos mais significativos em matéria trabalhista na Constituinte — condenava, de vez, a figura esclerosada da estabilidade tradicional, ferida de morte desde a instituição do Fundo de Garantia, mas ainda presente na CLT, agônica neste particular, ainda que em permanente revitalização no restante de suas diretrizes. De outra parte, a proposta de *garantia de emprego* também fulminava os monopolismos mercantilistas do FGTS, instituidores da insegurança no emprego e da troca de tempo de serviço por valores pecuniários, tantas vezes compondo uma paradoxal equivalência desigual. Com a garantia do emprego, excluíam-se hipocrisias técnicas como a expressão "optante pelo FGTS", quando se sabia que tal opção — que só o é quando ato livre de vontade — não era nem vontade do trabalhador, e muito menos livre. Optava-se não entre o sistema do FGTS e o da CLT. Optava-se, realmente, entre obter o emprego (com o FGTS) ou não. Entre empregar-se ou continuar desempregado. Por isso, lei posterior, atenta à realidade, fez desaparecer a teórica opção.

A *garantia de emprego,* prejudicada, na sua identidade e nas suas meritórias peculiaridades, pela campanha de massificadoras informações distorcidas, *teve* êxito nas democracias que objetivam lucro adequado e bem-estar social, num processo moderno de liberalismo social, equilibrando Estado e cidadão, numa convivência digna: isso é *reformar, sem revolucionar*. Não desprotege o trabalhador, jogado, pela indenização aberta *inspirada na sistemática* do FGTS, na dependência da vontade do patrão, a quem se permite a despedida sem justificativa, *sem legitimidade,* bastando, para legalizá-la — o que não é legitimá-la ou fazê-la ética —, que se transforme garantia social em dinheiro. Não olvida da necessidade de a sociedade basear-se em uma economia próspera, competitiva, alavanca da criatividade e do progresso, na qual o lucro compensador é mérito e estímulo, e a empresa organizada é sua manifestação autêntica. Não pode haver despedidas injustas. Também não se pode obrigar a manter empregos desnecessários ou prejudiciais à manutenção da empresa e dos demais empregos que, para existir, dependem do êxito do empreendimento.

*b)* Indispensável que se recapitule — para quem viveu com detalhes —, complemente — para quem soube parte incompleta — ou conte para quem dela não teve noticia — a história completa desse esforço para impedir o avanço do Direito Constitucional do Trabalho. Inquestionavelmente, em matéria de Direito Individual Laboral, não há aspecto mais nervoso e prioritário, a um tempo só, do que a definição das garantias e das características da relação de emprego, de onde se origina, e em razão da qual ganha vida e consequências práticas o próprio Direito.

Esforços impeditivos, dizia antes, e reafirmo com vigor, Constituições passadas, de tempos menos ousados, de conquistas sociais limitadas, de posturas políticas mais tímidas, albergaram diretrizes protetivas do emprego e da relação que o instituía. Temeu o constituinte de 1987/88, na hora final, escrever dispositivo de há muito reconhecido por recomendações, resoluções e até por convenções da Organização Internacional do Trabalho. Falou-se aqui, na linguagem de críticos despreparados, de *novidade,* quando se estava tentando implantar norma *de mais de quatro décadas de uso comprovado.*

O caminho recomendável, sem demagogia e seu populismo, para as normas trabalhistas, é o de contribuir para a harmonia entre o Capital e o Trabalho, estimular o processo produtivo, consolidar a vida da empresa, mas, sobretudo, ensejar a distribuição justa de renda, visando à construção de uma sociedade onde se tenha por objetivo maior o bem comum, a liberdade individual, o direito de associação, o respeito à pessoa e a valorização da competência. Tudo isso garantido pelo Estado, que não desestimulará a livre-iniciativa nem atropelará o cidadão.

Buscava-se evoluir pela rota corajosa da moderação. Não repetir o passado, que mostrara seu arcaísmo. Não ceder aos desvarios do então presente que desenhava um futuro de possíveis inconsequências.

Três vezes a tese de modernidade foi posta à prova, e por três vezes teve receptividade majoritária. No entanto, alterado o próprio Regimento, caminhou-se para a votação final de plenário, certamente a mais credenciada e a plenamente democrática, não há como questionar. Infelizmente, antecedeu-a uma verdadeira operação guerrilheira de críticas à "garantia de emprego", a qual jamais foi referida, sempre confundida propositadamente — pelos que queriam constitucionalizar o direito à despedida injusta — com a estabilidade tradicional. A opinião pública foi preparada para ser contra algo que não estava em jogo, e para reagir contra a "adoção" de uma fórmula que não fora proposta. Fez-se planejada confusão.

Abafou-se, com o domínio orquestrado de meios de comunicação (em sua grande maioria, a serviço dos que, invocando a liberdade, queriam preservar o direito de despedir sem motivação), qualquer contradita. Não se deu espaço ao debate, até porque, se ouvido, desmistificaria os argumentos insólitos dos que, querendo impedir a "garantia de emprego", não se animavam (por falta de argumento) a atacá-la, e a combatiam, criticando a estabilidade, que alegavam estar prestes a ser adotada, quando, na verdade, a respeito dela, não constava qualquer proposta. Alegando-se acertar no que consideravam criminoso, descarregaram a arma contra o inocente, numa confusão preconcebida e que, infelizmente, resultou exitosa.

*c)* O mais estranho é que, ao final, tentou-se substituir a garantia de emprego, por uma fórmula primitiva. Seguramente aparentada com um Direito do Trabalho da década de 1930 quando as garantias do operário trocavam-se por valores indenizatórios simples, numa operação mercantil em que a pecúnia direta substituiria a proteção social do vínculo. Mais incompreensível e preocupante, no entanto, foi ver que a fórmula inserida nas Disposições Transitórias — portanto a vigorar momentaneamente e, na prática, por período longevo para milhões de trabalhadores e empresas — nasceu de um acordo de lideranças sindicais e políticas. E que desse acordo, que visava a obstruir a "garantia de emprego", vendido como momentâneo, e, pela forma com que foi conduzido, lhe retirou imediatas perspectivas futuras, participaram, com entusiasmo, dirigentes trabalhadores, estimulando a troca da segurança do emprego por uma indenização um pouco maior que a costumeira, como se a questão fosse de alguns reais a mais ou a menos. Esqueceram que a sacrificada nesse acordo foi a própria conceituação da relação de emprego, o sentimento da participação, a possibilidade de excomunhão da aética despedida arbitrária. Enfim, a queda de uma garantia que, em tempos passados, homens de antes, que tiveram visão de amanhã, haviam escrito na Carta Magna de 1946.

É digno de lamento quando se escreve uma nova Constituição e não se progride em áreas sociais prioritárias, estagnando-se no tempo. No entanto, retroceder, regredir, já não é mais motivo de simples tristeza. É razão de indagação de culpa, pelo pecado coletivo e pela insensibilidade de uma geração.

*d)* Convém recordar que, mesmo antes da Carta de 1946, parcialmente confirmada nesse particular pela de 1967, a legislação trabalhista específica escrevera (art. 477 da CLT): "É assegurado a todo empregado, não existindo prazo estipulado para a terminação do respectivo contrato, e quando não haja ele dado motivo para cessação das relações de trabalho, o direito de haver do empregador uma indenização, paga na base da maior remuneração que tenha percebido na mesma empresa".

Mas escrevera mais e melhor no art. 492:

"O empregado que contar mais de dez anos de serviço na mesma empresa não poderá ser despedido senão por motivo de falta grave ou circunstância de força maior, devidamente comprovadas.

Parágrafo único. Considera-se como de serviço todo o tempo em que o empregado esteja à disposição do empregador".

Veja-se, pois, o quanto já se concedera e assegurara ao trabalhador num país que era, populacionalmente, a quarta parte do que é hoje; que tinha menos de um terço do Produto Interno Bruto; que não se atrevia às ousadias dos recordes de saldos na balança comercial; não conseguira ainda explorar parte substancial — como hoje ocorre — de suas regiões interioranas; que não sabia de indústrias automobilísticas; não tinha ideias de eletroeletrônica e era totalmente ignaro da informática, para mais não dizer. O "país do presente" da comparação era obviamente o de 1990.

Note-se, pois, a incoerência explícita da legislação, recuando, quando era tempo de consolidar e progredir, depois de avanços em tempos e épocas que, talvez, poucos entendessem aonde se pretendia chegar. E, apesar disso, chegou se.

Estranho que se tenham instituído garantias que, não sendo demasiadas, foram inovadoras para a época, sem que a antecedê-las, no reivindicar, ou a respaldá-las, quando implantadas, houvesse um movimento sindical atuante, materialmente bem dotado e com a inserção nos meios de comunicação social que se tem hoje.

Fica, pois, o registro. Sem maiores movimentações de áreas sindicais, então em fase de insipiência e incipiência, ocorreram avanços, quando a realidade econômica do país parecia menos pujante, e o Mundo era mais reticente nos ganhos sociais. Agora, quando temos tantas confederações e centrais sindicais (que até competem pelas manchetes com muita avidez), quando o elenco de conquistas sociais, reconhecido pela OIT, já se adiantou sobremaneira: quando o país se autoproclama sétima economia do mundo, a Constituição de 1988 engata marcha ré em matéria de garantia de emprego. Os constituintes não parecem ter sido, nesse particular, contemporâneos da evolução social universal e das suas próprias circunstâncias pessoais.

*e)* Indispensável anteceder os comentários dado às rescisões com uma referência à jurisprudência, originária do Tribunal Superior do Trabalho. Convém relembrar que, se a Jurisprudência é fonte do Direito, e de qualquer dos compartimentos e das manifestações do Direito, o é com maior intensidade no que pertine ao Direito do Trabalho, pela sua faceta dinâmica, pela sua sensibilidade social, pela inovação permanente, fruto de relações do Capital e do Trabalho; do mercado, por um lado, e das pressões políticas e ideológicas por outro. E a Jurisprudência, num país como o Brasil, onde a Justiça laboral tinha estrutura paritária (e inspirada na

OIT, guardava perfil tripartite) não só por isso, tinha condições de aproximar-se das realidades mutáveis da prática, dos fatores econômicos da produção e das reivindicações sociais. Daí, a conveniência de ouvir-se a voz dos tribunais, que foram adotando, sem desfigurá-la, a lei existente, dando-lhe o colorido ou o descolorido do quotidiano, às vezes cansativamente repetitivo; noutras, surpreendentemente criativo e inovador.

Bastava que se reproduzisse a *Súmula n. 26* do TST para que se comprovasse a preocupação do Tribunal com a então vigente estabilidade e com o intuito de proteger o trabalhador de molde a permiti-lo chegar até o instante de acobertar-se sob o manto de tão importante garantia:

> "Presume-se obstativa à estabilidade a despedida, sem justo motivo, do empregado que alcançar nove anos de serviço na empresa".

Nesse julgado, que ganhou força vinculante para toda a Justiça do Trabalho, verificava-se a imposição fecundante da Jurisprudência. Chegava-se a mais do que à mera interpretação. Ultrapassava-se até o limite da complementação daquilo que, por omissão, deixou em aberto o texto legal. Dispôs-se, usando da força impositiva jurisprudencial, *utralegem*. Não só se disse o que a lei deixou em dúvida; não só se completou o que a lei dissera, numa sequência lógica. Partiu-se da afirmativa e do mandamento legal, e se criou um direito a mais, uma garantia antecipada, e nova, da mesma família do direito-matriz (estabilidade), mas dele diferente (caracterização como obstativa daquela despedida que, em sendo imotivada, ocorresse a partir do nono ano de serviço do empregado na empresa). Quanto à coerência da postura jurisprudencial, não lhe ofereço reparos. Quanto à sua sensibilidade social, está à flor da pele. Quanto à sua praticidade, também foi comprovada, ainda que suscetível de sinuosas antecipações que elidiam a precocidade protetiva do obreiro. Tudo isso, porém, não escondeu o fato de se tratar de medida autônoma, que não decorria obrigatoriamente da existência da estabilidade, no texto consolidado. O importante, nessa análise que, se não é seródia, não tem a valia de tempos passados, foi evidenciar o quanto podia a Jurisprudência, particularmente a do Trabalho, em especial, no Brasil. E, sobretudo, o quanto ela foi estimulada a fazer, ante uma garantia do porte social da estabilidade. O que se evidenciava era o descompasso entre uma jurisprudência arrojada, fruto de um Poder usualmente comedido, como o Judiciário, e o retrocesso de um Poder sem limitação, o Constituinte, chamado a estabelecer o caminho dos novos tempos, e que, ante problemática tão desafiadora como a social, preferiu recuar, ficando aquém das cartas tidas por conservadoras de décadas passadas.

A Justiça protegia a estabilidade, criando a obstativa com um ano de antecipação, ante a presunção da ausência de motivação justa do empregador. Buscava, com isso, desestimular o empresário de lançar mão do instrumento da despedida antecipada, por meio de patrulhamento jurisprudencial precoce e punitivo.

Não se limitava a essa a posição da jurisprudência nacional com efeito na estabilidade. A *Súmula n. 54* dispunha que:

> "Rescindindo por acordo seu contrato de trabalho, o empregado estável optante tem direito ao mínimo de 60% (sessenta por cento) do total da indenização em dobro calculada sobre o maior salário percebido no emprego. Se houver recebido menos do que esse total, qualquer que tenha sido a forma de transação, assegura-se-lhe a complementação até aquele limite".

Mesmo após a criação do Fundo de Garantia do Tempo de Serviço, que transformou a rescisão em mero cálculo financeiro, a Justiça do Trabalho cercou de especiais garantias o trabalhador estabilitário, que, formalmente, já não mais o era. E por que não? Pelo simples fato de que, nos termos permissivos da Lei n. 5.107/66, abrira mão de sua proteção maior, integrando-se no grupo dos optantes. E o optar significava abrir mão do direito de estável já conquistado, para os que tinham o decênio na empresa, ou antecipadamente dele abrir mão, quando e se viesse a completar-se a década de atividades como empregado, numa empresa. Mesmo afastando-se dessa proteção pela opção, os trabalhadores, face ao disposto na Súmula n. 54 recém-reproduzida, deveriam ter, caso negociassem seu tempo de serviço, um valor percentual mínimo de contrapartida. Entendeu o magistrado que, por razões de interesse público, colocar-se-ia um valor mínimo, do qual nem o próprio titular poderia abdicar, caso quisesse fazê-lo, transacionando por parcela inferior. A justificativa para superpor-se o alegado interesse público, com relação à vontade do sujeito, titular do direito, estaria no controle social de que se incumbiria, em nome da sociedade, o Poder Judiciário. Autorizar o acordo abaixo do nível fixado seria convalidar arriscadas transações que, sem pisos e sem limites mínimos, poderiam levar ao aviltamento a proteção juslaboral, e, com ela, o edifício jurídico-social-econômico construído pelo Direito do Trabalho e no qual se alberga o mundo da produção.

*f)* A vinculação do empregado com o emprego teve lances diversos, no histórico da elaboração legislativa no país. Já na década de 1930, sob a égide do processo corporativo, enveredava-se para tratamentos específicos, quer em favor dos bancários — que tiveram a estabilidade decorrente de um vínculo bienal — quer em razão dos que, alcançados por convocação cívico-militar, no período da II Guerra Mundial, na qual se envolvera o Brasil, receberam proteção específica, numa compensação por encargos potencialmente sacrificantes que a Nação deles exigia ou poderia exigir.

Foi dessas experiências que se caminhou, progressivamente, para a estabilidade genérica consagrada, pela CLT de 1943, sob a forma de decreto-lei.

O aparato protecionista estabelecido não foi tão eficiente como queriam seus cultores radicais. As empresas de maior porte, por sua capitalização e por sua capacidade decisória, com dispensas antecipadas, tratavam de evitá-lo. Tão reiterada se tornou essa prática que a Jurisprudência construiu a súmula da despedida obstativa, antecipando para momento aleatoriamente fixado a data de caracterização de sua ocorrência. Com isso, procurava cercá-lo de formalismos, visando a reforçá-lo.

O estável ficava imunizado contra a despedida sem justa causa e só seria atingido se a razão de seu despedimento fosse a falta grave, isto é, aquela agravada (pela reiteração de justas causas de menor porte), ou contundente (pela prática de um ato ilícito ou irregular de gravidade flagrante, que, mesmo com ocorrência única, causasse traumatismo altamente danoso na relação contratual de emprego).

Mais exigente, porém, foi o legislador nas amarras processuais protecionistas da estabilidade. Não bastava a falta grave. Indispensável que fosse previamente comprovada para que, só depois disso, viesse a quebrar-se o vínculo contratual. O empregador tinha contra si o ônus da prova. Após, operar-se-ia a rescisão. E foi-se além no ciclo protetivo do estabilitário. Ademais de exigir-se a prova prévia da falta grave, estabeleceu-se que essa prova teria de ocorrer perante a Justiça do Trabalho, por meio de ação especifica, cuja responsabilidade de propositura incumbiria à empresa, garantido o contraditório.

Esse era o edifício da estabilidade. Se demasiadamente formalista, e muitos disseram que sim, não se discutirá neste tópico. O que restou para avaliações críticas de mudanças, avanços e recuos, de legislações, políticas e doutrinas, era sua bem plantada estrutura. Não se chegava à escravidão do trabalhador que, com tais garantias, ficaria submisso ao emprego, mesmo quando dele quisesse liberar-se, para buscar alternativas novas. Eventualmente, desestimulava novas empreitadas do empregado, temeroso de perder o patrimônio potencial que tinha, em nome de uma melhoria salarial-profissional que implicava novo vínculo e a eventual instabilidade. O empregado dispunha da liberdade de sair da empresa, de demitir-se. Isso ninguém negava. Se havia escravidão, ela existiria em relação às suas aspirações, às perspectivas, à esperança do futuro ante garantias do passado.

Foi esse contexto legal que nos trouxe até 1966, quando a lei instituiu o Fundo de Garantia, com suas alterações surpreendentes e com capacidade de mudar conceitos básicos na filosofia da relação de emprego.

Surgiram, no vocabulário trabalhista, as expressões optante, não optante, saque, depósito mensal, códigos de despedida e de pedido de demissão etc.

Associou-se a relação de emprego à poupança, mediante a ponte do sistema bancário e os recolhimentos mensais. Não mais o convívio pacífico ou conflitante só do patrão e do empregado. O então BNH, os bancos, tudo isso passou a esmiuçar e a compartilhar a relação que deixou de ser privativa das partes que a constituíam.

O que antes era jurídico e social, eventualmente traduzível por números de um cálculo indenizatório, fez-se, ao contrário, patrimonial e financeiro. As taxas de juros, os percentuais de correção, a ciranda inflacionária tornaram-se mais importantes do que a convivência cotidiana entre empregado e empregador.

O Fundo de Garantia, mesmo com suas vantagens de complemento securitário, na sua faceta peculiar de previdência social adicional — particularmente ante os que se aposentam e os dependentes dos trabalhadores que falecem — despersonalizou a personalizada relação laboral. Mais do que o trabalho, seu agente humano e seu vínculo jurídico-obrigacional viraram uma conta, com muitos números.

*g)* De 1943 a 1966, quando vigorou, com exclusividade, a estabilidade, muitas foram as dificuldades no relacionamento intraempresarial. Tanto que a própria Consolidação, em seu art. 496, previa que, no caso de pequenas empresas, por sua real dimensão e pelo seu contingente máximo de empregados, ocorrendo incompatibilidade entre empregador e empregado, admitir-se-ia, por iniciativa do magistrado, a transformação da estabilidade em valor indenizatório, calculável de forma dobrada com relação ao tempo de serviço prestado.

Foi o único vazamento aberto na sistemática hermética da estabilidade. Necessariamente aberta, com o objetivo de equacionar situações de convivência progressivamente conflitiva e de riscos óbvios, suscetíveis de ocorrer em empresas onde existia a proximidade físico-laboral do patrão, personalizado, com o empregado, perfeitamente identificado.

Não se quebrou com isso a garantia estabilitária; apenas se teve o bom-senso de identificar situações em que sua preservação poderia levar a danos incalculáveis para o empregador e também para o assalariado.

A transformação do vínculo e a negativa de sua garantia de continuidade, ante a inocorrência de falta grave comprovada perante inquérito judicial, por consequência de incompatibilidade, não ficavam ao critério das partes. Exigia-se prévio procedimento judicial, posto que a declaração da conversão da estabilidade em indenização dobrada teria de ocorrer no curso de uma ação trabalhista. E não se dava nem ao empregador, nem ao empregado o direito de propô-la. Ao juiz, sim, assegurava-se o direito de, verificando as condições de relacionamento entre as partes, *sugerir* a *solução indenizatória* e a consequente rescisão contratual. Portanto, árbitro da fórmula e da oportunidade. Essa foi a mecânica encontrada pelo consolidador para, não aprisionando o instituto da estabilidade e não estimulando a continuidade de relacionamentos laborais perigosos, restringir de tal forma a exceção à regra que só acontecesse em casos indiscutíveis, fora, inclusive, da proposta das partes. Ou seja, a estabilidade, para a CLT, apresentava-se como instituto de interesse público ao qual se atribuía parcela importante no equilíbrio social, acima da vontade das partes, que tiveram, contratualmente, força e iniciativa para criá-la, mas que não teriam, casos raros, força para extingui-la.

Recapitulem-se as restrições que a estabilidade sofria, particularmente das áreas empresariais. Esse, porém, não era o fato mais preocupante, posto que compreensível, na visão classista da questão. O que impunha um registro era a baixa percentualidade de estabilitários. Segundo estatísticas da época, não ultrapassaria de 6% (seis por cento) o número de trabalhadores estáveis, tomando por referência a totalidade dos integrantes do mercado formal, na década de 1960.

O que ocorria era a estratégia adotada de despedir o trabalhador quando chegava aos sete, oito anos de casa. Fugia-se dos dez anos, por causa da estabilidade; não deixava que atingisse os nove anos, porque a súmula do Tribunal Superior do Trabalho determinava que, nessas circunstâncias, estaria caracterizada a "despedida obstativa". Mesmo não proclamadas como tal, também o eram, quanto à motivação, as que embasavam a rescisão do empregado de sete ou de oito anos de serviço, sem justa causa, sem outra razão que não fosse a de cortar o caminho de uma futura garantia estabilitária.

Para vedar o êxito de ações desse tipo, a jurisprudência, com força criativa, esmerou-se em súmula específica sobre a situação. Não era possível recuar mais no tempo, alongando a fase colocada sob o manto de proteção da despedida obstativa, posto que se poderia chegar a prazos insustentáveis na justificativa lógica. Por isso, adotou-se a *Súmula n. 20*, estabelecendo, com raciocínio protetivo, visando a distinguir tempos de antes (pré-Constituinte de 1987/88) dos tempos atuais (pós--Constituinte) o seguinte:

> "Não obstante o pagamento da indenização de antiguidade, presume-se em fraude à lei a resilição contratual se o empregado permaneceu prestando serviço ou tiver sido, em curto prazo, readmitido".

Não sendo o empregado um estável; não tendo já os nove anos, com os quais sua despedida sem justa causa seria incluída no rol das obstativas, e a ele conferida indenização dobrada, optou a Justiça do Trabalho por criar um instrumento de vedação de estratégias que visavam a inviabilizar o alcance da estabilidade. Repetiam-se as despedidas de empregados com cinco, seis ou sete anos, e, por isso, o magistrado optou por jurisprudência uniforme, segundo a qual o ato de resilição, sem a saída do trabalhador, continuando, pois, a prestação do serviço, não cortava o tempo de casa. Muitas empresas acertavam com seus empregados essa "falsa despedida", pagando-lhes a indenização correspondente e mantendo-os, porque bons, em atividade, visando apenas a que não computassem o tempo para fechar, mais adiante, o decênio que lhes asseguraria a estabilidade. O magistrado viu nessa formulação uma artimanha e fulminou o procedimento, considerando fraudulenta tal manobra. Não apenas o inviabilizou quanto aos efeitos buscados pelas partes (especificamente pela empresa), na hipótese de não afastamento; também na eventualidade de ter sido o empregado, "em curto prazo, readmitido", impugnou-se o corte contratual presumindo artifício legal, mas ilegítimo. Ao dizer a Súmula n. 20 que não teriam efeitos práticos as resilições nas quais ocorresse a readmissão, *em curto prazo*, deixou uma não fixação que ensejava aos tribunais poder de jogar com a latitude da expressão em função da realidade dos autos. Não escreveu que "curto prazo" significava um tempo de trinta dias, ou três meses ou um ano. A dúvida objetivou a adatação casuística. Deixou em aberto interpretação protetiva, que se imporia conforme sentissem, no exame da prova, os juízes. Com isso, mais uma trava colocou o Judiciário, amparando a estabilidade.

Apesar disso, o número de estáveis era pequeno diante da massa de empregados, em razão não só da rotatividade intercalada entre diferentes empresas do mesmo grupo econômico, como também da estratégia do pedido de demissão compensada via gratificação empresarial dita espontânea, a título complementar. Eventualmente mais onerosa tributariamente, tal fórmula, pela segurança trabalhista — nascida formalmente do empregado que aparecia como proponente —, era a preferida pelas grandes empresa. E assim se obstaculizava de fato que muitos trabalhadores chegassem à estabilidade, inclusive tantos que, por competentes, ficavam na empresa por mais do que dez anos.

A Lei n. 5.107, do Fundo de Garantia do Tempo de Serviço, em parte formalizou o que ocorria na prática legal, e até menos legítima. No entanto, ademais de ser um instrumento para evitar-se a estabilidade, a nova sistemática foi mais do que um dispositivo trabalhista. Foi um instrumento de captação financeira na área privada para aplicação em projetos e programas estatais.

O *dinheiro do trabalhador,* carreado pela empresa, *quando, na época,* ele fosse *optante, ou da empresa, quando não optante,* saía da esfera privada e se colocava sob a órbita de controle e aplicação do Estado. Remunerou-se o trabalhador e a empresa, com percentuais inferiores à corrosão inflacionária, acentuando-se tal prejuízo nos períodos de maior inflação.

O novo sistema ensejou a transformação de uma garantia jurídica, real ou potencial, do trabalhador em valor patrimonial e, sobretudo, em moeda corrente, fazendo-a depositar-se em mãos do Estado. O então Banco Nacional de Habitação (BNH), ao qual se destinou a guarda e o investimento dos recursos, de maneira surpreendente, foi extinto, dissolvendo-se na Caixa Econômica Federal.

Os bilionários valores arrecadados estimularam a construção civil, inclusive projetos habitacionais de interesse social (infelizmente, em número menor do que as necessidades exigiam). O desenvolvimento urbano, particularmente o saneamento básico e a infraestrutura citadina, teve parcelas retiradas do FGTS para financiá-lo, numa inovadora destinação do patrimônio do trabalhador, transformado, em certos casos, em instrumento de geração de emprego ou de obras destinadas à população de baixa renda, mas, em outras ocasiões, aproveitado como fonte de financiamento de projetos e de programas voltados a faixas populacionais que não correspondiam às de menor poder aquisitivo, numa situação, no mínimo, atípica. O advento do FGTS mudou o perfil da relação de emprego. Fê-la mutável no que tange a seus partícipes. Facilitou a rotatividade no emprego. A empresa se satisfazia porque se afastava o temor da estabilidade tradicional. O empregado, seduzido pelo montante da conta bancária, via com agrado a resilição, para botar a mão no dinheiro e enfrentar necessidades mais urgentes. Não era a culpa do empregado, que levava o empregador a optar pela rescisão. Não era a oferta clara de um outro emprego, de perspectivas salariais melhores, o que atraía o obreiro à decisão de desvincular-se e era a facilidade de um, somada à necessidade do outro.

Foi com essa sistemática de intervenção estatizante na relação individual de emprego, tradicionalmente afeta ao campo do Direito Privado do Trabalho, que se chegou às vésperas da Constituinte.

Enquanto isso, centrais sindicais tentavam, nos últimos anos, pressionando com maior vigor, inserir nas poucas negociações coletivas e nas sentenças normativas nascidas dos dissídios regras de estabilidade categorial, mais ou menos longa. Desde aquela que anulava a opção pelo FGTS e o direito patronal absoluto de despedir, em favor de trabalhadores que contassem na empresa "x" anos de trabalho, fossem assíduos e atingissem produtividade qualificada, até a estabilidade-tampão (de vigência curta, quase legítima defesa classista) caracterizada como um impedimento momentâneo ao poder patronal de rescindir face à insegurança de um mercado de trabalho setorialmente adverso para os operários. Foi mais uma tímida e teórica reação político-sindical do que um movimento que ameaçasse o sistema instituído.

*h)* Premido por tais circunstâncias, o constituinte escreveu o inciso I do art. 7º da Constituição:

> "São direitos dos trabalhadores urbanos e rurais, além de outros que visem à melhoria de sua condição social:
> I — RELAÇÃO DE EMPREGO PROTEGIDA CONTRA DESPEDIDA ARBITRÁRIA OU SEM JUSTA CAUSA, NOS TERMOS DE LEI COMPLEMENTAR, QUE PREVERÁ INDENIZAÇÃO COMPENSATÓRIA, DENTRE OUTROS DIREITOS".

*h)* A primeira ideia do inciso I é uma posição afirmativa, de força. O constituinte iniciou corajoso, lembrando seus compromissos com a razão de ser do Direito do Trabalho e com a evolução nos países ocidentais, democráticos e capitalistas, do mecanismo protetivo do emprego. Por isso, assegurou que a relação de emprego está protegida contra a despedida arbitrária ou sem justa causa. Parasse por aqui e o texto seria até polêmico, mas de uma linha definida e coerente. Não se inovaria, mas se estaria ao par e a par das então modernas normas trabalhistas. Estaria a Constituição na embocadura das diretrizes da OIT.

Tal posicionamento teria de enfrentar a segunda parte do inciso: a dos condicionantes, e até a das negativas implícitas, das sinuosidades permissivas, para tentar esquivar-se a lei futura e a situação presente das garantias do emprego, anunciadas na abertura do inciso, com veemência, mas sem a mesma consequência. Antes, lançou-se uma palavra sobre a desnecessidade técnica de uma aparente alternativa que acabou por induzir, no mínimo, a uma redundância ou, até mesmo, a uma escatologia jurídica, s.m.j.

Refiro-me ao fato de o texto do inciso I garantir a relação de emprego contra a "despedida arbitrária ou sem justa causa". Toda a despedida arbitrária é, por si só, sem justa causa. Se não, como poderia ser arbitrária? E toda a despedida arbitrária, por sê-lo, obviamente, é injusta, pois não tem justa causa a ampará-la. Daí a redundância do texto constitucional, por um lado, e a insegurança técnica, de outro, posto que se entendeu que, em dizendo simplesmente *arbitrária*, não se estaria alcançando o *quantum satis*. Teria havido o raciocínio de que invalidar a despedida sem justa causa — e apenas ela — restaria insuficiente para o objetivo colimado.

Numa análise doutrinária ou jurisprudencial e até mesmo dos textos normativos antecedentes, "sem justa causa" e "arbitrária", no que concerne à despedida, equivaliam-se. Pode parecer ao leigo que a expressão arbitrária implica gesto agravado. Não é isso, no entanto. O que se quer dizer, em utilizando a expressão arbitrária, é que foi fruto do arbítrio empresarial, de sua vontade, inocorrendo, na hipótese, justificativas que não fossem as da disposição unilateral de rescindir o contrato.

Adotada, no entanto, a "garantia de emprego", identificar-se-iam, aí sim, diferenças conceituais, que não são retóricas, ou meras sutilezas, mas que têm valia jurídica e ética.

Por exemplo, se uma empresa, por decorrência de uma crise setorial, com dificuldades de caixa, vê-se na necessidade de reduzir despesas de pessoal, tem uma causa; não age por arbítrio. Ainda assim, terá de indenizar o trabalhador despedido, posto que este, mesmo tendo o empregador uma justificativa, não poderá ser desprotegido, deixando de receber um ressarcimento pelo seu tempo de serviço. Indeniza-se, no caso, não por ocorrência de culpa de quem determina a rescisão, por ato ilícito, mas pelo dano que a falta do emprego ensejará, por maior ou menor tempo, e, sobretudo, como forma de retribuição, por parcial que seja, ao trabalhador pela sua participação e, com ela, por sua contribuição à empresa. Não há ilícito, mas há indenização. Há causa justa para a empresa, não há arbitrariedade, mas isso não a exoneraria do ressarcimento ao empregado.

A obrigação de indenizar não tem, em si, uma justificativa necessariamente punitiva, ainda que, eventualmente, também possa tê-la. Quando se quer obstaculizar a despedida arbitrária, procede-se para impedir ato que não tem outra razão que não seja a unilateral decisão patronal. A imposição pela imposição. É diferente da situação em que está em jogo o interesse maior da empresa: em termos da sua sobrevivência, do sacrifício de alguns empregos para salvar os demais, da melhoria de produtividade e de qualidade para competir adequadamente e viabilizar-se. Tudo isso, enfim, é justificativa compreensível. A mera má vontade pessoal do empregador, não.

*j)* Continuando a análise do inciso I do art. 7º, lê-se que a proteção contra a despedida arbitrária ou sem justa causa se fará "nos termos da lei complementar, que preverá indenização compensatória, dentre outros direitos".

A necessidade de lei que regule o conceito constitucional é indiscutível. Por mais precisa que fosse a Carta Magna sobre tal matéria, naturalmente teria limitações para entrar nos detalhes que a realidade gera e que, em princípio, é a lei que tem o dever e o espaço amplo para regrar.

No entanto, o que se seguiu à exigência de lei complementar, a cuja edição se subordinava a garantia anteriormente explicitada, é que preocupava.

O constituinte estabeleceu que a indenização compensatória — o adjetivo não diz a que veio — será um dos direitos a que fará jus o trabalhador. Quando? Ante que circunstâncias?

Caberá o pagamento de indenização quando a despedida for ato de arbítrio patronal, sem justificativa, ou nessa hipótese prevalecerá o princípio da proteção geral à relação de emprego, reafirmado na abertura do inciso I, em cuja sustentação se ergue uma defesa "contra" (aspeado porque retirado do texto constitucional) a arbitrariedade e a inexistência de justa causa? Convalida-se, nessa hipótese, a rescisão desde que se pague uma indenização, ou, nessa eventualidade, invalida-se a despedida, e restabelece-se a relação de emprego, posto que a indenização, dita compensatória, se instrumentaliza só para os casos em que a despedida patronal tem explicações e justificativas que a amparam, mas não chegam a elidir o direito de o empregado receber um ressarcimento pelo seu tempo de vida dedicado à empresa?

A explicitação da indenização, como ingrediente indispensável da futura lei complementar, na qualidade ou na condição de um dos futuros direitos do trabalhador, quando se discutia possibilidade, legalidade e viabilidade de rescisão de contrato individual de trabalho, era, além de falha técnica, um anacronismo doutrinário, e um ensejo para futuras demandas judiciais. Especialmente até o momento, não alcançado até hoje, em que se elaborar a lei reguladora que, tratando de matéria tão sensível quanto a relação de emprego, chegue a ser aprovada. O texto nascia para gerar dúvidas, que se multiplicaram.

A falha redacional vem de uma questão de hierarquia nos princípios da exegese. Se o constituinte falou em proteção contra a despedida arbitrária, teria como seu intuito obstaculizá-la, pelo menos, a indenização é um simples meio, uma compensação parcial ou total pelo prejuízo, voluntária ou involuntariamente causado, com dolo, com culpa ou mesmo na inexistência de ambos. É ato que se processa porque o evento já ocorreu. Não o impede de acontecer. Busca diminuir prejuízos, face a sua ocorrência.

A indenização não é profilaxia para impedir a doença. Pode ser, quando muito, terapêutica para recuperar o paciente lesionado, plena ou parcialmente, ou anestésico para atenuar a dor.

Surpreende que se tenha colocado numa redação que daria a ideia de uma relação de causa e efeito a proteção contra a despedida sem justa causa e a fixação de indenização, que se pagaria, não só, mas normalmente, quando e por que ela tivesse ocorrido. Falar em indenização é dar a ideia de que a relação de emprego nasce para ser desconstituída como destino normal. E que tudo se resolveria por meio do pagamento de uma "taxa" que daria ao patrão o alvará para despedir, e ao empregado ofereceria uma compensação para que nada mais tivesse a reclamar. Tal tese leva à conclusão: a relação de emprego pode, pela vontade do empregador, e sem causas justas, ser rompida, desde que se pague um valor pré-fixado, para poder praticar o ato injustificado.

Nesse contrassenso, no qual se coloca a consequência do evento como instrumento hábil para impedir a sua ocorrência, o que se quer dizer com a expressão "dentre outros direitos", com a qual se conclui o citado inciso 1 do art. 7º?

Considerando que o inciso é parte do artigo, estando vinculado ao do *caput*, descuidou-se o constituinte cometendo visível teratologia. Diz-se, no *caput* do art. 7º, que "são *direitos* (o grifo é nosso) dos trabalhadores urbanos e rurais, além de outros (OBVIAMENTE DIREITOS), que visem à melhoria de sua condição social...".

Compactando o pensamento: são direitos dos trabalhadores, além de outros, a proteção contra a despedida arbitrária, nos termos da lei complementar que preverá indenização, dentre outros direitos. Confuso tecnicamente, indeciso politicamente, feio estilisticamente e falho redacionalmente. E tudo por quê? Pela insegurança de posicionamento doutrinário e pela falta de opção política foi que se gerou esse dizer sem-dizer, esse tutelar o emprego, mas dando a ideia, sem afirmar e nem assumir, de que tudo se resolve com indenização.

Se o inciso dispõe sobre o emprego, a relação que o constitui e do qual ele é resultado, sua garantia e continuidade, a proteção contra quem, injustificadamente, queira suprimi-lo, tem prevalência. E só para tanto se reserva o primeiro dos incisos, justamente porque tal proteção *é* a prioritária no que concerne às demais normas tutelares que só poderiam viabilizar-se se o emprego em si existe e se mantém. Se a gênese das prerrogativas do trabalhador é a relação de emprego, e sua proteção contra a despedida, concluir tal sistema protecionista com a mera indenização parece incoerente e improcedente. Referir, depois, *a outros direitos*, absolutamente imprecisos.

Que direitos serão esses? Serão complementares à indenização? Serão prévios à indenização, dispensando-a? Serão mais fortes e eficazes que a indenização, ligando-se ao objetivo original do inciso, ou seja, à garantia do emprego proibindo a despedida injusta, e tornando desnecessária, por inútil, a indenização? Se os direitos, citados no plural, são vários, tendo capacidade de atender à razão da norma, que é a da garantia do emprego, por que não foram nominados e traçada a forma da sua utilização, se a simplória indenização, contraposta ao espírito da norma, vem citada explicitamente?

Não se diga que os "outros direitos" seriam, por exemplo, o pagamento de duodécimos do décimo terceiro salário, das férias anuais etc. Esses são institutos que não se originaram com a rescisão. Apenas, ante o fato rescisório, o crédito do trabalhador já parcialmente constituído, face a direitos gerados por outras motivações protetivas, se realiza, mesmo que os prazos não se tenham completado.

A rescisão faz precoce o direito de receber, mas ele não foi gerado pela rescisão mas, sim, pela vinculação empregatícia, pelo trabalho já feito etc.

Não se ganha 13º salário porque se foi despedido. Ganha-se porque se trabalhou durante meses a fio no ano. Se antes do mês aprazado para o pagamento normal há uma rescisão, o crédito já constituído é pago. Com as férias, raciocínio similar se aplica. Logo não será a tais parcelas, complementares do pagamento rescisório, que indenização não são, a que se referirá o inciso I.

Quais serão tais direitos, pois? E de que nível?

A questão fica em aberto, pela indefinição do constituinte que deixou ao legislador ordinário a tarefa que era sua, não assumindo o posicionamento que lhe correspondia, ensejando um quadro impreciso até a edição da lei (algum dia!) que dará o trato genérico ou a sentença que estabelecerá regra para as partes.

Entendo que, mesmo sem afirmar, o inciso I permite que se conclua que o mapa da Constituição mostra ao intérprete um caminho que leva à garantia do emprego. Vejamos o porquê.

Ao referir à *indenização compensatória*, o constituinte não dá a ela tarefa essencial dentro do inciso. Este tem por objetivo central a proteção da relação de emprego; para tanto, impõe-se instrumentalizar defesas contra a despedida arbitrária ou sem justa causa. A indenização compensatória aparece em posição secundária. Será parte de lei complementar a ser feita para dar vida às ideias matrizes, que têm por escopo obstaculizar a despedida injusta, protegendo a relação empregatícia.

Se assim *é*, seguindo-se o caminho do bom-senso, do imperativo social e da razão de ser do Direito do Trabalho, entende-se melhor o texto constitucional.

A indenização compensatória a que se faz alusão, "dentre outros direitos", ocorreria sempre que ACONTECESSE A DESPEDIDA, NÃO ARBITRÁRIA, DECORRENTE DE RAZÕES DE INTERESSE DA EMPRESA, QUER DE MOTIVAÇÃO FINANCEIRA (problemas organizacionais internos ou de conjunturas adversas de mercado) OU TECNOLÓGICA (inovações técnicas, ou alteração em linha de produção visando à adoção de procedimentos mais competitivos).

Haveria a obrigatoriedade de indenização compensatória sempre que a rescisão unilateral, decorrente de ato do empregador, não fosse antecedida de procedimento faltoso do trabalhador dispensado. Não seria ela consequência de falta profissional ou pessoal do obreiro, que não fora desidioso ou impontual e não praticara ato de insubordinação.

As justificativas da despedida se localizariam em necessidades da empresa, visando a torná-la mais competitiva no mercado, ensejando, mediante redução de custos, assegurar-lhe equilíbrio receita-despesa. Se o empregado não ensejou motivações para ser despedido, mas a rescisão nasceu de razões relacionadas com a sorte da empresa, não há como se deixar de garantir ao trabalhador o direito a ser indenizado, posto que injusto seria permitir-lhe a perda do emprego, sem ressarcimento. À *empresa,* ante motivações que lhe exigem a dispensa de pessoal, visando ao interesse coletivo, inclusive dos demais empregados, *assegura-se* o direito à rescisão unilateral que, no entanto, gerará a obrigação de pagar indenização. Se a garantia individual do emprego cessa ante o interesse coletivo justificado, da sobrevivência da empresa, e não face ao arbítrio patronal, o direito individual do empregado despedido — ainda que com os arrazoados empresariais — lhe garantirá uma indenização que lhe ressarcirá, por cálculo "forfaitaire", o tempo de serviço, que é tempo de vida.

Por isso, aparece, no texto, ladeado por fórmulas mais explícitas, vindas das comissões temática e de sistematização, a expressão *indenização compensatória,* depois do mandamento fundamental *(proteção da relação de emprego* contra a despedida injusta) e antes de *outros direitos* (que não se diz quais e quantos são, e como e quando poderão ser utilizados, numa imprecisão que leva aos limiares da impraticabilidade).

Não fora assim, bastaria dizer que a rescisão unilateral do contrato individual, por parte do empregador, só obrigaria ao pagamento de indenização a ser calculada em função do tempo de serviço do empregado, nos termos de lei complementar.

Não haveria, nesse caso, nenhuma lógica que o levasse a falar em proteção da relação do emprego contra a despedida arbitrária, se ela estivesse autorizada, ao se fixar a mecânica compensatória ante o ato arbitrário autorizado. Seria: ou descrer demais da sinceridade do constituinte, ou acreditá-lo despreparado ao atribuir ao texto em pauta a consagração do direito absoluto de despedida. Despede-se *primeiro* a quem se quer, quando se quer e, apenas, por que se quer, e, *depois,* se paga uma certa quantia pelo ato já praticado, cujos efeitos já ocorreram. Não é isso que diz na Constituição, até porque a se dizer tanto em matéria de retrocesso juslaboralista — mesmo na comparação com as normas dos tempos considerados autoritários —, a nova Constituição seria um modelo de obscurantismo jurídico e insensibilidade social.

E é justamente por isso que sempre acreditei que a melhor interpretação haveria de fazer jus à História e ao progresso, e ser fiel aos constituintes e, particularmente, ao espírito de sua obra, a Constituição, comprometida com mudanças não revolucionárias, mas determinantes no caminho da Justiça Social.

Consequentemente, o inciso I do art. 7º, de forma sinuosa, consagra o princípio, não da estabilidade, que aprisiona a relação produtiva, mas da GARANTIA DE EMPREGO.

Por ele, a despedida poderá acontecer quando houver motivações, não só as que decorrem dos erros e da culpa do trabalhador, mas também da própria necessidade de sobrevivência e, se possível, de progresso da empresa. Não se confunda com a estabilidade tradicional, em que ao empregador se nega o direito de rescindir o contrato do trabalhador, a não ser que cometa falta grave e que a Justiça previamente a identifique e a comprove; também não se misture com a liberalidade do direito patronal absoluto de pagar depois, despedindo antes, sem ter de justificar, a quem justificar, e por que justificar. A *garantia de emprego,* verdadeiro meio-termo que não é medíocre, mas virtuoso, respeita as razões coletivas da empresa (sem a qual não há empregos), que é também feita do interesse, não individual deste ou daquele trabalhador, mas de centenas, milhares de obreiros, e leva em conta também as prerrogativas valiosas do trabalhador, sem o qual não se constrói a própria empresa.

Por isso, o que a Constituição está a dizer é que:

1. não se permite a despedida injustificada por ato patronal;
2. assegura-se ao empregador o direito de rescisão, quando, além das motivações decorrentes das condutas irregulares, disciplinares ou funcionais do empregado, acontecerem motivações financeiras ou tecnológicas de interesse empresarial, devidamente comprovadas e regulamentadas em lei;
3. na ocorrência de despedida por motivação empresarial, tecnológica ou administrativa (dificuldades financeiras, por exemplo), o direito do empregador de despedir corresponde à sua obrigação de assegurar ao empregado uma indenização compensatória.

*l)* Dentro desse raciocínio, o que seriam os "outros direitos" a que alude o texto?

O lógico é que a futura legislação ordinária contenha normas que se ajustem aos preceitos da garantia de emprego. Será preciso explicitar a amplitude do contrato a termo, obviamente fora das limitações do inciso I do art. 7º, como no caso dos safristas, no ajuste por obra certa, no acordo de experiência etc. São situações em que condições prévias ou fatores previsíveis a ocorrer têm força para proceder à resilição contratual, implementando cláusula expressa ou tácita, mas prevista explícita ou implicitamente, a qual o resolva. Acordam patrão e empregado, na certeza de que *o tempo,* com data marcada ou na certeza que esta se definirá em função de algum fato a ocorrer, cuja concretização se prevê e espera, *dará a palavra final. A relação não* se enraíza com o passar dos dias. Ao contrário, estes, nos termos do convencionado, vão enfraquecendo a relação, que se dissolve, em razão de ser do conveniado.

A lei ordinária terá de dizer se, com a garantia de emprego, permanecerá o contrato de experiência em três meses, ou se conviria reduzi-la ou ampliá-la.

Há quem tem defendido a tese de que os prazos de experiência não deveriam ser uniformes, posto que diversa e específica a atividade e a complexidade das tarefas exigíveis do assalariado e o setor de sua atividade.

Obviamente no decurso do contrato por prazo determinado, em qualquer uma de suas múltiplas facetas, também valerá o princípio da garantia de emprego.

Não se resume, porém, às disposições sobre o contrato a termo a necessidade de legislação complementar. Imprescindível, por exemplo, que se estabeleçam normas sobre a progressiva exigência de medidas de *automação e automatização especialmente no setor industrial*. A presença crescente da tecnologia nos diversos setores produtivos mudou conceitos, métodos e procedimentos. O nexo de causa e efeito determina consequências flagrantes na relação de emprego, na medida em que se alteram formas de produção. E o emprego — traço de união indiscutível do econômico com o social — vê-se abalado, exigindo-se-lhe novas conceituações, a fim de adatar-se à modernidade.

A mudança conceitual trabalhista do emprego, trazida no bojo da Constituição de 88, exigiria legislação plástica, sem ser indefinida; adatável, sem ser invertebrada, em especial no concernente à convivência com o futuro que estava chegando. A progressiva substituição da mão de obra pela máquina em determinadas atividades e, inclusive, o uso de equipamento altamente sofisticado de produção — o robô — em atividade complexas e minuciosas, exigentes de alta precisão, impuseram ao legislador de 1988 e imporiam ao do depois a capacidade de garantir o processo produtivo em crescimento qualitativo e quantitativo; de ajudar na adoção de novas e melhores técnicas; de retirar progressivamente o assalariado de atividades de risco pessoal, fazendo da máquina não um agente de acidente contra o trabalhador, mas um instrumento que, nas tarefas onde o infortúnio seja possível e até provável, o substitua, protegendo-o do acidente.

Não será fácil tal elenco normativo, quer pela sua complexidade, quer pelos interesses em pauta. Visa-se a usar a tecnologia que o homem criou e cria a cada instante para ajudá-lo a trabalhar menos arriscada e sacrificadamente, e também para ensejar à humanidade produzir mais e melhor. Isso, porém, não nos pode dar urna espécie de tendência à mitificação ou quase à sacralização da máquina, inteligência artificial. Ela é meio, fruto do homem, e não fim, sucedânea e equivalente à pessoa que deve ter sobre ela controle de vontade e prevalência de oportunidades e garantias. A máquina é para servir todos os homens, entre eles os próprios trabalhadores os quais, circunstancialmente e naquela tarefa, naquele momento, vai substituir, ensejando outra oportunidade, pelo menos igual, se não melhor. E, se assim não for, haverá de questionar-se a sua utilidade não só social, mas até econômica, na curva final do ciclo, quando se exigirá a existência de mais e melhores consumidores. E estes não serão, nunca, as máquinas. *Serão os homens que, como assalariados,* sempre que possível bem remunerados — daí também a importância da preservação e da valorização da empresa — *mais poderão e deverão consumir,* gerando necessidade de mais produção, novas empresas e múltiplos empregos para novos trabalhadores.

Precisará ser feita legislação que estabeleça mecanismos progressivos de adoção de máquinas e equipamentos, admitindo-se, nesse então, a substituição de parcelas da força de trabalho. Mas isso deverá ocorrer preferentemente por meio da negociação com os interessados, de maneira que haja consciência da necessidade de sua efetivação. Não será a máquina pela máquina, mas a máquina porque, sem ela, a produção será insuficiente; a qualidade do bem, posto à venda no mercado, inferior e por isso menos competitivo; o preço mais elevado, e por isso sem chance de disputa concorrencial etc. A empresa não trocará, a não ser por necessidade de sobrevivência, consolidação e ampliação, com vantagem e interesse de empregadores e empregados. Esse é o espírito que deve presidir o processo de evolução tecnológica, capaz, por si só, de motivar a rescisão de um ou de alguns contratos individuais de trabalho, não como medida isolada e autoritária, mas como fruto de efetivas razões conjunturais e estruturais. Na lei, estarão, obviamente, princípios básicos, mandamentos gerais. A vida diária e a negociação sindicato-empresa deverão saber escrever a parte viva e atualizada do processo, caso a caso.

Ademais da normatização pelas justificativas tecnológicas de substituição pela empresa de alguns empregados, também se impõe na legislação nova, prevista pela Constituição, a definição de preceitos referentes a obrigações e a procedimentos na política de formação de mão de obra, sua qualificação e especialização. E por que nesse ponto do procedimento legal, umbilicalmente ligado ao inciso em análise? Porque a admissibilidade da despedida justificada por razões de empresa impõe, como política governamental, a participação da empresa e a corresponsabilidade sindical na adoção de leis que garantam ao trabalhador qualificação e/ou requalificação profissionais, a fim de inseri-lo, ou reinseri-lo, em um mercado de trabalho em mutação.

Não se esperava do futuro legislador que preparasse lei minudente demais. O mercado e a relação produtiva irão construindo o seu próprio caminho. Importante é que a lei seja ampla, de maneira a estabelecer os balizamentos gerais de uma política para o setor, permitindo que as partes, no dia a dia da realidade, façam o ajuste que possibilitará sua aplicação. Melhor a norma menos ambiciosa e, por isso, mais aplicável e mais respeitada, do que o dispositivo presunçoso, exposto na prateleira das leis inúteis.

Sem o propósito de esgotar o conteúdo dos *"outros direitos"*, referidos pela Constituição, aos quais caberá fazer parte da lei complementar citada pelo inciso I, enfatize-se a valia, no que tange à relação de emprego, da ação tripartite (Estado, patrão, empregado) e, especialmente, a importância da ação negocial coletiva. Haverá de convir uma palavra sobre a necessidade de maior representação dos trabalhadores nas questões intraempresariais. A integração, típica de cada organização e que respeitará sua dimensão profissional, perfil funcional, características sindicais, momento político, saúde econômico-financeira negocial, terá, na lei, indicativos, traçados largos, pertinentes ao bem-comum e ao interesse público, deixando aos atores de cada uma dessas relações o direito e o dever de fazer as normas próprias.

Indispensável separar *EMPRESA* de *empresa*. O mais certo é que se respeite a função do Estado, mas não se submeta a cidadania a ele. Por isso, ao tratar de garantia de emprego, e ao estabelecer, por lei complementar, normas específicas para efetivá-la, haverá o legislador de diferençar a *microempresa,* em que o próprio dono é empreendedor e agente laboral direto e exclusivo, *da pequena* (normalmente esgotando-se no âmbito da economia familiar e circunstancialmente com a presença de um que outro empregado, fora desse círculo), *da média* (em que a figura do assalariado — em número significativo — é flagrante, mas a personalização do empresário ainda é nítida), *da grande* (aquela em que os trabalhadores não se individualizam, porque são massa, e o patrão não se personaliza ou identifica, porque é razão social, grupo econômico, marca de fantasia, enfim, real ficção jurídica). São universos completamente diferentes, onde, em cada uma delas, a relação entre Capital e Trabalho tem um significado e um feitio próprios. Não são, pois, situações que se possam igualar no dispor da lei. Ela terá de ser genérica, para não ser indutora de privilégios ou desníveis, mas não haverá de ser irrealista e injusta, tratando igualmente situações totalmente diversas.

Sem descurar da proteção ao empregado, do princípio básico da garantia do emprego, o legislador estabelecerá diferenças entre o que é diverso, a fim de que a lei enseje operatividade aos princípios constitucionais.

São essas algumas das questões que deverão ocupar a lei complementar exigida pela Constituição. Haverá outros aspectos que o legislador poderá inserir, tais como o tratamento ao trabalhador menor, a situação da trabalhadora-gestante etc.

Ficará testada, na norma complementar do inciso I do art. 7º, a capacidade de o legislador equilibrar-se entre a imposição e a liberalização. Dar espaço à negociação coletiva em nome da realidade não significará abstrair um mínimo de presença expressa da vontade da sociedade para garantir interesses públicos. E isso se faz por meio da lei que deve dar um rumo à proposta social da relação de emprego, permitindo que os verdadeiros sujeitos façam o restante, adatando, em nome de realidades específicas, espécies diversas de um só gênero. O Estado presente onde indispensável. A liberdade às partes com a maior autonomia possível e sem limitações que não sejam as do interesse público. Isso a lei haverá de traduzir.

*k)* Transcorridos mais de vinte anos da promulgação da Constituição, pouco ou nada se caminhou na direção de consagrar a garantia de emprego preconizada na forma antes descrita. A legislação infraconstitucional não foi criada, verdadeira inoperância do Poder Legislativo, deixando a sociedade distante dos direitos sociais referidos e não atendidos.

Não se trata de pessimismo, mas de realidade fática, de uma estagnação surpreendente, apesar de amplitude de nosso convívio democrático que há décadas estamos gozando.

Talvez o mais próximo e amplo debate do tema em questão tenha ocorrido quando o país ratificou em 1995[1] a Convenção n. 158 da OIT, apesar de em seguida tê-la denunciado[2].

A Convenção n. 158 da OIT foi aprovada na 88ª reunião da Conferência Internacional do Trabalho, em Genebra, em 1982, e tomou validade no âmbito internacional em 23.11.85, conforme os critérios lá estabelecidos. A Convenção n. 158 da OIT trilha exatamente o caminho preconizado anteriormente, ou seja, a dispensa do empregado deverá vir acompanhada de uma justificativa plausível, para ser considerada válida. Vejamos o artigo quarto da Convenção:

> "Art. 4º Não se dará término à relação de trabalho de um trabalhador a menos que exista para isso uma causa justificada relacionada com sua capacidade ou seu comportamento ou baseada nas necessidades de funcionamento da empresa, estabelecimento ou serviço".

Nota-se que a garantia de emprego, desejada pelo constituinte, estaria sendo pacificada, sendo que a referida Convenção n. 158 da OIT ainda toma o cuidado de não considerar como justificativa para a dispensa do empregado, ou seja, exclui do rol de possibilidades para embasar a despedida do empregado, a filiação a um sindicato ou a participação em atividades sindicais fora das horas de trabalho ou, com o consentimento do empregador, durante as horas de trabalho, protegendo o sindicato e a liberdade de sindicalizar-se. Mais, não são motivos para a dispensa: ser candidato a representante dos trabalhadores ou atuar ou ter atuado nessa qualidade; apresentar uma queixa ou participar de um procedimento estabelecido contra um empregador por supostas violações de leis ou regulamentos, ou recorrer por isso perante as autoridades administrativas competentes; a raça, a cor, o sexo, o estado civil, as responsabilidades familiares, a gravidez, a religião, as opiniões políticas, a ascendência nacional ou a origem social, a ausência do trabalho durante a licença-maternidade e, por fim, a ausência temporal do trabalho por motivo de doença ou lesão não deverão constituir causa justificada de término da relação de trabalho.

---

(1) Decreto n. 1.855, de 10.4.1996 — DOU 11.4.1996 — Ret. 26.9.1996. Promulga a Convenção n. 158 sobre o Término da Relação de Trabalho por Iniciativa do Empregador, de 22 de junho de 1982. Aprovado pelo Decreto Legislativo n. 68, de 16.9.1992. Art. 1º A Convenção n. 158, da Organização Internacional do Trabalho, sobre o Término da Relação de Trabalho por Iniciativa do Empregador, assinada em Genebra, em 22 de junho de 1982, apensa por cópia ao presente Decreto, deverá ser executada e cumprida tão inteiramente como nela se contém. Art. 2º O presente Decreto entra em vigor na data de sua publicação.

(2) Decreto n. 2.100, de 20.12.1996 — DOU 23.12.1996 — Torna Pública a Denúncia, pelo Brasil, da Convenção da OIT n. 158 Relativa ao Término da Relação de Trabalho por Iniciativa do Empregador.

O Presidente da República torna público que deixará de vigorar para o Brasil, a partir de 20 de novembro de 1997, a Convenção da OIT n. 158, relativa ao Término da Relação de Trabalho por Iniciativa do Empregador, adotada em Genebra, em 22 de junho de 1982, visto haver sido denunciada por Nota do Governo brasileiro à Organização Internacional do Trabalho, tendo sido a denúncia registrada, por esta última, a 20 de novembro de 1996.

A Convenção n. 158 da OIT estabelece, ainda, a exclusão da proteção às categorias de pessoas empregadas por contrato de trabalho de duração determinada ou para realizar uma determinada tarefa; os trabalhadores que estejam num período de experiência ou que não tenham o tempo de serviço exigido, sempre que, em qualquer um dos casos, a duração tenha sido fixada previamente e for razoável e os trabalhadores contratados em caráter ocasional durante um período de curta duração.

Destarte, o que foi estabelecido no inciso I do art. 7º da Constituição, inclusive inspirado exatamente nesses fundamentos, estava sendo finalmente ajustado, tornando-se uma realidade social, resgatando o que havia sido abandonado pelo decurso do tempo.

A reação negativa daqueles que não desejam a garantia de emprego e se satisfazem com uma formula apenas indenizatória foi imediata. Os mesmos argumentos já utilizados voltaram à tona, repetindo o passado, como se a estabilidade definitiva e arcaica estivesse retornando.

Mais uma vez a opinião pública foi influenciada e desinformada a respeito do tema. Como dito alhures e agora se reitera, a garantia de emprego não é estabilidade. Garantia de emprego é equilíbrio entre o engessamento da estabilidade e o excesso da dispensa injustificada mediante uma paga indenizatória.

Na verdade, ao acolher a garantia de emprego, não se está apenas pretendendo a proteção do empregado.

Cumpre reconhecer que a obra de Américo Plá Rodriguez[3] sobre princípios de Direito do Trabalho influenciou juristas de toda a América Latina. Nela, o uruguaio indica como princípio basilar o protetor, defendendo a ideia de que deve ser observado frente à condição de fragilidade do trabalhador, indicando que o Direito do Trabalho almeja a proteção do trabalhador para proporcionar equilíbrio. Reforça tal princípio com outros três a ele interligados: *in dúbio pro operário* (havendo dúvida na interpretação da norma, deverá interpretar-se em favor do trabalhador), a prevalência da norma favorável ao trabalhador (quebra a tradicional hierarquia das normas, indicando que no cume está a que for favorável ao trabalhador) e a preservação da condição mais benéfica (relacionado ao tempo da norma, garantindo ao trabalhador o direito adquirido).

Indispensável salientar que nem todos doutrinadores acreditam que seja o princípio protetor o mais importante, como se observa nas palavras de Amauri Mascaro Nascimento[4], quando diz que: "O *princípio protetor,* central no direito do trabalho, não é mais importante que o da *razoabilidade,* de modo que este é o

---

(3) PLÁ RODRIGUEZ, Américo. *Princípios de direito do trabalho.* Tradução de Wagner D. Giglio. São Paulo: LTr, 1993.
(4) NASCIMENTO, Amauri Mascaro. *Curso de direito do trabalho:* história e teoria geral do direito do trabalho: relações individuais e coletivas do trabalho. 19. ed. rev. e atual. São Paulo: Saraiva, 2004. p. 350.

princípio básico e não aquele. Não é viável proteger o trabalhador quando a proteção não se mostra razoável".

Na doutrina portuguesa, Maria do Rosário Palma Ramalho[5] defende que o princípio da compensação tem uma estrutura bipolar, ou seja, um duplo objetivo. O primeiro objetivo, em relação ao trabalhador, é o de compensar a sua inferioridade negocial no contrato de trabalho (vertente de proteção dos interesses do trabalhador). O segundo objetivo, em relação ao empregador, é assegurar o cumprimento dos deveres amplos que lhe incumbem no contrato de trabalho e, indiretamente, viabilizar o próprio contrato (vertente de salvaguarda dos interesses de gestão do empregador).

A doutrinadora portuguesa quebra a tradicional compreensão da posição absoluta do princípio de proteção ao trabalhador, dizendo:

> Em primeiro lugar, confirma-se a importância actual do princípio da proteção do trabalhador no sistema jurídico laboral português, mas recusa-se a tradicional qualificação deste princípio como valoração material fundamentante única do Direito do Trabalho, em favor da sua colocação ao lado do princípio da salvaguarda dos interesses de gestão do empregador e da qualificação de ambos como vertentes paralelas do princípio da compensação[6].

Não se está abandonando ou se afastando do princípio protetor, que é admitido e saudado pela doutrina e pela jurisprudência brasileira. Aliás, sem a menor dúvida, o princípio de proteção garante ao Direito do Trabalho, junto com outros elementos, a sua autonomia. Perdê-lo de vista poderia ceifar o Direito do Trabalho de sua característica típica.

Ocorre que os contratos em geral têm tanto uma função interna como externa. Dito de outra forma: em uma compreensão estreita, os contratos têm como objetivo regulamentar as relações entre os contratantes, mas, em uma compreensão mais ampla, os contratos afetam também os que estão próximos e, em especial, toda a sociedade.

O contrato de emprego efetivamente não interessa apenas ao trabalhador e ao empregador. A sua existência provoca os mais variados efeitos sociais. O contrato de emprego colabora para a manutenção da Previdência Social, aumenta a arrecadação de impostos, incrementa o consumo, o que por sua vez gera novos empregos, provoca a diminuição de gastos públicos (seguro desemprego), diminui os índices de violência, aumenta a possibilidade de que os filhos do trabalhador fiquem na escola, ou seja, inúmeros efeitos sociais salutares, notórios e desejados.

---

(5) RAMALHO, Maria do Rosário Palma. *Direito do Trabalho*, Parte I, Dogmática Geral. Coimbra: Almedina, 2005. p. 490.
(6) RAMALHO, Maria do Rosário Palma. *Direito do Trabalho*, Parte I, Dogmática Geral. Coimbra: Almedina, 2005. p. 499 e 500.

O art. 8º[7] da Consolidação das Leis do Trabalho estabelece a prevalência do bem-comum ou do interesse público sobre o particular ou de classe e, no parágrafo único do mesmo artigo, estabelece o Direito Civil como fonte subsidiária do Direito do Trabalho.

Os arts. 421[8] e 422[9] do Código Civil atribuem finalidade social ao contrato, restringindo a aplicação do princípio da autonomia contratual. Apesar da natureza privada, "o direito de contratar não é ilimitado". Os dispositivos indicados visam a resguardar os princípios da boa-fé contratual e da função social do contrato.

Assim, a teoria clássica de que o princípio da proteção do trabalhador vincula todos os demais princípios, leis e decisões judiciais como verdadeiro dogma do Direito do Trabalho, pode e deve ser reinterpretada.

Não existe princípio absoluto, nem mesmo o protetor. De nada adianta ter direito ao adicional de hora extra sem ter direito à saúde. De nada adianta ter direito à irredutibilidade de salário sem ter direito ao emprego.

Ao lado dele, em convivência equilibrada, sem desprezar o princípio da proteção, podemos estabelecer o princípio da função social do contrato de emprego. A diferença está na conscientização de que não se submete ao princípio da proteção, mas convive com ele de forma harmônica.

Assim, a garantia de emprego respeita o princípio da proteção (teoria clássica) e a função social do contrato, em verdadeira simbiose, visto que não impede a dispensa do empregado, mas exige uma justificativa para tal.

O debate sobre a Convenção n. 158 da OIT fatalmente brotou nos Tribunais, visto que estava modificando a essência da forma de extinguir o contrato de emprego. O Supremo Tribunal Federal, que já havia concedido liminar nos autos da ADIn n. 1.480-3/DF para declarar a natureza meramente programática da norma, extinguiu o processo sem julgamento do mérito, por perda superveniente do objeto, considerando a denúncia da Convenção pelo Governo brasileiro em 20.11.1996.

A interpretação prevalente foi no sentido de que a Constituição Federal, de maneira indiscutível (arts. 7º, I, e 10, I, do ADCT), determina a via pela qual há de se estabelecer a proteção contra a despedida arbitrária ou sem justa causa, assim como os mecanismos de reparação respectivos: a Lei Complementar, ao contrário

---

(7) Art. 8º As autoridades administrativas e a Justiça do Trabalho, na falta de disposições legais ou contratuais, decidirão, conforme o caso, pela jurisprudência, por analogia, por equidade e outros princípios e normas gerais de direito, principalmente do direito do trabalho, e, ainda, de acordo com os usos e costumes, o direito comparado, mas sempre de maneira que nenhum interesse de classe ou particular prevaleça sobre o interesse público. Parágrafo único. O direito comum será fonte subsidiária do direito do trabalho, naquilo em que não for incompatível com os princípios fundamentais deste.
(8) Art. 421. A liberdade de contratar será exercida em razão e nos limites da função social do contrato.
(9) Art. 422. Os contratantes são obrigados a guardar, assim na conclusão do contrato, como em sua execução, os princípios de probidade e boa-fé.

do que possa ser pretendido, não se equipara às demais emanações legislativas. Interpretou-se que a Lei não contém palavras inúteis e assim não se pode pretender em relação à Constituição Federal. Porque a Lei não traz termos inúteis e porque não se pode ignorar diretriz traçada pela Constituição Federal, resta óbvio que a inobservância da forma exigível conduzirá à ineficácia qualquer preceito pertinente à matéria reservada. Se a proteção contra o despedimento arbitrário ou sem justa causa é matéria limitada à Lei Complementar, somente a Lei Complementar gerará obrigações legítimas.

Portanto, o que parecia ser o caminho para finalmente trazer para as relações de emprego o equilíbrio, foi novamente abandonado, pela exigência de forma legislativa imposta na própria Constituição.

*l)* Independentemente da garantia de emprego referida no inciso I do art. 7º da Constituição, de forma paralela fecundam legislações tratando da manutenção do emprego.

Indispensável lembrar algumas: decenal (empregado com mais de dez anos de empresa, antes da Constituição e não optante do FGTS — art. 492 da CLT, art. 14 da Lei n. 8.036/90 e art. 7, incisos I e III da Constituição), rara mas não impossível; sindical, do registro da candidatura até um ano após o final do mandado, inclusive suplente (parágrafo terceiro do art. 543 da CLT e art. 8º da Constituição); cipeiro, desde o registro de sua candidatura até um ano após o final de seu mandato, inclusive o suplente (art. 10, II, *a*, do ADCT); gestante, desde a confirmação da gravidez até cinco meses após o parto (art. 10, II, *b* do ADCT); dirigentes de cooperativa, eleitos na mesma proporção dos dirigentes sindicais (art. 55 da Lei n. 5.764/71); representantes dos trabalhadores nos conselhos ligados aos sistemas do FGTS e da seguridade social, entre a sua nomeação e um ano após o final de seu mandato (art. 3º da Lei n. 8.036/90 e parágrafo sétimo do art. 3º da Lei n. 8.213/91); acidentado, por doze meses após a cessação do auxílio-doença acidentário (art. 118 da Lei n. 8.213/91); representante dos empregados eleitos na comissão de conciliação prévia, do registro de sua candidatura até um ano após o final do mandato, inclusive suplentes (parágrafo primeiro do art. 625-B da CLT).

Uma das proteções mais interessantes é a vedação da dispensa discriminatória. A Lei n. 9.029/95, art. 4º, tipifica casos de discriminação no emprego e proíbe práticas discriminatórias nas relações de trabalho, ensejando a readmissão com pagamento dos atrasados. Veja-se, assim, o seguinte texto legal:

LEI N. 9.029, DE 13.4.1995 — DOU 17.4.1995

"Art. 4º O rompimento da relação de trabalho por ato discriminatório, nos moldes desta Lei, faculta ao empregado optar entre:

I — a readmissão com ressarcimento integral de todo o período de afastamento, mediante pagamento das remunerações devidas, corrigidas monetariamente, acrescidas dos juros legais;

II — a percepção, em dobro, da remuneração do período de afastamento, corrigida monetariamente e acrescida dos juros legais".

Facilmente se constatam decisões do Tribunal Superior do Trabalho, determinando a reintegração do empregado por discriminação, em especial por doença como a AIDS. Veja-se uma decisão exemplificativa:

"AGRAVO DE INSTRUMENTO. EMPREGADO PORTADOR DO VÍRUS DA AIDS. REINTEGRAÇÃO. VIOLAÇÃO DO ARTIGO 7º, I, DA CONSTITUIÇÃO FEDERAL. NÃO PROVIMENTO. 1. Inviável o destrancamento do recurso de revista quanto à denunciada ofensa ao artigo 7º, I, da Constituição Federal, uma vez que o Tribunal Regional **decidiu pela reintegração do reclamante, ao constatar que a dispensa teria sido motivada por ato discriminatório, razão pela qual aplicou preceito inserto na Lei n. 9.029/95, que proíbe a adoção de práticas discriminatórias para efeitos admissionais ou de permanência da relação jurídica de trabalho.** Desse modo, a aferição da afronta ao supracitado dispositivo constitucional demandaria a prévia interpretação de lei infraconstitucional, de modo que a violação somente ocorreria reflexa ou indiretamente. 2. Agravo de instrumento a que se nega provimento. (AIRR n. 173/2003-039-01-40.7, 7ª Turma do TST, Rel. Guilherme Augusto Caputo Bastos. unânime, DEJT 03.09.2009)". **(grifos nossos)**

Existem inclusive decisões não apenas calcadas na Lei n. 9.029/95, mas inclusive com fundamentos constitucionais, como no caso noticiado[10] pelo TST:

"Após a empresa ter conhecimento do fato de empregado ser portador do vírus HIV, presume-se discriminatória a dispensa do trabalhador. Com base nessa premissa, a Seção Especializada em Dissídios Individuais (SDI-1) do Tribunal Superior do Trabalho manteve, em embargos julgados esta semana, entendimento de outros precedentes no sentido de pressupor discriminatória a dispensa do empregado aidético. O relator dos embargos, ministro João Oreste Dalazen, modificou decisão da Quarta Turma do TST. O ministro se baseou no artigo 3º, inciso IV, da Constituição Federal. E enfatizou: "O repúdio à atitude discriminatória, objetivo fundamental da República Federativa do Brasil, sobrepõe-se à própria inexistência de dispositivo legal que assegure ao trabalhador portador do vírus HIV estabilidade no emprego".

Nota-se que o Ministro do TST utilizou de embasamento constitucional, para determinar a reintegração, ou seja o art. 3º, inciso IV da Constituição, que afirma: "Art. 3º Constituem objetivos fundamentais da República Federativa do Brasil: IV — promover o bem de todos, sem preconceitos de origem, raça, sexo, cor, idade e quaisquer outras formas de discriminação".

A sensibilidade do Poder Judiciário quando identifica o caráter discriminatório da dispensa exige um acurado grau de percepção, visto que o empregador, por óbvio, vai negar tenha assim agido. Em última análise, portanto, o Judiciário presumiu discriminatória a despedida. Trata-se de presunção baseada na experiência

---

(10) "TST manda reintegrar ao emprego bancário com HIV", dia 28.9.2007. Disponível em: <tst.jus.br>. Acesso em: 20 jun. 2011.

do observador, ou seja, na constatação de que, em geral, a discriminação é velada e não ostensivamente declarada.

Pode estar aqui um novo rumo para trazer maior debate e equilíbrio nas relações de emprego enquanto não é promulgada a esperada Lei Complementar.

## A GARANTIA DE EMPREGO NAS CONSTITUIÇÕES BRASILEIRAS

1. **Constituição de 1946**

   Art. 157, inciso XII.

   "estabilidade, na empresa ou na exploração rural, e indenização ao trabalhador despedido nos casos e nas condições que a lei estabelecer".

2. **Constituição de 1969 (Emenda it. 01)**

   Art. 165, inciso XIII.

   "estabilidade, com indenização ao trabalhador despedido ou fundo de garantia equivalente".

## A GARANTIA DE EMPREGO NAS CONSTITUIÇÕES ESTRANGEIRAS

| | Tradução livre |
|---|---|
| **RÚSSIA**<br>Article 37.<br>Work shall be free. Everyone shall have the right to make free use of his or her abilities for work and to choose a type of activity and occupation. (...) | Artigo 37.<br>Trabalho deve ser livre. Toda pessoa terá o direito de fazer livre uso de suas habilidades para o trabalho e para escolher um tipo de atividade e de ocupação. |
| **JAPÃO**<br>Article 27:<br>1) All people shall have the right and the obligation to work.<br>2) Standards (...) | Artigo 27:<br>1) Todas as pessoas têm o direito e a obrigação de trabalhar.<br>2) Padrões (...) |
| **ARGENTINA**<br>**Art. 14 bis**. — El trabajo en sus diversas formas gozará de la protección de las leyes, (...) protección contra el despido arbitrario; (...) | **Artigo 14 bis** — O Trabalho, nas suas diversas formas, gozará da proteção da lei, (...) proteção contra o despedimento arbitrário, (...) |
| **CUBA**<br>Artículo 45º — El trabajo en la sociedad socialista es un derecho, un deber y un motivo de honor para cada ciudadano. (...) | Artigo 45º — O trabalho na sociedade socialista é um direito, um dever e um motivo de orgulho para cada cidadão. |

| ALEMANHA | |
|---|---|
| Article 12 [Liberté de la profession, interdiction du travail forcé]<br>(1) Tous les Allemands ont le droit de choisir librement leur profession, leur emploi et leur établissement de formation. 2L'exercice de la profession peut être réglementé par la loi ou en vertu d'une loi.<br>(2) Nul ne peut être astreint à un travail déterminé sinon dans le cadre d'une obligation publique de prestation de services, traditionnelle, générale et égale pour tous.<br>(3) Le travail forcé n'est licite que dans le cas d'une peine privative de liberté prononcée par un tribunal. | Artigo 12 {Liberdade de ocupação, proibição do trabalho forçado}<br>(1) Todos os alemães têm o direito de escolher sua profissão, seu emprego e seu processo de formação. 2 O exercício da profissão pode ser normatizada por lei ou por decreto que regulamente a lei.<br>(2) Ninguém será obrigado a trabalhar a não ser por decorrência de um dever público de prestação de serviços, tradicional, geral e igual para todos.<br>(3) O trabalho forçado é permitido apenas no caso de uma pena de prisão imposta por um tribunal. |
| **PORTUGAL**<br>Artigo 53.<br>**Segurança no emprego**<br>É garantida aos trabalhadores a segurança no emprego, sendo proibidos os despedimentos sem justa causa ou por motivos políticos ou ideológicos. | |
| **ESPANHA**<br>Artículo 35<br>1. Todos los españoles tienen el deber de trabajar y el derecho al trabajo, a la libre elección de profesión u oficio, a la promoción a través del trabajo y a una remuneración suficiente para satisfacer sus necesidades y las de su familia, sin que en ningún caso pueda hacerse discriminación por razón de sexo.<br>2. La ley regulará un estatuto de los trabajadores | Artigo 35<br>1. Todos os espanhóis têm o dever de trabalhar e o direito ao trabalho, à livre escolha de profissão ou de ofício, ao progresso por meio do trabalho, e a uma remuneração suficiente para satisfazer as suas necessidades e às de sua família, sem que em nenhum caso possa ocorrer discriminação em razão do sexo.<br>2. A lei regulará o Estatuto dos Trabalhadores |
| **CHILE**<br>N. 16. La libertad de trabajo y su protección.<br>Toda persona tiene derecho a la libre contratación y a la libre elección del trabajo con una justa retribución. (...) | N. 16. Liberdade de trabalho e sua proteção.<br>Toda pessoa tem direito à livre contratação e à livre escolha do trabalho com remuneração justa. (...) |
| **URUGUAI**<br>Artículo 53. El trabajo está bajo la protección especial de la ley.<br>Todo habitante de la República, sin perjuicio de su libertad, tiene el deber de aplicar sus energías intelectuales o corporales | Artigo 53. O trabalho está sob a proteção especial da lei.<br>Todo habitante do país, sem prejuízo da sua liberdade, tem o dever de usar a sua energia intelectual ou física de uma forma |

| | |
|---|---|
| URUGUAI (cont.)<br>en forma que redunde en beneficio de la colectividad, la que procurará ofrecer, con preferencia a los ciudadanos, la posibilidad de ganar su sustento mediante el desarrollo de una actividad económica. | que resulte em benefício da comunidade, a qual procurará oferecer, com preferência aos cidadãos, a possibilidade de ganhar o seu sustento por meio do desenvolvimento de uma atividade econômica. |
| **MÉXICO**<br>**Título Sexto**<br>**Del Trabajo y de la Previsión Social**<br>Artículo 123. Toda persona tiene derecho al trabajo digno y socialmente útil; al efecto, se promoverán la creación de empleos y la organización social de trabajo, conforme a la ley. (…)<br>XXII. El patrono que despida a un obrero sin causa justificada o por haber ingresado a una asociación o sindicato, o por haber tomado parte en una huelga lícita, estará obligado, a elección del trabajador, a cumplir el contrato o a indemnizarlo con el importe de tres meses de salario. La Ley determinará los casos en que el patrono podrá ser eximido de la obligación de cumplir el contrato, mediante el pago de una indemnización. Igualmente tendrá la obligación de indemnizar al trabajador con el importe de três meses de salario, cuando se retire del servicio por falta de probidad del patrono o por recibir de él malos tratamientos, ya sea en su persona o en la de su cónyuge, padres, hijos o hermanos. El patrono no podrá eximirse de esta responsabilidad, cuando los malos tratamientos provengan de dependientes o familiares que obren con el consentimieto *(consentimiento, sic DOF 21-11-1962)* o tolerancia de él. | **Título sexto**<br>**Trabalho e Previdência Social**<br>Artigo 123. Toda pessoa tem direito ao trabalho digno e socialmente útil; para tal efeito, promover-se-á a criação de empregos e a organização social do trabalho segundo a lei. (...)<br>XXII — O empregador que despedir um trabalhador sem justa causa ou por se ter afiliado a uma associação ou a um sindicato, ou por ter tomado parte em uma greve legal, estará obrigado, a critério do trabalhador, a executar o contrato ou a indenizá-lo pela quantia de três meses do salário. A lei determinará os casos em que o empregador pode eximir-se da obrigação de cumprir o contrato mediante o pagamento de uma indenização. Também tem a obrigação de indenizar o empregado com o valor de três meses de salário, quando o trabalhador se retirar do serviço por falta de probidade do empregador ou por dele receber maus tratos, seja em pessoa ou por meio de seu cônjuge, pais, filhos ou irmãos. O empregador não poderá se excluir dessa responsabilidade, quando os maus tratos provenham de seus dependentes funcionais ou de membros de sua família e ocorram com seu consentimento ou tolerância. |
| **PARAGUAI**<br>Artículo 94 — DE LA ESTABILIDAD Y DE LA INDEMNIZACION<br>El derecho a la estabilidad del trabajador queda garantizado dentro de los límites que la ley establezca, así como su derecho a la indemnización en caso de despido injustificado. | **Artigo 94 — ESTABILIDADE E INDENIZAÇÃO**<br>O direito à estabilidade do trabalhador é garantido dentro do que a lei estabelecer, bem como o seu direito à indenização por despedimento injustificado. |

# Capítulo II

# SEGURO-DESEMPREGO

**TRAJETÓRIA NA CONSTITUINTE**

> *Subcomissão dos Direitos dos Trabalhadores*
>
> "Seguro-desemprego, proporcional ao salário da atividade, nunca inferior a um salário mínimo para o trabalhador que, por motivo alheio à sua vontade, ficar desempregado, por prazo compatível com a duração média do desemprego".
>
> *Comissão da Ordem Social*
>
> "seguro-desemprego, em caso de desemprego involuntário".
>
> *Comissão de Sistematização*
>
> "seguro-desemprego, em caso de desemprego involuntário".
>
> *Constituição Federal, art. 7º, II — (texto oficial)*
>
> SEGURO-DESEMPREGO, EM CASO DE DESEMPREGO INVOLUNTÁRIO".

O inciso II do art. 7º incluiu, entre os direitos do trabalhador, o "seguro-desemprego, em caso "de desemprego involuntário". Vejamos o que dispunha a Constituição anterior a respeito da matéria:

**Art. 165. (...)**
"XVI — previdência social, nos casos de doença, velhice, invalidez e morte, seguro-desemprego, seguro contra acidente do trabalho e proteção da maternidade, mediante contribuição da União, do empregador e do empregado";

Apesar dessa disposição, o quadro legal brasileiro, até 1986, restringiu-se ao chamado "auxílio-desemprego" que se referia ao atendimento específico de situações de despedimento coletivo, empregando-se recursos originários do Ministério do Trabalho, comprovados requisitos que, por suas exigências, o tornavam de mui rara aplicação. Poucos teriam direito e, se o tivessem, por pouco tempo haveria de ser, recebendo muito pouco dinheiro, e depois de cumpridas muitas formalidades que, na prática, demandariam muito tempo do trabalhador desempregado. Assim, salvo em casos de desemprego em massa, é que se acionava o referido auxílio, que, não sendo decorrência de contribuição específica de uma fonte identificada, não tinha o feitio do seguro. Quase ação de assistência social pública. Uma variante precoce e imperfeita de um dos alicerces do tripé da Seguridade. O auxílio-desemprego rondou entre o inútil, pela sua escassa aplicação, e o circunstancial, pelo casuísmo ruidoso. Viveu num circuito do ocioso ao demagógico, com rara eficácia.

*a)* Havia, no texto constitucional, uma clara obrigação de pôr em prática a medida, como seguro social. Isto é, a partir do princípio contratualístico de *do ut des*, espraiando-se para o envolvimento da sociedade e particularmente do Poder Público. Não o auxílio aleatório, de recursos insuficientes, tantas vezes canalizados pelos desvãos orçamentários a outros objetivos, principalmente, de sustentação da máquina burocrática. Substituía-se o fim pelo meio, no uso da escassa receita disponível.

Com o seguro propriamente dito, dever do Estado, constitucionalmente estatuído, haveria de se estabelecer receita vinculada e recursos marcados, a fim de que, da soma obtida, com a contribuição prevista, não se tivessem empregos diversos e impertinentes à razão de ser do seguro-desemprego. Isso é o que constava na Constituição anterior e que, durante tanto tempo (até 1986), foi marginalizado, substituído por fórmula inadequada: o auxílio-desemprego.

Finalmente, como resultado positivo — e este duradouro — das inovações do chamado "Plano Cruzado", editou-se o Decreto-lei n. 2.284 (10/1986), regulamentado em 30 de abril de 1986 pelo Decreto n. 92.608, que, no art. 25, dispôs:

> "Fica instituído o seguro-desemprego, com a finalidade de prover assistência financeira temporária ao trabalhador desempregado em virtude da dispensa sem justa causa, ou por paralisação, total ou parcial, das atividades do empregador".

Registre-se que, após alguns meses para ajuste da sua mecânica operacional, durante os quais, casualmente, viveu o país aquela euforia econômico-social de anestesia feliz e de prosperidade interina que, se não todos, muitos dos brasileiros acreditavam fosse permanente, o desemprego mostrava-se inexpressivo e, obviamente, o seguro criado para enfrentá-lo não era tema prioritário. Quando, porém, o programa antiinflacionário começou a dar mostras de sua inviabilidade, incapaz de controlar preços ascendentes, carência de mercadorias, elevação da taxa de juros, esfriamento do consumo, o processo produtivo, até aí ascendente, sofreu imediato estancamento. Os investimentos, múltiplos e intersetoriais, foram paralisados, e uma contraordem geral foi ouvida, mudando a direção do vento econômico. As empresas, que colocavam placas nas portas chamando mão de obra, pagavam ágio por trabalhador encaminhado, subiam pisos salariais, encolhiam-se. Primeiro, não admitiram novos, mas não despediram os engajados. Depois, na medida em que a degringolada econômica determinou vertiginoso retrocesso, passaram os empregadores a despedir. Surgiu o desemprego, que fora referência retórica quando da criação do seguro (então, tempo de pleno emprego). E foi com o desemprego que se teve de fazer funcionar o seguro criado, que se mostrou de razoável capacidade operacional.

Não viveu de números espetaculares. Não equilibrou o mercado laboral brasileiro, até porque lhe faltavam meios financeiros para tanto. Foi, porém, empregado com razoável dose de eficácia.

*b)* O se*guro-desemprego,* posto que nossas poupanças, tanto pública quanto privada, são de disponibilidade limitada, não será solução final para equilibrar o mercado de trabalho. Nem é essa a sua razão final, mesmo nos países de economia — até pouco tempo — tida como tradicionalmente sólida. O seguro-desemprego faz ajustes setoriais ante desequilíbrios decorrentes de realidades internas ou externas do mercado. Enfrenta crises que alcançam a economia de um país, ou de uma região, visando, como remédio social, a permitir que, sem seu alastramento pelos nichos mais sensíveis (isto é, as carências pessoais e familiares), haja condições de o Poder Público e de a iniciativa privada recomporem-se, retomando o processo produtivo, reabsorvendo a força de trabalho momentaneamente desalojada.

No Brasil, havia índice crônico de desemprego que, não descia, na média nacional urbana, mesmo nos momentos de êxito econômico, da casa dos sete a nove por cento. Não foi raro vê-lo alcançar até os dez por cento. Isso sem levar, à época, em conta os números — desconhecidos na sua plenitude — do setor primário em que, apesar da migração campo-cidade, sobretudo das últimas décadas, ainda está fixada uma razoável parcela da massa trabalhadora. É muito difícil acolher no seguro-desemprego o contingente dos desabrigados da relação empregatícia. Há de fixar prioridades, quer por período de desocupação, quer por tempo de serviço anterior, quer por outros condicionantes. E isso a legislação vigente fez, desempenhando a missão que lhe foi confiada.

*c)* A Constituição de 1988 elencou os direitos dos trabalhadores de forma diversa da sua antecessora. No texto de 67/69, o seguro-desemprego, com forte parentesco com a Previdência Social, via-se referido no inciso em que os institutos previdenciários estavam agrupados, isto é, pensão, aposentadoria, acidentes do trabalho etc.

Já o inciso II do art. 7º da *atual* Carta Magna não tem o mesmo espírito, nem a mesma forma. Ali se dispõe apenas com relação ao seguro-desemprego, e nada mais. Não está agrupado com medidas previdenciárias. Deu-se-lhe autonomia no corpo constitucional. Seu tratamento isolado libera-o de envolvimentos teóricos, retira-o do debate, às vezes, barroco, de ser previdência ou seguridade, e enseja a que tenha fonte específica de recursos e disposições legais próprias. O seguro-desemprego, pela Constituição de 1988, é ele e suas circunstâncias, e não parte, não muito definida, de um conjunto de benefícios e programas de políticas públicas voltadas ao campo social e, normalmente, exigidas por infortúnio do parceiro na relação laboral.

Com isso, o seguro-desemprego que se regeu pelo Decreto-lei n. 2.284 e pelo Decreto que o regulamentou (92.608), ambos em vigor pós-Carta Magna, face ao princípio jurídico da recepção, faz-se passível de legislação inovadora. Não havia na Carta exigência de novas normas ordinárias. O contemplável, em legislação posterior, refere-se à modernização e progressiva ampliação do seguro-desemprego, tendo em vista a adoção da Seguridade Social, como filosofia, forma e critério de política de proteção social.

Desde o início se soube que o alargamento no atendimento, tanto no prazo, quanto no valor, esteve intimamente vinculado à multiplicação da receita do sistema. A própria Constituição de 1988 exigiu que novos benefícios dependeriam de prévia determinação e quantificação de receita que lhes daria cobertura ante o custeio acrescido. A lei, sendo equilibrada, teria de identificar a fonte de recursos para que o seu propósito — por melhor que fosse — não ficasse na mera intenção.

*d)* Houve quem, no debate constituinte, tentasse responder às aspirações obreiras de *garantia de emprego* com oferta de ampliação do *seguro-desemprego*. Desde logo, evitou-se que se considerassem de similar objetivo. A garantia de emprego busca evitar, contra o gesto unilateral, que se rescinda arbitrariamente o contrato individual.

O seguro-desemprego não atua preventivamente. Enquanto existe a relação de emprego não lhe compete operar. Sua atuação inicia justamente quando a rescisão se fez efetiva e o assalariado dela é vitima, posto que não conseguiu reinserir-se no mercado laboral. O seguro-desemprego não tenta evitar o rompimento da relação. Não pune pela sua ocorrência, nem examina as condições em que ela aconteceu. Depois de sucedida a desvinculação, oferece ao despedido algum apoio para enfrentar, por um certo período, as necessidades do sustento pessoal e/ou familiar, até que novo emprego seja obtido. Aí o seguro, automaticamente, será substituído pelo salário ativo, passando o desempregado a ser um empregado. Daí em diante resultará que o seguro não terá um efeito passivo de despesa, passando a ser instituto arrecadador.

*e)* Imprecisão se registrou no momento em que se vinculou o *caput* do art. 7º, com o disposto no inciso II.

O *caput* fala de maneira genérica e alude a *"trabalhadores* urbanos e rurais ...",́ aos quais, conforme o inciso II, se dá o direito ao "seguro-desemprego, em caso de desemprego involuntário". Trabalhador é gênero, do qual o empregado é espécie. Não constou que tivessem existido condições momentâneas e que decidira o constituinte oferecer seguro-desemprego ao trabalhador *lato senso*, inclusive ao que exercia sua atividade por conta própria, que, por isso mesmo, não tivera nem tem emprego. Dele nem se cobra contribuição prévia para esse fim, o que geraria — se o benefício lhe fosse deferido — no cálculo atuarial um desequilíbrio orçamentário insustentável.

De outra parte, seguro-desemprego, tecnicamente, quer na origem, quer na destinação, está ligado ao emprego. Este se exerce pela relação empregado-empregador, da qual não é, nem pode ser (salvo anomalias circunstanciais) parte o trabalhador autônomo enquanto tal, posto que, para sê-lo, não deverá ser, nem ter empregados. Quem não é empregado, não pode vir a ser desempregado. Este só o será quando perder o emprego. Isso, para ocorrer, exige que, primeiro, o tenha. Logo, quem não foi primeiro empregado não pode ser desempregado, e, consequentemente, não poderá desfrutar o seguro-desemprego. Convém que a lei, mesmo ampliando, num horizonte de prioridades sociais, o seguro-desemprego, não o faça jamais com heresias que obstaculizam a sua real destinação, que é a de atender quem perdeu o emprego e, lutando por reavê-lo, não consegue, permanecendo, involuntariamente, desempregado. Convém que a lei amplie no tempo de cobertura, melhore na retribuição, simplifique nos procedimentos prévios, mas para não inviabilizar o seguro-desemprego, não o estenda a quem, não tendo sido antes empregado, não possa, após, ser tido como desempregado. A vontade de ser generoso não pode levar à inviabilidade de ser justo e socialmente sensível.

*f)* Enquanto não houve nova regulamentação para o seguro-desemprego, o Decreto-lei n. 2.284, pelo princípio da recepção, continuou vigente. Particularmente o art. 25, em que se instituía o seguro-desemprego, com "a finalidade de prover assistência financeira temporária ao trabalhador desempregado em virtude de dispensa sem justa causa, ou por paralisação, total ou parcial, das atividades da empresa", que, interpretado à luz do inciso II do art. 7º e com ele combinado, mostrou-se atento à proteção do vínculo empregatício. Acontece que, pela redação do inciso I do art. 7º na interpretação que a ele oferecemos, amparada no objetivo da proteção ao emprego, justa causa são também motivações legítimas decorrentes de dificuldades conjunturais ou de imperativa legítima — defesa, para a sobrevivência da empresa. Desse modo, o assalariado despedido por motivações empresariais aceitáveis terá sido tecnicamente dispensado com justa causa — logo, inaplicável a proteção impeditiva da rescisão, mas assegurado o direito às indenizações — tendo de ser protegido pelo seguro-desemprego, já que não cometeu deslises morais, disciplinares ou funcionais os quais o colocassem no rol dos delituosos laborais.

Só perderia, pois, o despedido, vigente o Decreto-lei n. 2.284, o seguro-desemprego quando ele próprio fosse responsável pela rescisão contratual, por força de seu comportamento desrespeitoso da lei, do contrato, ou conflitante com normas regimentais aplicáveis.

Sendo seguro, fruto de contribuição, o seguro-desemprego, para ter alterações, dependeria de um plano de custeio modificado e, para isso, de lei específica que inovasse a regra. Considerando a norma constitucional aplicável, tendo em vista a sua incidência sobre garantias empregatícias determinantes de novos conceitos da justa causa, uma nova lei do seguro-desemprego se faria recomendável, quer por motivações atuariais, quer por motivações jurídicas.

Por isso, enquanto não se teve a nova lei que dispusesse sobre captação de recursos para ensejar o pagamento do benefício em situações antes não previstas, limitou-se o seguro-desemprego ao disposto na regra ordinária. A Carta de 1988 estabeleceu o espaço de cobertura, ante o infortúnio desemprego, não culposa ou dolosamente gerado, para o trabalhador assalariado rural também. E assim deverá ser, quando se fixar um sistema financeiro securitário de viabilização efetiva que enseje seu funcionamento. O direito está previsto. Sua operacionalização, porém, liga-se às exigências reais de um plano de custeio que dê ao revólver a bala necessária, sem a qual o disparo não pode ser feito.

*g)* A evolução legislativa sobre o seguro desemprego pós-Constituição teve marco importante com a promulgação da Lei n. 7.998, de 11 janeiro de 1990, que deliberou sobre a fonte de custeio, com a instituição do Fundo de Amparo ao Trabalhador — FAT, o que permitiu a definição de critérios de concessão do benefício. Essa legislação, também, instituiu o Conselho Deliberativo do Fundo de Amparo ao Trabalhador — CODEFAT, constituído por representantes dos empregadores, dos trabalhadores e do governo, responsáveis pela gestão do FAT.

Ocorre que o legislador não limitou o seguro-desemprego apenas aos que tivessem sido empregados. O legislador acabou por estender a quem, mesmo não tendo sido empregado, pudesse a vir a ser beneficiado, bem como ampliou, ainda que de forma facultativa ao empregador, o benefício à categoria dos domésticos.

Destarte, o seguro-desemprego é devido: ao empregado (art. 3º, Lei n. 7.998/90[11]); ao empregado doméstico, a partir de junho de 2001, quando o

---

(11) Art. 3º Terá direito à percepção do seguro-desemprego o trabalhador dispensado sem justa causa que comprove:

I — ter recebido salários de pessoa jurídica ou pessoa física a ela equiparada, relativos a cada um dos 6 (seis) meses imediatamente anteriores à data da dispensa;

II — ter sido empregado de pessoa jurídica ou pessoa física a ela equiparada ou ter exercido atividade legalmente reconhecida como autônoma, durante pelo menos 15 (quinze) meses nos últimos 24 (vinte e quatro) meses;

III — não estar em gozo de qualquer benefício previdenciário de prestação continuada, previsto no Regulamento dos Benefícios da Previdência Social, excetuado o auxílio-acidente e o auxílio suplementar previstos na Lei n. 6367 de 19.10.1976, bem como o abono de permanência em serviço previsto na Lei n. 5.890 de 8.6.1973;

IV — não estar em gozo do auxílio-desemprego; e

V — não possuir renda própria de qualquer natureza suficiente à sua manutenção e de sua família.

empregador opte pelo recolhimento do FGTS (art. 3º-A, Lei n. 5.859/72, incluído pela Lei n. 10.208/01[12]); ao pescador artesanal que desempenhe suas atividades individualmente ou em regime de economia familiar, durante o período de defeso (art. 1º, Lei n. 10.779/03[13]); e ao trabalhador comprovadamente resgatado do regime de trabalho forçado ou da condição análoga à de escravo (art. 2º-C, Lei n. 7.998/90, incluído pela Lei n. 10.608/02[14]).

Além disso, foi possibilitado o uso do benefício Seguro-Desemprego como Bolsa Qualificação Profissional para trabalhadores com contrato de trabalho suspenso.

A possibilidade de suspensão do contrato de trabalho está prevista na Consolidação das Leis do Trabalho, junto ao art. 476-A[15] da CLT, visando à participação

---

(12) Art. 3º-A É facultada a inclusão do empregado doméstico no Fundo de Garantia do Tempo de Serviço — FGTS, de que trata a Lei n. 8.036, de 11 de maio de 1990, mediante requerimento do empregador, na forma do regulamento.

(13) Art. 1º O pescador profissional que exerça sua atividade de forma artesanal, individualmente ou em regime de economia familiar, ainda que com o auxílio eventual de parceiros, fará jus ao benefício de seguro-desemprego, no valor de um salário mínimo mensal, durante o período de defeso de atividade pesqueira para a preservação da espécie.

§ 1º Entende-se como regime de economia familiar o trabalho dos membros da mesma família, indispensável à própria subsistência e exercido em condições de mútua dependência e colaboração, sem a utilização de empregados.

§ 2º O período de defeso de atividade pesqueira é o fixado pelo Instituto Brasileiro do Meio Ambiente e dos Recursos Naturais Renováveis — IBAMA, em relação à espécie marinha, fluvial ou lacustre a cuja captura o pescador se dedique.

(14) Art. 2º-C O trabalhador que vier a ser identificado como submetido a regime de trabalho forçado ou reduzido a condição análoga à de escravo, em decorrência de ação de fiscalização do Ministério do Trabalho e Emprego, será dessa situação resgatado e terá direito à percepção de três parcelas de seguro-desemprego no valor de um salário mínimo cada, conforme o disposto no § 2º deste artigo.

§ 1º O trabalhador resgatado nos termos do *caput* deste artigo será encaminhado, pelo Ministério do Trabalho e Emprego, para qualificação profissional e recolocação no mercado de trabalho, por meio do Sistema Nacional de Emprego — SINE, na forma estabelecida pelo Conselho Deliberativo do Fundo de Amparo ao Trabalhador — CODEFAT.

§ 2º Caberá ao CODEFAT, por proposta do Ministro de Estado do Trabalho e Emprego, estabelecer os procedimentos necessários ao recebimento do benefício previsto no *caput* deste artigo, observados os respectivos limites de comprometimento dos recursos do FAT, ficando vedado ao mesmo trabalhador o recebimento do benefício, em circunstâncias similares, nos doze meses seguintes à percepção da última parcela.

(15) Art. 476-A. O contrato de trabalho poderá ser suspenso, por um período de dois a cinco meses, para participação do empregado em curso ou programa de qualificação profissional oferecido pelo empregador, com duração equivalente à suspensão contratual, mediante previsão em convenção ou acordo coletivo de trabalho e aquiescência formal do empregado, observado o disposto no art. 471 desta Consolidação.

§ 1º Após a autorização concedida por intermédio de convenção ou acordo coletivo, o empregador deverá notificar o respectivo sindicato, com antecedência mínima de quinze dias da suspensão contratual.

do empregado em curso ou ao programa de qualificação profissional. Essa modalidade surgiu com o fito de evitar a dispensa de empregados em momentos sazonais de trabalho, possibilitando o seu aperfeiçoamento, podendo retornar quando as condições de trabalho se incrementarem.

Para a execução do benefício Seguro-Desemprego, na modalidade Bolsa Qualificação, é necessário que exista acordo entre o empregador e representante dos empregados, ou seja, deve existir dispositivo tratando do assunto em acordo ou convenção coletiva de trabalho. Tal acordo ou convenção coletiva exige homologação nas unidades locais do Ministério do Trabalho e Emprego, ou seja, nas Superintendências Regionais do Trabalho e Emprego.

Fica nítido que se abandonou a ideia de que o seguro-desemprego estaria restrito ao que se preconizou anteriormente. O legislador infraconstitucional ampliou o uso desse benefício integrante da seguridade social.

*h)* Tratando-se o seguro-desemprego de benefício da seguridade social, questiona-se na Justiça do Trabalho se a falta de fornecimento de guias para seu encaminhamento por parte do empregador poderia provocar a condenação em indenização correspondente e se esta matéria seria de competência da Justiça Especializada.

Após debate sobre a competência e a possibilidade de indenização, o Tribunal Superior do Trabalho editou a Súmula n. 389:

> SÚMULA N. 389
>
> "SEGURO-DESEMPREGO. COMPETÊNCIA DA JUSTIÇA DO TRABALHO. DIREITO À INDENIZAÇÃO POR NÃO LIBERAÇÃO DE GUIAS.

---

§ 2º O contrato de trabalho não poderá ser suspenso em conformidade com o disposto no *caput* deste artigo mais de uma vez no período de dezesseis meses.
§ 3º O empregador poderá conceder ao empregado ajuda compensatória mensal, sem natureza salarial, durante o período de suspensão contratual nos termos do caput deste artigo, com valor a ser definido em convenção ou acordo coletivo.
§ 4º Durante o período de suspensão contratual para participação em curso ou programa de qualificação profissional, o empregado fará jus aos benefícios voluntariamente concedidos pelo empregador.
§ 5º Se ocorrer a dispensa do empregado no transcurso do período de suspensão contratual ou nos três meses subsequentes ao seu retorno ao trabalho, o empregador pagará ao empregado, além das parcelas indenizatórias previstas na legislação em vigor, multa a ser estabelecida em convenção ou acordo coletivo, sendo de, no mínimo, cem por cento sobre o valor da última remuneração mensal anterior à suspensão do contrato.
§ 6º Se durante a suspensão do contrato não for ministrado o curso ou programa de qualificação profissional, ou o empregado permanecer trabalhando para o empregador, ficará descaracterizada a suspensão, sujeitando o empregador ao pagamento imediato dos salários e dos encargos sociais referentes ao período, às penalidades cabíveis previstas na legislação em vigor, bem como às sanções previstas em convenção ou acordo coletivo.
§ 7º O prazo limite fixado no *caput* poderá ser prorrogado mediante convenção ou acordo coletivo de trabalho e aquiescência formal do empregado, desde que o empregador arque com o ônus correspondente ao valor da bolsa de qualificação profissional, no respectivo período.

I — Inscreve-se na competência material da Justiça do Trabalho a lide entre empregado e empregador tendo por objeto indenização pelo não fornecimento das guias do seguro-desemprego.

II — O não fornecimento pelo empregador da guia necessária para o recebimento do seguro-desemprego dá origem ao direito à indenização".

## *O SEGURO-DESEMPREGO NAS CONSTITUIÇÕES BRASILEIRAS*

Apenas a Constituição de 1969 (Emenda n. 01), art. 165, inciso XVI, assegurava o seguro-desemprego, como benefício previdenciário.

## *O SEGURO-DESEMPREGO NAS CONSTITUIÇÕES ESTRANGEIRAS*

| RÚSSIA<br>Article 37.<br>Work shall be free. (…)<br>Everyone shall have the right to work under conditions meeting the requirements of safety and hygiene, to remuneration for work without any discrimination whatsoever and not below the statutory minimum wage, and also the right to security against unemployment. (…) | Tradução livre<br>Artigo 37.<br>Trabalho deve ser livre. (…)<br>Toda pessoa terá o direito de trabalhar em condições que satisfaçam os requisitos de segurança e de higiene, a remuneração do trabalho sem discriminação alguma, salário não abaixo do mínimo legal, e direito à segurança contra o desemprego (…) |
|---|---|
| PORTUGAL<br>Artigo 59.<br>**Direitos dos trabalhadores**<br>1. Todos os trabalhadores, sem distinção de idade, sexo, raça, cidadania, território de origem, religião, convicções políticas ou ideológicas, têm direito:<br>e) À assistência material, quando involuntariamente se encontrem em situação de desemprego; | |

# Capítulo III

# FUNDO DE GARANTIA DO TEMPO DE SERVIÇO

**TRAJETÓRIA NA CONSTITUINTE**

> *Subcomissão dos Direitos dos Trabalhadores*
>
> "fundo de garantia por tempo de serviço, que poderá ser levantado pelo trabalhador em qualquer caso de rescisão do contrato de trabalho".
>
> *Comissão da Ordem Social*
>
> "fundo de garantia do patrimônio individual".
>
> *Comissão de Sistematização*
>
> "fundo de garantia do tempo de serviço".
>
> *Constituição Federal, art. 7º, III — (texto oficial)*
>
> "FUNDO DE GARANTIA DO TEMPO DE SERVIÇO".

O inciso III do art. 7º consagrou entre os direitos dos trabalhadores urbanos e rurais o *"fundo de garantia do tempo de serviço"* que, nos termos da Lei n. 5.107, que o instituiu, ganhou a sigla de *FGTS,* atualmente regido pela Lei n. 8.036, de 11 de maio de 1990.

A Constituição anterior, no seu art. 165, inciso XIII, dispunha:

"estabilidade, com indenização ao trabalhador despedido ou fundo de garantia equivalente".

Não era tecnicamente bem redigida a Carta anterior. Primeiro, porque misturava estabilidade com indenização e oferecia desta, como sinônimo, o "fundo de garantia equivalente". Que fundo de garantia? Provavelmente, o do tempo de serviço. Assim foi entendido. E a Constituição não deve deixar tais vazios que estimulem interpretações dubitativas. De outra parte, alude o dispositivo constitucional a "fundo de garantia *equivalente*", referindo-se à indenização.

Por força da mecânica financeira o somatório dos valores à época recolhidos mensalmente pelo empregador, calculados na base de 8% da remuneração mensal do trabalhador, aos quais se acresciam juros e correção monetária, nunca equivaleu ao montante decorrente da multiplicação da remuneração mais alta obtida pelo empregado na empresa pelo número de seus anos de serviço. Essa última fórmula, na medida em que o tempo de casa do operário aumentava, fazia com que crescesse uma diferença apreciável em favor da fórmula estipulada em 1943 pela Consolidação das Leis do Trabalho.

Houve casos, inclusive, em que o percentual dessa diferença oscilou, em cinco anos de cálculo, dos 25 aos 30%. A perda do assalariado era visível e, dependendo da inflação, se fazia mais evidente. Como falar, constitucionalmente, em *equivalência* que, ao contrário de algumas interpretações demasiadamente flexíveis, não era doutrinária, mas *teria de ser financeira?* Ou há igualdade, ou é vazia. São institutos que operam em situações similares, mas que não têm abrangência igual. Não nascem da mesma natureza jurídica. A indenização estava vinculada à reparação do dano provocado por força da culpa ou dolo de um agente responsável pelo evento. O Fundo de Garantia do Tempo de Serviço é uma fórmula, a contar da poupança compulsória via empresa, de um seguro atípico, vinculado à relação de emprego e que serve como cobertura complementar a benefícios previdenciários que, em nosso deficiente sistema, sempre foram insuficientes, como a aposentadoria e a pensão. É, ademais de instrumento de solução financeira para rescisões contratuais, um mecanismo agilizado pela estrutura pública, com dinheiro do trabalhador e da empresa, para aplicar largas somas em empreendimentos privados de risco, particularmente nos financiamentos habitacionais, macro obras públicas de infraestrutura etc. Por tudo isso, não tendo havido similitude na origem dos sistemas; não sendo análoga sua natureza jurídica; não tendo fonte de recursos comuns, cobrindo áreas diferentes, falar em equivalência, desde sempre, foi um engano, sob todos aspectos.

*a)* Sendo a Carta instituidora da garantia de emprego, o FGTS tem seu aspecto de seguro complementar ou subsidiário acrescido. Garantindo a formação de um pecúlio progressivo e compulsório, em favor do trabalhador, com a transformação da potencial avaliação do seu tempo de serviço indenizável em dinheiro, mediante o pagamento mensal de parcelas exigidas à empresa, o assalariado terá um patrimônio constituído através dos tempos do qual poderá lançar mão, por exemplo, quando chegar à aposentadoria. Ou seus dependentes poderão fazê-lo — numa espécie de pensão adicional — face ao evento morte do próprio trabalhador.

Sendo como é a Previdência Social, usualmente escassa, porque também constituída pela contribuição de assalariados que, em grande parte, não tem salários elevados, faz-se valiosa essa parcela complementar, posto que, antes da implantação do FGTS, o tempo de serviço só se valorizava, para o empregado, na despedida sem justa causa pela empresa. Inocorrendo essa hipótese, quando se afastasse do serviço, o seu tempo de vida se esfumava no passado de anotações repetidas de uma Carteira do Trabalho, demonstrando conduta funcional sem reparos, mas sem outra recompensa que não o pagamento do limitado benefício previdenciário. Esse aspecto do FGTS, o de previdência complementar, estimulou-se com a nova Constituição.

*b)* Durante muitos anos, repetiram-se os argumentos pró e contra a extensão do sistema do *FGTS ao empregado rural*. Majoritariamente favoráveis a esse alargamento da aplicação de instituto estavam as empresas rurais, posição que não coincidia exatamente com empregadores individuais e pequenos empreendedores da área agrícola e da pastoril. Quanto aos assalariados, as entidades sindicais representativas, ciosas da estabilidade nominal, rejeitavam a iniciativa, ainda que certos grupos de empregados, tentados pela compensação referente à complementação da aposentadoria própria e da pensão para os dependentes, mostrassem ímpetos de aceitar o alargamento do FGTS.

O Estatuto do Trabalhador Rural, em sua edição original, de 1963, *não consagrou*, nos termos da CLT, o princípio da *estabilidade*. Ao contrário, criou, para o assalariado rural que chegasse aos dez anos de serviço numa empresa, em caso de decisão patronal de despedi-lo, apenas o direito de receber a *indenização em dobro*. Isto é, montou-se uma barreira financeira para tentar dificultar o rompimento do vínculo do assalariado com dez anos de casa. Aparentemente, consagrava-se a estabilidade. Para despedir, precisaria o empregador ir à Justiça do Trabalho propor o inquérito de apuração da falta grave. Só que, não se comprovando sua ocorrência, em vez de preservar-se a relação, permitia-se ao patrão o direito de, mesmo sem justa causa, romper o contrato, apenas pagando em dobro. Era o princípio de que a relação de emprego tem preço e se resolve pecuniariamente. Pagando, pode ser feito. Logo, ainda que um capítulo do Estatuto do Trabalhador Rural fosse intitulado "Da estabilidade", esta efetivamente nunca existiu. Onerou-se a despedida, isto sim. Tornou-a condicionada a certos pré-requisitos, mas não se viu obstaculizada, mesmo quando infundada.

Legislação ordinária (Lei n. 5.889, de 8 de junho de 1973) superveniente estabeleceu, a título de avanço, uma quase perfeita uniformização entre os dispositivos trabalhistas válidos para o rurícola e para o trabalhador urbano. Caíram diferenças como a do aviso-prévio, a do horário compreendido como jornada noturna etc. No pertinente à finalização da relação de emprego, dispôs-se de maneira a igualar procedimentos, direitos e obrigações, dando-se prevalência às normas da CLT, derrogando-se, quando conflitantes, as do Estatuto do Trabalhador Rural. Revogavam-se as do ETR que fixavam a indenização em dobro como garantia para o trabalhador com mais de dez anos de emprego rural. Alcançou-se o princípio da estabilidade, nos moldes do da CLT.

Passou o assalariado rurícola da desproteção, em termos de estabilidade, para uma maior proteção que a do empregado urbano. E por quê? Simplesmente porque esse último, quando se estabeleceu a uniformização trabalhista urbano--rural, já estava sujeito à duplicidade CLT-FGTS, pendente apenas da opção. Como o assalariado rural não teve sobre si a incidência da Lei n. 5.107 (atualmente o FGTS é regido pela Lei n. 8.036, de 11 de maio de 1990), não se via o homem do campo constrangido à opção entre o FGTS e a CLT. Para ele, só valia a CLT. Nesta, existia a estabilidade, e só ela. Assim, estranhamente, o *trabalhador urbano* tivera, de 1943 a 1966, o direito à estabilidade consolidada que fora progressivamente perdendo com a opção "voluntariamente" obrigatória pelo FGTS. Teria acontecido com ele um processo de recuo em matéria de direitos. *Já o assalariado* rural trilhou caminho inverso. Até 1963, fora da tutela da CLT, não usufruía garantias trabalhistas. Em 1963, deu o primeiro passo. Com a lei que instituiu o Estatuto do Trabalhador Rural, muitos avanços ele passou a desfrutar. Entre os quais não se contava a estabilidade, na sua versão da CLT. Trocou-se a estabilidade por garantias processuais pré-despedimento e pela obrigação, no que se referia ao patrão, de um pagamento dobrado pelo tempo de serviço. Num terceiro momento, quando o FGTS surgiu e reduziu as perspectivas estabilitárias do urbano, o anteriormente desprotegido rurícola, formalmente, garantia a estabilidade efetiva, amparado só pela CLT que, a essa altura, já não tinha *a* regência solo, quanto à estabilidade, da área urbana.

As entidades sindicais de trabalhadores rurais, no início, eram contrárias ao FGTS, em nome de uma aspiração estabilitária, formal ou meramente nominal, a qual apresentou, como garantia real, só na década de 1970, um caminho invertido, seguido por urbanos e rurais no decurso de suas inesperadas trajetórias.

*c)* Em 1988, o assalariado rural, por força do inciso III do art. 7º da nova Constituição, passaria a ter direito ao Fundo de Garantia do Tempo de Serviço.

À luz do inciso I, ao tratar da *garantia de emprego* — englobados os assalariados do campo e da cidade — não acolhe, a nosso juízo, a nova Constituição a despedida injustificada. A proteção prevista vale para o assalariado *lato senso*. Consequentemente, o FGTS, citado no inciso III, não seria um sucedâneo da estabilidade, como fora em tempos passados, até porque ela não mais existia. Foi e é um instrumento complementar de proteção face à ocorrência de demissão espontânea, de conclusão de contrato a termo, de despedida patronal justificada, mas sem ocorrência de falta por parte do trabalhador etc. O FGTS valeria, pois, para o rurícola, como valeu para o assalariado urbano. Assim, com o novo texto constitucional, haveria um ganho para o trabalhador rural, que fora antigamente excluído das normas protecionistas, época em que o homem do campo significava a maioria dos empregados brasileiros, em decorrência de uma economia preponderantemente primária. Ele que, em 1963, com o Estatuto do Trabalhador Rural, obteve conquistas quanto à jornada de trabalho, ao direito às férias, ao tratamento privilegiado pelo horário noturno, ao aviso-prévio, à indenização etc., continuou sem acesso à estabilidade na sua versão substantiva, ainda que face à rescisão, com vantagens pecuniárias pelos dez anos de serviços numa empresa. Posteriormente, novo passo: uniformiza-se a legislação trabalhista e derruba-se o capítulo do Estatuto do Trabalhador Rural, que fixava procedimentos só parcialmente protetivos do assalariado rural com mais de dez anos. A ele se aplicou, a partir de então, o texto original da CLT: não tinha FGTS, não fazia opção, mas, após dez anos de serviço, tornava-se estável.

Com o art. 7º, inciso III, combinado com o inciso I, o assalariado rural, sem perder as suas garantias essenciais, ainda que não mais desfrutasse a estabilidade tradicional, retirada do corpo da Carta Magna, passaria a ter direito também ao Fundo de Garantia do Tempo de Serviço.

Não haveria mais opção, posto que não haveria mais por que optar. A escolha se fazia, originariamente, entre ser ou não ser empregado com pretensão à estabilidade. Como, desde 1988, não haveria mais dois sistemas, não havia entre o que escolher, posto que o regime laboral passou a ser único, para urbanos e rurais, a vigência da fórmula seria imediata. Sua aplicação não dependeria de norma posterior. Poderiam ser adotadas novas normas para fixar critérios complementares, estabelecer mecanismos de aplicação do disponível, critérios de remuneração dos recursos captados etc. Tudo isso, porém, poderia ser, ou não ser. Tudo isso dependeria de futuras diretrizes que as quisesse tomar o Poder Legislativo na sua competência regulamentadora dos princípios constitucionais, mas não se acreditava ser indispensável.

O empregado rural estaria, pois, sob a égide do Fundo de Garantia do Tempo de Serviço, com tratamento similar ao do assalariado urbano, a contar da Constituição de 1988. Dele não se retiraria, inclusive, a garantia de emprego, que o alcançaria da mesma maneira como beneficiaria o empregado urbano.

*d)* O Fundo de Garantia do Tempo de Serviço regula, desde sua implantação, de maneira diversa, a liberação dos recursos depositados, conforme o término da relação contratual. A despedida injustificada que, na Carta anterior, era admissível, ensejava ao trabalhador despedido arbitrariamente o direito de levantamento no banco depositário do total das verbas ali creditadas a título de juros, correção monetária, depósitos originais e mais um adicional de 10% (sanção pecuniária pela injusta despedida), calculado sobre o valor da somatória daquelas parcelas.

Por outro lado, o pedido de demissão do assalariado o levava a ter exclusivamente seus créditos preservados, mas não se lhe assegurava a liberação dos recursos depositados, que permaneciam indisponíveis. O empregado deles tinha a propriedade, mas não a possibilidade imediata do uso.

Outras situações, tais como o casamento da trabalhadora[16], a decisão de estabelecer-se por conta própria, ou a ocorrência de enfermidade cujas despesas ultrapassassem a capacidade de atendimento da Previdência Social da qual é segurado, dariam ensejo a que o assalariado fundamentasse sua solicitação para, parcial ou totalmente, liberar o montante de recursos depositado em seu nome. Também no atingimento do término do contrato por prazo determinado se liberava o montante depositado e seus adicionais em favor do trabalhador.

*e)* Com a Constituição de 1988, o FGTS passa a ser não mais apenas a fórmula estimulante da rescisão patronal injustificada, punindo-a com uma multa. Seria complemento de política social, um quase-seguro, para cobrir tempo de serviço do assalariado e ampará-lo, e a seus dependentes e familiares, ante infortúnios insatisfatoriamente protegidos pelo seguro social obrigatório.

Logo não haveria por que se manter o bloqueio que se estabelecera sobre as contas. Em primeiro lugar, porque perdera sentido, até mesmo formal, a ideia da separação entre "optante" e "não optante", e de outro, por que estaria a relação de emprego regulada pelo princípio do art. 7º, inciso I, da garantia do emprego.

Sem a OPÇÃO, todas as contas seriam iguais, quer na constituição, quer no acesso aos créditos.

Todos teriam direito à garantia de emprego; ninguém chegaria à estabilidade.

Retirava-se do FGTS a característica de sucedâneo de uma sanção financeira devida por injustificada rescisão contratual. A disponibilidade dos créditos do trabalhador deveria ser liberalmente entendida. Partia-se da ideia de que o trabalhador só deveria botar a mão no dinheiro, que era seu, na hipótese de ter sido vítima de um ato sem justa causa do patrão. Liberava-se a verba como compensação pelo dano sofrido. Ou, então, na ocorrência de despesas face infortúnio (doença, morte etc.) ou de eventos decisivos na vida pessoal ou na profissional da pessoa (casamento[17], início de atividade por conta própria etc.).

O Estado controlava o dinheiro do cidadão e o compelia à poupança, colocada, trilionária, sob gestão do Governo. Limitava-se o direito de milhões de cidadãos, titulares originais do crédito. Criava-se, para o Governo, a disponibilidade dos bens de terceiros, em nome deles: estatização imposta da poupança dos trabalhadores, constituída pelo recolhimento continuado, por meio das empresas que deles usavam a força do trabalho, e por causa disso.

---

(16) Lei n. 5.107/66, revogada em 1989, permitia o saque do FGTS em caso de casamento pela trabalhadora, mas não previa o mesmo direito para o participante do sexo masculino. A legislação que atualmente regulamenta o Fundo (Lei 8036/90) não inclui o matrimônio entre as hipóteses de saque.

(17) Lei n. 5.107/66, revogada em 1989, permitia o saque do FGTS em caso de casamento pela trabalhadora, mas não previa o mesmo direito para o participante do sexo masculino. A legislação que atualmente regulamenta o fundo (Lei n. 8.036/90) não inclui o matrimônio entre as hipóteses de saque.

*f)* Tal enfoque deveria ser alterado pela diretriz da Constituição/88. O FGTS, acreditava-se, não poderia mais originar liberação por força de atos patronais injustificados; nem ser sanção pecuniária para atos arbitrários por ele convalidados; nem prisão de recursos de trabalhadores necessitados de ter seu pecúlio, destinatários de um salário ínfimo, que não permitiria economizar hoje, com vistas ao amanhã, um valor de que já precisavam ontem. O FGTS era patrimônio do trabalhador, constituído em razão de tempo de serviço, trabalho subordinado e vinculação à empresa. Usá-lo, ou não, seria problema do próprio operário, de suas exigências pessoais. Não pereceria legítimo, ainda que legal, tutelar o emprego de um patrimônio, fruto do trabalho continuado do operário, pela vontade do Estado, nem sempre dotado de prevalente sensibilidade social.

A conta do trabalhador, pela Constituição/88, poderia ser por ele empregada, e lei especial normatizaria a matéria, para, por exemplo, se impor a flexibilização do acesso do empregado que pedira demissão ao seu dinheiro, posto que dele era o recurso e careceria de legitimidade, ainda que tenha tido legalidade o Estado estabelecer barreira ao seu uso. Não havendo mais "optantes" e "não optantes", toda conta é igual, incorporando-se ao patrimônio do trabalhador. Até 1988, a distinção estabelecida vinculava-se, em parte, ao fato de que as contas dos "não optantes" não eram definitivamente dos empregados, mas de obrigatórios recolhimentos feitos pelas empresas, com individualização no que tange aos assalariados, de um dinheiro que continuava no patrimônio da empresa e que teria como destinação prioritária a sua utilização para saldar eventuais e futuros créditos trabalhistas do operário a que se referiam. No entanto, se viesse a rescisão a ocorrer não havendo indenização, os recursos da conta se reintegrariam ao ativo da empresa.

*g)* Entendeu-se que tal situação não poderia acontecer, e por isso a liberação deveria ser modificada por nova lei regulamentadora. O dinheiro depositado, a partir de 5 de outubro de 1988, seria do trabalhador. Findara a distinção entre optante e não optante, logo não haveria hipótese de as contas serem da empresa. A liberação deveria passar a ser feita de maneira expedita, dando-se o seu a seu dono. Não receberia o trabalhador os depósitos e seus adicionais quando despedido motivadamente pela empresa, que pressupõe indenização, o mesmo ocorrendo na conclusão de contrato a termo, bem como na eventualidade do pedido de demissão. A conta formaria um patrimônio que não teria, em algum tempo, outro destinatário que não o trabalhador ou, na sua falta, seus dependentes e sucessores. Isso, porém, não queria dizer que se consagrasse o direito de uso imediato, inclusive em rescisão causada injustificadamente pelo trabalhador. Se o assalariado cometesse indisciplina, tivesse incontinência de conduta, agisse com improbidade etc., e, por isso, o contrato fosse rescindido, o dinheiro depositado não deixaria de ser seu, mas ele não poderia lançar mão automaticamente, invocando a ruptura contratual, fruto de seu comportamento laboral repreensível. Nessas circunstâncias, quer da rescisão unilateral por parte do empregador face à justa causa decorrente de procedimento faltoso do empregado, quer de afastamento do trabalhador na esteira de ato seu em choque com o contrato ou por descumprimento de lei, adotar-se-ia indisponibilidade momentânea dos recursos do trabalhador. Só poderia lançar mão de seu patrimônio quando, constituída nova relação, viesse esta a ser desfeita em condições que não fossem as de responsabilidade delituosa do trabalhador. Ou, antes disso, excepcionalmente, se fatos ligados ao infortúnio (doença), ou a exigências familiares supervenientes (casamento), viessem a ocorrer.

*h)* Vale referir a uma vinculação histórica que acompanhou a formação do FGTS: a destinação financeira dos seus recursos. Na justificativa política e macroeconômica, as autoridades da época (1966) salientaram a importância de arrecadar-se vultosa soma para destinar a programas de habitação popular. As parcelas, distribuídas na rede bancária nacional, representadas por milhões de contas de poupança dos trabalhadores, garantiriam alicerce financeiro para planos de construção da casa própria.

O Poder Público usaria a poupança obrigatória do trabalhador para, retirando poupança privada e encaminhando-a para a área pública, retorná-la ao setor empresarial para construção, por exemplo, de núcleos habitacionais, que estimulariam a construção civil. Com ela, ademais de construir-se para os mais carentes, reforçar-se-ia o mercado de emprego, numa área de recrutamento intensivo, em geral, de qualificação profissional não sofisticada.

Entregando, à época, o FGTS ao BNH, *e* colocando à sua disposição recursos crescentes, visando com eles a programas de habitação popular, deu-se ao Fundo um objetivo que, sendo também econômico, se marcava por matizes sociais respeitáveis (casa, emprego etc.), como regra geral.

Se as coisas não funcionaram como o desejado, ante a ocorrência de falhas, também houve acertos. Casas, apartamentos, lotes urbanizados foram distribuídos pelo país. Num momento inicial, cerca de quinze milhões de brasileiros transformaram-se em promitentes compradores, proprietários definitivos e, sobretudo, usuários com prestações inferiores às do mercado do aluguel por imóvel similar.

A fórmula tinha falhas, mas era engenhosa e gerou — para o FGTS — uma simpatia que fazia com que muitos até não avaliassem o preço social que se teria pago pela sua implementação, isto é, o fato de ser alternativa da estabilidade, ao estabelecer uma opção que, em vez de voluntária, como o nome aparentava, se tornara na prática obrigatória, pela pressão patronal.

O reunir recursos para construir casas populares era elogiável. No entanto, ante desacertos oficiais, chegou-se a um descompasso na relação política do BNH com o Governo de que era parte, até que, surpreendentemente, o Banco foi desativado, incorporado à Caixa Federal, não bem definida a relocação das atribuições para as quais fora criado com específica competência. A partir de sua substituição pela Caixa Econômica Federal, criou-se, por um bom tempo, uma confusão oficial, um espaço vazio, indefinidas as tarefas. Esvaia-se o dinheiro do trabalhador, correndo-se o risco de deixar, momentaneamente, sem identidade definida o titular dos recursos recolhidos e de quem se deveriam cobrar investimentos e pagamentos. Reduziram-se as aplicações em habitações populares, fazendo com que o dinheiro do assalariado, que continuava sendo pago, passasse por verdadeiro labirinto, dificultando localizar sua trajetória e destinação.

Tudo isso se fez mais confuso e periclitante com a adoção do chamado *Pacote de Verão/89, quando se propôs* a transferência da Caixa Econômica Federal para o Ministério da Fazenda, temendo-se que o dinheiro do trabalhador, recolhido via FGTS, mais se afastaria de seu verdadeiro dono. Absorvida a Caixa Federal pelo Ministério da Fazenda, mais fácil se tornaria, num país de déficits governamentais crônicos, tirar o carimbo do dinheiro, lançá-lo no depósito inominado do Tesouro e destiná-lo, sem marca específica, para atender a despesas gerais do Governo Federal.

Piorava, assim, a situação do trabalhador, ao sentir que o seu patrimônio estaria direcionado a atividades outras que não as de gerar a construção de habitações populares e também porque, com o risco de serem colocados na "vala comum" do Tesouro Federal, se lhes retiraria a possibilidade de sofrer uma legítima cobrança política e uma forte pressão social junto ao Governo para exigir o resgate da destinação legal dos recolhimentos e das contas com eles formadas.

Precisava-se de legislação nova, capaz de fixar os objetivos do recurso captado.

Fazia-se necessário assegurar rigorosa fiscalização, por meio do Poder Legislativo, com a colaboração de entidades sindicais de trabalhadores (titulares dos recursos) e de empresários (formais pagadoras dos recursos), para tanto definindo-se o órgão público do sistema financeiro a quem se entregaria a gestão do processo, quer com vistas ao recolhimento dos depósitos mensais, quer no que concernia à sua aplicação. Era fundamental para que não se desvirtuasse o objetivo social do FGTS.

Saliente-se que, em 1990, o governo Collor criou o Ministério da Ação Social (MAS), que se transformou posteriormente, no governo Itamar Franco, em Ministério do Bem-Estar Social, no qual passou a funcionar a Secretaria Nacional de Habitação. O primeiro governo Fernando Henrique extinguiu o Ministério do Bem-Estar Social e criou a Secretaria de Política Urbana, no âmbito do Ministério do Planejamento e Orçamento.

Essa reorganização do aparato constitucional teve amplas consequências sobre o FGTS e sobre o papel desempenhado pela Caixa Econômica, que passou a ter sua atuação limitada à de Agente Operador dos Recursos do Fundo e Agente do Sistema Financeiro de Habitação. À Secretaria de Política Urbana coube o papel de formulação e de coordenação das ações de integração da habitação, saneamento e infraestrutura urbana. No segundo governo Fernando Henrique, a partir de 1999, essas atribuições ficaram com a Secretaria Especial de Desenvolvimento Urbano da Presidência da República. Com a criação do Ministério das Cidades, a gestão dos recursos do FGTS voltou a ter *status* ministerial[18].

O Fundo de Garantia do Tempo de Serviço é gerido e administrado por um Conselho Curador, um colegiado tripartite composto por entidades representativas dos trabalhadores (centrais sindicais), dos empregadores (confederações) e representantes do Governo Federal (Ministérios, Secretarias do Governo Federal, Banco Central, CEF) .

O Decreto n. 6.827/09 aumentou o número de Conselheiros do FGTS de dezesseis para vinte e quatro membros, sendo que a nova composição ampliou a participação dos representantes da Sociedade Civil e do Governo. O Conselho Curador do FGTS é presidido pelo Ministro de Estado do Trabalho e Emprego. A vice-presidência é exercida pelo Ministro de Estado das Cidades. O Ministério das Cidades elabora os orçamentos anuais e planos plurianuais de aplicação dos recursos e acompanha as metas físicas propostas.

*i)* Os constituintes decidiram, em 1988, escrever norma merecedora de crítica doutrinária e hermenêutica.

No art. 10, Disposições Transitórias:

"Art. 10. Até que seja promulgada a lei complementar a que se refere o art. 7º, I, da Constituição:

I — fica limitada a proteção nele referida ao aumento para quatro vezes da porcentagem prevista no art. 6º, *caput* e § 1º, da Lei n. 5.107, de 13 de setembro de 1966".

A Lei n. 5.107 foi substituída pela Lei n. 8.036, de 11 de maio de 1990. Tal diretriz era a negação de conquista definida, ainda que negada por interpretações menos cuidadosas, no art. 7º, inciso I do texto permanente. Retornava-se à autorização do despedimento sem motivação, quer por falha do trabalhador, quer por interesses empresariais. Impunha-se acréscimo pecuniário ao empregador para que pudesse dispensar o empregado, praticando a despedida imotivada. Aumentava o preço da despedida injusta. Em vez de uma multa de 10% sobre o valor da conta do empregado, exigia-se do empregador uma compensação quatro vezes maior, como se o instituto da garantia do emprego, da proteção jurídica ao tempo de serviço, não tivesse importância, num retrocesso inspirado tanto por princípios de um capitalismo selvagem como pela linha materialista de uma sociedade estatizada, que não valorizaria o cidadão, especialmente o trabalhador.

---

(18) Informações com base no texto: *Fazendo Justiça:* A História do FGTS. Disponível em: <http://www.fgts.gov.br/downloads.asp>. Acesso em: 25 jul. 2011.

Pensou-se, com tal dispositivo, e se continua a lograr tal resultado, atrasar a construção da norma regulamentar prevista no corpo permanente. Enquanto isso, e até hoje, a despedida arbitrária fez-se exceção que funciona como regra.

Em função desse dispositivo, criaram-se algumas situações anômalas.

Em **primeiro lugar**, *conflita o art. 10 das Transitórias*, que apadrinha *o* direito a despedir injustamente, desde que se pagando indenização quádrupla, *com o art. 7º, I da parte permanente* que consagra o direito à garantia do emprego, no qual se veda a despedida sem justa causa. Em **segundo lugar**, reconheceu o constituinte, ao escrever o inciso I do art. 10, que o texto permanente dava mais do que a simples indenização aumentada. E esse reconhecimento se explicitou na expressão "fica limitada a proteção nele referida...", isto é, de forma consciente se decidiu que, até o advento da lei complementar (quando?), o trabalhador teria uma *capitis diminutio* dos direitos que lhe foram sido consagrados. Fosse a indenização quadruplicada (40% sobre a conta do FGTS) sucedâneo equivalente, não diria o constituinte que, *transitoriamente, fica limitada* a proteção. Afirmaria que a proteção estabelecida no texto permanente estaria assegurada pelo novo (art. 10, DT) dispositivo, sem falar em limitação. Em **terceiro lugar**, o art. 10 das Disposições Transitórias, ressuscitando a despedida sem justa causa, transformou em optantes automáticos todos os trabalhadores, posto que não estabeleceu diferenças expressas. Isso se tornou uma ameaça e uma meia-verdade. Havia ainda empregados que, sendo estáveis e não optantes, teriam, pelo texto permanente, sua proteção assegurada pela garantia de emprego. Submetê-los momentaneamente, pelo art. 10, ao risco de uma despedida injusta, no bojo de uma disposição transitória reduzindo direitos trabalhistas conceitualmente irredutíveis, a partir de uma Constituição dita cidadã, seria uma heresia juslaboral.

*j)* À época, entendeu-se que, para os trabalhadores optantes, temporariamente não se aplicaria a garantia de emprego, ainda que fosse conceito tutelar da Constituição, reconhecendo-se que sua implementação estaria ligada à lei complementar. Com relação aos então não optantes, não estáveis, não só não se lhes aplicaria a proteção do art. 7º, inciso I, como se lhes incluiria coercitivamente no sistema do FGTS, cessando a exigência da adesão prévia para que se aplicasse a Lei n. 5.107 (atualmente o FGTS é regido pela Lei n. 8.036, de 11 de maio de 1990), no concernente, pelo menos, à despedida sem justa causa. No entanto, quanto ao estável, que, inclusive, para sê-lo, tinha não só o amparo da lei vigente no decurso da conquista do direito, mas também a tutela da Constituição, jogá-lo, por uma situação transitória, na vala comum dos suscetíveis à despedida arbitrária em troca de uma indenização mais polpuda, era inaceitável à luz da *mens legis* do texto de 88. Uma exegese comparativa dos textos constitucionais sequentes e consequentes (inclusive parte permanente e DTs) demonstrava a necessidade de se preservarem direitos consagrados, sob pena de se desvirtuar a razão de ser do Direito do Trabalho, esquecendo compromissos históricos da Constituição contemporânea.

*l)* Entendeu-se que, pelo inciso I, art. 10, momentaneamente, a despedida punível com a indenização quádrupla seria a que ocorresse sem justa causa; iria pagá-la o patrão quando não tivesse motivo para despedir, como também quando razões de interesse empresarial (tecnológicas, administrativas, financeiras) o levassem a tanto. Deixaria, no entanto, de ter tal obrigação quando o empregado cometesse falta grave ou desse ensejo à justa causa, nos termos do art. 482 da Consolidação das Leis do Trabalho. A falta grave, apurada em inquérito judicial, autorizava a despedida não indenizada do ainda estável.

*m)* O que se evidenciava, a partir do art. 10, é que ele determinou uma intrincada mecânica interpretativa, decorrente da convivência de situações sucessivas e que, por consequência desse mandamento, acabaram tornando-se transitoriamente (por tempo indeterminado) contemporâneas. Assim, ao lado da *estabilidade tradicional* (representada por poucos titulares remanescentes), via-se um *FGTS* (espécie de seguro complementar, que ressurgia momentaneamente para dar aval à despedida injusta, punindo com força financeira as dispensas arbitrárias). Tudo isso, paradoxalmente, sob a égide *da garantia de emprego* (art. 7º, inciso I) que não se confundia nem com aquela, nem com esse último, mas que esperava sua vez de regrar as relações empregatícias, ante a estabilidade que teimava em regular situações residuais, numa sobrevivência terminal perante o FGTS, atípico, ressurgindo na sua versão original. O constituinte teria deixado para um depois, que ainda não chegou, o que deveria ter feito ontem.

*n)* Na ocorrência de *culpa recíproca* — face ao art. 10 das Disposições Transitórias —, haveria de ser exigida do empregador a indenização *pela metade,* isto é, de vinte por cento. Para tanto, bastaria aplicar-se o art. 484 da CLT e a própria Lei n. 5.107 (atualmente regido pela Lei n. 8.036, de 11 de maio de 1990) que, ante a falta comum de dois, divide o valor da multa.

*o)* O episódio dramático que viveu o FGTS foi quando da necessidade de repor as perdas inflacionárias (expurgos) decorrentes da declaração de inconstitucionalidade das leis que instituíram os planos Verão (janeiro/1989) e Collor I (abril/1990).

Além de o Estado gerenciar e controlar o dinheiro do trabalhador, sob a forma de uma poupança imposta (compulsório), mediante depósitos mensais dos empregadores, as reiteradas crises econômicas e os desastrados planos econômicos causaram prejuízos significativos nas contas do trabalhadores junto ao FGTS.

Diante do derramamento de ações judiciais e da manifestação do Supremo Tribunal Federal, favorável ao pagamento dessas diferenças, que se estimavam, à época, num valor de quarenta e três (43) bilhões de reais, restou contornar a crise com a promulgação de uma Lei Complementar de número 110/2001 a qual instituiu contribuições adicionais de 10% vinculadas ao FGTS, na alíquota de 40% sobre os depósitos nas dispensas sem justa causa, e de 0,5% sobre a remuneração devida a cada empregado no mês anterior.

Por força do § 2º do art. 2º da Lei Complementar n. 110/2001, que dispôs sobre o período em que seria exigida a contribuição social de 0,5%, estabeleceu-se que o prazo seria de sessenta (60) meses, ou seja, cinco anos a contar de sua criação.

Embora a Lei Complementar denominasse referidas contribuições (0,5%) adicionais para o Fundo de Garantia por Tempo de Serviço de contribuições sociais, sua natureza jurídica era de tributo, motivo pelo qual foram ajuizadas duas ações diretas de inconstitucionalidade com pedido de liminar (ADIn n. 2.556-2 e ADIn n. 2.568-6). O Supremo Tribunal Federal concedeu liminar, suspendendo-se, desde o início de sua vigência e até o final julgamento da ADIN, a expressão "produzindo efeitos", bem como os incisos I e II do art. 14 da Lei Complementar n. 110/2001, que determinavam justamente a observância do período de noventa (90) dias para que referidas contribuições adicionais ao Fundo de Garantia por Tempo de Serviço fossem exigidas.

Assim, tendo sido consideradas tributos e não contribuições sociais, deveria ser observado o princípio da anualidade, havendo produção de efeitos somente no exercício financeiro seguinte, ou seja, a partir de 1º de janeiro de 2002 (inciso III do art. 150 da Constituição Federal).

Portanto, a contagem dos 60 meses para o acréscimo de 0,5% passou a ter como início a competência janeiro/2002 e como final a competência dezembro/2006.

No que pertine à elevação de 40% para 50%, do acréscimo constitucional pago pelos empregadores nos casos de dispensa de empregados sem justa causa, a lei não fixou um prazo final para seu pagamento, determinando que os empregadores terão de pagar os 10% até que o patrimônio do FGTS seja reconstituído, critério que não foi definido pela lei e que peca pela imprecisão.

*p)* Os empregados domésticos, quando da promulgação da Constituição em 1988, não foram contemplados com o FGTS, de vez que o parágrafo único do art. 7º não incluiu o inciso III que trata do FGTS. Vejamos:

"Parágrafo único. São assegurados à categoria dos trabalhadores domésticos os direitos previstos nos incisos IV, VI, VIII, XV, XVII, XVIII, XIX, XXI e XXIV, bem como a sua integração à previdência social".

Somente com a Lei n. 10.208, de 23 de março de 2001, foi facultada a inclusão do empregado doméstico no Fundo de Garantia do Tempo de Serviço, mediante requerimento do empregador.

Ocorre que a informalidade no emprego doméstico perdura ao longo de décadas. A confirmação se reproduz no *Comunicado 90: Situação atual das trabalhadoras domésticas no país,* divulgado pelo Instituto de Pesquisa Econômica Aplicada (Ipea). Com base nas informações da Pesquisa Nacional por Amostra de Domicílio (PNAD/IBGE), o estudo revela que, em dez anos (1999 a 2009), a proporção de trabalhadores domésticos com carteira assinada mudou de 23,7% para 26,3%, crescendo menos de três pontos percentuais.

Além disso, pela pesquisa, houve um crescimento expressivo no número de diaristas. A proporção de trabalhadores domésticos que prestam serviços em mais de um domicílio atingiu, em 2009, 29,3%, ou seja, doze pontos percentuais acima do registrado dez anos antes. O fato é que, como diaristas, o valor ganho ao final do mês é maior, apesar de não haver os benefícios da relação de emprego, em especial a previdência social. A sociedade do consumo, aliada ao fato das premências de uma faixa de trabalhadores carentes e necessitados, estimula a relação como diarista, informal, mas de retorno remuneratório maior.

O trabalho doméstico ocorre num universo predominantemente feminino, de vez que 94,5% (em 2009) dos trabalhadores desse segmento são mulheres, gradualmente ocorrendo um significativo envelhecimento entre elas. As com mais de trinta anos ganharam importância na composição do grupo, representando 72,7% (em 2009), sendo que, em 1999, elas eram 56,5%.

Trata-se de uma relação de trabalho diferenciada, envolvendo laços afetivos, exatamente por ocorrer no núcleo familiar, em contato diário, direto e pessoal com o tomador do trabalho, de pouco profissionalismo, estando os trabalhadores isolados, diminuindo o estímulo à criação de sindicatos, o exercício da fiscalização pelos órgãos governamentais, bem como sofrendo distanciamento das políticas públicas.

Assim, apesar de ter sido facultada às partes a inclusão, é notória a pouca adesão ao regime do FGTS nessa categoria de trabalhadores.

*q)* Ocorrendo a posse de empregado no cargo de diretor em que efetivamente tenha poder de mando na empresa, com ampla liberdade para tomar decisões diretivas, reportando-se apenas aos acionistas ou ao Conselho de Administração, haverá conflito com a sua posição original de empregado. Tornar-se-ia simultaneamente empregado e empregador, num verdadeiro confronto de situações. Ante tal ocorrência, o contrato de emprego ficaria suspenso, segundo entendimento jurisprudêncial.

É o que se vê do decisório infra:

AGRAVO DE INSTRUMENTO. RECURSO DE REVISTA. EMPREGADO ELEITO DIRETOR. SUSPENSÃO DO CONTRATO DE TRABALHO. APOSENTADORIA ESPONTÂNEA. MANUTENÇÃO DO CARGO DE DIRETOR. EFEITOS NO CONTRATO DE TRABALHO. INTERPRETAÇÃO ADOTADA PELO STF. No caso dos autos, em que houve a suspensão do contrato de trabalho em razão de o empregado ser eleito para cargo de direção na empresa, a despeito da sustação temporária dos principais efeitos do contrato de trabalho no tocante às partes, algumas poucas obrigações contratuais permanecem em vigência, notadamente a garantia de retorno obreiro ao cargo anteriormente ocupado, após desaparecida a causa suspensiva (art. 471 da CLT). Assim, a concessão de aposentadoria voluntária, no período de sustação dos efeitos contratuais, com manutenção pelo Reclamante do cargo de direção então ocupado, não enseja o rompimento do contrato, permanecendo inalterada a suspensão contratual. Isto porque, a partir da interpretação dos parágrafos 1º e 2º do artigo 453 da CLT, adotada pelo Supremo Tribunal Federal no julgamento das ADIns 1721-3 e 1770-4, já não subsiste o entendimento de que a aposentadoria espontânea é causa de extinção do contrato de trabalho. Agravo de instrumento desprovido. (AIRR n. 13710-08.2010.5.04.0000, 6ª Turma do TST, Rel. Mauricio Godinho Delgado. unânime, DEJT 2.12.2010)

A Súmula n. 269 do TST caminha no mesmo sentido:

> "SÚMULA N. 269 — DIRETOR ELEITO. CÔMPUTO DO PERÍODO COMO TEMPO DE SERVIÇO — O empregado eleito para ocupar cargo de diretor tem o respectivo contrato de trabalho suspenso, não se computando o tempo de serviço desse período, salvo se permanecer a subordinação jurídica inerente à relação de emprego. (Res. 2/1988, DJ 1º.3.1988)"

Nota-se que a referida Súmula do TST indica exceção, quando o cargo de diretor não for incompatível com a condição de empregado, porque as funções exercidas não mantêm elementos de subordinação a outros diretores ou controladores. Caso contrário, ocorrendo subordinação, o contrato de emprego permanecerá em pleno vigor, inclusive em relação ao FGTS.

Existem, ainda, casos em que o diretor eleito nunca foi empregado da sociedade. É contratado especialmente para ocupar o cargo de diretor. Assim, não há de se falar em suspensão do contrato de trabalho, pois este nunca existiu. Novamente o enquadramento aqui dependerá da existência ou não de subordinação.

Tanto em uma circunstância como na outra, o diferencial será a subordinação, apreciada casuisticamente, com forte lembrança do princípio da primazia da realidade.

Dito de outra forma: o empregado que se torna diretor, não estando subordinado, terá seu contrato de emprego suspenso. O profissional que não era empregado e foi admitido para ser diretor, não havendo subordinação, não terá contrato de emprego, estabelecendo relação de natureza civil, e não trabalhista.

O fato é que o diretor não empregado poderá ser equiparado aos demais trabalhadores sujeitos ao regime do FGTS, forte no art. 16 da Lei n. 8.036, que regula o FGTS. Cumpre observar:

> "Art. 16. Para efeito desta lei, as empresas sujeitas ao regime da legislação trabalhista poderão equiparar seus diretores não empregados aos demais trabalhadores sujeitos ao regime do FGTS. Considera-se diretor aquele que exerça cargo de administração previsto em lei, estatuto ou contrato social, independente da denominação do cargo".

Trata-se de **possibilidade**, outorgada à empresa — às vezes consequência de negociação prévia de contratação, de interesse e de condicionamento pelo futuro diretor — que assegura a tal profissional um benefício peculiar (FGTS), originário do mundo social trabalhista, ainda que o enquadramento geral da figura jurídica do **diretor não subordinado** se encaixe no ramo civil propriamente dito. De qualquer maneira, ante tal contexto se poderá dizer que se tem um **peculiar hibridismo jurídico**.

# Capítulo IV

# Salário Mínimo

**TRAJETÓRIA NA CONSTITUINTE**

*Subcomissão dos Direitos dos Trabalhadores*

"salário mínimo real, nacionalmente unificado, capaz de satisfazer efetivamente às suas necessidades normais e às de sua família, a ser fixado em lei. Para a determinação do valor do salário mínimo, levar-se-ão em consideração as despesas necessárias com alimentação, moradia, vestuário, higiene, transporte, educação, lazer, saúde e seguridade social".

*Comissão da Ordem Social*

"salário mínimo fixado em lei, nacionalmente unificado, capaz de atender às suas necessidades vitais básicas e às de sua família, com moradia, alimentação, educação, saúde, lazer, vestuário, higiene, transporte e previdência social".

*Comissão de Sistematização*

"salário mínimo nacionalmente unificado, capaz de satisfazer às suas necessidades básicas e às de sua família, com reajustes periódicos de modo a preservar-lhe o poder aquisitivo, vedada sua vinculação para qualquer fim".

*Constituição Federal, art. 7º, IV — (texto oficial)*

"SALÁRIO MÍNIMO, FIXADO EM LEI, NACIONALMENTE UNIFICADO, CAPAZ DE ATENDER A SUAS NECESSIDADES VITAIS BÁSICAS E ÀS DE SUA FAMÍLIA COM MORADIA, ALIMENTAÇÃO, EDUCAÇÃO, SAÚDE, LAZER, VESTUÁRIO, HIGIENE, TRANSPORTE E PREVIDÊNCIA SOCIAL, COM REAJUSTES PERIÓDICOS QUE LHE PRESERVEM O PODER AQUISITIVO, SENDO VEDADA SUA VINCULAÇÃO PARA QUALQUER FIM".

Foi substancial a mudança na Carta Magna/88 no que tange ao salário mínimo, bastando comparar-se com a Constituição anterior (art. 165, I) para que se identifique significativo avanço. Vejamos:

> "Art. 165. I — salário mínimo capaz de satisfazer, conforme as condições de cada região, as suas necessidades normais e as de sua família (Constituição 67/69)".

Não se esgotava nessa norma constitucional o regramento sobre o salário mínimo. Ela fixava a grande moldura deixando à norma ordinária (no caso, à Consolidação das Leis do Trabalho) os detalhes que davam vigor a essa garantia do trabalhador. Dispunha o art. 76 da CLT:

> "Art. 76. Salário mínimo é a contraprestação mínima devida e paga diretamente pelo empregador a todo trabalhador, sem distinção de sexo, por dia normal de serviço, e capaz de satisfazer, em determinada época, as suas necessidades normais de alimentação, habitação, vestuário, higiene e transporte".

*a)* O constituinte de 1988 teve como primeira preocupação fixar um patamar maior para o salário mínimo. Enquanto, na Carta anterior, restringiu-se o texto a dizer o que se devia entender por salário-mínimo, sem especificar a forma e a moda de fixá-lo, nem o instrumento habilitado para tanto, na Lei Maior, ora em vigor, explicitou-se que tal deverá ocorrer por meio da *lei*. Consequentemente, transferiu-se a competência de fixação de Poder. Enquanto o decreto anteriormente utilizado ficava na competência do Executivo a nova Constituição, atribuindo ao Congresso, diminuiu os poderes da Administração Central, garantindo o debate prévio, e a discussão aberta com a participação das diferentes forças políticas, ideológicas, sociais e econômicas.

A Constituição, portanto, estabeleceu o princípio da reserva da lei para a fixação do salário mínimo. Ocorre que a Lei n. 12.382 de 2011 disciplinou o valor do salário mínimo e fixou a "política de valorização de longo prazo", ou seja, no período de 2012 a 2015, referida lei indicou os reajustes do salário mínimo, com o fito de preservação do poder aquisitivo (expressão constitucional), com a escolha de índice oficial de inflação (INPC) e, na hipótese de não divulgação do INPC, outorgou ao Poder Executivo a tarefa de estimar os índices dos meses não disponíveis.

Alguns partidos políticos, diante da nova legislação infraconstitucional, entenderam por ofensa à Constituição, posto que se estava transferindo ao Poder Executivo a fixação do salário mínimo nacional, que ficou limitada pela Constituição ao Poder Legislativo (por meio de lei).

O Supremo Tribunal Federal julgou improcedentes as Ações Diretas de Inconstitucionalidade, com a interpretação de que a nova lei outorgara ao Chefe do Poder Executivo apenas a divulgação do montante do salário mínimo, obtido pelo valor reajustado e aumentado consoante os índices fixados pelo Congresso Nacional na própria lei. Ademais, o Congresso Nacional poderia revogar a lei quando entendesse conveniente e oportuno, sem interferência do Poder Executivo. Vejamos uma síntese da decisão:

> "Por reputar observado o princípio da reserva de lei para a fixação do salário mínimo (...), o Plenário, em votação majoritária, julgou improcedente o pedido formulado em ação direta de inconstitucionalidade, proposta pelo Partido Popular Socialista (PPS), pelo Partido da Social Democracia Brasileira (PSDB) e pelo Democratas (DEM), contra o art. 3º da Lei n. 12.382/2011 (...). Ressaltou-se que a lei em questão conteria a definição legal e formal do salário mínimo, a fixação do seu montante em 2011 (art. 1º) e a forma de sua valorização, no sentido de sua quantificação para períodos subsequentes (até 2015). Aduziu-se que esse diploma não esgotara a sua preceituação e adotara critérios objetivos para valer no intervalo de 2012 a 2015, segundo índices estipulados pelo Congresso Nacional (variação do Índice Nacional de Preços ao Consumidor (INPC), calculado e divulgado pela Fundação Instituto Brasileiro de Geografia e Estatística (IBGE), acumulada nos 12 meses anteriores ao mês do reajuste). Registrou-se, também, que o legislador determinara que, na ausência de divulgação do INPC referente a um ou mais meses compreendidos no período do cálculo até o último dia útil imediatamente anterior à vigência do reajuste, os índices seriam estimados pelo Poder Executivo quanto aos meses não disponíveis (art. 2º, § 2º). No ponto, destacou-se que essa avaliação não seria arbitrária, mas, ao revés, conforme os parâmetros definidos. Assinalou-se que, se sobrevier a situação prevista no § 2º do art. 2º da Lei n. 12.382/2011, os 'índices estimados permanecerão válidos para os fins desta Lei, sem qualquer revisão, sendo os eventuais resíduos compensados no reajuste subsequente, sem retroatividade (art. 2º, § 3º). Considerou-se que, ao assim estatuir, o legislador retirara do presidente da República qualquer discricionariedade relativa à fórmula para apuração do *quantum* a ser adotado, bem como no que concerne à possibilidade de revisão ou de compensação de supostos resíduos. Salientou-se, ainda, que o legislador estatuíra que o valor a prevalecer no lapso de 2012 a 2015 seria aquele determinado no art. 1º da lei em apreço mais o reajustamento conforme índice firmado nos §§ 1º e 2º do art. 2º, prevendo aumento real a ser conferido nos moldes dos índices definidos nos §§ 4º e 5º do mesmo preceito. Diante desse contexto, rejeitou-se o argumento de que a lei conteria delegação para que o Presidente da República fixasse o valor do salário mínimo. Reiterou-se que haveria mera aplicação aritmética, nos termos legalmente previstos, dos índices, fórmulas e periodicidade fixados pelo Congresso Nacional, a serem expostos por decreto presidencial, que não inovaria a ordem jurídica, sob pena de abuso do poder regulamentar, passível de fiscalização e controle pela via legislativa ou judicial. Dessa forma, frisou-se que a lei impusera ao Chefe do Poder Executivo apenas a divulgação do montante do salário mínimo, obtido pelo valor reajustado e aumentado consoante os índices fixados pelo Congresso Nacional na própria lei adversada. Advertiu-se que, ainda que se retirasse do mundo jurídico a referência ao modo de se decretar a divulgação do quanto a vigorar como salário mínimo no interregno estipulado — mediante incidência dos índices dispostos no art. 2º da Lei n. 12.382/2011 —, isso não implicaria mudança na fixação de seu valor, que continuaria a ser o mesmo. Ademais, mencionou-se que o Congresso Nacional poderia revogar a lei quando entendesse conveniente e oportuno, sem interferência do Poder Executivo"[19].

---

(19) ADI n. 4.568, Rel. Min. Cármen Lúcia, julgamento em 3.11.2011, Plenário, *Informativo 646*. Disponível em: <http://www.stf.jus.br/portal/constituicao/artigoBD.asp?item=167>. Acesso em: 30 janeiro 2012.

Conveniente e oportuno ficou para o Poder Executivo, que estabeleceu por longo período mecanismo que reajusta o salário mínimo de forma sistemática, sem o debate junto ao Congresso Nacional. Vislumbra-se retrocesso, diante da acomodação do Congresso Nacional, que a longa data se tornou pouco atuante e agora abre mão de suas prerrogativas.

*b)* Verificou-se, pelo mandamento constitucional, que a lei deveria ficar atenta ao processo inflacionário. Tal não se dizia expressamente, mas se intuía facilmente. Quando se estabeleceu que haveria "reajustes periódicos que lhe preservem o poder aquisitivo", não se preconizava aumento real, ganho efetivo do trabalhador. Simplesmente, convivendo com a inflação, partícipe permanente da vida brasileira, o constituinte foi realista ao determinar que o assalariado teria a garantia inicial de que seu salário-mínimo não minguaria com as corrosões inflacionárias.

Oportuna a determinação constitucional ao legislador ordinário, posto que o Executivo, tradicionalmente, não se preocupava com a preservação do valor real do salário mínimo. Essa era a razão pela qual se esteve entre os dez menores do mundo nesse particular, ao mesmo tempo em que nos jactávamos em anunciar que éramos a sétima economia industrial do mundo capitalista.

De qualquer maneira, a nova Constituição foi uma razoável vacina para que não se continuasse a descer na escada da desvalorização. Se não houvesse, à época, disposição política para aumentar, pelo menos teria de haver respeito normativo para não diminuí-lo, garantindo-se-lhe a reposição inflacionária.

*c)* Indispensável registrar que os decretos do Executivo do final de 1988 e do início de 1989, quer porque adotaram forma jurídica incompatível, substituindo a lei, à época, exigida expressamente, quer porque, sobretudo o de 15 de janeiro de 1989, estava abaixo da própria e subestimada inflação oficial, foram flagrantemente inconstitucionais.

*d)* O salário mínimo, desde 1943, quando de sua criação, passou por versões variadas, quanto *à área de sua aplicação geográfica. A* tendência foi a de fazer com que o valor fixado tivesse cada vez maior âmbito de aplicação. Desde um início, quando (como veio eventualmente a ocorrer depois) nos próprios Estados-membros da Federação ocorriam diferentes faixas, especialmente nos Estados economicamente mais ativos (São Paulo, Rio Grande do Sul, Minas Gerais etc.), que chegavam a ter duas ou três escalas salariais simultaneamente, conforme suas microrregiões, progressivamente, tratou-se da unificação, primeiramente, estadual. Daí, passou-se para nivelamentos regionais. E, nesse contexto, o país se manteve por muitos anos. Aproximaram-se as diferenças salariais, debaixo de protestos empresariais de áreas deprimidas.

Não impôs o constituinte de 1946, nem o de 1967, nem das emendas ulteriores, dispositivo unificador. Deixou que a aproximação ocorresse no jogo dos reajustes que eram, primeiro, anuais e, depois, pela inflação, se foram tornando-se semestrais, trimestrais, até a mensalidade dos momentos de hiperinflação. Coube ao texto constitucional de 1988 realizar a unificação. Se era muito baixo o salário mínimo, fazê-lo desnivelado era injusto socialmente, quando a Constituição propunha que ele fosse "capaz de atender as necessidades vitais básicas" do trabalhador. E, mais do que isso, também "às de sua família", com o que a diferenciação se tornava mais reprovável.

*e)* Merecedora de referência peculiar foi a questão dos fatores de composição do cálculo do mínimo. Anteriormente, ficava-se na *habitação, alimentação, vestuário, transporte* e *higiene*. Essa determinação especificada não constava dos textos constitucionais, encontrando-se apenas na legislação ordinária.

A Constituição de 1988 reproduziu no cálculo do salário mínimo, como necessidades vitais do trabalhador e de sua família, aquelas que já vinham sendo referidas, e *agregou educação, saúde, lazer e previdência social*.

Incompreensível entender como só então se erigiram integrantes do cálculo da mínima remuneração necessidades como educação, saúde e previdência social, sem que isso minimizasse o significado do lazer. Inclusive, no que tange à previdência social, corrigiu-se uma falha, posto que o assalariado vinha usando parcela deduzida do seu ganho compulsoriamente, e não se incluía esse montante no cálculo do salário mínimo que, logo, não era sequer — na antiga Constituição — o que aparecia nas manchetes, mas, seguramente, o decorrente do valor previsto menos a contribuição previdenciária.

Com essa ampliação dos fatores componentes do cálculo, conclui-se que o novo salário mínimo teria de ser maior que o da Carta Magna anterior.

*f)* A Constituição de 1988, diferentemente da de 1967, impediu que se utilizasse o salário mínimo como elemento de referência, dizendo ser "vedada sua vinculação para qualquer fim".

Tal proibição cessaria ante permissões da própria Constituição, como ocorre no art. 203, inciso V, no qual se diz que:

> "A assistência social será prestada a quem dela necessitar, independentemente de contribuição à seguridade social, e tem por objetivos:
>
> V — a garantia de um *salário mínimo* do benefício mensal à pessoa portadora de deficiência e ao idoso que comprovem não possuir meios de prover à própria manutenção ou de tê-la provida por sua família, conforme dispuser a lei".

Antes, não existia proibição do uso do salário mínimo como um padrão de referência. Paulatinamente, porém foi sendo estendido a diferentes atos negociais, fazendo com que se buscasse uma vedação por lei ordinária. Em 1988, inverteu-se o processo. Tendo aprendido com a experiência passada o quanto de risco existia em tal franquia, estabeleceu o constituinte o impedimento da vinculação, evitando o emprego do salário mínimo para fins outros que não o remuneratório. A regra passou a ser a proibição. A exceção só quando constitucionalmente admitida.

Remetemos o leitor ao Capítulo XXIII, em que será abordado o tema do adicional de insalubridade e sua base de cálculo.

*g)* A redação original dada ao art. 39, § 2º, da Constituição[20] asseverava que se aplicariam aos *servidores públicos* diversas das garantias explicitadas no art. 7º da Constituição. Relacionava quais os direitos trabalhistas extensivos aos servidores públicos, e, entre eles, se encontrava o salário mínimo.

A Emenda Constitucional n. 19, de 4 de junho de 1998, estabeleceu nova redação ao artigo[21] em foco; contudo, no parágrafo terceiro, manteve os direitos trabalhistas extensivos aos servidores públicos, entre eles, o salário mínimo.

---

(20) Art. 39. A União, os Estados, o Distrito Federal e os Municípios instituirão, no âmbito de sua competência, regime jurídico único e planos de carreira para os servidores da administração pública direta, das autarquias e das fundações públicas.

§ 1º A lei assegurará aos servidores da administração direta isonomia de vencimentos para cargos de atribuições iguais ou assemelhados do mesmo Poder ou entre servidores dos Poderes Executivo, Legislativo e Judiciário, ressalvadas as vantagens de caráter individual e as relativas à natureza ou ao local de trabalho.

§ 2º Aplica-se a esses servidores o disposto no art. 7º, IV, VI, VII, IX, XII, XV, XVI, XVII, XVIII, XIX, XX, XXII, XXIII e XXX.

(21) Art. 39. A União, os Estados, o Distrito Federal e os Municípios instituirão, no âmbito de sua competência, regime jurídico único e planos de carreira para os servidores da administração pública direta, das autarquias e das fundações públicas.

§ 1º A fixação dos padrões de vencimento e dos demais componentes do sistema remuneratório observará:

I — a natureza, o grau de responsabilidade e a complexidade dos cargos componentes de cada carreira;

II — os requisitos para a investidura;

III — as peculiaridades dos cargos.

§ 2º A União, os Estados e o Distrito Federal manterão escolas de governo para a formação e o aperfeiçoamento dos servidores públicos, constituindo-se a participação nos cursos um dos requisitos para a promoção na carreira, facultada, para isso, a celebração de convênios ou contratos entre os entes federados.

§ 3º Aplica-se aos servidores ocupantes de cargo público o disposto no art. 7º, IV, VII, VIII, IX, XII, XIII, XV, XVI, XVII, XVIII, XIX, XX, XXII e XXX, podendo a lei estabelecer requisitos diferenciados de admissão quando a natureza do cargo o exigir.

§ 4º O membro de Poder, o detentor de mandato eletivo, os Ministros de Estado e os Secretários Estaduais e Municipais serão remunerados exclusivamente por subsídio fixado em parcela única, vedado o acréscimo de qualquer gratificação, adicional, abono, prêmio, verba de representação ou outra espécie remuneratória, obedecido, em qualquer caso, o disposto no art. 37, X e XI.

§ 5º Lei da União, dos Estados, do Distrito Federal e dos Municípios poderá estabelecer a relação entre a maior e a menor remuneração dos servidores públicos, obedecido, em qualquer caso, o disposto no art. 37, XI.

§ 6º Os Poderes Executivo, Legislativo e Judiciário publicarão anualmente os valores do subsídio e da remuneração dos cargos e empregos públicos.

Salienta-se, por oportuno, que a nova redação dada ao *caput* do art. 39 da Constituição está suspensa por força de liminar decorrente da Ação Direta de Inconstitucionalidade (2135-4)[22].

Portanto, nem para os seus servidores tem o Poder Público o direito de estabelecer o mínimo salarial por caminho que não seja o da *lei*. Também para os prestadores de serviço subordinados à Administração Pública o direito ao salário mínimo haverá de ser estipulado pelo Legislativo.

O art. 39, no seu *caput*, é de uma abrangência total quanto às esferas de vinculação do servidor público. Tanto se assegura salário mínimo ao servidor público da União, dos Estados, do Distrito Federal, como ao dos Municípios. E esse salário-mínimo é idêntico ao do trabalhador da esfera privada. A lei não fará distinções, nem abrirá exceção ao fixar seu valor. Salário mínimo será igual, em qualquer ponto do pais, para os setores público e privado.

Também não caberia diferenciação entre administração direta e indireta. O servidor público, numa e noutra, estaria sob proteção do salário mínimo. A proteção tutelar do Direito do Trabalho, de natureza constitucional, não respeita barreiras formais.

Em relação ao servidor público, surge a Súmula Vinculante n. 16 do Supremo Tribunal Federal a qual estabelece: "Os arts. 7º, IV, e 39, § 3º (redação da EC n. 19/1998), da Constituição, referem-se ao total da remuneração percebida pelo servidor público". Entendeu o Supremo Tribunal Federal que a Constituição assegura a percepção do salário mínimo com o objetivo de garantir a subsistência do trabalhador e da família, e o total da remuneração, portanto, atenderia a essa finalidade.

Além disso, a Súmula Vinculante n. 15 do Superior Tribunal Federal estabeleceu que: "O cálculo de gratificações e outras vantagens do servidor público não incide sobre o abono utilizado para se atingir o salário mínimo".

---

§ 7º Lei da União, dos Estados, do Distrito Federal e dos Municípios disciplinará a aplicação de recursos orçamentários provenientes da economia com despesas correntes em cada órgão, autarquia e fundação, para aplicação no desenvolvimento de programas de qualidade e produtividade, treinamento e desenvolvimento, modernização, reaparelhamento e racionalização do serviço público, inclusive sob a forma de adicional ou prêmio de produtividade.

§ 8º A remuneração dos servidores públicos organizados em carreira poderá ser fixada nos termos do § 4º.

(22) O Tribunal, por maioria, vencidos os Senhores Ministros Nelson Jobim, Ricardo Lewandowski e Joaquim Barbosa, deferiu parcialmente a medida cautelar para suspender a eficácia do art. 39, *caput*, da Constituição Federal, com a redação da Emenda Constitucional n. 19, de 4 de junho de 1998, tudo nos termos do voto do relator originário, Ministro Néri da Silveira, esclarecido, nesta assentada, que a decisão — como é próprio das medidas cautelares — terá efeitos *ex nunc*, subsistindo a legislação editada nos termos da emenda declarada suspensa. Votou a Presidente, Ministra Ellen Gracie, que lavrará o acórdão. Não participaram da votação a Senhora Ministra Cármen Lúcia e o Senhor Ministro Gilmar Mendes por sucederem, respectivamente, aos Senhores Ministros Nelson Jobim e Néri da Silveira. — Plenário, 2.8.2007. — Acórdão, DJ 7.3.2008.

*h)* Os militares, frente à Emenda Constitucional n. 18[23], de 1998, foram agraciados com alguns incisos do art. 7º da Constituição Federal, que não inclui o salário mínimo em foco. De toda sorte, cumpre mencionar a Súmula Vinculante n. 6 do Supremo Tribunal Federal na qual se afirma que: "Não viola a Constituição o estabelecimento de remuneração inferior ao salário-mínimo para as praças prestadoras de serviço militar inicial".

*i)* A Organização Internacional do Trabalho (OIT) estabeleceu, sobre o salário mínimo, a Convenção n. 131 (22.6.70), que se incorporou ao normativo brasileiro por meio do Decreto Legislativo n. 110, de 30.12.1982, promulgado pelo Decreto n. 89.686, de 22 de maio de 1984 (Diário Oficial da União de 25.5.1984).

Doze anos tramitou a convenção internacional pelas diferentes comissões técnicas das casas do Congresso, até seu acolhimento pela nossa legislação. Mais dois anos foi o lento percorrer pelas dependências do Executivo a quem se incumbe o decreto de promulgação.

Em seus seis artigos e doze pontos, a Convenção fixa procedimentos conceituais genéricos, como acontece com normas internacionais que buscam a quase universalidade. No entanto, ficou claro o princípio da conveniência de consulta às organizações classistas; isto é, a estrutura sindical de empregadores e a de empregados devem ser ouvidas previamente, participando, consultiva e formalmente, da discussão sobre critérios, valores, prazos etc.

Aceita o país que ratifica a Convenção n. 131 o dever de manter o reajuste periódico, para evitar a corrosão inflacionária, ao mesmo tempo que se obriga a que a norma estipulante do salário mínimo tenha força de lei. Estava, pois, totalmente sintonizada a Constituição/88 com os mandamentos internacionais.

Não descia a Convenção n. 131 a detalhes, limitando-se a recordar que o salário mínimo deve levar em conta o custo de vida, o nível geral dos salários nacionais etc., e que se fazia recomendável ensejar, em pé de igualdade, a trabalhadores e empregadores, por suas entidades representativas, poder acompanhar a aplicação prática da medida. Tal se constitui num dos fundamentos da OIT: convivência do tripartismo.

A aplicação da Convenção n. 131 levaria em conta as realidades nacionais. O documento internacional recorda que os elementos primordiais a serem consi-

---

(23) Art. 142. As Forças Armadas, constituídas pela Marinha, pelo Exército e pela Aeronáutica, são instituições nacionais permanentes e regulares, organizadas com base na hierarquia e na disciplina, sob a autoridade suprema do Presidente da República, e destinam-se à defesa da Pátria, à garantia dos poderes constitucionais e, por iniciativa de qualquer destes, da lei e da ordem. § 3º Os membros das Forças Armadas são denominados militares, aplicando-se-lhes, além das que vierem a ser fixadas em lei, as seguintes disposições: VIII — aplica-se aos militares o disposto no art. 7º, incisos VIII, XII, XVII, XVIII, XIX e XXV e no art. 37, incisos XI, XIII, XIV e XV;

derados na fixação do mínimo remuneratório serão sempre "as necessidades dos trabalhadores e de suas famílias".

*j)* Depois da derrocada do comunismo, simbolizada pela queda do muro de Berlim e a extinção da União Soviética, pairou no ar a sensação de que, com a ascensão do liberalismo, a humanidade teria encontrado o equilíbrio. Apenas uma potência — norte-americana — teria suprema hegemonia. Estaríamos no fim da história, nas palavras de Fukuyama[24], tese inspirada em Hegel.

A humanidade, no entanto, é como um rio. Não ficaria e não ficará estagnada. Em alguns pontos fortes, esse rio acelera, arrastando com ele fragmentos, como em qualquer corredeira, e, em outros, acalma e parece adormecido, contudo sempre estará em movimento.

Assim, em 2008, iniciou-se uma crise, que provocou e provocará mudanças de paradigmas. As instituições imobiliárias e financeiras norte-americanas estimularam as classes menos favorecidas a adquirirem e a investir em imóveis, as denominadas hipotecas *subprimes*, ou seja, empréstimos hipotecários de alto risco e de taxa variável, concedidos às famílias que sabidamente não poderiam arcar com as prestações.

Essas hipotecas foram transformadas em derivativos negociáveis e vendidas para diversas instituições financeiras, companhias de seguro e fundos de pensão, em todo o planeta. Vendas favorecidas pelas novas tecnologias de um mundo globalizado.

O ponto de partida dessa crise, conhecida como "crise dos subprimes", foi a falência do tradicional banco norte-americano Lehman Brothers. O efeito foi devastador e rápido, com empresas tradicionais, em todo o planeta, declarando a fragilidade de suas finanças.

A crise, agora global, obrigou o governo norte-americano a socorrer e a financiar o setor privado, em uma espécie de estatização, ferindo seus conceitos básicos e causando espanto. A tese de que o mercado é autorregulador deixou de ser dogmática, e o governo passou a interferir de forma acentuada. (A General Motors foi, praticamente, desapropriada pelo Governo estadunidense num gesto de inequívoca simbologia estatizante)

Os efeitos são sentidos com força e vigor nos países europeus (a crise europeia fez-se mais contundente e mais abrangente que a dos Estados Unidos e alcança, inclusive, o próprio equilíbrio financeiro orçamentário, político e o institucional da Região do euro). Em face da crise, especialmente os países europeus da zona do euro anunciam planos rigorosos comprometendo-se com eles, austeridade que ferem conquistas sociais, inclusive o salário constituído, além de estimular e facilitar a despedida.

---

(24) FUKUYAMA, Francis. *O fim das história e o último homem*.

Por outro lado, em alguns países em desenvolvimento como China, Índia e Brasil, até hoje, não houve contaminação na mesma proporção.

O sistema financeiro brasileiro mais rígido, diante de crises internas sucessivas e anteriores, ficou menos exposto. Além disso, a economia nacional mostrou-se mais fortalecida. O Brasil disciplinara a dívida externa e se fez credor no mercado mundial. As reservas elevaram-se, a economia diversificou-se, as *commodities* elevaram seus preços e a moeda viu-se fortalecida. Houve aumento do PIB e queda do nível de desemprego.

Esse quadro favorável permitiu que o salário mínimo brasileiro crescesse e superasse, largamente, o que há três décadas era tido como um nível inatingível (os 100 dólares mensais).

A elevação real do salário mínimo, aliada à economia aquecida, retirou muitos brasileiros da miséria absoluta e alimentou a economia interna, trazendo benefícios generalizados. Ocorre que, mesmo assim, o salário mínimo não garante de forma cabal todas as obrigações constitucionais que lhe incumbiriam (alimentação, moradia etc.). Sabe-se que a crise internacional, a partir da vantagem/desvantagem da globalização, espalha-se. Por aqui, com menos velocidade e com menor contundência. Ainda assim, não se pode assegurar que estejamos vacinados contra ela.

A Constituição, ao elencar tantos itens a serem atendidos, mostrou desejo e delineou princípios. Talvez inatingíveis, mas acertadamente provocou os brasileiros a querer o justo, isto é, a dignidade da pessoa humana. Como refere o poeta[25]:

> Se as coisas são inatingíveis... ora!
> não é motivo para não querê-las.
> Que tristes os caminhos, se não fora
> a mágica presença das estrelas!

## O SALÁRIO MÍNIMO NAS CONSTITUIÇÕES BRASILEIRAS

As Constituições de 1946, 1967 e 1969 (Emenda n. 1) têm a mesma redação. Diz o inciso I do art. 165 da Constituição de 1969:

> "I — salário mínimo capaz de satisfazer, conforme as condições de cada região, as suas necessidades normais e as de sua família".

---

(25) QUINTANA, Mario. *Das utopias*.

## O SALÁRIO MÍNIMO NAS CONSTITUIÇÕES ESTRANGEIRAS

| RÚSSIA<br>Article 37.<br>Work shall be free. (...)<br><br>Everyone shall have the right to work (...) **to remuneration for work without any discrimination whatsoever and not below the statutory minimum wage**, and (...) | Tradução livre<br>**Artigo 37.**<br>O Trabalho será livre. (...)<br><br>Toda pessoa terá o direito de trabalhar (...), **mediante remuneração do trabalho sem discriminação alguma e não abaixo do salário mínimo legal,** e (...) |
|---|---|
| JAPÃO<br>Article 27:<br>1) All people (...)<br>2) Standards for wages, hours, rest and other working conditions shall be fixed by law.<br>3) Children (...) | Artigo 27:<br>1) Todas as pessoas (...)<br>2) Padrões salariais, jornada laboral, horas de descanso e outras condições de trabalho serão fixados por lei.<br>3) As crianças (...) |
| ITÁLIA<br>Art. 36.<br>Il lavoratore ha diritto ad una retribuzione proporzionata alla quantità e qualità del suo lavoro e in ogni caso sufficiente ad assicurare a sé e allá famiglia un'esistenza libera e dignitosa. (...) | Art. 36.<br>O empregado tem direito a uma remuneração proporcional à quantidade e à qualidade do seu trabalho e, em qualquer caso, suficiente para assegurar a si e a sua família uma existência livre e digna. (...) |
| ARGENTINA<br>**Art. 14 bis** — El trabajo en sus diversas formas gozará de la protección de las leyes, las que asegurarán al trabajador: (...) salario mínimo vital móvil; (...) | **Artigo 14 bis** — O Trabalho, nas suas diversas formas, gozará da proteção das leis, que assegurarão aos trabalhadores: (...) o salário mínimo vital móvel |
| CUBA<br>Artículo 45º — El trabajo en la sociedad socialista es un derecho, un deber y un motivo de honor para cada ciudadano.<br>El trabajo es remunerado conforme a su calidad y cantidad; (...) | Artigo 45º — O trabalho na sociedade socialista é um direito e um dever e um motivo de orgulho para cada cidadão.<br>O trabalho é remunerado de acordo com sua qualidade e quantidade; (...) |
| PORTUGAL<br>Artigo 59º<br>Direitos dos trabalhadores<br>(...)<br>2. Incumbe ao Estado assegurar as condições de trabalho, retribuição e repouso a que os trabalhadores têm direito, nomeadamente:<br>a) O estabelecimento e a atualização do salário mínimo nacional, tendo em conta, entre outros factores, as necessidades dos | |

| | |
|---|---|
| **PORTUGAL** (cont.)<br>trabalhadores, o aumento do custo de vida, o nível de desenvolvimento das forças produtivas, as exigências da estabilidade económica e financeira e a acumulação para o desenvolvimento;<br>(...) | |
| **ESPANHA**<br>**Artículo 35**<br>1. Todos (...) una remuneración suficiente para satisfacer sus necesidades y las de su familia, (...) | **Artigo 35**<br>1. Todos (...) uma remuneração suficiente para satisfazer as suas necessidades e às de sua família, (...) |
| **URUGUAI**<br>Artículo 54. La ley ha de reconocer (...) la justa remuneración; | Artigo 54. A lei reconhecerá o direito a uma justa remuneração (...) |
| **MÉXICO**<br>Título Sexto<br>Del Trabajo y de la Previsión Social<br><br>**Artículo 123.** Toda persona tiene derecho al trabajo digno y socialmente útil; (...)<br><br>**VI.** Los salarios mínimos que deberán disfrutar los trabajadores serán generales o profesionales. Los primeros regirán en las áreas geográficas que se determinen; los segundos se aplicarán en ramas determinadas de la actividad económica o en profesiones, oficios o trabajos especiales.<br>Los salarios mínimos generales deberán ser suficientes para satisfacer las necesidades normales de un jefe de familia, en el orden material, social y cultural, y para proveer a la educación obligatoria de los hijos. Los salarios mínimos profesionales se fijarán considerando, además, las condiciones de lãs distintas actividades económicas.<br>Los salarios mínimos se fijarán por una comisión nacional integrada por representantes de los trabajadores, de los patrones y del gobierno, la que podrá auxiliarse de las comisiones especiales de carácter consultivo que considere indispensables para el mejor desempeño de sus funciones.<br>**VIII.** El salario mínimo quedará exceptuado de embargo, compensación o descuento. | **Título sexto**<br>**Trabalho e Previdência Social**<br><br>**Artigo 123**. Toda pessoa tem direito ao trabalho digno e socialmente útil; (...)<br><br>**VI** — Os salários mínimos que desfrutarão os trabalhadores serão gerais ou profissionais. Os primeiros regem nas áreas geográficas a ser determinadas; os últimos são aplicáveis a determinados ramos de atividade econômica ou em profissões, ofícios ou trabalhos especiais.<br>Os salários mínimos gerais deverão ser suficientes para atender às necessidades normais de um chefe de família, nos aspectos material, social e cultural, e proporcionar a escolaridade obrigatória dos filhos. Os salários mínimos profissionais deverão fixar-se considerando condições peculiares das diversas atividades econômicas.<br>Salários mínimos serão fixados por uma comissão nacional composta por representantes dos trabalhadores, dos empregadores e do governo, que poderá ser assessorada por comitês consultivos especiais considerados indispensáveis para o bom desempenho das suas funções.<br><br>**VIII** — O salário mínimo será isento de compensação, embargo ou desconto. |

| PARAGUAI<br>**Artículo 92. DE LA RETRIBUCIÓN DEL TRABAJO**<br>El trabajador tienen derechos a disfrutar de una remuneración que le asegure, a él y a su familia, una existencia libre y digna.<br>La ley consagrará el salario vital mínimo, el aguinaldo anual, la bonificación familiar, El reconocimiento de un salario superior al básico por horas de trabajo insalubre o riesgoso, y las horas extraordinarias, nocturnas y en días feriados. Corresponde, básicamente, igual salario por igual trabajo. | **Artigo 92. DA RETRIBUIÇÃO DO TRABALHO**<br>O trabalhador tem direito a desfrutar uma remuneração que lhe assegure e a sua família uma existência livre e digna.<br>A Lei estabelecerá o salário mínimo vital, o 13º salário e o bônus familiar. A lei fixará um salário superior ao básico por hora de trabalho insalubre ou perigoso, e por horas extras à noite e nos feriados. Sempre corresponderá ao princípio de salário igual por trabalho igual. |
|---|---|

# Capítulo V

# PISO SALARIAL

**TRAJETÓRIA NA CONSTITUINTE**

> *Comissão da Ordem Social*
> "piso salarial proporcional à extensão e à complexidade do trabalho realizado".
>
> *Comissão de Sistematização*
> "piso salarial proporcional à extensão e à complexidade do trabalho".

Dispõe o inciso V, art. 7º da Constituição que é um direito do trabalhador urbano e também do rural, além de outros:

"V — *piso salarial* proporcional à extensão e à complexidade do trabalho;"

Não se pode confundir o piso (PS) referido no inciso V, art. 7º, da Carta com o Piso Nacional de Salários (PNS), inventado por razões de interesse conjuntural, por meio do Decreto-lei n. 2.351, em 7 de agosto de 1987, sob a égide da Constituição de 1967. O PNS (Piso Nacional de Salários) estava definido, no art. 1º do Decreto-lei que o criou, da seguinte maneira:

"Art. 1º Fica instituído o Piso Nacional de Salários, como contraprestação mínima devida e paga diretamente pelo empregador, como tal definido na Consolidação das Leis do Trabalho, a todo trabalhador, por dia normal de serviço.

§ 1º O valor inicial do Piso Nacional de Salários será de Cz$ 1.970,00 (hum mil, novecentos e setenta cruzados) mensais.

§ 2º O valor do Piso Nacional de Salários será reajustado em função do disposto no *caput* deste artigo e da conjuntura socioeconômica do País, mediante decreto do Poder Executivo, que estabelecerá a periodicidade e os índices de reajustamento.

§ 3º Ao reajustar o Piso Nacional de Salários, o Poder Executivo adotará índices que garantam a manutenção do poder aquisitivo do trabalhador e proporcionem seu aumento gradual.

Art. 2º O salário mínimo passa a denominar-se Salário Mínimo de Referência".

*a)* O Piso Nacional de Salários (PNS) não passou de uma tentativa do Executivo de substituir, por estratégia econômica oficial, o salário mínimo por um instituto, com nomenclatura ambígua, para evitar os efeitos que a mudança salarial mínima determinava nas relações jurídico-econômicas. O permanente processo inflacionário brasileiro de então criou dependências e liames, isso porque, permanentemente deteriorada a moeda, buscaram as partes de diferentes relações contratuais privadas, e da própria Administração Pública, fazer do salário mínimo uma unidade de referência. Por exemplo, nas relações locativas, nos serviços autônomos, nas faixas de incidência ou de isenção tributária e assim por diante. Crescente esse processo, e como não conseguia o Governo impedir a causa, que era a inflação, e seu subproduto direto (a desvalorização da moeda), tratou de obstaculizar o efeito, vedando o uso referencial do salário mínimo. Fê-lo, no entanto, de forma inconveniente e errônea.

O piso salarial, historicamente, era o valor menor de remuneração que se atribuía a determinado segmento da massa empregada; enquanto o salário mínimo (veja-se a Convenção n. 131, da OIT) abrangia o gênero, o piso destinava-se à espécie.

E o Piso Salarial (PS) se fez, tanto por meio da lei, por caminhos negociais coletivos como por ato da Justiça do Trabalho. Bastaria aludir a várias das leis de regulamentação profissional, consagrando o piso salarial profissional (médicos, advogados, agrônomos etc.), bem como a conquistas sindicais logrando pisos salariais categoriais.

Logo, o piso salarial teve origem e tem destino próprio. Não se confunde com o salário mínimo, do qual pode ser uma variante setorial e que, com ele, não compete. Mais ainda, se o desrespeitasse, estaria invalidado, posto que negaria a sua razão de ser.

*b)* A exótica criação do Executivo cometeu o pecado de investir contra o salário mínimo, desnaturando-o de forma expressa; isto é, o art. 2º do Decreto-lei n. 2.351 *determinava* que o salário mínimo passava a denominar-se *"Salário Mínimo de Referência".* Em síntese, chamou-se o Salário Mínimo de Piso Nacional de Salários para, com grotesco disfarce, evitar-se um elenco de efeitos óbvios; transformou-se, por estranho metabolismo, o salário mínimo em elemento de referência para servir de parâmetro a outras relações que nada têm com o salário mínimo. Ou seja, o que não era, passou a ser; o que era, deixou de ser. E tudo, à época, via atípico decreto-lei.

Tudo isso para que se congelasse parcialmente o salário mínimo, nos reajustes ditados pela inflação, e para que os valores por ele corrigidos fossem minimizados, ficando aquém do crescimento do custo de vida. Enquanto isso, o Piso Nacional de Salários, com sobrenome *nacional,* não tinha qualquer compromisso com a mais elementar forma de cálculo e composição remuneratória mínima.

Ficou-se, assim, ao arbítrio do Executivo, sem respeito às convenções internacionais, às exigências constitucionais, aos ditames legais, posto que todos eles se referiam ao salário mínimo que, rebatizado de Piso Nacional de Salários, fugia a compromissos e deveres públicos e coletivos de natureza social, política e econômica.

Inventar Piso Nacional de Salários, travestir o salário mínimo, congelá-lo parcialmente para que servisse de elemento de referência, não passou de enganosa e enganada política socioeconômica governamental. Cometeu pecado jurídico, descumpriu as leis vigentes e não rendeu para a economia do País. E depois, qual foi o destino, com a Nova Carta, do *Piso Nacional de Salários?*

*d)* Descabia tal figura, posto que ou haveria uma garantia mínima remuneratória, com abrangência geral, e seria o salário mínimo, ou haveria faixas mínimas profissionais ou categoriais específicas, por força de lei, negociação ou sentença, e seria *piso salarial.*

O Piso Nacional de Salários foi revogado. O Decreto-lei n. 2.351, que o criou, chocou-se com a Nova Carta, e por ser esta de hierarquia superior, revogou-o. Tivesse amparo constitucional o Piso Nacional de Salários, outra seria a redação do art. 7º, em seu inciso V, que assevera:

"V — piso salarial proporcional à extensão e à complexidade do trabalho;"

Como se vê, não figura no "piso", a que alude a atual Constituição, a expressão *nacional.* De mais a mais, o PNS foi criado por decreto-lei em função substitutiva ao salário mínimo. O Piso Salarial da Constituição de 1988 é criação da Carta Magna e não sucede, nem substitui o salário mínimo, do qual pode ser, circunstancialmente, um complemento setorial. O Piso Salarial do art. 7º, inciso V, decorre de lei regulamentadora profissional, do processo negociador sindical ou da interferência criativa da Justiça do Trabalho.

O Piso Nacional de Salários, que não produziu os efeitos com os quais se tratou de defender seu surgimento, não existe mais. Nada tem e teve a ver com o inciso V, art. 7º da Carta atual.

*e)* O *Piso Salarial,* referido no inciso V do art. 7º, por outro lado, pode nascer transitório, ademais de ter limitação categorial e/ou profissional e, dentro delas, às vezes, aplicação a uma região. Por exemplo, por meio *de leis,* estabelecia-se regulamentação profissional, definindo-se atribuições, formação profissional, jornada de trabalho, órgão de controle e de fiscalização e, muitas vezes, piso salarial. Tal ocorreu, basicamente, com profissões que exigiam nível superior.

Com avanço do processo de empresarização, alargaram-se as fronteiras da relação de emprego, alcançando, inclusive, profissionais liberais que trataram, com estatutos próprios, de garantir um mínimo de tratamento salarial. Daí, o *piso salarial profissional* por meio de lei, valendo, nacionalmente, por exemplo, para os médicos, para engenheiros etc.

Noutra situação, uma entidade sindical de trabalhadores consegue, via *gestão negocial,* uma convenção coletiva que dá para a categoria remuneração mínima pela jornada normal. É o piso salarial categorial, durante um prazo (o da Convenção) e para uma categoria (a dos bancários, por exemplo).

Situação similar decorre de solução de controvérsia coletiva por meio de *sentença normativa da Justiça,* válida para a categoria que é parte da demanda (por exemplo metalúrgicos), na área geográfica da representação sindical da entidade pleiteante.

O Piso Salarial é plástico, variável. Ajusta-se à dinâmica da relação de produção, mensura o vigor de um setor, bem como a força de representação reivindicatória, num determinado momento, numa certa região, de uma específica categoria. O Poder Público, quando faz lei ou oferece chancela judicial de sentença coletiva, lhe assegura força homologatória, mas a paternidade verdadeira é a da realidade do mundo fático: dos sindicatos, das empresas, da organização profissional.

O Piso Salarial representaria um interesse coletivo que, apesar de múltiplo, seria privado. O salário mínimo encarnaria o interesse público, da sociedade como um todo, e, por isso, seria dever do Estado sua fixação. Com ele se trataria de evitar desequilíbrios econômicos e sociais e impedir desatendimentos de necessidades que terminem por descarregar desigualdades sobre os ombros da sociedade. Com o Piso Salarial, que seria menos garantia mínima societária, e mais direito a ser pleiteado e obtido grupalmente, reconhece-se a legitimidade do pleito em busca da conquista do direito, visando à elevação da proteção mínima, medida pelas condições do trabalho; à sua duração; à profissão exercida; à força reivindicatória classista, ao período de vigência, enfim, à região contemplada.

*f)* Por volta do início do ano de 2000, um debate caloroso e de cunho político renasceu em torno da possibilidade de alguns Estados (em especial Rio de Janeiro e Rio Grande do Sul) poderem(?) pagar salários maiores do que o estabelecido nacionalmente. Os governadores de tais Estados, entre outros, como forma de crítica ao Governo Federal, propunham a criação de piso salarial regional maior que o mínimo nacional.

O resultado foi a promulgação da Lei Complementar n. 103[26], de 14 de julho de 2000, a qual, com base no parágrafo único do art. 22 da Constituição, delegou aos Estados e ao Distrito Federal a tarefa de legislar sobre questões específicas de direito do trabalho, ou seja, poderiam os Estados legislar não sobre o salário mínimo, mas sobre o piso salarial.

O art. 1º da Lei Complementar referida autoriza os Estados e o Distrito Federal a instituir, mediante lei de iniciativa do Poder Executivo, o piso salarial de que trata o art. 7º, inciso V, da Constituição para os empregados que não tenham piso salarial definido em lei federal, convenção ou acordo coletivo de trabalho. Essa autorização não poderá ser exercida no segundo semestre do ano em que se realizarem eleições para os cargos de governador e de deputado estadual nem em relação à remuneração dos servidores públicos municipais (§ 1º). Por outro lado, o referido piso salarial poderá ser estendido aos empregados domésticos (§ 2º).

Reflexão sobre a constitucionalidade dessas leis estaduais foi superada frente à autorização dada pelo parágrafo único do art. 22 da Constituição que estabeleceu:

"Art. 22. Compete privativamente à União legislar sobre: Incisos omissos ... Parágrafo único. Lei complementar poderá autorizar os Estados a legislar sobre questões específicas das matérias relacionadas neste artigo".

Destarte, a lei complementar autoriza legislação estadual válida para os empregados que não tenham piso salarial definido em lei federal, em convenção coletiva, em acordo coletivo de trabalho ou em sentença normativa e, assim, prevalece entendimento de que o piso salarial definido na lei estadual é aplicável às diferentes categorias profissionais.

A possibilidade de os Estados e o Distrito Federal instituírem pisos salariais, do ponto de vista político, foi estratégia inteligente. Retirou dos governantes estaduais a retórica de que, sendo governantes, no âmbito federal, elevariam significativamente o valor do salário mínimo, uma vez que, podendo fazê-lo no Estado, não reproduziram no campo dos fatos as suas promessas.

---

(26) LEI COMPLEMENTAR N. 103, DE 14 DE JULHO DE 2000.
Art. 1º Os Estados e o Distrito Federal ficam autorizados a instituir, mediante lei de iniciativa do Poder Executivo, o piso salarial de que trata o inciso V do art. 7º da Constituição Federal para os empregados que não tenham piso salarial definido em lei federal, convenção ou acordo coletivo de trabalho.
§ 1º A autorização de que trata este artigo não poderá ser exercida:
I — no segundo semestre do ano em que se verificar eleição para os cargos de Governador dos Estados e do Distrito Federal e de Deputados Estaduais e Distritais;
II — em relação à remuneração de servidores públicos municipais.
§ 2º O piso salarial a que se refere o *caput* poderá ser estendido aos empregados domésticos.
Art. 2º Esta Lei Complementar entra em vigor na data de sua publicação.
Brasília, 14 de julho de 2000; 179º da Independência e 112º da República. Publicada no D.O. de 17.7.2000.

Os valores dos pisos salariais estaduais não diferem muito do salário mínimo nacional. O tímido valor esbarra nos problemas estruturais dos próprios Estados. O salário é fruto de uma relação jurídica bilateral com limites impostos pelo Direito do Trabalho. Ocorre que o salário sempre guardou proporção com a necessidade do trabalhador, somada à capacidade de pagamento do tomador do trabalho.

Por outro lado, o regresso da ideia de piso salarial regional (a estadualização) fraciona (contrariando a nacionalidade do Direito do Trabalho), princípio que reforça a União, apesar de justificar-se pela parcial autonomia que se deve conferir aos Estados.

Foi dito no Capítulo anterior que, desde 1943, o salário mínimo, quando de sua criação, passou por versões variadas, quanto *à área de sua aplicação geográfica*. A tendência foi a de fazer com que o valor fixado tivesse cada vez maior âmbito de aplicação. Assim, fica ressaltado o retrocesso, criando regiões diferenciadas, o que causa distorções.

O ganho da classe trabalhadora com a criação do piso salarial pelos Estados foi a fixação de valores salariais mínimos para categorias que possuem pouca mobilização e força, sindical e política, como no caso dos empregados domésticos e rurais. Contudo, ressalta-se, esta tarefa poderia ser socorrida por lei federal, preservando-se a uniformidade nacional recomendável.

# Capítulo VI

# Irredutibilidade de Salário

**TRAJETÓRIA NA CONSTITUINTE**

> *Subcomissão dos Direitos dos Trabalhadores*
>
> *Irredutibilidade de salário*
>
> "irredutibilidade do salário independentemente do vínculo empregatício ou do regime jurídico do trabalho".
>
> *Comissão da Ordem Social*
>
> "irredutibilidade de salário ou vencimento".
>
> *Comissão de Sistematização*
>
> "irredutibilidade de salário ou vencimento, salvo o disposto em convenção ou acordo coletivo".
>
> *Constituição Federal art. 7º, VI — (texto oficial)*
>
> "IRREDUTIBILIDADE DO SALÁRIO, SALVO O DISPOSTO EM CONVENÇÃO OU ACORDO COLETIVO".

A Consolidação das Leis do Trabalho (CLT), em seu art. 468, estabeleceu que:

*"Art. 468. Nos contratos individuais de trabalho é lícita a alteração das respectivas condições por mútuo consentimento, e, ainda assim, desde que não resultem, direta ou indiretamente, prejuízos ao empregado sob pena de nulidade da cláusula infringente desta garantia.*

*Parágrafo único.* Não se considera alteração unilateral a determinação do empregador para que o respectivo empregado reverta ao cargo efetivo, anteriormente ocupado, deixando o exercício de função de confiança".

O trabalhador está assegurado contra mudanças unilaterais, ditadas pelo empregador. Como regra geral, elas não são admitidas, já que a relação de emprego, sendo contratual, exige a concordância das partes para que se altere o acordado.

No art. 468 da Consolidação, um detalhe fez-se relevante e testemunhou a característica peculiar, por protetiva, do Direito do Trabalho: mesmo sendo acorde a alteração — isto é, apesar da anuência do assalariado —, não seria convalidada se dela lhe resultasse "prejuízo". Por determinação da lei, exprimindo o que seria a vontade da sociedade, a cláusula que trouxesse prejuízo ao empregado se veria fulminada pela nulidade, mesmo ante um dano indireto.

Destarte, sem a vontade do empregado — salvo raras exceções —, nada se alteraria no contrato individual de trabalho. E, mesmo com a sua vontade, a alteração não teria valia se lhe acarretasse prejuízo direto ou indireto. É o Estado falando pela pessoa. É o interesse público, amparado pela lei, refletindo a vontade da sociedade, sobrepujando a vontade individual, mesmo no caso de uma relação jurídica privada.

É a feição tutelar do Direito do Trabalho. Apesar de galho da árvore do Direito Privado, nele se integrariam participações de natureza pública. Esse sobrepor-se da norma tutelar ao interesse da parte, vedando alterações acordadas, teria essa característica;

E o que ampararia esse procedimento seria a necessidade de alcançar-se um equilíbrio socioeconômico entre os fatores da relação de produção: Capital e Trabalho.

O Direito do Trabalho nascido de uma variável do Direito Civil, do Direito dos Contratos, teria início e fim no universo das relações privadas, e delas, no Estado contemporâneo, não chega a afastar-se de um todo, nem perde o seu berço. No entanto, cederia — salário mínimo, por exemplo — essa liberdade contratual privada ao direito do bem-comum que se exercitaria, para ser legítimo.

Assim, o Direito do Trabalho continuaria com sua origem e natureza privada. Atenderia ao interesse coletivo, que também é privado, não perdendo de vista a temática das relações categoriais ou associativas, submetendo-se ao interesse público quando, em situações peculiares, a norma permitir e a sociedade exigir. Costumeiramente, valeria a vontade do cidadão, trabalhador e empresário, só ou associado. Excepcionalmente, a vontade superior de *todos* os cidadãos, representados pelo Estado.

*a)* Foi expedito o legislador ordinário ao elucidar, no parágrafo único do art. 468, que não se considera alteração unilateral o retorno do empregado, ora exercendo função de confiança, ao cargo efetivo anterior.

Corrobora-se o princípio de que ninguém pode enraizar-se no cargo de confiança, e de que esta é pessoal e intransferível. Perder-se-ia a confiança por atos e fatos às vezes tão imperceptíveis, aos olhos de terceiros, como os fatos e atos que a teriam estabelecido.

Por tão subjetiva, por isso mesmo simultaneamente forte e frágil, indestrutível e facilmente perdível, a função de confiança se excluiria do tratamento genérico das posições funcionais.

A jurisprudência foi construindo situações paradigmáticas dessa relação jurídica de confiança. Quando se caracterizaria? Quais os requisitos? Que poderes pressuporia? Cada caso precisaria ser identificado no exame das circunstâncias reais, a não ser aqueles que, definidos formalmente como tais na estrutura da empresa, teriam tal concepção formal consagrada na vigência do dia a dia.

*b)* A Lei n. 4.923, de 23.12.65, em seu art. 2º, dizia o seguinte:

"A empresa que, em face de conjuntura econômica, devidamente comprovada, se encontrar em condições que recomendem transitoriamente a redução da jornada normal ou do número de dias de trabalho, poderá fazê-lo, mediante prévio acordo com a entidade sindical representativa dos seus empregados, homologado pela Delegacia Regional do Trabalho, por prazo certo, não excedente de 3 (três) meses, prorrogável nas mesmas condições, se ainda indispensável, e sempre de modo que a redução do salário mensal resultante não seja superior a 25% (vinte e cinco por cento) do salário contratual, respeitado o salário mínimo e reduzidas proporcionalmente a remuneração e as gratificações de gerentes e diretores".

A Lei n. 4.923 condicionava a viabilização da medida preconizada no art. 1º (supratranscrito) a alguns pré-requisitos explicitados nos §§ 1º e 2º, nos quais se lê (§ 1º) que o acordo terá de ser examinado e aprovado por assembleia geral, devidamente convocada pelo sindicato da categoria profissional, obedecidas as normas estatutárias, e também assevera (§ 2º) que, inocorrendo o acordo, a empresa poderá pedir que o determine (substituindo-se a vontade da parte pela do Judiciário) a então Junta de Conciliação e Julgamento com jurisdição na localidade.

A referida lei encarnava a possibilidade de *redução salarial,* condicionando-a a que fosse *coletiva,* de caráter temporário, respeitada, em tal diminuição remuneratória, a garantia ao assalariado, mesmo durante o período de contenção do salário mínimo (com o que a medida não se aplicava obviamente a quem normalmente já o percebesse); não se aceitava também nessa fase que se diminuísse o salário além de 25% de seu valor. Além disso, devia ser procedida uma prévia e exigente comprovação da situação econômica conjuntural da empresa que recomendasse diminuir a carga horária, a jornada diária e a folha salarial, como remédios drásticos, duros e sofridos, para tentar equilibrar sua situação desajustada e periclitante.

Por força do *inciso VI,* a Lei n. 4.923 e a franquia por ela criada estariam fulminadas pela *inconstitucionalidade.*

O constituinte disse que *a irredutibilidade seria a regra* genérica, de aplicação direta e imediata, não a condicionando, na sua efetivação, a qualquer regulamentação de lei, nem a limitando por força restritiva ou excepcionante de norma anterior, que, de forma diferente, dispusesse.

Foi explícito à saciedade o texto da Carta de 1988 ao assegurar a irredutibilidade do salário como princípio, e fê-lo na sua amplitude genérica. "SALVO O DISPOSTO EM CONVENÇÃO OU ACORDO COLETIVO". Apenas nessa circunstância poderia ocorrer. Logo, por vontade das partes, atuando os assalariados, no caso, em ação coletiva, sindical, de forma negociadora. A Convenção ou o Acordo Coletivo, eles sim, poderiam oferecer limitação ao princípio da irredutibilidade total. E isso se faria valorizando o poder negocial das categorias, particularmente das entidades sindicais, quer nos entendimentos intersindicais (convenção coletiva), quer nas monossindicais (acordo coletivo).

A Constituição deixou bem claro que nem a lei, nem as normas originárias de diferentes hierarquias do Executivo (como decretos, portarias, instruções, ordens de serviço, circulares etc.) poderiam estabelecer procedimentos, formas e fórmulas que implicassem confronto com a irredutibilidade salarial. Diria mais: até mesmo se poderia arguir a inconveniência e inaplicabilidade de decisório do Poder Judiciário, com o mesmo fim, já que, se desejasse ensejar tal faculdade redutória dentro da competência do Judiciário, o constituinte a teria explicitado. Bastaria, para tanto, incluir a sentença normativa, também de origem classista, no rol dos instrumentos habilitados a tanto. Se não o fez, foi porque desejou distinguir poderes, faculdades e competências.

*c)* Imprescindível destacar o avanço que a Constituição de 1988 deu a tal proteção jurídica, ao oferecer-lhe hierarquia de primeiro escalão normativo. Até então, ficava a integralidade do salário protegida tão só por leis e decretos-leis, e mesmo estes abriam exceções e possibilidades para eventuais reduções, inclusive quando tal ocorresse pelo imperativo de circunstanciais dificuldades da empresa-empregadora. Com a nova Carta, a não redução salarial ganhou espaço nobre. Está assegurada pela Lei Maior, para fazê-la mais forte. Não dá franquia, sequer à lei ordinária, para excepcioná-la, nem deixa dúvidas quanto à autoaplicabilidade do dispositivo antirredução, dispensando-o de norma regulamentadora para ser implementado. Avançou-se muito e garantiu-se o trabalhador graças à Constituição. Será?

*d)* No Capítulo IV (salário mínimo) relatou-se a nova crise econômica (subprimes) e foi salientado que o Brasil não sofreu na mesma proporção os efeitos da crise.

A incidência de crise internacional aguda como essa, afetando o desempenho dos mercados, causando as oscilações das bolsas, a desconfiança no sistema financeiro, as incertezas cambiais, os riscos de investimentos e o desemprego (para Europa e Estados Unidos da América, onde se anuncia a perda de milhões de empregos), fazem com que se tenha convicção que o Estado de bem-estar social está definhando e terá de se autolimitar, desaparecendo garantias, produções, direitos, que eram tantos, sobretudo no primeiro mundo.

Cumpre refletir se, diante deste novo pano de fundo internacional, não haverá um novo rumo no Direito do Trabalho latino-europeu e anglo-saxônico. Será possível, ante tal contexto, a OIT manter, nas suas convenções, os princípios protecionistas que ela consagra? Qual o papel dos sindicatos e das mobilizações sociais? Ter-se-á de flexibilizar ou haverá apenas um descumprimento das regras estratificadas?

O Brasil poderá vir a sofrer os mesmos impactos daqueles países de primeiro mundo, devendo por isso refletir sobre a adaptabilidade do Direito do Trabalho às novas realidades?

No primeiro Capítulo (garantia de emprego), salientamos os novos rumos do Direito do Trabalho português, referindo Maria do Rosário Palma Ramalho[27], para quem o princípio da compensação tem uma estrutura bipolar, ou seja, um duplo objetivo. O primeiro objetivo, em relação ao trabalhador, é o de compensar a sua inferioridade negocial no contrato de trabalho (vertente de proteção dos interesses do trabalhador). O segundo objetivo, em relação ao empregador, é assegurar o cumprimento dos deveres amplos que lhe incumbem no contrato de trabalho e, indiretamente, viabilizar o próprio contrato (vertente de salvaguarda dos interesses de gestão patronal).

A doutrinadora portuguesa quebraria a tradicional compreensão da posição absoluta do princípio de proteção ao trabalhador.

Reitera-se que não se está abandonando o princípio protetor. O que se busca é uma convivência equilibrada com o princípio da função social do contrato de emprego. A diferença está na conscientização de que não se tenha submissão ao princípio da proteção, mas convivência harmônica com ele.

Dogmas podem cegar, provocar a incompreensão da sociedade e escapar da realidade. Novos paradigmas podem ser construídos. De nada adianta ter direito à jornada semanal limitada sem ter emprego.

A possibilidade de redução salarial, por meio de convenção ou acordo coletivo, trilha esse bom caminho, priorizando o negociado ante o legislado, mesmo que temporariamente, em virtude de crise. A solução dessa adaptabilidade pode estar exatamente nos ensinamentos dessa norma constitucional.

A fragilidade cada vez mais acentuada dos sindicatos pode ser revertida, conferindo a eles o papel que sempre lhes deveria ter sido outorgado, ou seja, a possibilidade de negociação mais ampla, inclusive sobre o legislado.

---

(27) RAMALHO, Maria do Rosário Palma. *Direito do Trabalho*, Parte I, Dogmática Geral. Coimbra: Almedina, 2005. p. 490.

O fato é que, diante das turbulências da economia abalando instituições, põem-se em risco conceitos jurídicos aparentemente — e até recentemente — inamovíveis e imutáveis. O risco do desemprego em massa, consequência do econômico desequilibrado, desequilibrando o político e o social, pode levar, pelo pragmatismo da sobrevivência, a se deixar que se vão os anéis para salvarem-se os dedos. De que serve um valor maior pela hora extra se, ao reduzi-lo, pode-se salvar a empresa do empregador e o emprego do trabalhador?

Essa já é, em regiões aparentemente ricas e de satisfatória distribuição de renda, a questão que se coloca na prática. Será esse o futuro?

# Capítulo VII

# GARANTIA DE SALÁRIO MÍNIMO, QUANDO A REMUNERAÇÃO FOR VARIÁVEL

**TRAJETÓRIA NA CONSTITUINTE**

*Subcomissão dos Direitos dos Trabalhadores*

Garantia de salário mínimo, quando a remuneração for variável.

"garantia de salário fixo, nunca inferior ao salário mínimo, quando a remuneração for variável".

*Comissão da Ordem Social*

"garantia de salário fixo, nunca inferior ao salário mínimo, além da remuneração variável, quando esta ocorrer".

*Comissão de Sistematização*

"salário fixo, nunca inferior ao mínimo, sem prejuízo da remuneração variável, quando houver".

*Constituição Federal, art. 7º, VII — (texto oficial)*

"GARANTIA DE SALÁRIO, NUNCA INFERIOR AO MÍNIMO, PARA OS QUE PERCEBEM REMUNERAÇÃO VARIÁVEL".

Os servidores públicos, pela redação do artigo 39, parágrafo terceiro da Constituição, observando a Emenda Constitucional número 19[28], de 1998, foram abri-

---

(28) Art. 39. A União, os Estados, o Distrito Federal e os Municípios instituirão, no âmbito de sua competência, regime jurídico único e planos de carreira para os servidores da administração pública direta,

gados com alguns incisos do art. 7º da Constituição Federal, incluindo a garantia de salário, nunca inferior ao mínimo, para os que percebem remuneração variável.

Ampliando a política protetiva manifestada no inciso VI do art. 7º, a Constituição de 1988, no inciso VII do mesmo artigo, estatuiu:

"VII — garantia de salário, nunca inferior ao mínimo, para os que percebem remuneração variável".

A Constituição anterior não se manifestava a respeito da garantia do mínimo para os que contratavam sua remuneração de forma variável, normalmente vinculada à produção, inclusive, nos casos em que se podia fazer uma nítida mensuração de produtividade.

Inúmeras são as modalidades de condicionar o ganho salarial ao resultado objetivo alcançado pela empresa com o trabalho do empregado, principalmente depois que mecanismos e critérios, inclusive com a discussão e o emprego das fórmulas de TAYLOR, estabeleceram avaliações numéricas e apreciações exatas. Quando se entendeu que a monotonia repetitiva da automatização, da linha de montagem e da despersonalização das multidões operárias nos grandes complexos industriais levariam a um crescente desinteresse e, por decorrência, a uma queda na qualidade da performance e no volume do resultado, tratou-se de caminhar, de um lado, para a *job evaluation*, e, de outro, para a retribuição individualizada, que seria consequência do empenho do trabalhador e do resultado obtido.

Com o tempo, guardadas as características de cada setor de atividade, e diferenciadas as peculiaridades das regiões brasileiras: por atividade preponderante, na lavoura; por setor prevalente, na indústria; pelas características típicas no comércio e na prestação de serviços, poder-se-ia até afirmar que o sistema do salário-produção generalizou-se. Raro o trabalhador da indústria — quer o da coureiro-calçadista no Rio Grande, quer o da metalurgia paulista, quer o do ramo açucareiro em Pernambuco — que não tem seu salário vinculado ao resultado da atividade. Não é diferente na área do comércio, onde as diversidades culturais regionais se fazem sentir menos: o balconista, como regra geral, tem um critério retributivo vinculado ao seu desempenho, ou seja, proporcionalmente às vendas que realizar. No próprio setor primário, encontra-se em uso o "cottimo", como dizem os italianos, que nada mais seria do que o salário-produção. É o esquilador que recebe na pecuária gaúcha pelo número de ovelhas que tosquia (salário por peça); é o tratorista que atua, como assalariado, na empresa rural do Paraná, recebendo pelo número de hectares arados para o plantio da soja (salário por tarefa), e assim por diante.

---

das autarquias e das fundações públicas. § 3º Aplica-se aos servidores ocupantes de cargo público o disposto no art. 7º, IV, VII, VIII, IX, XII, XIII, XV, XVI, XVII, XVIII, XIX, XX, XXII e XXX, podendo a lei estabelecer requisitos diferenciados de admissão quando a natureza do cargo o exigir.

O que a Carta Magna de 1988 fez foi, basicamente, a transposição para o texto constitucional daquilo que constava na legislação ordinária de ontem. Veja-se o que estabelece a Consolidação das Leis do Trabalho:

"Art. 78. Quando o salário for ajustado por empreitada, ou convencionado por tarefa ou peça, será garantida ao trabalhador uma remuneração diária nunca inferior à do salário mínimo por dia normal.

Parágrafo único. Quando o salário mínimo mensal do empregado a comissão ou que tenha direito à percentagem for integrado por parte fixa e parte variável, ser-lhe-á sempre garantido o salário mínimo, vedado qualquer desconto em mês subsequente a título de compensação".

"Art. 117. Será nulo de pleno direito, sujeitando o empregador às sanções do artigo 120, qualquer contrato ou convenção que estipule remuneração inferior ao salário mínimo".

"Art. 118. O trabalhador a quem foi pago salário inferior ao mínimo, terá direito, não obstante qualquer contrato, ou convenção em contrário, a reclamar do empregador o complemento de seu salário mínimo".

O que decorreu das disposições da CLT, recebidas e preservadas pela Constituição, e do inciso VII, art. 7º da própria Lei Maior, é a inequívoca garantia para o trabalhador de que, seja qual for a forma adotada para calcular a sua remuneração, a percepção do salário mínimo estará assegurada.

Se o empregado for balconista e receber por comissão, e as suas vendas caírem demasiadamente, num determinado mês, por razões alheias a sua vontade, igual lhe será devida uma remuneração idêntica ao salário mínimo, ainda que, se fossem apenas levadas em conta as comissões, o seu ganho, naquela circunstância, a ele não chegaria.

A CLT, arts. 78, 117 e 118, ainda que escrita antes, parece ser complemento do disposto posteriormente pela Constituição. Esta dá a garantia maior: nada abaixo do mínimo. O texto consolidado explícita a nulidade de qualquer contrato individual ou convenção coletiva que desrespeite essa proteção ao empregado que perceba salário variável.

*a)* Cumpriria refletir se, havendo trabalho com jornada inferior a estabelecida para aquela categoria, o empregador poderia pagar salário proporcionalmente inferior, inclusive menor do que o salário mínimo absoluto. Dito de outra forma, salário mínimo correspondente à duração reduzida de labor.

Havendo ajuste prévio entre as partes, pactuando-se expressamente essa condição, é possível, sem ofensa ao artigo constitucional agora focado. O art. 7º, VII, da Constituição da República garante o salário mínimo ao trabalhador que percebe remuneração variável. Todavia, na interpretação, deve-se considerar o inciso XIII do referido dispositivo constitucional, o qual estabelece o limite da jornada de trabalho de oito horas diárias e quarenta e quatro semanais. Desse modo, se a jornada de trabalho contratada com o empregado é inferior àquela constitucionalmente estipulada, o salário pode ser pago de forma proporcional ao número de horas trabalhadas em jornada reduzida. Nesse sentido a Orientação Jurisprudencial n. 358 da SBDI-1 do TST:

> "OJ 358 SBDI-1 do TST — SALÁRIO MÍNIMO E PISO SALARIAL PROPORCIONAL À JORNADA REDUZIDA. POSSIBILIDADE.
> Havendo contratação para cumprimento de jornada reduzida, inferior à previsão constitucional de oito horas diárias ou quarenta e quatro semanais, é lícito o pagamento do piso salarial ou do salário mínimo proporcional ao tempo trabalhado."

A jurisprudência firmou-se no sentido de que este ajuste proporcional ao tempo de trabalho é válido no âmbito individual, ou seja, entre empregado e empregador. Fica aqui a reflexão de que essa matéria poderia ser tratada prévia e exclusivamente por meio da negociação coletiva (convenção, acordo coletivo ou sentença normativa), fortalecendo e privilegiando o que o constituinte havia sinalizado, ou seja, as negociação coletivas.

*b)* A CLT, em seu art. 2º, § 2º, dispõe que "sempre que uma ou mais empresas, tendo, embora, cada uma delas, personalidade jurídica própria, estiverem sob a direção, controle ou administração de outra, constituindo grupo industrial, comercial ou de qualquer outra atividade econômica, serão, para os efeitos da relação de emprego, solidariamente responsáveis a empresa principal e cada uma das subordinadas".

Essa norma legal dispõe que a responsabilidade fixada por lei entre os integrantes do grupo é solidária, o que significa dizer que o empregado pode exigir, relativamente, de todos os componentes ou de qualquer deles, proporcionalmente, o pagamento da dívida, mesmo que tenha trabalhado para apenas uma das pessoas jurídicas que compõem o grupo.

De outro lado, o empregado que trabalhar para mais de uma empresa, sendo elas do mesmo grupo econômico, a princípio não caracteriza a coexistência de mais de um contrato, salvo ajuste contrário, nos termos da Súmula n. 129 do TST:

> TST SÚMULA N. 129
> CONTRATO DE TRABALHO. GRUPO ECONÔMICO
> "A prestação de serviços a mais de uma empresa do mesmo grupo econômico, durante a mesma jornada de trabalho, não caracteriza a coexistência de mais de um contrato de trabalho, salvo ajuste em contrário".

Há a hipótese de as partes ajustarem dois contratos de emprego distintos, mesmo que trabalhando em empresas do mesmo grupo econômico, bem como a hipótese de terem ajustado salário de um dos contratos em quantia fixa e no outro variável. Naquele contrato, em que houve ajuste de salário variável, permanecerá a obrigação de garantir o salário mínimo, independentemente do salário do outro contrato de emprego (salário fixo), uma vez que são contratos distintos, frente ao ajuste das partes em distingui-los.

*c)* Outrora, por força da Lei n. 5.274 de 1967 (já revogada), havia salário mínimo distinto para os menores, bem como distinção do salário mínimo para o aprendiz no art. 80 da CLT (já revogado pela Lei n. 10.097). Agora, pela redação do parágrafo segundo do art. 428 da CLT (redação dada pela Lei n. 10.097 de dezembro de 2000), ao menor aprendiz, salvo condição mais favorável, será garantido o salário mínimo hora.

Destarte, tanto para o menor, como para o menor aprendiz, na eventualidade de ajustar salário variável, também ficará a garantia do salário mínimo nacional, sendo que no caso do menor aprendiz o salário mínimo hora.

*d)* A OIT trata da questão salarial, de forma genérica, na Convenção n. 95, aprovada na 32ª Conferência Internacional do Trabalho, em 1949 e vigente no Brasil, após ratificação, desde 25 de abril de 1958.

A referida norma internacional não se detém, especificamente, no trato do salário variável.

# Capítulo VIII

# DÉCIMO TERCEIRO SALÁRIO

**TRAJETÓRIA NA CONSTITUINTE**

> *13º Salário*
>
> *Subcomissão dos Direitos dos Trabalhadores*
>
> "direito ao 13º salário, com base na remuneração integral de dezembro de cada ano".
>
> *Comissão da Ordem Social*
>
> "gratificação natalina, com base na remuneração integral de dezembro de cada ano".
>
> *Comissão de Sistematização*
>
> "décimo terceiro salário, com base na remuneração integral ou no valor da aposentadoria em dezembro de cada ano".
>
> *Constituição Federal, art. 7º, VIII — (texto oficial)*
>
> "DÉCIMO TERCEIRO SALÁRIO COM BASE NA REMUNERAÇÃO INTEGRAL OU NO VALOR DA APOSENTADORIA".

Os militares, frente à Emenda Constitucional n. 18[29], de 1998, foram agraciados com alguns incisos do art. 7º da Constituição Federal, incluindo o décimo ter-

---

(29) Art. 142. As Forças Armadas, constituídas pela Marinha, pelo Exército e pela Aeronáutica, são instituições nacionais permanentes e regulares, organizadas com base na hierarquia e na disciplina,

ceiro salário. Os servidores públicos, por sua vez, pela redação do art. 39, parágrafo terceiro da Constituição, observando a Emenda Constitucional n. 19[30] de 1998, também foram contemplados.

O *décimo terceiro salário* foi incorporado à legislação nacional em 13 de julho de 1962. Até então, algumas empresas, isoladamente e por ato espontâneo, beneficiavam seus empregados com uma gratificação coincidente com a época de Natal. Normalmente, tal vantagem remuneratória estava vinculada a um resultado exitoso, no exercício obtido pela empresa, o que aumentava, ainda mais, o caráter aleatório da concessão.

Em 1962, durante a fase breve, mas fecunda, do sistema parlamentarista, aprovou-se a nova lei. Com ela, a concessão espontânea de poucas empresas transformava-se em medida imperativa, que não se vinculava a ganhos ou a prejuízos empresariais; que não se restringia a algumas empresas; que tinha data certa e fórmula previamente estabelecida de cálculo do valor devido.

O que dizia a Lei n. 4.090? Que, no mês de dezembro de cada ano, deveria ser paga, a todo empregado, uma gratificação salarial, independente da remuneração a que fizesse jus. Isto é, o legislador explicitava que o trabalhador teria direito, além do salário de dezembro, a uma outra parcela remuneratória devida também em dezembro, computável, para fins de cálculo, numa proporção de 1/12 por mês trabalhado no ano, calculando-se a fração mensal igual ou superior a quinze dias, como mês cheio.

*a*) Sobre essa norma, iniciou-se a construção de uma jurisprudência voltada para o 13º salário (batizado pela lei, que o instituiu formalmente, como gratificação natalina). De início, a Súmula n. 2[31] (dois) do TST (cancelada em 2003) foi garantindo o 13º salário na extinção dos contratos a termo, proporcionalmente ao tempo de sua duração, mesmo quando findassem antes de dezembro; depois, na Súmula

---

sob a autoridade suprema do Presidente da República, e destinam-se à defesa da Pátria, à garantia dos poderes constitucionais e, por iniciativa de qualquer destes, da lei e da ordem. § 3º Os membros das Forças Armadas são denominados militares, aplicando-se-lhes, além das que vierem a ser fixadas em lei, as seguintes disposições: VIII — aplica-se aos militares o disposto no art. 7º, incisos VIII, XII, XVII, XVIII, XIX e XXV e no art. 37, incisos XI, XIII, XIV e XV;

(30) Art. 39. A União, os Estados, o Distrito Federal e os Municípios instituirão, no âmbito de sua competência, regime jurídico único e planos de carreira para os servidores da administração pública direta, das autarquias e das fundações públicas. § 3º Aplica-se aos servidores ocupantes de cargo público o disposto no art. 7º, IV, VII, VIII, IX, XII, XIII, XV, XVI, XVII, XVIII, XIX, XX, XXII e XXX, podendo a lei estabelecer requisitos diferenciados de admissão quando a natureza do cargo o exigir.

(31) SÚMULA N. 2 — CANCELADA pela Res. 121/2003, DJ 21.11.2003
GRATIFICAÇÃO NATALINA — É devida a gratificação natalina proporcional (Lei n. 4.090, de 1962) na extinção dos contratos a prazo, entre estes incluídos os de safra, ainda que a relação de emprego haja findado antes de dezembro.

n. 3[32] do TST (cancelada em 2003), decidiu a mais alta Corte Trabalhista que na "cessação da relação do emprego resultante da aposentadoria do trabalhador, ainda que verificada antes de dezembro", seria também devido o pagamento da gratificação natalina; a Súmula n. 34[33] do TST (também cancelada em 2003) teve o cuidado de estabelecer, posto que o texto da Lei n. 4.090, para alguns, não fora suficientemente abrangente, que "a gratificação natalina é devida ao empregado rural".

*b)* Com o apoio da permanente criatividade jurisprudencial de um lado e de um aperfeiçoamento legislativo de outro, evidenciado por meio de normas, como a Lei n. 4.749, de 12 de agosto de 1965, e o Decreto n. 57.155, de 3 de novembro de 1965, a gratificação natalina ampliou sua abrangência. Alcançou o pedido de demissão, ante o qual, inicialmente, os próprios tribunais recusavam a concessão de benefício, vinculando-o, com o passar do tempo, à ideia de uma conquista obtida a cada dia de trabalho, e não ao conceito inicial de que se tratava de um crédito ligado a uma época do calendário, isto é, ao Natal. Este era elemento histórico, um liame cultural, e não uma condicionante para obtenção do direito. O trabalhador admitido em abril e que se afastava da empresa, espontaneamente, em agosto, conquistara, com seus cinco meses de atividade, direito a uma parcela complementar remuneratória, proporcional a esse tempo de serviço, intitulada gratificação natalina que, no entanto, não precisava esperar o Natal para ser paga. Tampouco se teria de estar ativo, laboralmente, no Natal, para dela se fazer credor.

Também, na luta diária, se erigiu outra construção incorporada definitivamente à realidade da relação de emprego. Por essa linha jurisprudencial, a despedida do trabalhador passou a gerar, além dos créditos indenizatórios do FGTS, ou da CLT, conforme a posição do empregado como optante ou não optante, à época, também o direito à percepção de uma parcela complementar, a título do que se passou a denominar 13º salário adicional.

O empregador, ao rescindir, sem justa causa, a relação de emprego *via-se constrangido,* além de pagar adicional — bastante exíguo, diga-se de passagem — de 10%, à época, a título de sanção pela despedida do optante, ou a indenizar o trabalhador não optante nos moldes estabelecidos pela CLT, *também* a ressarcir o operário despedido com um valor correspondente, proporcionalmente, ao 13º salário, que ele, por ser precocemente despedido, não iria receber em dezembro, época usual de pagamento do direito.

---

(32) SÚMULA N. 3 — CANCELADA pela Res. 121/2003, DJ 21.11.2003.
GRATIFICAÇÃO NATALINA — É devida a gratificação natalina proporcional (Lei n. 4.090, de 1962) na cessação da relação de emprego resultante da aposentadoria do trabalhador, ainda que verificada antes de dezembro.
(33) SÚMULA N. 34 — CANCELADA pela Res. 121/2003, DJ 21.11.2003.
GRATIFICAÇÃO NATALINA — A gratificação natalina, instituída pela Lei n. 4.090, de 1962, é devida ao empregado rural.

Alargou-se, portanto, o âmbito de aplicação do 13º salário quer como uma espécie de complemento de pecúlio trabalhista, que se fazia devido também ao empregado que, moto próprio, se afastava da empresa, sem qualquer responsabilidade ou iniciativa patronais, quer como um instrumento de punição, originário de aperfeiçoada e ampliada teoria da culpa e do dano dela decorrente, que ensejava ao obreiro a percepção da proporcionalidade da gratificação natalina, quando arbitrariamente despedido.

Salienta-se que no caso da dispensa por justa causa o empregador está isento da responsabilidade do décimo terceiro salário proporcional, contudo o Tribunal Superior do Trabalho, por meio da Súmula n. 14, garante a metade dessa parcela no caso da culpa recíproca:

> Súmula n. 14 do TST — Culpa recíproca — Reconhecida a culpa recíproca na rescisão do contrato de trabalho (art. 484 da CLT), o empregado tem direito a 50% (cinquenta por cento) do valor do aviso-prévio, do décimo terceiro salário e das férias proporcionais.

Na culpa recíproca, embora a responsabilidade pecuniária recaia sobre o empregador, o faz de forma parcial, posto que também o empregado contribuiu para o rompimento contratual.

Quando da rescisão indireta é devido ao empregado o 13º salário proporcional, uma vez que decorre de ato culposo ou, por vezes, doloso praticado pelo empregador.

*c)* Com o passar do tempo, introduziram-se alterações no funcionamento do 13º salário. Assim, ensejou-se ao trabalhador que requeresse, no mês de janeiro (em início de exercício, pois), o recebimento antecipado de uma parte da gratificação natalina, tirando-se, parcialmente, do período dezembrino o pagamento integral do benefício trabalhista, ainda que se estivesse em face de uma relação empregatícia continuada e sem previsão de interrupção. O direito ensejado ao empregado, face à requisição precoce, lhe assegurava perceber metade do 13º salário por ocasião de suas férias. De qualquer maneira, inocorrendo a solicitação, concedeu-se ao patrão o prazo máximo de 30 de novembro para saldar a primeira metade do valor devido a título de gratificação natalina, concluindo em 20 de dezembro o prazo para a complementação devida.

Na hipótese de trabalhador com salário variável, cuja ultimação só ocorrerá findo o mês de dezembro, com o posterior cálculo de remuneração desse mês, e a sua influência na média anual, a legislação regulamentar complementar, bem como a jurisprudência construída a partir de então, acabou por estabelecer três etapas: I) *a primeira*, na data das férias, em face de requerimento em janeiro solicitando antecipação; inexistindo tal solicitação, até 30 de novembro; II) *a segunda*, até 20 de dezembro, para a complementação, com exceção dos que percebem salário variável, normalmente vinculado à produção do operário; III) *a terceira*, coincidente com o mês de janeiro, quando os empregados que percebem sua remuneração por tarefa, peça, produção, ou seja, de maneira variável, integrarem os valores referentes a dezembro.

*d)* Com a importância que ao 13º salário se atribuiu, porque, de fato, importância especial passou a ter, no elenco das conquistas trabalhistas, nunca chegara, até outubro de 1988, a ultrapassar os limites, já significativos, da lei. Já integrava, por interpretação doutrinária, consagrada pela jurisprudência, o cálculo do valor indenizatório, que se estabelecia — e se estabelece — não a partir da ocorrência de doze pagamentos mensais por ano, mas, sim, de treze, levando-se em conta a gratificação natalina que, por si só, adiciona, pelo menos, 8% (oito por cento) a mais no valor da remuneração mensal, fixa ou média, se variável, como anteriormente se calculava.

Decidiu o constituinte, oferecendo maior hierarquia aos direitos trabalhistas, garantir um lugar, no corpo da Carta Magna de 1988, para o 13º salário. Daí, no inciso VIII, art. 7º, da atual Constituição, dizer-se que é direito dos trabalhadores rurais e urbanos:

> "VIII — décimo terceiro salário com base na remuneração integral ou no valor da aposentadoria;"

A redação não foi das melhores, mas o que, inicialmente, deve ser destacado é o fato de que se sedimenta princípio constitucional.

*e)* Era *propósito* — e isso está escrito nos anais da Constituinte — *explicitar* na Constituição que o valor do 13.º salário coincidiria com o da remuneração de dezembro do trabalhador. Afinal, em decisão de plenário, ficou-se na redação ultimamente transcrita, em que se evidencia a possibilidade de algumas dúvidas. Por exemplo:

> I) o que se quer dizer com *"remuneração integral:*, expressão que não tem curso corrente em legislação trabalhista e, muito menos, na jurisprudência dos tribunais? Será a que computa todo e qualquer pagamento, de qualquer vantagem ou adicional? Mas em que condições? Com que habitualidade? Ou mesmo sem ela? Será todo o ganho de dezembro, por exemplo, mesmo que ele seja atípico?

Aliás, foi econômico o constituinte quando falou em *remuneração integral,* mas não disse qual e quando. Será do mês de dezembro, tradicionalmente vinculada à história da gratificação natalina? Ou será a soma de todos os valores mensais percebidos no decurso do exercício anual, calculada, numa divisão por doze, como se média fosse? Ou se inviabilizará esta, porque, com o regime inflacionário, será sempre a média um valor defasado na forma, e deteriorado no real conteúdo?

II) ao se falar em *"com base"*, estará o constituinte querendo dizer que o 13º salário será do mesmo valor da referida remuneração, ou simplesmente servirá ela para uma referência de cálculo? Se prevalente a segunda tese, que elementos serão levados em conta para fazer os ajustamentos, percentuais, múltiplos e parcelamentos?

De qualquer maneira, pelo princípio da recepção, as leis anteriores, que instituíram e disciplinaram o direito, e os decretos regulamentares a elas aplicáveis, enquanto não colidentes com a disposição constitucional, permaneceram com plena valia. O constituinte escreveu mais do que devia, se queria apenas garantir hierarquia constitucional ao 13º salário, e menos do que se exigiria, se quisesse, além da garantia, já fixar determinados parâmetros e elementos objetivos de implementação.

Por isso, continuaria aplicável a legislação preexistente, posto que não conflitante expressamente com a disposição constitucional; no entanto, se traz algum sentimento inovador, terá de acoplar-se a uma nova lei ordinária, com minúcia regulamentadora, para ensejar aplicabilidade às alterações constitucionais.

f) O *princípio gerador* do 13º salário trabalhista estendeu-se para a órbita previdenciária, numa analogia ditada pela lógica jurídica, de um lado, e pela simetria do amparo social do outro. O chamado "13º benefício" — irmão mais moço, ou filho, como se quiser, da gratificação natalina — também se viu constitucionalmente ungido. Apesar de tipicamente previdenciário, atraído pela vinculação de berço, mais do que por sua consistência técnica, com o 13º salário, figurou, ao lado deste, no inciso VIII do art. 7º, cercado por garantias e princípios essencialmente juslaboralistas.

Méritos ao constituinte pela coerência de ter levado junto com o 13º salário também o 13º benefício ao altar constitucional. Compreensível, e até justificável a colocação no inciso VIII, pela atração histórica, pela mesma filiação, fecundados que foram pelo mesmo pai. No entanto, criticável, mais uma vez, a forma, que pode implicar consequências de fundo, e de ordem prática, pelo texto indefinido, que não deve ser confundido com a redação generalista ou principista que, tantas vezes, até se recomenda para uma Constituição. O que significa, em números, que o décimo terceiro benefício (pois assim passou a ser batizado também o instituto previdenciário aparentado com a gratificação natalina) será na "base do valor da aposentadoria"? Que aposentadoria? De que mês? De seu valor integral, seguramente. Diferentemente do trabalhador na ativa, quando se faz alusão à remuneração, não se agrega o adjetivo que, se não explica bem o que propõe, seguramente dá a entender seu objetivo.

A resposta, neste caso, está lançada no art. 201, § 6º, da Constituição: "a gratificação natalina dos aposentados e pensionistas terá por base o valor dos proventos do mês de dezembro de cada ano". Com essa redação e a complementação que lhe deu, posto que não colidente, a lei ordinária, não haveria maior dificuldade de cálculo e aplicação.

g) O direito de previdência social para Mario de La Cueva[34] seria um ramo do Direito do Trabalho, sem autonomia, quando afirma: "Na condição atual do direito mexicano e de nossa estrutura política social, deve afirmar-se a unidade do direito do trabalho e a inclusão nele da previdência social". A teoria monista indica a prevalência do Direito do Trabalho, tornando o direito de previdência social apenas um reflexo do principal.

De outro lado, a teoria dualista indica que o Direito do Trabalho e a Previdência Social não se confundem, tornando-se matérias autônomas e de objetivos próprios, com tratamento jurídico específico, com competências próprias. Nas palavras de Cabanellas[35]: "Assim como o direito do trabalho, de personalidade científica independente agora, surgiu em boa parte do direito civil, do qual se foi desprendendo e afastando-se sucessiva e aceleradamente, também a seguridade social, com raiz ou ao menos inspiração no direito do trabalho, dele evoluiu por haver promovido aos trabalhadores o amparo inicial".

O Direito do Trabalho e o Previdenciário nasceram da mesma mãe, do mesmo berço. São gêmeos, mas *bivitelinos*, independentes, com personalidades próprias. O Direito do Trabalho tem, como sujeitos, particulares, e depende da iniciativa e vontade das partes; o Previdenciário envolve o público diretamente e independe da vontade das partes.

Assim, compreende-se a imprecisão da terminologia utilizada no artigo constitucional em foco, posto que refere ao décimo terceiro salário, para aposentado, que não recebe salário e sim benefício. Para os servidores estatutários e militares, também se faz uso da terminologia de décimo terceiro salário, mesmo que não recebam salário.

As imperfeições da terminologia são fruto da confusão entre irmãos gêmeos, quando, pela semelhança e proximidade (grau de parentesco), trocamos os nomes. Mas tal circunstância não retira, reiteramos, a autonomia entre ramos do direito que construíram sua autonomia.

---

(34) DE LA CUEVA, Mário. *Derecho mexicano Del trabajo*. 1960. Porrúa, v. 2, p. 8 — *Apud:* NASCIMENTO, Amauri Mascaro. *Curso de direito do trabalho:* história e teoria geral do direito do trabalho: relações individuais e coletivas. 13. ed. São Paulo: Saraiva, 1997. p. 295.

(35) CABANELLAS. *Apud:* NASCIMENTO, Amauri Mascaro. *Curso de direito do trabalho:* história e teoria geral do direito do trabalho: relações individuais e coletivas. 13. ed. São Paulo: Saraiva, 1997. p. 294.

## O DÉCIMO TERCEIRO SALÁRIO NAS CONSTITUIÇÕES ESTRANGEIRAS

| PARAGUAI<br>Artículo 92. DE LA RETRIBUCIÓN DEL TRABAJO<br>El trabajador tiene derechos a disfrutar de una remuneración que le asegure, a él y a su familia, una existencia libre y digna.<br>La ley consagrará el salario vital mínimo, el aguinaldo anual, la bonificación familiar, (...) | Tradução Livre<br>Artigo 92. DA RETRIBUIÇÃO DO TRABALHO<br>O trabalhador tem direito a desfrutar uma remuneração que lhe assegure e a sua família uma existência livre e digna.<br>A Lei estabelecerá o salário mínimo vital, o 13º salário e o bônus familiar; (...) |
|---|---|

# Capítulo IX

## REMUNERAÇÃO DO TRABALHO NOTURNO SUPERIOR AO DO DIURNO

**TRAJETÓRIA NA CONSTITUINTE**

> *Trabalho noturno*
>
> *Subcomissão dos Direitos dos Trabalhadores*
>
> "salário de trabalho noturno superior ao diurno, em pelo menos 50%, independentemente de revezamento, das 18:00 às 6:00, sendo a hora noturna de 45 minutos".
>
> *Comissão da Ordem Social*
>
> "salário de trabalho noturno superior ao diurno, na forma do § 6º deste artigo.
>
> § 6º O salário do trabalho noturno será superior ao do diurno em pelo menos 50%, independente de revezamento, sendo a hora noturna de 45 minutos.
>
> *Comissão de Sistematização*
>
> "salário do trabalho noturno superior ao do diurno".
>
> *Constituição Federal, art. 7º, IX — (texto oficial)*
> "REMUNERAÇÃO DO TRABALHO NOTURNO SUPERIOR À DO DIURNO".

Os servidores públicos, pela redação do art. 39, parágrafo terceiro da Constituição, observando a Emenda Constitucional número 19[36], de 1998, foram abrigados

---

(36) Art. 39. A União, os Estados, o Distrito Federal e os Municípios instituirão, no âmbito de sua competência, regime jurídico único e planos de carreira para os servidores da administração pública direta,

com alguns incisos do art. 7º da Constituição Federal, incluindo a remuneração do trabalho noturno superior à do diurno.

O *art. 7º*, IX, da atual Constituição, dispôs:

"IX — remuneração do trabalho noturno superior à do diurno;"

Se houver consulta a texto constitucional anterior, verificam-se variações.

Na Constituição de 10 de novembro 1937, o art. 137, já tratando do tema, assevera:

"j) o trabalho à noite, a não ser nos casos em que é efetuado periodicamente por turnos, será retribuído com remuneração superior à do diurno;"

Na Constituição de 1946, art. 157, III consta:

"III — salário do trabalho noturno superior ao do diurno;"

Nota-se que a Constituição de 1946 não mais faz a distinção de turnos.

A Constituição de 67, em seu artigo original 158, inciso IV, que sofreu Emenda Constitucional de número 1 de 1969, modificando a numeração para o art. 165, inciso IV, contudo manteve o texto nesse aspecto, apenas repetindo o dispositivo constitucional anterior:

"IV — salário de trabalho noturno superior ao diurno;"

O dispositivo constante de 1946, 1967 (e Emenda Constitucional de 1969) e o atual são similares, para não dizer idênticos. Vem da ideia inicial do próprio Direito do Trabalho, de suas fundamentações doutrinárias, da vivência prática (é mais penoso, incomum e, por isso, merecedor de remuneração privilegiada o trabalho em hora normalmente destinada ao repouso), das leis nacionais e de convenções internacionais.

A Consolidação das Leis do Trabalho, bem antes da hierarquização constitucional do dispositivo protecionista do trabalho e do trabalhador noturno, estabeleceu, no art. 73, o seguinte:

"Art. 73. Salvo nos casos de revezamento semanal ou quinzenal, o trabalho noturno terá remuneração superior à do diurno e, para esse efeito, sua remuneração terá um acréscimo de vinte por cento, pelo menos, sobre a hora diurna.

---

das autarquias e das fundações públicas. § 3º Aplica-se aos servidores ocupantes de cargo público o disposto no art. 7º, IV, VII, VIII, IX, XII, XIII, XV, XVI, XVII, XVIII, XIX, XX, XXII e XXX, podendo a lei estabelecer requisitos diferenciados de admissão quando a natureza do cargo o exigir.

§ 1º A hora do trabalho noturno será computada como de 52 minutos e 30 segundos.

§ 2º Considera-se noturno, para os efeitos deste artigo, o trabalho executado entre as 22 horas de um dia e as 5 horas do dia seguinte.

§ 3º O acréscimo, a que se refere o presente artigo, em se tratando de empresas que não mantêm, pela natureza de suas atividades, trabalho noturno habitual, será feito, tendo em vista os quantitativos pagos por trabalhos diurnos de natureza semelhante. Em relação às empresas cujo trabalho noturno decorra da natureza de suas atividades, o aumento será calculado sobre o salário mínimo geral vigente na região, não sendo devido quando exceder desse limite, já acrescido da percentagem.

§ 4º Nos horários mistos, assim entendidos os que abrangem períodos diurnos e noturnos, aplica-se às horas de trabalho noturno o disposto neste artigo e seus parágrafos.

§ 5º Às prorrogações do trabalho noturno aplica-se o disposto neste capítulo."

A CLT foi precursora nessa conquista do empregado, mas diretrizes dela constantes acabaram sendo, jurisprudencialmente, revogadas, até porque, norma constitucional posterior, consagrando a ideia matriz, não deu guarida a condicionantes que a disposição ordinária estabelecera.

Por isso mesmo, a Súmula n. 213 do Supremo Tribunal Federal, por exemplo, estabeleceu que:

"É devido o adicional de serviço noturno, ainda que sujeito o empregado ao regime de revezamento".

Foi, pois, o magistrado quem retirou, na prática, a exigência do texto legal, abrindo caminho e interpretando o princípio geral consagrado na Constituição de antes e na de agora.

*a)* A Consolidação, com seu dever de viabilizar a norma, estipulou detalhes operacionais, de onde surgiu, inclusive, a definição de hora noturna legal, sua duração abreviada, acasalada à duração da noite legal laboral, resumida para fixação do adicional a que fazia e faz jus o trabalhador, num ajuste conceitual.

A jurisprudência também interferiu, como fonte do Direito, dispondo, na Súmula n. 214 (Supremo Tribunal Federal), que:

"A duração legal da hora de serviço noturno (52 minutos e trinta segundos) constitui vantagem suplementar que não dispensa o salário adicional".

Destarte, combinaram-se elementos encadeados: a lei, a Constituição, a jurisprudência criativa que, somados, asseguraram a consagração do princípio tutelar que o bom senso exigia: oferecer-se um tratamento privilegiado compensatório ao empregado de jornada noturna, quer no aspecto remuneratório, quer na mensuração e avaliação cronológica da jornada de trabalho.

*b)* No caso do empregado rural, a Lei n. 5.889/73 (parágrafo único do art. 7º)[37] estabelece como horário noturno o das 20 horas de um dia até as 4 horas do dia seguinte para a pecuária, e das 21 às 5 horas do dia seguinte para os empregados de agricultura. Outros são os limites também para os advogados, tendo como horário noturno das 20h de um dia até as 5h do dia seguinte (parágrafo terceiro do art. 20[38] da Lei 8.906/96). Categorias como aeronautas ou portuários também possuem regras próprias.

*c)* A jurisprudência consagrou, ainda, a necessidade de pagamento do adicional noturno quando prorrogada a jornada além das cinco horas da manhã, desde que cumprida integralmente a jornada no período noturno.

Justifica-se a posição dos tribunais trabalhistas, frente ao desgaste a que se sujeita o trabalhador, quando do labor em período noturno e tendo o adicional em foco o objetivo de recompensar esse esgotamento. Assim, tendo cumprido toda uma jornada em período noturno e, ainda, prorrogado a prestação de serviços para além das cinco horas da manhã, com maior propriedade é devido ao trabalhador o adicional noturno, por evidente aumento do desgaste físico e do psicológico. Essa é a tese consubstanciada na Súmula n. 60, II, do Tribunal Superior do Trabalho:

> TST — SÚMULA N. 60
> ADICIONAL NOTURNO. INTEGRAÇÃO NO SALÁRIO E PRORROGAÇÃO EM HORÁRIO DIURNO.
> "I — O adicional noturno, pago com habitualidade, integra o salário do empregado para todos os efeitos.
> II — Cumprida integralmente a jornada no período noturno e prorrogada esta, devido é também o adicional quanto às horas prorrogadas. Exegese do art. 73, § 5º, da CLT".

*d)* Também seria de destacar que os dispositivos consolidados e as criativas interpretações jurisprudenciais sobre eles aplicáveis e, em alguns casos, deles decorrentes, continuaram vigorando, posto que a Constituição de 1988, ao reiterar o constante na Lei Maior anterior, ofereceu-lhes (à lei ordinária e à jurisprudência criativa e à interpretativa) plena guarida, por meio do processo da *recepção*. Isto é, convalidou, sob a égide da nova Carta Magna, dispositivos de lei, decretos,

---

(37) Art. 7º Para os efeitos desta Lei, considera-se trabalho noturno o executado entre as 21 (vinte e uma) horas de um dia e as 5 (cinco) horas do dia seguinte, na lavoura, e entre as 20 (vinte) horas de um dia e as 4 (quatro) horas do dia seguinte, na atividade pecuária.
Parágrafo único. Todo trabalho noturno será acrescido de 25% (vinte e cinco por cento) sobre a remuneração normal.
(38) Art. 20. A jornada de trabalho do advogado empregado, no exercício da profissão, não poderá exceder a duração diária de quatro horas contínuas e a de vinte horas semanais, salvo acordo ou convenção coletiva ou em caso de dedicação exclusiva.
§ 3º As horas trabalhadas no período das vinte horas de um dia até as cinco horas do dia seguinte são remuneradas como noturnas, acrescidas do adicional de vinte e cinco por cento.

portarias e todo o séquito de menor hierarquia de normas que, por não conflitarem direta ou indiretamente com os dispositivos constitucionais, continuaram vigorantes e aplicáveis.

Falava-se, no texto de 1967, em *"salário de trabalho noturno superior ao diurno"*, enquanto, no de 1988, garantiu-se "remuneração do trabalho noturno superior à do diurno". Com isso, obviamente, amplia-se a proteção, objetivo do dispositivo constitucional.

Sabe-se que remuneração é gênero, do qual o salário é espécie. Na Lei Maior, com relação ao empregado que trabalha em horário noturno, o que se quer é oferecer um tratamento mais favorável quanto ao seu ganho, como contrapartida pelo serviço prestado nessas condições menos usuais. Não havia por que referir, no trato de tal garantia, apenas ao salário, quando elementos outros, que complementam a contraprestação patronal em face do serviço praticado, também deveriam estar sob o manto do mesmo tratamento privilegiado. Houve, pois, aperfeiçoamento técnico com ele, mais sensibilidade social na comparação entre o texto similar das Constituições de 1967 e de 1988, com visível avanço desse último.

*e)* A sociedade moderna, com suas cidades estruturadas, com vida noturna intensa e com novas tecnologias que permitem o trabalho a distância, fomentaram as possibilidades e exigências do trabalho considerado noturno. Na saúde, temos plantões e atendimentos de urgência vinte e quatro horas, envolvendo enfermeiros, médicos, motoristas de ambulância, funerárias, farmácias. No comércio, lojas e supermercados abertos à noite. No entretenimento, restaurantes, lanchonetes, artistas, espetáculos e seu entorno como garagistas e taxistas. Na área da comunicação, locutores e repórteres. Na segurança, porteiros, vigias e vigilantes. No transporte, aeroportos, caminhoneiros, postos de gasolina e ônibus.

Mais e importante: com o aumento da produção em alguns setores, de forma sazonal ou por crescimento econômico, muitas metalúrgicas, construtoras com prazo de entrega definido ou empresas do setor plástico, por exemplo, possuem três turnos de trabalho, envolvendo o trabalho noturno de seus empregados.

Não bastasse isso, as novas tecnologias, decorrentes de uma revolução tecnológica em curso e ainda não concluída, com celulares, acesso ao sistema bancário pela internet, caixas eletrônicos, atendimento 0800, telemarketing, envolvem serviços que podem e são prestados também à noite. Além disso, na área financeira, vinculada a bolsas e a mercados, alhures, sujeitas a múltiplos fusos horários, na atualidade, exigem-se costumeiramente jornadas também à noite.

A complexidade — particularmente a fiscalização — se mostra crescente no caso do teletrabalho assalariado, visto que, muitas vezes, se faz no domicílio, desenvolvido, inclusive, em horários tidos como noturnos. Existe a possibilidade de teletrabalho em outras regiões e outros países, inclusive, como já se aludiu, com fusos horários diversos. A Constituição Federal garante remuneração superior ao trabalho noturno em comparação ao diurno, mas a sua efetividade, nesse caso, fica comprometida, tornando difícil a constatação e a comprovação desse trabalho, em horário dito como noturno, envolvendo, ainda, questões internacionais.

O crescimento do trabalho noturno cresce de forma global, causando preocupação, em especial na questão da saúde, provocando, inclusive, novas reflexões da Organização Internacional do Trabalho — OIT.

*f)* O Brasil incorporou a sua legislação a Convenção n. 171[39] da OIT, a qual trata do trabalho noturno, a contar de dezembro de 2003. A Convenção aplica-se a todos os trabalhadores assalariados, com exceção daqueles que trabalham na agricultura, na pecuária, na pesca, nos transportes marítimos e na navegação interior. A maior preocupação dessa norma reside na questão da saúde e da maternidade. Como exemplo, pode-se mencionar que os trabalhadores, solicitando, poderão ter direito a que seja realizada uma avaliação do seu estado de saúde gratuitamente e a ser assessorados sobre a maneira de atenuar ou evitar problemas de saúde relacionados com seu trabalho, antes de sua colocação em trabalho noturno, durante intervalos regulares e no caso de padecerem em virtude da jornada noturna[40].

Quanto à gestante, durante o período de pelo menos dezesseis semanas, das quais oito, no mínimo, deverão ser tomadas antes da data estimada para o parto, deverão ser adotadas medidas para assegurar que exista uma alternativa do trabalho noturno para as trabalhadoras que, à falta dessa alternativa, teriam de realizar esse trabalho, ou seja, preferencialmente a troca do turno para diurno. Durante esse período não deverá ser dispensada sem justa causa, nem receber comunicação de dispensa, a trabalhadora em questão, salvo por causas justificadas não vinculadas à gravidez ou ao parto[41]. Na verdade, a gestante ficou resguardada da

---

(39) CONVENÇÃO N. 171 Aprovada na 77ª reunião da Conferência Internacional do Trabalho (Genebra — 1990). Dados referentes ao Brasil: aprovação: Decreto Legislativo n. 270, de 13.11.2002, do Congresso Nacional; ratificação: 18 de dezembro de 2002; promulgação: Decreto n. 5.005, de 8.3.2004;

(40) Vejamos a Convenção em seu Art. 4º — 1. Se os trabalhadores solicitarem, eles poderão ter direito a que seja realizada uma avaliação do seu estado de saúde gratuitamente e a serem assessorados sobre a maneira de atenuarem ou evitarem problemas de saúde relacionados com seu trabalho:
a) antes de sua colocação em trabalho noturno;
b) em intervalos regulares durante essa colocação;
c) no caso de padecerem durante essa colocação problemas de saúde que não sejam devidos a fatores alheios ao trabalho noturno.
2. Salvo declaração de não serem aptos para o trabalho noturno, o teor dessas avaliações não será comunicado a terceiros sem o seu consentimento, nem utilizado em seu prejuízo.

(41) Art. 7º — 1. Deverão ser adotadas medidas para assegurar que existe uma alternativa do trabalho noturno para as trabalhadoras que, à falta dessa alternativa, teriam que realizar esse trabalho:
a) antes e depois do parto, durante o período de, pelo menos, dezesseis semanas, das quais oito, pelo menos, deverão ser tomadas antes da data estimada para o parto;
b) com prévia apresentação de certificado médico indicando que isso é necessário para a saúde da mãe ou do filho, por outros períodos compreendidos:

dispensa sem justa causa pela própria Constituição Federal até cinco meses após o parto.

Interessante, ainda, a Convenção Internacional 171 da OIT, quando estabelece que, antes de se introduzir horários de trabalho que exijam os serviços de trabalhadores noturnos, o empregador deverá consultar os representantes dos trabalhadores interessados acerca dos detalhes desses horários e sobre as formas de organização do trabalho noturno que melhor se adaptem ao estabelecimento e ao seu pessoal, bem como sobre as medidas de saúde no trabalho e os serviços sociais que seriam necessários. Nos estabelecimentos que empregam trabalhadores noturnos, essas consultas deverão ser realizadas regularmente. Entenda-se a expressão "representantes dos trabalhadores" como aqueles assim reconhecidos pela legislação nacional, ou seja, o sindicato, quando existente; na falta dele, a federação e, na sequência, a confederação. Assim, a norma internacional, incorporada ao nosso ordenamento pátrio, privilegia o diálogo com o Sindicato: o negociado à frente do legislado.

Estabelece a Convenção Internacional da OIT, no art. 10[42], que o empregador deverá consultar os representantes dos trabalhadores; portanto, impõe obrigação, contudo não estabelece sanção correspondente, nem mesmo delimita o porte da empresa.

---

I) durante a gravidez;
II) durante um lapso determinado além do período posterior ao parto estabelecido em conformidade com o item a do presente parágrafo, cuja duração será determinada pela autoridade competente com prévia consulta junto às organizações mais representativas de empregadores e de trabalhadores.
2. As medidas referidas no parágrafo 1º do presente Artigo poderão consistir da colocação em trabalho diurno quando for viável, a concessão dos benefícios de seguridade social ou a prorrogação da licença-maternidade.
3. Durante os períodos referidos no parágrafo 1º do presente Artigo:
a) não deverá ser demitida, nem receber comunicação de demissão, a trabalhadora em questão, salvo por causas justificadas não vinculadas à gravidez ou ao parto;
b) os rendimentos da trabalhadora deverão ser mantidos em nível suficiente para garantir o sustento da mulher e do seu filho em condições de vida adequadas. A manutenção desses rendimentos poderá ser assegurada mediante qualquer uma das medidas indicadas no parágrafo 2º deste Artigo, por qualquer outra medida apropriada, ou bem por meio de uma combinação dessas medidas;
c) a trabalhadora não perderá os benefícios relativos a grau, antiguidade e possibilidades de promoção que estejam vinculados ao cargo de trabalho noturno que desempenha regularmente.
4. As disposições do presente Artigo não deverão ter como efeito a redução da proteção e os benefícios relativos à licença-maternidade.
(42) Art. 10. — 1. Antes de se introduzir horários de trabalho que exijam os serviços de trabalhadores noturnos, o empregador deverá consultar os representantes dos trabalhadores interessados acerca dos detalhes desses horários e sobre as formas de organização do trabalho noturno que melhor se adaptem ao estabelecimento e ao seu pessoal, bem como sobre as medidas de saúde no trabalho e os serviços sociais que seriam necessários. Nos estabelecimentos que empregam trabalhadores noturnos, essas consultas deverão ser realizadas regularmente.
2. Para os fins deste Artigo, a expressão "representantes dos trabalhadores" designa as pessoas reconhecidas como tais pela legislação ou a prática nacionais, de acordo com a Convenção sobre os Representantes dos Trabalhadores, 1971.

A ausência de cumprimento da Convenção Internacional da OIT, incorporada em nosso ordenamento, decorre, por vezes, da ausência de fiscalização, do desconhecimento da norma, ou, ainda, pela teoria do conglobamento, segundo o qual a norma mais favorável deve ser escolhida comparando-se as normas jurídicas em seu conjunto e optando pela mais favorável. Considerando que a Consolidação das Leis do Trabalho possui regras que tratam do trabalho noturno, dever-se-ia optar por uma delas.

## O TRABALHO NOTURNO NAS CONSTITUIÇÕES ESTRANGEIRAS

| | |
|---|---|
| **MÉXICO**<br>**Título Sexto**<br>**Del Trabajo y de la Previsión Social**<br>**Artículo 123.** (...)<br>**II.** La jornada máxima de trabajo nocturno será de 7 horas. Quedan prohibidas: las labores insalubres o peligrosas, el trabajo nocturno industrial y todo otro trabajo después de las diez de la noche, de los menores de dieciséis años;<br>(...) | **Título sexto**<br>**Trabalho e Previdência Social**<br>**Artigo 123.** (...)<br>**II** — A duração máxima do trabalho noturno será de 7 horas. Ficam proibidos o trabalho insalubre ou perigoso, o trabalho noturno industrial e todo o trabalho, depois de dez horas da noite, dos menores de 16 anos;<br>(...) |
| **PARAGUAI**<br><br>**Artículo 91 — DE LAS JORNADAS DE TRABAJO Y DE DESCANSO**<br>La duración máxima de la jornada ordinaria de trabajo (...) La ley fijará jornadas más favorables para las tareas insalubres, peligrosas, penosas, nocturnas o las que se desarrollen en turnos continuos rotativos. (...) | **Artigo 91 — DAS JORNADAS DE TRABALHO E DE DESCANSO**<br>A duração máxima da jornada normal de trabalho (...) A lei estabelecerá jornadas mais favoráveis para tarefas penosas, insalubres, perigosas, noturnas, ou para as que se desenvolvam em turnos rotativos contínuos. (...) |

# Capítulo X

# PROTEÇÃO DO SALÁRIO

**TRAJETÓRIA NA CONSTITUINTE**

> *Subcomissão dos Direitos dos Trabalhadores*
>
> "A lei protegerá o salário e punirá como crime a apropriação definitiva ou temporária de qualquer forma de remuneração do trabalho já realizado".
>
> *Comissão da Ordem Social*
>
> "A lei protegerá o salário e punirá como crime a retenção definitiva ou temporária de qualquer forma de remuneração do trabalho já realizado".
>
> *Comissão de Sistematização*
>
> "A lei protegerá o salário e definirá como crime a retenção de qualquer forma de remuneração do trabalho já realizado".
>
> *Constituição Federal, art. 7º, X — (texto oficial)*
>
> "PROTEÇÃO DO SALÁRIO NA FORMA DA LEI, CONSTITUINDO CRIME SUA RETENÇÃO DOLOSA".

Antes da apreciação do texto, de discutir a justiça da referida diretriz normativa, impõe-se recapitular seu histórico na Assembleia Nacional Constituinte.

Seu embrião foram reivindicações trabalhistas, canalizadas por entidades sindicais, denunciando a ocorrência, com frequência, de indevida sustação do pagamento salarial por muitos empregadores, visando a aproveitar-se da indébita apropriação e girar por alguns dias com o dinheiro que, na verdade, já fora ganho pelo trabalhador. Buscava o patrão obter ganhos de rápida geração no jogo de investimentos incidentes sobre uma economia, como a nossa, à época, sob égide especulativa e prisioneira de altíssimas taxas inflacionárias. Estas, não contentes em confiscar parte efetiva do salário pelo minguar constante que determinavam no valor real da remuneração, ainda prejudicavam reincidentemente o empregado por determinar forte atrativo ambicioso a empresários que, seduzidos pela possibilidade do ganho incorreto, retardavam ilicitamente o pagamento do salário.

Tal situação recebeu, majoritariamente, condenação dos constituintes, em nível de subcomissão, da temática e também quando o assunto mereceu deliberação pela Comissão de Sistematização. Por isso, o posicionamento da ANC, acolhendo forte proposta condenatória de tão ilegítimo procedimento.

No plenário, organizaram-se forças ligadas a um posicionamento menos comprometido com o avanço social, preocupadas em brecar dispositivos anteriormente acolhidos e tidos como vanguardistas. Alimentaram-se posições menos progressistas, dispostas a ensejar um retorno conservador ante as mudanças que rumavam à Justiça Social. Prevaleceu, porém, ao final, a ideia de que toda retenção salarial teria de ser exemplarmente punida. E mais: que essa condenação deveria estar expressa de maneira clara, a fim de que, assim, o constituinte mostrasse a sua preocupação com o social, com a proteção do salário e com o intuito de penalizar o empresário — por mais poderoso que fosse — que viesse a obstruir o caminho normal da remuneração rumo ao seu destino, isto é, o bolso do trabalhador.

Nos textos sucessivos que, progressivamente, foram aprovados pelas Comissões da Constituinte, não se exigia, para caracterizar o delito e ensejar a punição posterior, que a retenção fosse tipificada como dolosa, isto é, intencionalmente efetuada. O componente da má-fé, da consciência da irregularidade, a ciência do ato delituoso, não existiam nas primeiras redações aprovadas pelos plenários parciais da Constituinte. Qualquer retenção, independentemente de sua motivação e tipificação, desde que ultrapassasse o limite cronológico exigível do patrão para o pagamento do salário ao empregado ficava sob o manto punitivo do conceito de retenção, entendido como crime. Tal entendimento ampliou a faixa punitiva, a largura do delito, e causou mobilização da área patronal.

Depois de muitas negociações, de propostas mais radicais, que reagiam à ideia de alterar o texto original, insistindo na conveniência de preservar a amplitude da faixa punitiva, até os mais ligados à faixa patronal, insistindo na exigência de retirar da Constituição qualquer norma que disciplinasse, desta ou daquela forma, a matéria, alegando ser assunto para a simples alçada da lei ordinária, chegou-se à forma de compromisso. O meio-termo encontrado vale por ser firme, sem radicalismo e sem concessões insensatas.

*a)* Crime ocorreria, pelo teor da Constituição/88 — a primeira a tratar do assunto —, quando houvesse retenção, desde que esta se evidenciasse como dolosa. O empregador que não pagasse ao empregado em prazo hábil, mas sem característica dolosa, teria outras consequências gravosas, tais como o direito de o empregado alegar a despedida indireta e cobrar-lhe os encargos indenizatórios daí decorrentes.

A culpa, decorrente da desorganização, da incompetência gerencial, da imperícia, e mesmo a não satisfação da obrigação pelo impedimento da falta de caixa — componente pelo qual deve responder o empresário, dentro da teoria do risco, típica do sistema capitalista, em que se balanceiam lucros e prejuízos, ambos a conta do empreendedor — não implicaria, pois, punição penal. Faltava-lhe o componente da intenção criminosa, do propósito de prejudicar alguém. Faltava o elemento da fraude, do dano preconcebido a terceiro. Foi isso que significou a mudança introduzida pelo plenário da Constituinte no texto que se originou das comissões e terminou referendado, ganhando chancela constitucional, uma vez ajustado aos limites adequados ao seu real objetivo.

*b)* Em 1968, o Decreto-lei 368, editado no dia 19 de dezembro, dispunha exatamente sobre efeitos de débitos salariais, estabelecendo que:

> "Art. 1º A empresa em débito salarial com seus empregados não poderá:
>
> I — pagar honorários, gratificação, *pro labore* ou qualquer outro tipo de retribuição ou retirada a seus diretores, sócios, gerentes ou titulares de firma individual;
>
> II — distribuir quaisquer lucros, bonificações, dividendos ou interesses a seus sócios, titulares, acionistas, ou membros de órgãos dirigentes, fiscais ou consultores;
>
> III — ser dissolvida.
>
> Parágrafo único. Considera-se em débito salarial a empresa que não paga, no prazo e nas condições da lei ou do contrato, o salário devido a seus empregados".

Mais adiante, no art. 4º, a mesma norma estabelecia que "os diretores, sócios, gerentes, membros de órgãos fiscais, ou consultivos, titulares de firmas individuais ou quaisquer outros dirigentes de empresa responsável pela infração do disposto no art. 1º, incisos I e II, estarão sujeitos à pena de *detenção* de um mês a um ano". Caberia ao Ministério Público a instauração da competente ação penal, uma vez apurada a infração prevista e mediante representação do Ministério do Trabalho[43], por meio do Delegado Regional[44] sob cuja jurisdição tivesse ocorrido o evento.

Já havia, pois, norma capaz de disciplinar e punir a inadimplência salarial de maneira objetiva. Impedia-se que a empresa, na qual ocorresse a mora remuneratória, distribuísse qualquer tipo de benefício aos seus sócios majoritários ou minoritários, dirigentes ou consultores, sem que se entrasse na discussão do aspecto culposo ou doloso do procedimento.

Tal lei continuou vigorando, recebida que foi pela nova Constituição, com cuja norma sobre o assunto não colidiu. Consequentemente, a retenção, que implicava

---

(43) Atualmente denominado Ministério do Trabalho e Emprego.
(44) Atualmente denominado Superintendente.

a inadimplência, tem como primeira consequência a de impedir que se ofereça pagamento de qualquer espécie a dirigentes, gerentes, titulares etc. Se o assalariado não recebeu, também não iriam receber o empregador e seus prepostos.

Tal princípio legal que, se desrespeitado, implica cadeia para o infrator, agora se viu reforçado, no caso de ato doloso, por força do inciso X. Na lei ordinária anterior, conceituava-se o débito salarial, exigia-se tratamento espartano para os dirigentes empresariais e estipulava-se punição drástica para o desrespeito a tais diretrizes. A Constituição não ficou apenas na proibição do ganho dos empresários **e de** seus prepostos. Tratou de agregar a ideia da punição no caso da retenção dolosa, posto que a considera crime. Para que se entendesse como crime a retenção dolosa não se exigiu, como na culposa, que o empresário recebesse dividendos, ou que o diretor percebesse *pro labore*. O simples ato intencionado ou intencional, por si só, implicava, obviamente, o crime que, quando a lei assim o definisse, haveria de agravar a punição, caso <u>fizesse</u> coincidir o débito para com o operário e o indevido recebimento de quaisquer créditos, a qualquer título, pelo patrão, ou seu preposto.

Enfim, a *lei ordinária*, que regulou as consequências punitivas para o empregador quando ocorresse débito salarial, desde que este também não se privasse, simultaneamente, dos ganhos que lhe seriam concernentes, continuou em vigor sob a égide da Constituição de 1988.

No entanto, faz-se imprescindível, posto que o exigiu o inciso X do *art. 7º* da atual Lei Maior, que se aprove nova lei que haverá de disciplinar a questão da *retenção dolosa*, prevista e condenada pela Carta Magna. Para isso, haverá de disciplinar-se a tipologia do delito, a conduta do infrator, a punição, com seus máximos e mínimos, atenuantes e agravantes, enfim, a regulamentação indispensável para operacionalizar a vontade constitucional que veio para proteger o salário e o assalariado, e punir o infrator maior com punição mais rigorosa. Tudo isso, sem deixar de lado a chance de uso, no que couber, da atual legislação.

Nessa linha de pensamento, ou seja, a possibilidade de utilizar a lei penal vigente, encontra-se entendimento de que a retenção salarial se tipificaria como apropriação indébita, forte no art. 168 do Código Penal, conforme refere Mauricio Godinho Delgado[45]:

> "[...] De fato, a Carta de 88 estipula que a retenção dolosa de salário constitui crime (art. 7º, X, CF/88). A norma insculpida na Constituição obviamente não pode merecer interpretação extensiva — como qualquer norma fixadora de ilícito ou punição. Desse modo, deve-se compreender no sentido da norma constitucional a ideia de retenção do salário *stricto sensu*. Nessa linha, excluem-se dessa noção de salário retido (para fins penais) as parcelas

---

(45) DELGADO, Mauricio Godinho. *Curso de direito do trabalho*. 2. ed. São Paulo: LTr, 2003. p. 763.

salariais acessórias e ainda as verbas salariais controvertidas (a controvérsia sobre o débito exclui o próprio dolo em tais casos).

Feitas tais ressalvas, não há por que se considerar ineficaz tal preceito constitucional. É que o tipo penal da apropriação indébita (art. 168, Código Penal) ajusta-se plenamente à hipótese (limitado, evidentemente, às situações de dolo), conferindo absoluta e cabal tipificação ao ilícito, nos casos de retenção dolosa do salário-base incontroverso, por exemplo.

*c)* Apesar de não tratar da proteção do salário, a Lei n. 9.777/98, promulgada em dezembro de 1998, alterou o Código Penal criminalizando condutas relacionadas ao trabalho. Estabeleceu punições a quem: a) expõe a perigo a vida ou a saúde de outrem, em razão do meio de transporte de pessoas para prestação de serviços em estabelecimentos de qualquer natureza, em desacordo com as normas legais (parágrafo único do art. 132 CP); b) frustra, mediante fraude ou violência, direito assegurado pela legislação do trabalho (art. 204 CP); c) alicia trabalhadores, com fim de levá-los de uma para outra localidade do território nacional (art. 207 CP).

Há, também, criação de tipos penais que visam a proteger a pessoa do trabalhador, constituindo em crime a conduta daquele que: a) "obriga ou coage alguém a usar mercadorias de determinado estabelecimento, para impossibilitar o desligamento do serviço em virtude de dívida" (art. 203, I do CP); b) "impede alguém de se desligar de serviços de qualquer natureza, mediante coação ou por meio da retenção de seus documentos pessoais ou contratuais" (art. 203, II do CP); c) "recruta trabalhadores fora da localidade de execução do trabalho, dentro do território nacional, mediante fraude ou cobrança de qualquer quantia do trabalhador, ou, ainda, não assegura condições do seu retorno ao local de origem" (§ 1º do art. 207 do CP).

*d)* Persiste em nossa sociedade o trabalho análogo ao de escravo, tipificado, no artigo 149[46] do Código Penal, sempre que o trabalhador ficar impedido de

---

(46) Código Penal — Art. 149 *(com redação dada pela Lei n. 10.803, de 11.12.2003, DOU de 12.12.2003).* Reduzir alguém a condição análoga à de escravo, quer submetendo-o a trabalhos forçados ou a jornada exaustiva, quer sujeitando-o a condições degradantes de trabalho, quer restringindo, por qualquer meio, sua locomoção em razão de dívida contraída com o empregador ou preposto:
Pena — reclusão, de dois a oito anos, e multa, além da pena correspondente à violência.
§ 1º Nas mesmas penas incorre quem:
I — cerceia o uso de qualquer meio de transporte por parte do trabalhador, com o fim de retê-lo no local de trabalho;
II — mantém vigilância ostensiva no local de trabalho ou se apodera de documentos ou objetos pessoais do trabalhador, com o fim de retê-lo no local de trabalho.
§ 2º A pena é aumentada de metade, se o crime é cometido:
I — contra criança ou adolescente;
II — por motivo de preconceito de raça, cor, etnia, religião ou origem.

se retirar do local de trabalho, sofrendo coações de natureza econômica (dívida contraída com o empregador pelo fornecimento de itens de subsistência e para o próprio trabalho, pelo "barracão" do patrão, com preços extorsivos descontáveis do salário), coação moral (ameaças físicas e de morte), coação física (agressão física) e impedimento pela posição geográfica que impossibilita a sua locomoção.

O Tribunal Regional do Trabalho da 24ª Região — Mato Grosso do Sul enfrenta o conceito de trabalho análogo ao de escravo dizendo:

> "TRABALHO ANÁLOGO AO DE ESCRAVO — EXPEDIÇÃO DE OFÍCIOS — INDEVIDO. Sobressai do preceito contido no art. 149 do Código Penal, alterado pela Lei n. 10.803/2003, que a exposição da pessoa à condição análoga à de escravo decorre de uma das quatro condutas ali tipificas, a saber: a) sujeição alheia a trabalhos forçados; b) sujeição alheia à jornada exaustiva; c) sujeição alheia a condições degradantes de trabalho; d) restrição, por qualquer meio, à locomoção alheia em razão de dívida contraída com empregador ou preposto. No caso presente, a determinação de apuração dessa condição se deu com suporte na figura típica da sujeição alheia à jornada exaustiva, em razão de a empregadora exigir trabalho em sobrejornada. Recurso provido no particular. (RO n. 00693-2006-022-24-00-0, 2ª Turma do TRT da 24ª Região/MS, Rel. João de Deus Gomes de Souza. j. 12.12.2007, DO 22.1.2008)".

O trabalho análogo ao de escravo fere a dignidade da pessoa humana e revela a fragilidade, ainda presente, das relações de trabalho, verdadeiro caso de polícia.

Além das consequências penais, condenação dos direitos típicos do contrato de emprego, poderia haver condenação em danos morais coletivos, conforme jurisprudência exemplificativa abaixo indicada:

> "INDENIZAÇÃO POR DANOS MORAIS COLETIVOS. TRABALHO ANÁLOGO A DE ESCRAVO. A indenização por danos morais coletivos é uma das formas eficazes de tolher o abuso cometido contra os trabalhadores, sobretudo quando há ofensa crassa à dignidade humana. Portanto, se incontroverso que a fiscalização do Ministério do Trabalho e Emprego flagrou as condições degradantes vividas pelos trabalhadores das fazendas do reclamado, a decisão que impôs o pagamento de indenização por danos morais coletivos, além das imposições quanto à regularização dos empregados, sobretudo quanto às condições de higiene e segurança do trabalho deve ser mantida integralmente. (RO n. 00595-2007-116-08-00-8, 1ª Turma do TRT da 8ª Região/PA-AP, Rel. Georgenor de Sousa Franco Filho. unânime, DEJT 15.10.2009)".

Ressalta-se, contudo, que o recrutamento, a pedido e por conta de uma empresa (organizações que buscam trabalhadores = head hunters), não é ação penalizável, desde que se presuma a livre opção do contrato e do contratado e o respeito aos direitos trabalhistas decorrentes do emprego.

*e)* Ocorrendo trabalho com menor de idade, é proibido o reconhecimento do vínculo de emprego, sendo nulo o contrato celebrado com menor de quatorze anos, em qualquer situação, e ao menor de dezesseis anos, não aprendiz, pois o trabalho lhes é vedado (Constituição art. 7º, XXIII — Emenda Constitucional n. 20).

Ocorre que, para evitar prejuízo irreparável, não se faz retroagir a declaração da nulidade em ralação ao salário. Dito de outra forma: deve o menor ser indenizado pelo trabalho, restando à jurisprudência estabelecer os limites dessa indenização.

Um bom caminho a ser observado é o da interpretação dada pelo Tribunal Superior do Trabalho, no caso dos contratos nulos com a Administração Direta e a Indireta, quando inobservado o requisito do concurso público, sendo devido o salário dos dias trabalhados e o FGTS, nos termos da Súmula n. 363:

> TST — SÚMULA N. 363 — CONTRATO NULO. EFEITOS
> "A contratação de servidor público, após a CF/1988, sem prévia aprovação em concurso público, encontra óbice no respectivo art. 37, II e § 2º, somente lhe conferindo direito ao pagamento da contraprestação pactuada, em relação ao número de horas trabalhadas, respeitado o valor da hora do salário mínimo, e dos valores referentes aos depósitos do FGTS".

A interpretação, em analogia à Súmula antes citada, encontra-se em algumas decisões, como na do Tribunal Regional do Trabalho da 3ª Região de Minas Gerais:

> "MENOR — CONTRATO DE TRABALHO NULO. A mesma nulidade absoluta do contrato de trabalho com Entidade Pública, por inobservância do requisito do concurso público previsto pela Constituição Federal no seu art. 37, incide quanto à relação de emprego de menor de dezesseis anos, a partir da vigência da Emenda Constitucional n. 20/98 (Processo RO 00378-2003-099-03-00-0, publicado em 31.7.2003. Relator: Emília Fachini)".

Destarte, a proteção ao salário foi mantida, uma vez que prestado o trabalho não há como retornar à situação anterior e nem mesmo podemos simplesmente declarar nulo o contrato e deixar o empregado em situação ainda mais precária, sem a retribuição mínima.

## *A PROTEÇÃO DO SALÁRIO NAS CONSTITUIÇÕES ESTRANGEIRAS*

| MÉXICO<br>Título Sexto<br>Del Trabajo y de la Previsión Social<br>Artículo 123. (…)<br>XXVII. Serán condiciones nulas y no obligarán a los contrayentes, aunque se expresen en el contrato:<br>(…)<br>d) Las que señalen un lugar de recreo, fonda, café, taberna, cantina o tienda para efectuar el pago Del salario, cuando no se trate de empleados en esos establecimientos. | Título sexto<br>Trabalho e Previdência Social<br>Artigo 123. (…)<br>XXVII — Serão condições nulas e não vincularão as partes, mesmo que expressas no contrato:<br>(…)<br>d) as que indicarem um local de recreio, uma taberna, café, bar ou loja, para efetuar o pagamento de salários, quando os trabalhadores não estiverem vinculados a esses estabelecimentos. |
|---|---|

| | |
|---|---|
| e) Las que entrañen obligación directa o indirecta de adquirir los artículos de consumo en tiendas o lugares determinados.<br>f) Las que permitan retener el salario en concepto de multa.<br>(...) | e) as que envolverem obrigação direta ou indireta de compra de bens de consumo em lojas ou locais determinadas pelo empregador.<br>f) as que permitirem a retenção dos salários a título de multa.<br>(...) |

## Capítulo XI

# PARTICIPAÇÃO NOS LUCROS DA EMPRESA

TRAJETÓRIA NA CONSTITUINTE

> *Participação nos lucros*
>
> *Subcomissão dos Direitos dos Trabalhadores*
>
> "participação direta nos lucros ou no faturamento da empresa". *Comissão da Ordem Social*
>
> "participação nos lucros ou nas ações, desvinculada da remuneração, conforme definido em lei ou em negociação coletiva".
>
> *Comissão de Sistematização*
>
> "participação nos lucros, desvinculada da remuneração, e na gestão da empresa, conforme definido em lei ou em negociação coletiva".
>
> *Constituição Federal, art. 7º, XI — (texto oficial)*
>
> "PARTICIPAÇÃO NOS LUCROS, OU RESULTADOS, DESVINCULADA DA REMUNERAÇÃO E, EXCEPCIONALMENTE, PARTICIPAÇÃO NA GESTÃO DA EMPRESA, CONFORME DEFINIDO EM LEI".

A Constituição de 1967, com suas emendas posteriores, também dispunha sobre a matéria, como, de resto, já o fizera a de 1946. A participação foi princípio — pelo menos nas últimas décadas — que estava inquietando as mentes dos juslaboralistas e políticos brasileiros, sem que, no entanto, tivesse passado do nível conceitual da Lei Maior, carente, pois, para sua aplicação efetiva, de dispositivos operacionalizantes de menor hierarquia ou de ação negocial nas relações entre o Capital e o Trabalho.

Há visível diferença entre o constante na Constituição anterior e o texto da atual.

Dizia o art. 165, inciso V, da Constituição de 1967:

"V — integração na vida e no desenvolvimento da empresa, com participação nos lucros e, excepcionalmente, na gestão, segundo for estabelecido em lei;"

*a)* A Constituição atual destaca, no inciso em exame, a participação propriamente dita. A Constituição de 1967 e suas emendas complementares, querendo adatar o corpo da Carta Magna às inovações legislativas, oriundas, de ordinário, de formulações propostas e, na prática, acolhidas sem muito entusiasmo pelo Legislativo, falava em *"integração"* na vida e no desenvolvimento da empresa... Por quê? A Lei Complementar n. 7, de 7 de setembro de 1970, instituiria o Programa de *Integração* Social (PIS) que, conforme seu art. 1º, se destinava a "promover a integração do empregado na vida e no desenvolvimento das empresas".

Tal terminologia visava a dar a ideia de que se estava implantando uma forma substitutiva ou sucedânea da participação, e, talvez, até mais eficaz, porque automática; isto é, a integração, batizada por ato governamental. Sim, porque integração efetiva precisa da vontade prévia e do entendimento ajustado dos que se integram, os quais sequer haviam sido consultados. Refiro-me aos sujeitos, transformados em objetos do processo: patrões e empregados, e suas entidades sindicais representativas. O PIS — ao qual se juntou três meses depois, dentro do mesmo espírito e propósito, o Programa de Formação do Patrimônio do Servidor Público (PASEP), criado pela Lei Complementar n. 8, de 3 de dezembro de 1970, era (e é) fundamentalmente processo de captação eficaz da poupança privada, drenando-a para os cofres oficiais, na estatização financeira da vida econômica do país. Foi ele implantado, e logo depois acompanhado pelo PASEP (que dele não tem maiores diferenças, salvo quanto à clientela de cobrança: o PIS, para os empregados privados; o PASEP, para os que, como subordinados, prestam serviços na área pública) para reforçar a base crescente, à época, do chamado capitalismo de Estado. Uma figura *sui generis* do processo econômico em que, sob a capa de livre iniciativa, o Estado, com suas políticas e suas decisões, comanda o próprio rumo do investimento rentável e competitivo, posto que se faz detentor da poupança privada. Capta por meios impositivos, sob diferentes titulações, ou até mesmo por arrecadação negocial no mercado, pagando taxas elevadas, com as quais majora a níveis insuportáveis os juros de mercado, contribuindo diretamente para aumentar a dívida interna, o *déficit* público, custos, preços etc.

O PIS e o PASEP são filhos de um projeto de interferência do Estado, diretamente ou por meio das empresas privadas eleitas pelos detentores do controle — aí os favores e os estímulos desses recursos privados que passam a fazer parte da capitalização estatal da economia centralizada, da competição proposta, sob a falsa aparência da economia de mercado, de uma livre iniciativa, muitas vezes, fraudada. Nem um gesto eficaz se fez. Nem um procedimento foi deflagrado para que a participação do trabalhador, instrumento de afirmação do social no contexto de uma economia de mercado, fosse fortalecida. Buscaram-se outros caminhos. Artificiais e artificiosos. Falou-se em integração, sem que ela ocorresse. Sem negociação prévia e sem a oitiva das partes. O que se fez, mediante um instrumento tributário, foi carrear mensalmente para os cofres estatais elevadas quantias, para que o Poder Público, detentor da força investidora, aumentasse seu poder político e dissesse o que, a quem, quando e quanto ia dar, com juros subsidiados e, eventualmente, aos seus beneficiados amigos da iniciativa privada. Por sinal atípica, posto que privada no direito ao lucro, mas sem risco, já que destinatária de recursos abaixo do custo de mercado, neste comercializa seus produtos a preço real, com fartos ganhos. Por isso, o PIS serviu de pano de boca para que a Constituição anterior, com ar sofisticado, minimizasse a participação — que nunca se conseguiu — e destacasse a integração, um nome sem realidade para uma ação destinada a projetos de crescimento econômico. Visava à capitalização oficial e à distribuição de recursos com privilégios financeiros em áreas específicas.

A participação foi, depois do destaque teórico que teve na Constituição liberal-democrática de 46, minimizada. Deu lugar ao novo carro-chefe, a integração que escondia (?) ou até ostentava um projeto governamental de alguns aspectos destacáveis, mas que não poderia ser aceita como alternativa, como avanço técnico ou como conquista social-substitutiva, em comparação com a verdadeira participação.

O Programa de Integração Social (PIS) e o Programa de Formação do Patrimônio do Servidor Público (PASEP) tiveram, primeiramente, pela Lei Complementar n. 26, de 11 de setembro de 1975, e subsequentemente por outras normas, alterações na sua mecânica operacional que os reuniu como se um só fossem, ainda que nascidos separados. Ao mesmo tempo, para ter uma faceta social, o Programa estabeleceu que distribuiria aos assalariados, copartícipes obrigatórios, de menor renda, a cada ano, um valor, a título de ganho complementar. Seria a consequência dos resultados financeiros do fundo comum criado com a contribuição compulsória, como se sócios obrigatórios fossem de um fundo de investimento que lhes pagasse um retorno modesto e pontual. Enfim ...

*b)* Voltemos à Constituição atual, depois desse exame do que deveria ter sido, não foi, parecendo que era...

Tem, como ideia central, a participação, resgatando a faceta histórica. É princípio solidário que, ademais de animar os tempos mais ousados e combatentes da proposta social-cristã, traduzida na "Rerum Novarum", de Leão XIII, se tentou oferecer, com vistas à pacificação, no evoluir do processo crescente de industrialização, de automatização, de organização sindical racionalizada, de urbanização visível, de minimização das distâncias entre as propostas aparentemente irreconciliáveis e, à primeira vista, de conflitos e confrontos do capitalismo e do socialismo. Não se universalizou em sua aplicação. Longe disso. Logrou êxito em empreitadas isoladas.

Muitas delas significativas, como na Alemanha Ocidental renascida, pós Segunda Guerra, onde se encontram complexos industriais, de presença multinacional, com valiosa repartição societária entre responsáveis pelo Capital e parceiros da força de trabalho. Não só lá tal ocorreu e ocorre. Houve outras situações similares de apreciável significado. Por exemplo, na Holanda, na Bélgica e, particularmente, na Inglaterra. Um esforço de socialização privatizante do capitalismo, se é que a expressão, na tentativa de traduzir o projeto, assim poderia ser entendida.

Participação é a ideia símbolo. É mais do que a mera cooperação integrativa de Capital e Trabalho na empresa, vista esta não como simples centro econômico de produção de bens e serviços, para gerar lucros, para uns, e salários para outros, como dois corpos estanques. Vista a empresa como agência de formação profissional, como centro coletivo e comunitário de educação, como meio de realização pessoal do *homo faber*, na sua atividade preponderantemente manual ou intelectual (na medida em que se possam separar tais componentes). Vista a empresa, enfim, como resultado de entendimento de partícipes que representam as forças de produção e têm compromisso com a própria comunidade, da qual provém, da qual dependem e que, ela também, às vezes, desse tipo de entendimento — onde devem ser mais copartícipes do que contrapartes — depende, e, por isso, precisa que se realize ordinariamente.

A participação é a forma hierárquica superior, capaz de valorizar e fazer ascender a simples subordinação. O participante não contribui, apenas porque obedece. Ele também o faz, porque cria, inova, interessa-se na sua feição de homem livre que se sente copartícipe, parte do todo, e um pouco por ele responsável, emprestando-lhe a sua condição de inteligência inovadora. Assim, pelo menos, deveria ser. E isso é o que embasa a tese da participação, que é a da solidariedade na relação capital-trabalho, e do comunitarismo na convivência da sociedade organizada como um todo.

Para que pudesse haver integração, como se dizia na Constituição anterior, teria de haver antes, e conscientemente, participação, posto que aquela só acontece por decorrência desta. Daí, o irreal da assertiva da Lei Maior de antes.

*c)* Fala a Constituição atual em participação nos "lucros, ou nos resultados". A *participação nos lucros* é tida como o primeiro degrau na escalada participativa empresarial, que seria, desde que exitosa se mostrasse, passível de ampliação e aperfeiçoamento, com a *participação no capital* (especialmente o chamado "acionariado obreiro").

O constituinte respeitou a hierarquia doutrinária e retornou à ideia implantada desde a Constituição de 1946, repetida na de 1967. O direito primeiro do trabalhador é o da participação nos ganhos da empresa, isto é, a perspectiva de uma distribuição repartida dos resultados lucrativos do empreendimento capitalista. No entanto, ampliou-se no inciso XI, ora em análise, o espaço de participação ao apresentar a alternativa inovadora *"ou nos resultados"*. O constituinte não definiu o que se quer dizer com resultados, posto que não se trata de expressão típica do jargão econômico, nem de vocabulário técnico trabalhista. Resultados é palavra de valia universal, aplicável a tantas situações que não se vê aprisionada num só compartimento.

Evidentemente que se, como sinônimo, quisesse ter usado a palavra, teria cometido duplo pecado: *o da redundância,* sempre condenável em nome da exatidão do texto normativo; *o da imprecisão,* posto que lucros e resultados poderão até, depois de nota explicativa prévia, ou esclarecimento posterior, ser tidos como idênticos, mas não o serão necessariamente, sem que tal elucidação precisa os acompanhe. De mais a mais, se como sinônimos foram lançados, para que fazê-lo, quando a expressão lucros, sozinha, já se fazia perfeitamente inteligível e era de uso corrente, sobretudo na companhia da palavra participação? Logo, *resultados* é termo que se pôs no texto da Lei Maior para ampliar o espaço sobre o qual pode incidir a participação. O seu emprego viria da ideia de evitar que, numa interpretação limitativa, se minimizasse, ou se quisesse minimizar na lei, a conceituação de lucro repartível, restringindo-o a uma ideia desidratada, fruto de enxugamentos decorrentes de exercícios conceituais financeiros e empresariais. Talvez, *"resultados",* nesse caso, seria o lucro na sua versão global, sem deduções, para reservas futuras de investimentos, para recomposição de estoques, para garantia mínima de capital de giro etc.

Houve interpretações precoces querendo entendê-la como sinônimo de faturamento, de receita operacional da empresa.

Seria uma presunçosa interpretação de lei regulamentar que ainda não se fizera. Ressalte-se que os anais constituintes não são ricos nessa elucidação. De qualquer maneira, *resultados não se assemelham,* histórica e tecnicamente, a *faturamento.* Este é prévio. Aqueles, posteriores. O primeiro é arrecadação original, decorrente da venda de bens e serviços, da produção, enfim, o montante obtido com o ato mercantil empresarial. O segundo, isto é, "resultados", pressupõe um balanço, decorrente do investido e do obtido; a diferença entre o gasto e o arrecadado. Enfim, algo do qual o faturamento é uma das partes, mas nunca o todo. O que se quer dizer com resultados é algo que ocorre depois e por causa do faturamento, do qual se deduzirá a despesa essencial, o gasto indispensável e atualizado. Uma espécie de *lucro básico,* sem sofisticações, sem deduções acadêmicas no conceito e muito reais nos números. Tal entendimento só valeu como uma contribuição ao debate que se ensejou, necessariamente, posto que a vida desse inciso está na dependência total da lei. Aliás, a participação nos lucros é o exemplo típico da maior e mais longa gravidez jurídica conhecida. Fecundação há décadas; gravidez constatada, com protuberância visível em tantos projetos apresentados e na Constituição de antes e na atual.

*d)* O constituinte de 1988 inseriu um requisito: o que diz que a participação estipulada estará "desvinculada da remuneração". Isso inovou a fórmula, comparada com os textos constitucionais anteriores, seja o de 46, seja o de 67. Atendeu o constituinte de 88 à sugestão da área empresarial que, permanentemente, insistiu no argumento de que a participação nos lucros, no Brasil, não ganhara vigor prático, porque lhe faltava apelo pragmático. Mais: insistiam na tese segundo a qual o empresário não se via por ela atraído porque a participação acabava gerando acréscimos continuados, mesmo com ausência do lucro, do qual devia ter origem, isto sim, em obrigações tributárias e encargos sociais decorrentes, na medida em que se lhe conceituasse como remuneração trabalhista. Por isso, alegavam que, se efetivamente houvesse o propósito de abrir nova frente de aproximação eficaz e pacífica entre patrão e empregado, oferecendo garantia à vida lucrativa da empresa e solidez às aspirações sociais do trabalhador, seria indispensável que não se identificasse participação, com remuneração. Se não, a partir daí, os encargos e a interveniência estatal acabariam com as vantagens e a impediriam, por si só, de viabilizar-se.

O constituinte atendeu às alegações expostas, em nome de uma esperança de viabilizar o projeto participativo. Tecnicamente não havia dúvida de que parcela paga a título de participação, decorrente de obrigação normativa, teria característica de remuneração, salvo se expressamente se dispusesse a respeito. E foi isso o que o constituinte, em nome de uma presumível realidade, fez. E tratou de fazê-lo, como lhe competia, não na lei ordinária, mas no texto que iria ditar as linhas mestras que a lei ordinária haveria de seguir, ou seja, na Constituição. Destarte, a parcela paga a título de participação, porque assim o quis e o quer a Constituição vigente, não será computada para fins previdenciários (nem para benefícios, nem para fins de contribuição), nem para outros gravames e direitos trabalhistas (não será levada em conta para recolher FGTS, nem será computada para calcular o 13º salário, as férias etc.). Acreditavam os empresários que, assim agindo, estimulariam seus colegas do patronato a ser mais interessados na adoção do processo de participação, posto que, sendo uma transferência de recursos diretamente ao operário, a título de complementação salarial, originária de lucros empresariais, sem obrigações para com o Estado, ver-se-ia passível de acolhimento mais significativo. Era a tese de que empregador e empregado entendem-se melhor quando não se intromete, para aproximá-los, e, muitas vezes, afastá-los, o Governo.

*e)* O texto constitucional repete um advérbio, antes, como agora, a mais do que o necessário: a participação poderá estender-se *"excepcionalmente* à gestão da empresa".

A gradação e a graduação do processo participativo não precisariam, nem deveriam vir estipuladas por texto constitucional. Recomendação ingênua, posto que despicienda. Se, numa empresa, patrão e empregados chegaram ao entendimento, fruto de negociação efetiva e eficaz de que há clima para ocorrer uma corresponsabilidade na gestão, ainda que tal não leve a uma repartição nos lucros do empreendimento, por razões que eles, partícipes do processo, conhecem mais do que eventuais espectadores oficiais do presente ou legisladores, ainda que constituintes, do passado, deve obviamente prevalecer o trato nascido dos autênticos protagonistas, em detrimento de opiniões exógenas, mesmo que normativas. Quem sabe se a participação, em primeiro lugar, deve ser no capital e, só depois de exitosa a experiência, estender-se aos lucros? Ou se deve ser só nestes, excluindo, a qualquer tempo, a repartição da gestão e a distribuição paritária do capital? São os que, "por morar na aldeia, conhecem bem os índios", ou seja, empregador e trabalhador que, prioritariamente, devem deliberar.

Logo, o termo *excepcionalmente* não se justificava no texto de 1988, como não se justificou, nas Constituições anteriores, precoce e presunçosa recomendação.

*f) Não* há necessidade de que o processo participativo se inicie, por essa ou por aquela fórmula de repartição da vida empresarial. Pode começar pelo capital ou pelos lucros. Ou, ainda, pela gestão. Pode ocorrer nessa última, originariamente, apenas a título parcial, dando-se ao Capital, por exemplo, 75% dos lugares diretivos, e garantindo-se aos representantes escolhidos pelos trabalhadores diretamente ou por intermédio de representação sindical os 25% restantes da Diretoria. Pode decidir-se — e os exemplos variados são universais — que haverá participação no lucro, especificando-se, caso a caso, qual o percentual desse ganho que corresponderá à força de trabalho e como será dividido entre os trabalhadores (prevalecerá o tempo de casa, o nível de salário, o grau de especialização, a ficha de performance anual, o peso dos encargos sociais familiares, ou tudo isso, ou nada disso, ou um pouco de cada um desses fatores, numa proporção que pode variar de empresa para empresa, e, dentro dela, de estabelecimento para estabelecimento, conforme suas peculiaridades, resultados, história sindical, características culturais da população regional etc.?).

Seria o caso de adotarem-se progressivamente as diferentes espécies de participação (capital, gestão, lucros), uma a uma, ou só agregando a segunda fórmula depois que a primeira já estiver consolidada, e só chegando à terceira — se a ela se quisesse chegar, fosse qual fosse a ordem de implantação — depois de exitosas as duas primeiras, em sua aplicação conjunta? Ou, quem sabe, melhor seria introduzi-las, simultaneamente, para que o impacto da transformação se fizesse de uma só vez, sem a demora de uma alteração continuada e permanente, que acabaria por gerar na empresa um mudancismo que, segundo alguns, poderia ser perigoso, porque instável? Ou, quem sabe, melhor seria se, negociadamente, com os representantes intraempresarial dos trabalhadores e/ou com os representantes extraempresa (sindicais), viesse a ser adotada fórmula mista: isto é, num estabelecimento do grupo o critério progressivo, e noutro, a sistemática da simultaneidade, permitindo-se, assim, a empregador e empregados que pudessem examinar a evolução do processo, seus resultados promissores e seus defeitos evidentes. Aqueles, para serem cultivados. Estes, imediatamente corrigidos. E como contornar a dificuldade que desse sistema diferenciado decorreria pelo simples fato de sê-lo, fazendo com que se quebrasse a isonomia dentro da empresa, na medida em que haveria quem estivesse debaixo de participação plena (os três estágios), outros, com a parcial (dois estágios) e, finalmente, um grupo com a inicial (um estágio)?

Todas essas questões, e muitas outras que poderiam ser arguidas no emaranhado de fórmulas práticas e teóricas que a participação, tão rica, variada e complexa ensejaria, foram transferidas para a lei ordinária.

*g)* A regulamentação somente nasceu, após longa gestação, em 29.12.1994, últimos dias do Governo Itamar Franco, por meio da Medida Provisória n. 794. Tal Medida Provisória foi reeditada inúmeras vezes, com algumas alterações, até a sua conversão na Lei n. 10.101, de 19.12.2000.

A primeira norma que se destaca no texto da Lei n. 10.101 é que a participação nos lucros ou nos resultados poderá ser objeto de negociação entre a empresa e seus empregados por intermédio de convenção, acordo coletivo ou comissão escolhida pelas partes, integrada, também, por um representante indicado pelo sindicato da respectiva categoria.

Trata-se de modalidades distintas, sendo que a estabelecida pela comissão interna é mais simples, uma vez que não exige uma assembleia sindical, como ocorre no caso da convenção ou do acordo coletivo.

Mais importante: a comissão interna será composta pelos empregados da empresa, por estes indicados, e pelos membros designados pelo empregador. Deverá ser o sindicato comunicado da criação para que envie o seu representante, com o objetivo de sua participação. Ocorre que a ausência de um representante pelo sindicato não evitará os trabalhos da comissão, uma vez que o representante do sindicato trata-se apenas de mais um componente dela e não possui a força de rejeitar ou inviabilizar a aprovação do plano de participação nos lucros ou nos resultados. Dito de outra forma, a participação nos lucros ou nos resultados trata-se de um ajuste pluriindividual[47] de natureza diversa da convenção ou acordo coletivo, exatamente para garantir esse direito constitucional, inclusive para empregados que eventualmente não estejam abrangidos pela existência de um sindicato em sua localidade.

Salienta-se que a Lei n. 10.101 estabelece que a participação de lucros ou resultados ocorre entre empresa e empregados e não entre empregador e empregado, inclusive excluindo da abrangência de empresa a pessoa física e a entidade sem fins lucrativos. O cuidado do legislador em excluir parte dos empregadores, por isso a expressão empresa e não empregador, alija uma fatia de empregadores que não poderão fazer uso dessa ferramenta. Tal fato se lamenta, uma vez que, não sendo obrigatória a criação, não há motivo para impedir que o empregador pessoa

---

(47) Para ROMITA, caracteriza-se como acordo de natureza individual tratado de forma plúrima — ROMITA, Arion Sayão. A participação nos lucros à luz das medidas provisórias. *Revista Trabalho e Doutrina*, São Paulo: Saraiva, n. 6, p. 6-19, setembro de 1995.

física venha a adotar a participação, a não ser que o Estado esteja forçando a criação de empresas, interferindo nas liberdades individuais. Além disso, torna difícil o uso da Convenção Coletiva para ajuste da participação, de vez que a mesma abrange a categoria por inteiro, induzindo, assim, ao uso do Acordo Coletivo.

Matéria enfrentada nos Tribunais diz respeito à impossibilidade de ajustar a participação nos lucros ou nos resultados em sentença normativa (Ação de Dissídio Coletivo), posto que a Lei n. 10.101 estabeleceu a forma de solução se houver conflito resultante (mediação e arbitragem), bem como pelo fato de que a Constituição faz referência expressa à Convenção e ao Acordo Coletivo, não tendo mencionado a sentença normativa. A boa técnica de interpretação indica que se não foi mencionado é inviável sua utilização. Mais: o Tribunal não teria elementos e detalhamento para ajustar as condições e as metas a serem observadas no momento da elaboração da participação nos lucros ou resultados, o que torna inviável a sua constituição em sentença normativa. Vejamos uma decisão do TST, a qual limita a sentença normativa a casos excepcionais:

> "Dissídio coletivo. Greve. Participação nos lucros. Poder Normativo. 1. A participação nos lucros e resultados deve resultar, preferencialmente, da negociação livremente entabulada entre a empresa e seus empregados, com a participação do sindicato da categoria profissional, de conformidade com a Lei n. 10.101, de 19 de dezembro de 2000. Para a solução de eventual impasse, a lei contempla métodos específicos, a saber: mediação ou arbitragem de ofertas finais (art. 2º e art. 4º). 2. Somente em caráter excepcional, assim, e desde que haja convergência de vontade dos interessados (CF/88, art. 114, § 2º), a Justiça do Trabalho pode arbitrar, mediante o sistema de aceitação de ofertas finais, o conflito coletivo sobre participação nos lucros e resultados (RODC n. 564/2005-000-15-00 — TST--SDC, Min. Rel. João Orestes Dalazen, DJ 7.12.2007)."

Reitera-se que não existe imposição, por meio de sentença normativa, da pactuação desse ajuste. A ocorrência, portanto, dependerá da iniciativa das partes, em respeito às particularidades de cada setor e modelo empresarial.

A natureza não salarial propalada na Constituição foi mantida, como não poderia deixar de ser, uma vez que a participação nos lucros ou nos resultados não substitui nem complementa a remuneração. Não se constitui em base de incidência de qualquer encargo trabalhista e para ela não se aplica o princípio da habitualidade. Assim, não há incidência de qualquer encargo trabalhista, contudo a própria norma em questão indica sua tributação para fins de imposto de renda, mas não para a contribuição previdenciária (art. 28, § 9º, *j*, da Lei n. 8.212/91).

Ficou estabelecido, ainda, que é vedado o pagamento antecipado ou distribuição de valores a título dessa rubrica em periodicidade inferior a um semestre civil, ou mais de duas vezes no mesmo ano civil, exatamente para preservar a sua natureza não salarial e viabilizar a medição das condições estabelecidas no pactuado entre as partes.

Corriqueiro tem sido o ajuste anômalo de que o empregado somente receberá a sua parcela correspondente se ainda estiver vinculado à empresa na data prevista para a distribuição dos lucros ou dos resultados; portanto, a extinção do contrato de emprego antes daquele momento lhe retiraria o ganho proporcional, independentemente da modalidade da extinção do contrato, inclusive pela dispensa sem justa causa. Tal cláusula fere mortalmente o princípio da isonomia. Assim, devido deve ser o pagamento da parcela de forma proporcional aos meses trabalhados, pois o ex-empregado concorreu para os resultados positivos da empresa.

*A paz social em nosso país,* onde há tantas disparidades e disfunções, desníveis individuais, setoriais, regionais, onde se espera que o sindicato ganhe autonomia e não se torne escravo de ideologias e de partidarismos, como já o foi da prisão estatal-governamental, e onde se tem uma boa fatia do empresariado ainda vinculado aos favores governamentais e sedento por seus subsídios, se *poderá ter na participação* um instrumento valioso, quase insubstituível, de consolidação. Não a paz conquistada com a imposição do silêncio submisso dos intimidados, mas a que resulta, por ciência e consciência, da efetiva evolução, no rumo das reformas progressistas, visando a que se atinja à liberdade criativa de empreender e prosperar, ao lado das garantias fundamentais do bem-comum e do bem-estar social. A participação, nascida da solidariedade e que é capaz, no círculo produtivo das repetições, de recriá-la e fortalecê-la, é peça fundamental dessa engrenagem libertadora.

h) A sistemática da participação nos lucros e resultados implantada pela Lei n. 10.101 avança no sentido de implementar as ideias e ideais constitucionais, contudo está amplamente afastada do sentido de mudar a natureza da empresa e, particularmente, a relação entre Capital e Trabalho.

Tornou-se uma ferramenta de contraprestação do trabalho, especialmente por estar desvinculada da carga tributária que, feroz e desproporcional, onera o assalariado em detrimento de outras receitas, para alimentar um Estado insaciável, burocrático e que gasta indevidamente.

Estando desvinculada da remuneração, a quantia paga a título de participação nos lucros ou resultados estimula o empresariado a implementar tal procedimento. O empregado observaria nela uma perspectiva de melhor qualidade de vida, com maior retorno de seu trabalho.

Por outro lado, não se verifica qualquer mudança significativa na gestão da empresa ou na relação entre essas partes. Tem-se tornado um hábito, uma contraprestação esperada, semestral e, muitas vezes, com destinação prévia estabelecida pelo empregado. Aliás, quando eventualmente não são alcançadas as metas estabelecidas, o sindicato da categoria reclama o pagamento, desvinculando o lucro ou resultado preestabelecidos. Deixa clara a interpretação de que entende tratar-se de contraprestação pelo trabalho e pouco ou nada importa, para ele, os rumos da empresa.

A ideia de que o risco da atividade econômica é exclusiva e permanentemente do empregador, construída na CLT ha décadas, não foi abandonada, mesmo frente o invocador conceito dado pelo constituinte. Quando e quanto tempo será necessário para unir o Capital e o Trabalho na busca da prosperidade? Numa visão realista, será possível?

*i)* A *stock option* é uma prática bastante adotada nos Estados Unidos da América em relação a empregados de posto mais elevado na empresa. Trata-se da possibilidade de compra de ações da empresa pelo empregado em condições e valores aparentemente vantajosos. A venda dessas ações ao empregado em valores inferiores aos de mercado, para depois serem vendidas com lucro, vincula-se ao cumprimento de metas e à permanência na empresa por período a ser pactuado. Debate-se sobre sua natureza salarial, sendo que a jurisprudência se inclina no sentido de afastar sua vinculação ao salário, conforme amostragem infra:

> *STOCK OPTIONS.* NATUREZA NÃO SALARIAL.
>
> "As *stock options* constituem um regime de compra ou de subscrição de ações e foram introduzidas na França em 1970, cujas novas regras se encontram na Lei n. 420, de 2001. Esse regime permite que os empregados comprem ações da empresa em um determinado período e por preço ajustado previamente. Se o valor da ação ultrapassa o preço de aquisição, o beneficiário obtém o lucro e, em consequência, duas alternativas lhe são oferecidas: revender de imediato a mais-valia ou guardar os seus títulos e se tornar um empregado acionista. As *stock options* não representam, portanto, um complemento da remuneração, mas um meio de estimular o empregado a fazer coincidir seus interesses com os dos acionistas, não detendo, portanto, natureza salarial. (RO n. 896/2009-009-03-00.4, 7ª Turma do TRT da 3ª Região/MG, Rel. Alice Monteiro de Barros. unânime, DEJT 16.8.2010)".

De qualquer forma, independentemente de sua natureza salarial não se tipificar, não se conclui que se trate de forma de participação nos lucros ou nos resultados e nem mesmo participação de gestão na empresa, estando desvinculado do artigo constitucional em epígrafe. Trata-se de modalidade diversa, com vertente própria, ou seja, não é estipulada em Convenção ou Acordo Coletivo, nem mesmo em comissão interna. A sua matriz é um pacto direto entre empresa e empregados de elevada fidúcia.

*j)* Ressalta-se que a possibilidade de empregados comprarem ações da PETROBRAS, valendo-se de parte do saldo do FGTS, foi modalidade momentânea, permitida pelo Governo Federal, objetivando fomentar capitalização e parcial da privatização da empresa. Contudo, se o empregado decidir vender suas ações, o saldo reverterá a sua conta do FGTS, quando mantido o contrato de emprego, podendo sacar os valores apenas quando for autorizado o saque do FGTS. Não há de se confundir com o sistema de venda de ações pelo empregador, antes referido, nem mesmo com a participação nos lucros ou nos resultados e a participação na gestão. Trata-se de situação atípica e anômala, verdadeira tentativa de resgatar a opinião pública, a classe operária, a mídia, quem sabe os sindicatos, para viabilizar a privatização parcial de setor que historicamente está eivado de nacionalismo exacerbado.

## A PARTICIPAÇÃO NOS LUCROS NAS CONSTITUIÇÕES BRASILEIRAS

1. Constituição de 1946

Art. 157 — inciso III.

"participação obrigatória e direta do trabalhador nos lucros da empresa, nos termos e pela forma que a lei determinar".

2. Constituição de 1969 (Emenda n. 01)

Art. 158, inciso V.

"integração do trabalhador na vida e no desenvolvimento da empresa, com participação nos lucros e, excepcionalmente, na gestão, segundo for estabelecido em lei".

## A PARTICIPAÇÃO NOS LUCROS NAS CONSTITUIÇÕES ESTRANGEIRAS

| MÉXICO<br>Título Sexto<br>Del Trabajo y de la Previsión Social<br>Artículo 123. (...)<br>IX. Los trabajadores tendrán derecho a una participación en las utilidades de las empresas, regulada de conformidad con las siguientes normas:<br>a) Una Comisión Nacional, integrada con representantes de los trabajadores, de los patronos y del Gobierno, fijará el porcentaje de utilidades que deba repartirse entre los trabajadores;<br>b) La Comisión Nacional practicará las investigaciones y realizará los estudios necesarios y apropiados para conocer las condiciones generales de la economía nacional. Tomará asimismo en consideración la necesidad de fomentar el desarrollo industrial del País, el interés razonable que debe percibir el capital y la necesaria reinversión de capitales;<br>c) La misma Comisión podrá revisar el porcentaje fijado cuando existan nuevos estudios e investigaciones que los justifiquen. | Título sexto<br>Trabalho e Previdência Social<br>Artigo 123. (...)<br>IX — Os trabalhadores terão direito a uma participação nos lucros das empresas, regulamentada de acordo com as seguintes normas:<br>a) Uma Comissão Nacional, composta por representantes dos trabalhadores, dos empregadores e do governo, determinará o percentual de lucros a ser distribuído entre os trabalhadores;<br>b) A Comissão Nacional realizará as pesquisas e os estudos necessários e adequados para conhecer as condições gerais da economia nacional. Terá igualmente em conta a necessidade de promover o desenvolvimento industrial no país, o lucro razoável que deve ser pago ao capital e o valor adequado ao reinvestimento.<br>c) A mesma Comissão poderá rever os valores fixados, sempre que novos estudos e pesquisas o justifiquem. |
|---|---|

| | |
|---|---|
| d) La Ley podrá exceptuar de la obligación de repartir utilidades a las empresas de nueva creación durante un número determinado y limitado de años, a los trabajos de exploración y a otras actividades cuando lo justifique su naturaleza y condiciones particulares;<br>e) Para determinar el monto de las utilidades de cada empresa se tomará como base la renta gravable de conformidad con las disposiciones de la Ley del Impuesto sobre la Renta. Los trabajadores podrán formular ante la Oficina correspondiente de la Secretaría de Hacienda y Crédito Público las objeciones que juzguen convenientes, ajustándose al procedimiento que determine la ley;<br>f) El derecho de los trabajadores a participar en las utilidades no implica la facultad de intervenir en La dirección o administración de las empresas.<br>(...) | d) A lei poderá isentar da obrigação de distribuir lucros às empresas recém-criadas, por um número específico e limitado de anos, aos serviços de exploração e a outras atividades sempre que se justificar pela sua natureza e condições particulares.<br>e) Para determinar o montante dos lucros de cada empresa se tomará como base o lucro tributável de acordo com as disposições da Lei de Imposto de Rendas. Os trabalhadores poderão formular ante o órgão apropriado do Ministério da Fazenda e Crédito Público objeções que julgarem apropriadas, seguindo o procedimento previsto na lei;<br>f) O direito dos trabalhadores à participação nos lucros não implica o poder de intervir na direção ou na gestão de empresas.<br>(...) |
| **ARGENTINA**<br>**Art. 14 bis** — El trabajo en sus diversas formas gozará de la protección de las leyes, las que asegurarán al trabajador: (...) participación en las ganancias de las empresas, con control de la producción y colaboración en la dirección; | **Artigo 14 bis** — O trabalho, nas suas diversas formas, gozará da proteção da lei, que assegura aos trabalhadores: (...) participação nos lucros das empresas, com controle de produção e colaboração na gestão, (...) |

# Capítulo XII

# Salário-família

**TRAJETÓRIA NA CONSTITUINTE**

*Salário-família*

*Subcomissão dos Direitos dos Trabalhadores*

"salário-família à razão de 10% do salário mínimo, por filho ou dependente menor de 14 anos, bem como ao filho menor de 21 anos e ao cônjuge, desde que não exerçam atividade econômica, e ao filho inválido de qualquer idade".

*Comissão da Ordem Social*

"salário-família aos dependentes dos trabalhadores de baixa renda, na forma do § 5º deste artigo.

§ 5º O salário-família será pago aos que percebam até quatro salários mínimos na base de percentual variável de 20% a 5% do salário mínimo, a partir do menor ao maior salário aqui compreendido, respectivamente".

*Comissão de Sistematização*

"salário-família aos dependentes, na forma da lei"

*Constituição Federal, art. 7º, XII — (texto oficial)*

"SALÁRIO-FAMÍLIA PARA OS SEUS DEPENDENTES".

*Emenda Constitucional n. 20, de 15 de dezembro de 1998*

"Art. 7º — ..............................................................................................................

XII — salário-família pago em razão do dependente do trabalhador de baixa renda nos termos da lei;

Os militares, frente à Emenda Constitucional n. 18[48], de 1998, foram contemplados com alguns incisos do art. 7º da Constituição Federal, incluindo o salário-família. Os servidores públicos, por sua vez, pela redação do art. 39, parágrafo terceiro da Constituição, observando a Emenda Constitucional n. 19[49], de 1998, também foram contemplados.

Não houve maior inovação, na Constituição, sobre *salário-família;* enquanto na Carta anterior, art. 165, inciso II, assegurava-se "salário-família aos seus dependentes", o inciso XII do art. 7º da Lei Maior de 1988 garante "salário-família para os seus dependentes". Tão somente, uma discreta e não significativa mudança de estilo redacional.

A nova redação dada pela Emenda Constitucional n. 20 confirma que o benefício se destina ao trabalhador de baixa renda e, ainda, remeteu a regulamentação ao legislador infraconstitucional.

*a)* Conviria analisar o disposto sobre salário-família em conjunto com o artigo que regulou o salário mínimo (art. 7º, inciso IV). Ali se diz que o trabalhador terá direito ao "salário mínimo, fixado em lei, nacionalmente unificado, capaz de atender a suas necessidades vitais básicas e *às de sua família* com moradia, alimentação, educação, saúde, lazer, vestuário, higiene, transporte e previdência social...". O texto é claro e atribui ao salário mínimo a responsabilidade objetiva de que seu valor seja capaz de cobrir os encargos e as necessidades do trabalhador *e as de sua família,* pelo menos com as despesas básicas de sustento pessoal e familiar.

Não me pareceu correta a interpretação que, historicamente, decorreu mais das pressões governamentais e da numerologia oficial do que dos textos normativos, no sentido de agregar ao salário mínimo a parcela atribuível ao trabalhador a título de salário-família, e com a somatória desse fator julgar atendido o dever remuneratório familiar mínimo a que aludiu a Constituição.

Foi suficientemente explícito o dispositivo constitucional pertinente ao salário mínimo. Ele, e só ele, teria de satisfazer as necessidades do trabalhador e as de sua família no que tange àqueles encargos que o próprio texto elenca. Em

---

(48) Art. 142. As Forças Armadas, constituídas pela Marinha, pelo Exército e pela Aeronáutica, são instituições nacionais permanentes e regulares, organizadas com base na hierarquia e na disciplina, sob a autoridade suprema do Presidente da República, e destinam-se à defesa da Pátria, à garantia dos poderes constitucionais e, por iniciativa de qualquer destes, da lei e da ordem. § 3º Os membros das Forças Armadas são denominados militares, aplicando-se-lhes, além das que vierem a ser fixadas em lei, as seguintes disposições: VIII — aplica-se aos militares o disposto no art. 7º, incisos VIII, XII, XVII, XVIII, XIX e XXV e no art. 37, incisos XI, XIII, XIV e XV;

(49) Art. 39. A União, os Estados, o Distrito Federal e os Municípios instituirão, no âmbito de sua competência, regime jurídico único e planos de carreira para os servidores da administração pública direta, das autarquias e das fundações públicas. § 3º Aplica-se aos servidores ocupantes de cargo público o disposto no art. 7º, IV, VII, VIII, IX, XII, XIII, XV, XVI, XVII, XVIII, XIX, XX, XXII e XXX, podendo a lei estabelecer requisitos diferenciados de admissão quando a natureza do cargo o exigir.

momento algum, a Carta Magna diz que tais ônus do trabalhador e de sua família seriam cobertos por um salário que decorrerá do somatório do mínimo com o salário-família. Se essa fosse a intenção e o mandamento constitucionais, obviamente o texto teria dito com clareza. E não o fez. Ao contrário, o salário mínimo, por si só, tem o dever de ser suficientemente valioso para dar conta da obrigação de oferecer ao trabalhador e a sua família cobertura para as necessidades básicas pessoais (do obreiro) e do seu núcleo familiar direto (isto é, seus dependentes obrigatórios: filhos menores etc.).

O que tem acontecido — e não é novidade desta Constituição — *é a continuidade de um desrespeito que se fez histórico*. O que se viveu no limiar da Carta de 1988, nesse particular, foi o descumprimento que gozava de habitualidade. Era violação com passado consolidado.

Houve até parecer oficial subserviente alicerçando a exótica e insincera formulação, asseverando, numa hermenêutica capenga, que o salário mínimo só teria compromisso com as necessidades e os encargos do trabalhador, individualmente considerado, posto que, com a criação do salário-família, em 1963, a este passara a incumbência de responder pela complementação salarial mínima referente aos encargos familiares dependentes do trabalhador. Tal entendimento, encampado por Governos, posto que desidratava o valor de um salário mínimo que estava aquém do próprio encargo parcial que o Governo lhe reconhecia, passou a ganhar foros de obviedade, constrangendo-se a sociedade a aceitá-lo como legítimo.

De qualquer maneira, se houve erros no passado, inclusive com julgados inadequados e imprecisos de determinados escalões do Judiciário; se nenhuma ação específica tomou o Legislativo — e era discutível se ela seria necessária, posto que se fazia por clara a disposição constitucional do art. 165, I — para reiterar aquilo que, afinal, já estava expresso na Carta Maior; se agiu, intencionalmente, o Executivo para distorcer a diretriz constitucional, acolher infundados pareceres e enfraquecer a proteção social, desnaturando a razão de ser, tanto do salário mínimo, como do salário-família que seria transformado indevidamente num apêndice daquele, *se tudo isso aconteceu antes, não se poderia admitir que continuasse a ocorrer*.

A Constituição de 1988 foi clara. Caberia ao salário mínimo, por si só, garantir atendimento ao trabalhador e a sua família, no que concerne aos encargos com as nove necessidades básicas que ali foram enunciadas. Independentemente do salário-família, posto que se trata de dois institutos de objetivos separados e autônomos.

O salário mínimo deveria valer tanto a ponto de atender a tudo quanto para sua esfera de competência previu e exigiu o constituinte no inciso IV do art. 7º. O que, sabidamente, nunca ocorreu! O salário-família, por sua parte, cumpriria a sua missão, que é específica.

*b)* A Lei n. 4.266, de 1963, estabeleceu, em seu art. 1º, que:

"Art. 1º salário-família, instituído por esta lei, será devido, pelas empresas vinculadas à Previdência Social, a todo empregado, como tal definido na Consolidação das Leis do Trabalho, qualquer que seja o valor e a forma de sua remuneração, e na proporção do respectivo número de filhos".

Instituía-se, pois, uma figura híbrida, como tantas outras, no meio do caminho entre o Direito do Trabalho e a Previdência Social. Aliás, uma composição "saudavelmente" hermafrodita, posto que colhia vantagens e peculiaridades de cada uma das duas matrizes, sem que delas tenha sofrido influência negativa.

O salário-família nasceu, prevalentemente, debruçado sobre o galho previdenciário dessa árvore bifrontal. Assinalava-se que só fariam jus a tal vantagem *aqueles empregados* — e o conceito era o da Consolidação que, por não colidir com as novas normas constitucionais, continua sendo o mesmo — *que prestassem serviços à empresa vinculada à Previdência Social*. Acontece que, na ocasião, tal era um tratamento privilegiado, considerando que a vinculação à Previdência se restringia a empresas da área urbana.

De outra parte, sem distinguir quanto ao valor (se mínimo ou máximo) do salário percebido pelo empregado, portanto implantando um benefício de extensão universal no universo assalariado urbano, nem mesmo diferenciando quanto à forma de cálculo e ao pagamento (se a percepção decorria de cálculo por peça, tarefa, comissão ou estava estipulada em valor fixo), o legislador *vinculou o ganho ao número de filhos*. Não era, nem *nunca foi,* na acepção exata da expressão, um *salário-família,* ainda que como tal definitivamente consagrado. Sempre foi *salário filho,* posto que se atinha apenas ao número deles para fazer o cálculo e a variação do ganho. A esposa-dependente, quando tal ocorresse, não dava direito à percepção do, também por isso, impropriamente chamado salário-família.

Não havia limitação no número de quotas do salário-família que ficava na direta proporção do quantitativo de filhos, enquanto fossem eles dependentes, enquadramento esse vinculado à legislação previdenciária aplicável à espécie.

*c)* Foi forte a preocupação de diferentes segmentos, inclusive oficiais, de correntes expressivas de opinião pública com uma eficiente orientação para evitar que os índices de crescimento demográfico chegassem a percentuais que seriam alarmantes, basicamente nas camadas de menor renda da população.

Apesar de posturas radicais, com patrocínios esparsos de administrações municipais, ou deste ou daquele isolado governo estadual recomendar o controle de natalidade, forçando uma política maciça e massiva de distribuição de elementos contraceptivos, a política oficial nacional se limitou à estratégia da recomendação, da divulgação didática, visando a que se tivesse em conta o princípio de que é preciso "prever, para poder prover".

O Governo Federal buscou enfatizar procedimentos de apoio, atento a um sentimento prevalente da sociedade brasileira, que não poderia ficar de braços cruzados ante tal realidade, perante a qual os mais bem dotados financeiramente tomavam suas cautelas e realizavam seu planejamento com recursos próprios, e os menos aquinhoados, justamente os que têm dificuldades maiores para arcar com os ônus do sustento familiar, por não dispor de informações e de meios materiais para os procedimentos de contenção, ficariam à mercê de circunstâncias fortuitas e até de resultados por eles não desejados, mas contra os quais não sabiam, ou não podiam, tomar medidas prévias eficazes. Por isso, o Poder Público pautou a sua linha pela proposta de valorização da vontade do casal, a única determinante da decisão final, mas que, para a ela chegar livremente, deve estar antecipadamente equipada daquilo que se faz necessário para optar entre diferentes caminhos.

Assim, a paternidade responsável seria o ensejar o que os pais desejassem numa opção liberta. Isso nem sempre ocorria.

De qualquer maneira, caberia destacar, mesmo ocorrendo ultimamente uma consciente limitação da taxa de crescimento demográfico, que, depois de ter alcançado na média nacional até 3,4%, anualmente, retrocedeu, no último triênio, para um índice que não supera o 1,05%[50], indicando uma tendência efetiva à redução racional, indispensável para auxiliar o atingimento de um equilíbrio dinâmico em nosso projeto populacional que, sem prejudicar a capacidade de povoar efetiva e adequadamente o território brasileiro, não induza à multiplicação cruel e inconsciente de uma população — sobretudo infantil — carente e desatendida em suas necessidades básicas.

Pelos dados estatísticos e pelas projeções do IBGE, em 2039, atingiremos o denominado "crescimento zero", ou seja, deixaremos de crescer populacionalmente e, talvez nos anos seguintes, haverá um decréscimo populacional e envelhecimento natural da população. Essa nova realidade que se aproxima, uma vez que as taxas estão em declínio, possui diversas origens e motivos interligados e, ao mesmo tempo, distintos.

Uma sociedade com valores culturais, econômicos e sociais modificados nas últimas décadas. Manter uma família nas classes sociais acima da linha de pobreza exige mais recursos, mais atenção, mais trabalho. Obriga a suportar mais despesas. Outrora mostrava prosperidade aquele que possuía imóveis urbanos ou fazendas na área rural; agora, sinônimo de prosperidade é o daquele que demonstra manter e possuir alto grau de consumo. Na nova realidade social e na cultural, uma famí-

---

(50) Desde os anos 1960 que a taxa de crescimento da população brasileira vem experimentando paulatinos declínios, intensificando-se juntamente com as quedas mais pronunciadas da fecundidade. No período 1950-1960, a taxa de crescimento da população recuou de 3,04% ao ano para 1,05% em 2008. Mas, em 2050, a taxa de crescimento cairá para –0,291%, que representa uma população de 215,3 milhões de habitantes. Segundo as projeções, o país apresentará um potencial de crescimento populacional até 2039, quando se espera que a população atinja o chamado "crescimento zero". Fonte: <http://www.ibge.gov.br>. Acesso em: 5 out. 2011.

lia que deseja alcançar a felicidade necessita consumir e descartar o que ontem era indispensável. A velocidade imprimida pela sociedade do consumo é tamanha que nem mesmo sabemos lidar com o produto adquirido e somos surpreendidos por notícias de que aquela tecnologia foi superada.

A família, com esse universo, deixa de ser numerosa para atender à exigência da permanente atualização, consumo e obrigações laborais.

Ressalta-se, ainda, o avanço da mulher no mercado de trabalho, merecedor de aplausos, desfazendo — ainda não por completo — uma desigualdade de gênero que há muito se busca na justiça social. De qualquer forma, essa crescente e acentuada incursão da mulher no mercado de trabalho traz, inevitavelmente, consequências no âmbito da família.

A mulher retarda a gravidez, para atender a um mercado de trabalho competitivo. Quando busca a maternidade, talvez não esteja, em muitas situações, mais na idade ideal para ter filhos e gerar a vida, já que o apogeu da fertilidade ocorre entre vinte e vinte e cinco anos de idade. Além disso, as que já são mães obrigam-se a deixar seus filhos em creches ou solitários em casa, com a companhia, não muito apropriada, da televisão ou de jogos de computador. O relógio biológico da mulher não se alinha ao relógio do mercado de trabalho, causando conflito entre o desejo de trabalhar e o de gerar a vida.

De outro lado, nas camadas carentes, as mulheres ficam grávidas muito cedo (adolescência) e são, em algumas situações, abandonadas pelos companheiros. Como resultado, muitas vezes, a menina/mulher é obrigada a abandonar os estudos para ingressar no mercado de trabalho, a fim de garantir a subsistência de seu filho, recebendo remuneração inadequada.

Ficou, pois, nessa encruzilhada de expectativas, a pergunta: a Constituição valorizou, premiou e, assim, estimulou o trabalhador que mais filhos tiver, pagando-lhe um complemento salarial-previdenciário, quando, ao mesmo tempo, existiria uma política oficial que, se não é de controle, evidencia uma preocupação com a responsabilidade consciente da paternidade, a fim de que não se atinjam índices de crescimento demográfico insuportáveis pela realidade econômica do país? Como ajustar essas duas posições: a da Constituição, no salário-família, e a política oficial demográfica?

O entendimento capaz de ajustar os dois posicionamentos, aparentemente antagônicos, interpretaria o dispositivo constitucional como um ressarcimento ante o fato consumado. Não estaria ali para estimular o aumento da prole; muito menos para premiar quem o inviabilizasse. Apenas ajudaria a fazer frente a tal encargo social, desde uma vez que ele ocorresse, sem discutir-lhe os porquês, nem penalizar, nem incentivar os que lhe teriam dado origem. Era medida de proteção tutelar, ação de atendimento social laboral, nada tendo com relação à fórmula política de orientação precoce.

A Constituição lidava com a realidade concreta. Era atendimento terapêutico financeiro. A diretriz de política oficial, por outro lado, era tentativa de aviso-prévio.

Enquanto se atuava efetivamente para que a paternidade fosse sempre responsável; para que o casal deliberasse livremente, dispondo de meios informativos e materiais para uma decisão consciente, não se haveria de descuidar o constituinte de amparar socialmente as proles numerosas, dos empregados e das empregadas urbanos e, futuramente, também, dos rurais.

Para mostrar a inocorrência da aparente contradição entre a política oficial de paternidade responsável e a permanente adoção constitucional e legal de um salário-família, seria indispensável recordar que, com o baixo valor da quota do salário-família, paga em razão de cada filho menor do trabalhador/empregado, não se motivaria empregado nenhum para que, interesseiramente, tivesse estímulos para procriar. Seguramente, o salário-família, por mais simples que fosse a família, seria sempre bem inferior, na sua discreta realidade monetária, ao gasto efetivo que teria o trabalhador, para sustentar o filho.

*d)* A Constituição derrubou as separações existentes entre o trabalhador urbano e o rural, entre as quais a que fazia com que não se declarasse o direito ao salário-família para o empregado rural. A partir da Carta de 1988, em que os direitos se asseguraram ao assalariado, *lato senso,* tanto da cidade quanto do campo (como diz o *caput* do art. 7º), a sua operacionalização dependeu do preenchimento de precondições vinculadas à prevalente feição previdenciária de direito-benefício. O salário-família não deixou de ser, ainda que original e atípico, um instituto que se insere no conceito amplo do seguro, que se materializa na correlação que vem, desde os romanos, no *do ut des*. Assim, antes de que se fizesse a despesa (isto é, o pagamento da quota a que faria jus este ou aquele trabalhador com filhos menores, dependentes), precisaria que se procedesse a armação de uma estrutura de cobrança e de arrecadação das contribuições que assegurariam a receita geral, alimentadora do fundo comum, do qual sairia, como em qualquer sistema de proteção coletiva, o recurso que cobrirá a despesa, a materialização objetiva do direito do trabalhador.

A atual redação do art. 201, inciso IV, da Constituição (alterada pela Emenda Constitucional n. 20, de dezembro de 1998) dispõe que "A previdência social será organizada sob a forma de regime geral, de caráter contributivo e de filiação obrigatória, observados critérios que preservem o equilíbrio financeiro e atuarial, e atenderá, nos termos da lei, a:

"I — cobertura dos (...)

IV — salário-família e auxílio-reclusão para os dependentes dos segurados de baixa renda;"

Na redação anterior (texto original de 1988), o art. 201, inciso II, da Constituição constava: "os planos de previdência social, mediante contribuição, atenderão, nos *termos da lei*, a:

"I — ..............................................................................................................................................

"II — ajuda à manutenção dos dependentes dos segurados de baixa renda".

No atual texto constitucional (pós EC n. 20) e no texto original, nota-se na Carta Magna a preocupação em dar guarida, tanto na previdência, que é espécie, quanto na Seguridade, que é seu gênero, ao salário-família, ficando ele sujeito às regras fundamentais traçadas pelo constituinte.

Reforçando tal enfoque, lê-se, no art. 194, que a "seguridade social compreende um conjunto integrado de ações de iniciativa dos Poderes Públicos e da sociedade, destinadas a assegurar os direitos relativos à saúde, à *previdência social* e à assistência social".

Logo adiante, diz-se no parágrafo único desse mesmo artigo que "compete ao Poder Público, nos termos da lei, organizar a seguridade social, com base nos seguintes objetivos:

"I — ..............................................................................................................................................

"II — *uniformidade e equivalência* dos benefícios e serviço *às populações urbanas e rurais*".

Evidencia-se que o salário-família, aparentado diretamente com a família juslaboralista, é membro consanguíneo da estirpe previdenciária; que, como tal, foi tratado, inclusive pelo art. 201, IV, em nível de hierarquia constitucional, aludindo às motivações e propósitos de sua criação; e, nesse particular, como os demais institutos da previdência, ela própria aspecto de um todo mais abrangente, no qual se integra, que é a seguridade (art. 194), orientado e obrigado, uma vez preenchidos os requisitos indispensáveis, a igualar, no trato, trabalhadores (beneficiários) urbanos e rurais, como dispõe o art. 194, parágrafo único.

Assim se exigiu um processo de adatação, que se vinculou, inclusive no cálculo atuarial, na avaliação da despesa, na cobrança e arrecadação da receita, a uma redefinição legal.

A ela — à redefinição legal indispensável e prévia — se referiu o art. 59 das Disposições Transitórias, afirmando que:

"Os projetos de lei relativos à organização da seguridade social e aos planos de custeio e de benefício serão apresentados no prazo máximo de seis meses de promulgação da Constituição ao Congresso Nacional, que terá seis meses para apreciá-los.

Parágrafo único. Aprovados pelo Congresso Nacional, os planos serão implantados progressivamente nos dezoito meses seguintes".

Consequentemente, no dia 5 de abril de 1989, venceria o prazo inicial, estipulado pela Constituição, concernente ao cumprimento das diferentes etapas de adatação ampliativa as quais levariam da previdência à seguridade, nessa universalização desejada, constitucionalmente conquistada e que, para ser efetivada, exigia medidas financeiras e legais, com prazo certo e seriação definida.

O salário-família, incluído necessariamente nesse processo, estender-se-ia ao trabalhador rural assalariado; tal ocorreria na cronologia do art. 59 e parágrafo único das Disposições Transitórias da Constituição, em nome do princípio da igualdade de tratamento entre os empregados citadinos e os interioranos.

A Emenda Constitucional n. 20, como dito alhures, estabeleceu o salário-família como direito de trabalhadores de baixa renda; a Lei n. 8.213[51] (arts. 65 a 70) e o Regulamento da Previdência Social[52] (Decreto n. 3.048 arts. 81 a 92) trataram de estabelecer outros critérios, como o limite de idade de até catorze anos ou inválidos de qualquer idade. Ficaram equiparados aos filhos os enteados e os tutelados, estes desde que não possuíssem bens suficientes para o próprio sustento, devendo a dependência econômica de ambos ser comprovada.

As normas infraconstitucionais mencionadas exigem comprovante de vacinação e escolar, dizendo que o pagamento do salário-família será devido a partir da data da apresentação da certidão de nascimento do filho ou da documentação relativa ao equiparado, estando condicionado à exibição anual de atestado de vacina obrigatória, até seis anos de idade, e de comprovação semestral de frequência à escola do filho ou equiparado, a partir dos sete anos de idade.

Em respeito à igualdade de gêneros, quando o pai e a mãe são segurados, ambos têm direito ao salário-família.

O salário-família será devido ao segurado empregado, exceto ao doméstico, e ao segurado trabalhador avulso, na proporção do número de filhos ou equiparados. Além disso, o direito do salário-família foi garantido aos aposentados por invalidez ou por idade e aos demais aposentados com sessenta e cinco anos ou mais de idade, se do sexo masculino, ou sessenta anos ou mais, se do feminino, pago juntamente com o benefício.

O teto salarial para poder gozar desse direito é limitado, uma vez que se destina a trabalhadores de baixa renda, sendo seu o valor alterado periodicamente por meio de Portaria interministerial.

Apesar de que a Constituição tenha equiparado empregados rurais e urbanos, no ato de sua promulgação, nos direitos ali referidos, o salário-família somente foi garantido ao empregado rural quando da promulgação da Lei n. 8.213, ou seja, no ano de 1991, entendimento consolidado pelo Tribunal Superior do Trabalho, por meio da Súmula n. 344:

TST — SÚMULA N. 344

SALÁRIO-FAMÍLIA. TRABALHADOR RURAL

"O salário-família é devido aos trabalhadores rurais somente após a vigência da Lei n. 8.213, de 24.7.1991".

---

(51) Lei n. 8.213, de 24 de julho de 1991 — DOU DE 14.8.1991, arts. 65 a 70.
(52) Regulamento da Previdência Social (Decreto n. 3.048, de 6 de maio de 1999 — DOU de 7.5.1999 — Republicado em 12.5.1999), arts. 81 a 92.

*e)* De forma paralela, mais ampla e em concorrência ao salário-família, criou-se o Bolsa Família, que não está previsto em norma constitucional, tem pontos assistenciais/securitários que se confundem (ou são análogos) aos do salário-família, mas não exigem a relação de emprego como elemento básico. Dispensa o vínculo jurídico laboral. É intrinsecamente Assistência Social, como parte da Seguridade, enquanto o salário-família exigindo contribuição e a condição de empregado é seguridade (sob forma de seguro, logo Previdência) e Direito Laboral.

A origem do programa foi o Bolsa Escola, nascido na cidade de Campinas (SP), em 1995, que, em 2001, ganhou ares nacionais. Em 2002, unificaram-se os auxílios Bolsa Escola (Ministério da Educação), Auxílio Gás (Ministério de Minas e Energia) e o Cartão Alimentação (Ministério da Saúde). O Bolsa Família ficou vinculado ao Ministério do Desenvolvimento Social e Combate à Fome. Implantado fracionado no Governo Fernando Henrique (Bolsa Escola), foi unificado, ampliado e aperfeiçoado pelo Governo Lula (Bolsa Família).

O Bolsa Família, estabelecida pela Lei n. 10.826/2004 e regulamentado pelo Decreto n. 5.209/2004, tem como objetivo estampado em suas normas a transferência de renda, respeitadas condicionalidades, beneficiando famílias em situação de pobreza e de extrema pobreza.

O Programa Bolsa Família abrange, agora, cerca de treze milhões de famílias, alcançando mais de vinte por cento da população brasileira e elevando a renda de famílias miseráveis. Ao consagrar-se esse programa em todo território nacional, também se criou um elemento novo no jogo eleitoral do país. Não é elemento capaz de por si só decidir os rumos de pleito nacional, mas, inequivocamente, um fator de influência significativa.

*f)* O *caput* do art. 39 da Constituição teve ameaçada a sua redação pela Emenda Constitucional n. 19[53], contudo, por meio de ADIN n. 2.135-4, manteve-se a redação original: "A União, os Estados, o Distrito Federal e os Municípios instituirão, no âmbito de sua competência, regime jurídico *único* e planos de carreira para os servidores da administração pública direta, das autarquias e fundações públicas".

Atualmente no parágrafo terceiro do art. 39 (por força da Emenda Constitucional n. 19, de 4 de junho de 1998) — outrora se encontrava no parágrafo segundo do referido artigo —, o texto constitucional dispôs que, também para esses servidores de tão diversos escalões e setores funcionais, garantir-se-á o salário-família, consagrado genericamente no inciso XII do art. 7º. Tal benefício está vinculado à unidade prevista do regime jurídico, bem como aos indispensáveis planos de carreira.

---

(53) Redação do *caput* do art. 39 pela Emenda Constitucional: Art. 39. A União, os Estados, o Distrito Federal e os Municípios instituirão conselho de política de administração e remuneração de pessoal, integrado por servidores designados pelos respectivos Poderes. Superado pela ADIN n. 2.135-4.

Obviamente que as *pessoas jurídicas de Direito Público*, às quais se vinculam os servidores titulares do direito ao salário-família (art. 39, § 3º, da Constituição), haverão de *contribuir*, nos termos em que a lei determinar, *para o fundo comum*, em que se constitui a cobertura financeira para o pagamento das quotas que, regulamentado o direito, passam a ser devidas.

*g)* O salário-família previsto na Constituição alinha-se às normas e às recomendações internacionais da OIT — Organização Internacional do Trabalho, visto que a sua Convenção n. 131, incorporada ao nosso ordenamento em maio de 1984, que trata do salário mínimo, exige que ele atenda às necessidades dos trabalhadores e as de suas famílias. Além disso, soma-se, ainda, a Recomendação n. 165 da OIT, que dispõe sobre a igualdade de oportunidades e de tratamento para homens e mulheres, estabelecendo como política a ser adotada pelos países a de dar condições a pessoas com encargos de família (entenda-se aqui a expressão "encargos de família" englobando homens e mulheres trabalhadores, com responsabilidade no que tange a filhos dependentes), que estão empregadas ou queiram empregar-se, de exercer o direito de fazê-lo sem estar sujeitas à discriminação e, na medida do possível, sem conflito entre seu emprego e seus encargos de família. Ora, a Constituição, ao estabelecer o salário-família, busca proporcionar melhores condições aos trabalhadores que respondam pelos denominados "encargos de família", expressão cunhada na Recomendação da OIT n. 165.

## O SALÁRIO-FAMÍLIA NAS CONSTITUIÇÕES BRASILEIRAS

A Constituição de 1946 não tratou da matéria; somente a Constituição de 1967 e, posteriormente, a de 1969, com a redação da Emenda n. 1, o contemplaram, com a mesma redação.

Constituição de 1969 (Emenda n. 1)

Art. 165, inciso II.

"salário-família aos seus dependentes".

## Capítulo XIII

# JORNADA DE TRABALHO DE 44 HORAS SEMANAIS

**TRAJETÓRIA NA CONSTITUINTE**

> *Jornada de trabalho*
>
> *Subcomissão dos Direitos dos Trabalhadores*
>
> "duração máxima da jornada diária não excedente de oito horas, com intervalo para repouso e alimentação, e semanal de quarenta horas".
>
> *Comissão da Ordem Social*
>
> "duração de trabalho não superior a quarenta horas semanais, e não excedente de oito horas diárias, com intervalo para repouso e alimentação".
>
> *Comissão de Sistematização*
>
> "duração do trabalho normal não superior a oito horas diárias e quarenta e quatro semanais".
>
> *Constituição Federal, art. 7º, XIII — (texto oficial)*
>
> "DURAÇÃO DO TRABALHO NORMAL NÃO SUPERIOR A OITO HORAS DIÁRIAS E QUARENTA E QUATRO SEMANAIS, FACULTADA A COMPENSAÇÃO DE HORÁRIOS E A REDUÇÃO DA JORNADA, MEDIANTE ACORDO OU CONVENÇÃO COLETIVA DE TRABALHO".

Os servidores públicos, pela redação do art. 39, parágrafo terceiro da Constituição, observando a Emenda Constitucional n. 19,[54] de 1998, foram contemplados pelo limite de jornada.

---

(54) Art. 39. A União, os Estados, o Distrito Federal e os Municípios instituirão, no âmbito de sua competência, regime jurídico único e planos de carreira para os servidores da administração pública direta,

Dizia a Constituição anterior, no inciso VI do art. 165:

*"duração diária do trabalho* não excedente a oito horas, com intervalo para o descanso, salvo casos especialmente previstos".

O constituinte de antes fixou um regramento para a jornada diária, limitando-a, como regra geral, a oito horas, sem que com isso fechasse as portas a situações peculiares, ressalvando "casos especialmente previstos".

A Consolidação das Leis do Trabalho foi minuciosa nesse particular. E já o era, posto que antecede na sua vigência à Constituição que, *a posteriori*, viria a vigir sobre ela.

O art. 58 da CLT estipulou que "a duração normal do trabalho, para os empregados em qualquer atividade privada, não excederá de oito horas diárias, desde que não seja fixado expressamente outro limite".

O parágrafo primeiro do art. 58 da CLT (incluído pela Lei n. 10.243, de 19.6.2001) estabeleceu uma margem de tolerância de alguns **minutos**, uma vez que não serão descontadas nem computadas como jornada extraordinária as variações de horário no registro de ponto não excedentes de cinco minutos, observando o limite máximo de dez minutos diários.

O parágrafo seguinte (também incluído pela Lei n. 10.243) regrou o que a jurisprudência havia consolidado a respeito da jornada *in itinere*, ou seja, o tempo despendido pelo empregado até o local de trabalho e para o seu retorno, por qualquer meio de transporte, não será computado na jornada de trabalho, salvo quando, tratando-se de local de difícil acesso ou não servido por transporte público, o empregador fornecer a condução.

Não menos importante, o parágrafo terceiro (incluído pela Lei Complementar n. 123, de 14 de dezembro de 2006), criando tratamento diferenciado à microempresa e à empresa de pequeno porte, em alinho ao estabelecido pela Constituição em seus arts. 170[55] e 179[56]. Assim, ficaram autorizadas tais empresas, por meio de

---

das autarquias e das fundações públicas. § 3º Aplica-se aos servidores ocupantes de cargo público o disposto no art. 7º, IV, VII, VIII, IX, XII, XIII, XV, XVI, XVII, XVIII, XIX, XX, XXII e XXX, podendo a lei estabelecer requisitos diferenciados de admissão quando a natureza do cargo o exigir.

(55) Art. 170. A ordem econômica, fundada na valorização do trabalho humano e na livre iniciativa, tem por fim assegurar a todos existência digna, conforme os ditames da justiça social, observados os seguintes princípios: IX — tratamento favorecido para as empresas de pequeno porte constituídas sob as leis brasileiras e que tenham sua sede e administração no País. *(redação dada pela Emenda Constitucional n. 6, de 1995)*

(56) Art. 179. A União, os Estados, o Distrito Federal e os Municípios dispensarão às microempresas e às empresas de pequeno porte, assim definidas em lei, tratamento jurídico diferenciado, visando a incentivá-las pela simplificação de suas obrigações administrativas, tributárias, previdenciárias e creditícias, ou pela eliminação ou redução destas por meio de lei.

acordo ou convenção coletiva, em caso de transporte fornecido pelo empregador, em local de difícil acesso ou não servido por transporte público, a/o tempo médio despendido pelo empregado, bem como a forma e a natureza da remuneração.

Em 2001, por meio de Medida Provisória (MP n. 2.164-41), na tentativa de fomentar empregos, foi incluído o art. 58-A na CLT, com a premissa de que as empresas, sem necessidade de mão de obra com jornada completa (oito horas diárias e quarenta e quatro semanais) contratariam em tempo parcial (considera--se trabalho em regime de tempo parcial aquele cuja duração não exceda a vinte e cinco horas semanais), e a vantagem estaria no fato de que o salário a ser pago seria proporcional à sua jornada, em relação aos empregados que cumprem, nas mesmas funções, tempo integral. Salienta-se que para os empregados em regime de tempo parcial ficou vedado o trabalho extraordinário (parágrafo quarto do art. 59, também incluído pela mesma Medida Provisória).

E prossegue a CLT (art. 59 e seus parágrafos) dizendo que poderá haver acréscimo de horas suplementares, em "número não excedente de duas, mediante acordo escrito entre empregador e empregado, ou mediante convenção coletiva de trabalho". Estipula também o texto consolidado que a "importância da remuneração da hora suplementar será, pelo menos, 20% (vinte por cento) superior à da hora normal", acréscimo que poderá ser dispensado se, por força de acordo ou convenção coletiva, o excesso de horas em um dia for compensado pela correspondente diminuição em outro dia, de maneira que não exceda, no período máximo de um ano, a soma das jornadas semanais de trabalho previstas, nem seja ultrapassado o limite máximo de dez horas diárias.

Cumpre destacar que o art. 59 da CLT, em seu parágrafo segundo, sofreu alteração (primeiro pela Lei n. 9.601, de 21 de janeiro de 1998, que inicialmente previa a compensação, após acordo ou convenção coletiva, das horas extras prestadas no período de cento e vinte dias, ficando elas armazenadas para depois serem compensadas ou pagas. Trata-se do denominado "Banco de Horas"). Com a edição da Medida Provisória n. 2.164, de 24 de agosto de 2001, o prazo, que antes era de cento e vinte dias, passou a ser de um ano, permanecendo os demais requisitos. Trata-se de mecanismo compatível e complementar da norma constitucional em epígrafe.

Tradicionalmente, no Brasil, o Estado adotou o intervencionismo como necessário nas relações de emprego. De forma minuciosa, dita as condições de trabalho, a fim de tornar desnecessária a ação sindical e condicionar os atores sociais a buscar nele, Estado, a solução de seus conflitos, criando e ampliando a Justiça do Trabalho. Trata-se de um paternalismo que chega a ser exacerbado. O fato é que a Constituição procurou alternativas, fortalecendo a negociação coletiva, estimulando os atores sociais e seus organismos de representação a buscar o entendimento pelo diálogo, pelo convencimento e pela combinação de interesses.

O Banco de Horas trilha no caminho constitucional, distancia o paternalismo e estimula a liberdade.

*a)* A CLT, no art. 413, preocupou-se em tratar da jornada de *trabalho do menor*, dizendo que "é vedado prorrogar a duração normal diária do *trabalho do menor*, salvo:

> "I — até mais de 2 (duas) horas, independentemente de acréscimo salarial, mediante convenção ou acordo coletivo nos termos do Título VI desta Consolidação, desde que o excesso de horas em um dia seja compensado pela diminuição em outro, de modo a ser observado o limite máximo de 48 (quarenta e oito) horas semanais ou outro inferior legalmente fixado;
>
> II — excepcionalmente, por motivo de força maior, até o limite máximo de 12 (doze) horas, com acréscimo salarial de, pelo menos, 25% (vinte e cinco por cento) sobre a hora normal e desde que o trabalho do menor seja imprescindível ao funcionamento do estabelecimento.
>
> Parágrafo único. Aplica-se à prorrogação do trabalho do menor o disposto no art. 375, no parágrafo único do art. 376 e no art. 384 desta Consolidação".

As reservas do parágrafo único do art. 413 estavam vinculadas à proteção do menor que, tradicionalmente, tem, no Direito e na legislação trabalhista, um enfoque privilegiado, notadamente nas restrições a uma jornada de trabalho mais larga.

Salienta-se que se admite a compensação da jornada de trabalho para o menor, desde que com a concordância do Sindicato da categoria, até o limite de duas horas diárias, não ultrapassadas as quarenta e quatro semanais. Oportuno trazer o Estatuto da Criança e do Adolescente (Lei n. 8.069, de 13.7.1990, em seu inciso IV do art. 67), que, em alinho ao art. 427 da CLT, garante a prioridade do estudo:

> "ECA — Art. 67. Ao adolescente empregado, aprendiz, em regime familiar de trabalho, aluno de escola técnica, assistido em entidade governamental ou não governamental, é vedado trabalho:
>
> I — noturno, realizado entre as vinte e duas horas de um dia e as cinco horas do dia seguinte;
>
> II — perigoso, insalubre ou penoso;
>
> III — realizado em locais prejudiciais à sua formação e ao seu desenvolvimento físico, psíquico, moral e social;
>
> IV — realizado em horários e locais que não permitam a frequência à escola".
>
> CLT — Art. 427. O empregador cuja empresa ou estabelecimento ocupar menores será obrigado a conceder-lhes o tempo que for necessário para a frequência às aulas.
>
> Parágrafo único. Os estabelecimentos situados em lugar onde a escola estiver a maior distância que 2 (dois) quilômetros, e que ocuparem, permanentemente, mais de 30 (trinta) menores analfabetos, de 14 (quatorze) a 18 (dezoito) anos, serão obrigados a manter local apropriado em que lhes seja ministrada a instrução primária.

*b)* Convém recordar a Lei n. 4.923/65, já referida, e por motivação diversa, que também trata da jornada de trabalho, não como seu tema prioritário, mas por decorrência dele. Admitia que se reduzisse, transitoriamente, a carga horária diária, face a razões de conjuntura econômica decididamente comprovadas que tivessem consequências no desempenho da empresa. Permitia que se pudesse até suprimir alguns dias, por semana, de prestação de serviço, sempre que tanto uma coisa quanto a outra ocorressem em consequência e mediante prévio acordo, envolvendo a entidade sindical dos trabalhadores. O prazo de tais alterações, que teriam, como consequência negativa para o trabalhador, a redução evidente de seu ganho salarial, seria no máximo de 3 (três) meses.

*c)* No decurso do largo período de legislação laboral específica e de realidade dinâmica de convivência patrão-empregado, surgiriam divergências sobre a melhor interpretação das normas que regravam a duração da jornada de trabalho, sua possibilidade de ampliação, a forma de remunerar tal período complementar, seu limite máximo etc.

TST — SÚMULA 291 — HORAS EXTRAS

(Revisão da Súmula n. 76 — RA 69/1978, DJ 26.9.1978)

"A supressão, pelo empregador, do serviço suplementar prestado com habitualidade, durante pelo menos 1 (um) ano, assegura ao empregado o direito à indenização correspondente ao valor de 1 (um) mês das horas suprimidas para cada ano ou fração igual ou superior a seis meses de prestação de serviço acima da jornada normal. O cálculo observará a média das horas suplementares efetivamente trabalhadas nos últimos 12 (doze) meses, multiplicada pelo valor da hora extra do dia da supressão. (Res. 1/1989, DJ 14.4.1989)"

Destaca-se que a Súmula anterior, de número 76, estava perpetuando o pagamento de horas extras com a sua incorporação, o que certamente desmotivava o empregador a por fim a prática de horas extras habituais. Assim, refeita a interpretação pela Súmula n. 291, resta apenas uma indenização proporcional ao tempo da prática das horas extras. Além disso, houve modificação em relação à habitualidade, visto que foi reduzida de dois para um ano o prazo mínimo, bem como foi suprimida a expressão "durante todo o contrato". Assim, não havendo habitualidade maior ou igual a um ano não há que se tratar de supressão.

Oportuno indicar, ainda, que, havendo supressão parcial das horas extras prestadas pelo empregado, incide a Súmula n. 291 em foco, dada a finalidade da Súmula que visa a garantir ao empregado uma indenização proporcional ao tempo que laborou em regime de sobrejornada. Nesse sentido há jurisprudência de amostragem:

"RECURSO DE REVISTA. Horas extras habituais. Supressão parcial. Indenização prevista na Súmula n. 291 desta Corte. O Tribunal Regional decidiu em conformidade com a jurisprudência desta Corte ao reconhecer o direito do empregado à indenização de que trata a Súmula n. 291 deste Tribunal, na hipótese de redução expressiva do trabalho extraordinário prestado com habitualidade. Segundo precedentes desta Corte, a supressão parcial equivale à supressão total para efeito de aplicação da Súmula em referência, porque se objetiva compensar a redução salarial sofrida pelo empregado. Recurso de revista de que se conhece, ante a demonstração de divergência jurisprudencial específica, e a que se nega provimento. (RR n. 1424/2005-018-04-00.0, 4ª Turma do TST, Rel. Fernando Eizo Ono. unânime, DEJT 10.12.2009)"

SÚMULA N. 115 — HORAS EXTRAS. GRATIFICAÇÕES SEMESTRAIS

"O valor das horas extras habituais integra a remuneração do trabalhador para o cálculo das gratificações semestrais.

Com redação dada pela Res. 121/2003, DJ 21.11.2003."

Obviamente que se integram para cálculo das gratificações semestrais, tema central da lide resolvida por tal julgado, todas as demais parcelas salariais e remuneratórias, a não ser que expressamente algum dispositivo de lei as exclua, o que, na prática, não ocorre, posto que seria heresia jurídica flagrante.

De qualquer sorte, cumpre indicar a jurisprudência consagrada e as normas que tratam da integração das horas extras:

SÚMULA N. 376

HORAS EXTRAS. LIMITAÇÃO. ART. 59 DA CLT. REFLEXOS.

"I — A limitação legal da jornada suplementar a duas horas diárias não exime o empregador de pagar todas as horas trabalhadas.

II — O valor das horas extras habitualmente prestadas integra o cálculo dos haveres trabalhistas, independentemente da limitação prevista no *caput* do art. 59 da CLT."

Nota-se que a Súmula n. 376 do TST, em seu inciso II, determina a integração mesmo que ultrapassado o limite de duas horas extras por dia, ou seja, a sua ilegalidade não pode prejudicar o empregado, que trabalhou e deve ter a sua contraprestação devida.

No que pertine ao *aviso-prévio*, está prevista a disciplina específica no § 5º, art. 487 da CLT, que assim dispõe: "O valor das horas extraordinárias habituais integra o aviso-prévio indenizado".

Quanto às *férias vencidas e proporcionais*, dispõe o § 5º, art. 142 da CLT: "Os adicionais por trabalho extraordinário noturno, insalubre ou perigoso serão computados no salário, que servirá de base ao cálculo da remuneração das férias".

Quanto ao décimo terceiro salário, a regência é da Súmula n. 45 do TST, a qual reza: "A remuneração do serviço suplementar, habitualmente prestado, integra o cálculo da gratificação natalina prevista na Lei n. 4.090, de 1962".

Os repousos semanais remunerados possuem a integração das horas extras previstos no art. 7º da Lei n. 605, de 1949[57]. Na mesma trilha temos a Súmula n. 172 do TST, que dispõe: *"Computam-se no cálculo do repouso remunerado as horas extras habitualmente prestadas (ex-prejulgado n. 52)"*. Equipara-se a essa situação à dos feriados

As horas extras ainda repercutem no FGTS, como está previsto na Súmula n. 593 do STF, que reza: "Incide o percentual do Fundo de Garantia do Tempo de Serviço (FGTS) sobre a parcela da remuneração correspondente a horas extraordinárias de trabalho", e na Súmula n. 63 do TST, a qual diz: "A contribuição para o Fundo de Garantia do Tempo de Serviço incide sobre a remuneração mensal devida ao empregado, inclusive horas extras e adicionais eventuais".

Nos termos da Orientação Jurisprudencial n. 397 da SDI-I do TST, o empregado que recebe remuneração mista, ou seja, uma parte fixa e outra variável, tem direito a horas extras pelo trabalho em sobrejornada. Em relação à parte fixa, são devidas as horas simples acrescidas do adicional de horas extras. Em relação à parte variável, é devido somente o adicional de horas extras, aplicando-se à hipótese o disposto na Súmula n. 340 do TST.

SÚMULA N. 340 — COMISSIONISTA. HORAS EXTRAS

"O empregado, sujeito a controle de horário, remunerado à base de comissões, tem direito ao adicional de, no mínimo, 50% (cinquenta por cento) pelo trabalho em horas extras, calculado sobre o valor-hora das comissões recebidas no mês, considerando-se como divisor o número de horas efetivamente trabalhadas."

A Jurisprudência ensina, em julgados reiterados, que o percebido por hora extra repetidamente prestada pelo empregado ao mesmo empregador termina, após um período, para o qual a lei não estabeleceu tempo nem rígido, nem uniforme, integrando-se ao salário do operário. Essa integração traz reflexos em diferentes aspectos, tais como a contribuição para a Previdência Social, o recolhimento para o FGTS, o cálculo do valor de férias, a estipulação do 13º salário etc. O que, aparentemente, seria uma eventual complementação da jornada diária de trabalho,

---

(57) Art. 7º A remuneração do repouso semanal corresponderá: a) para os que trabalham por dia, semana, quinzena ou mês, à de um dia de serviço, computadas as horas extraordinárias habitualmente prestadas; b) para os que trabalham por hora, à sua jornada norma de trabalho, computadas as horas extraordinárias habitualmente prestadas; c) para os que trabalham por tarefa ou peça, o equivalente ao salário correspondente às tarefas ou peças feitas durante a semana, no horário normal de trabalho, dividido pelos dias de serviço efetivamente prestados ao empregador; d) para o empregado em domicílio, o equivalente ao quociente da divisão por 6 (seis) da importância total da sua produção na semana. § 1º Os empregados cujos salários não sofram descontos por motivo de feriados civis ou religiosos são considerados já remunerados nesses mesmos dias de repouso, conquanto tenham direito à remuneração dominical. § 2º Consideram-se já remunerados os dias de repouso semanal do empregado mensalista ou quinzenalista cujo cálculo de salário mensal ou quinzenal, ou cujos descontos por falta sejam efetuados na base do número de dias do mês ou de 30 (trinta) e 15 (quinze) diárias, respectivamente.

uma vez identificada como prorrogação habitual e costumeira, dissimulando uma real jornada mais ampla, terminaria por fazer com que o cômputo se globalizasse e, respeitado o direito ao ganho adicional pela prorrogação extracontratual, e com o acréscimo de tal percentualidade, se chegasse, pela soma final, ao valor real do salário. Tal entendimento tem a chancela de repetidos julgados.

*d)* Diz a Constituição de 1988, em seu art. 7º, inciso XIII, o seguinte:

"XIII — duração do trabalho normal não superior a oito horas diárias e quarenta e quatro (44) horas semanais, facultada a compensação de horários e a redução da jornada, mediante acordo ou convenção coletiva de trabalho;"

O texto atual diz muito mais do que aquele que o antecedia. Não apenas formalmente, mas, sobretudo, em conteúdo prático. Decide mais.

São coincidentes, quando consagram o princípio já histórico das oito horas diárias como regra geral. Nesse particular, não houve inovações desnecessárias. Repetiu-se o que estava cultural, econômica e politicamente assimilado.

No entanto, a Constituição de 1988 avançou por essa mesma senda e chegou, por um atalho, a um outro ponto que a Carta Magna anterior não conhecia, não quis, ou não pôde conhecer: *limitação da jornada semanal em 44 (quarenta e quatro) horas.*

Isso implicou uma larga história de reivindicações e concessões, avanços e recuos, conquistas e retrocessos.

Os trabalhadores mobilizaram-se, desde os antecedentes da Assembleia Nacional Constituinte, e elegeram a redução da carga horária semanal, anteriormente na faixa das quarenta e oito horas, como uma das suas teses prioritárias. *E as centrais sindicais com diferenças político-classistas,* e inclusive conflitos partidários e ideológicos flagrantes, suspenderam suas divergências e, nesse particular, resolveram agir em comum, lançando campanha pelas quarenta horas semanais.

Os empregadores, sem maiores discrepâncias ideológicas ou doutrinárias entre suas entidades, apagaram as brasas de eventuais atritos e se reuniram para dizer que seria um caos nacional se a tese dos trabalhadores fosse aceita. E insistiram na preservação das quarenta e oito horas semanais.

Depois de dezoito meses, muitas sessões técnicas, debates na subcomissão, na comissão temática, a Comissão de Sistematização propôs e o plenário, em dois turnos, homologou o acordo óbvio, isto *é,* o meio termo entre as quarenta, dos trabalhadores, e as quarenta e oito, dos patrões. Por aclamação, praticamente, o aparente e precoce pomo da discórdia trabalhista na Constituinte virou motivo de entendimento exemplar, transcrito no inciso XIII do art. 7º, para satisfação de empregadores e empregados. Aqueles, fazendo de conta que foram prejudicados porque, sem as quarenta e oito horas, seria uma tragédia, mas intimamente felizes porque temiam que se chegasse a quarenta ou a quarenta e duas horas, pelo menos. Os operários também aparentando desagrado porque não teriam conseguido as badaladas quarenta horas, mas, em "petit comitê", satisfeitos porque sabiam que o *lobby* patronal para preservar as quarenta e oito horas era muito forte e que tudo poderia ter ficado na estaca zero. Isto é, o importante era reduzir, e isso aconteceu, segundo a estratégia real, mas não declarada, das lideranças obreiras.

Este tema foi um dos que evidenciaram o quanto a negociação política, *a capacidade de transigir,* pode resolver divergências aparentemente insolúveis. A solução política encontrou-se na habilidade do transigir sem perder o eixo do objetivo prioritário. Os patrões sabiam que teriam de ceder um pouco, posto que a jornada semanal estabelecida era das mais largas do mundo, e tempo de Constituinte, naturalmente, é tempo de conquistas sociais. Os trabalhadores sabiam que a tese das quarenta horas fazia ruído, tinha apelo na base, mas não emplacaria, porque, inclusive, em nível de sociedade como um todo, havia uma consciência clara de que o país precisa mais empregos garantidos, salários mais justos, riqueza mais bem distribuída, mas que isso implicava trabalhar cada vez mais.

Importante era o ponto de equilíbrio por onde passou a mediana do entendimento. E a Constituinte funcionou para esse fim.

A fixação das quarenta e quatro horas semanais foi demonstração de competente negociação política rumo a conquistas sensatas na Constituinte.

*e)* Foi o constituinte explícito no trato da jornada laboral. Sem inovar, deu hierarquia superior aos dispositivos que complementam o inciso XIII, art. 7º. A CLT já estipulava a possibilidade de que se viesse a realizar a compensação de horários entre as jornadas diárias (ou seja, o acréscimo em um dia, mediante a diminuição no outro), e até mesmo a simples redução — como já vimos em legislação citada especificamente — desde que as partes chegassem para tanto a entendimento. A nova Constituição, acreditando sábia a anterior disposição consolidada e consagrando a experiência exitosa em tantos anos de aplicação efetiva, decidiu dar-lhe hierarquia maior, transferindo-a da lei ordinária para o seu texto, sem alterações.

Valorizou-se a capacidade negocial coletiva, e a própria ação sindical, que dela é parte e sujeito; reiterou-se, por dispositivo constitucional, a possibilidade de ajustes na jornada diária identificados com os interesses da empresa e os de seus trabalhadores que, assistidos por seu sindicato, fariam da jornada instrumento moldável. Não entraves aos objetivos comuns, do Capital e do Trabalho, quando associados na vida da empresa.

*f)* A Constituição anterior estipulava "duração diária do trabalho não excedente a oito horas", desde que houvesse *intervalo para o descanso...* Na Constituição de 1988, o constituinte preferiu não referir expressamente à questão específica do descanso.

Por isso, impõe-se recapitular o art. 71 da Consolidação das Leis do Trabalho: "em qualquer trabalho contínuo cuja duração exceda de seis horas, é obrigatória a concessão de um intervalo para repouso ou alimentação, o qual será, no mínimo, de uma hora e, salvo acordo escrito ou convenção coletiva em contrário, não poderá exceder de 2 (duas) horas". Em seu § 1º, assevera que "não excedendo de seis horas o trabalho, será, entretanto, obrigatório um intervalo de quinze minutos quando a duração ultrapassar de quatro horas".

Como a atual Constituição não regulou o descanso, não havendo, pois, revogação expressa, nem tampouco qualquer incompatibilidade entre o anteriormente disposto na legislação ordinária e o que agora se estipulou, com mais hierarquia, sobre a matéria, permanece válida a norma pretérita.

Já, o § 2º do mesmo art. 71 da CLT estipulou que "os intervalos de descanso não serão computados na duração do trabalho", o que parece óbvio e indiscutível.

Prossegue o mandamento com o contido no § 3º:

"O limite mínimo de uma hora para repouso ou refeição poderá ser reduzido por ato do Ministro do Trabalho e Emprego quando, ouvida a Secretaria de Segurança e Medicina do Trabalho (SSMT), se verificar que o estabelecimento atende integralmente às exigências concernentes à organização dos refeitórios e quando os respectivos empregados não estiverem sob regime de trabalho prorrogado a horas suplementares".

O Ministério do Trabalho e Emprego, no seu infinito desejo de normatizar, muitas vezes ultrapassando até indevidamente os limites do Poder Executivo, torna-se atuante legislador, por meio de Portaria n. 1.095, de maio de 2010, quando indica que a redução do intervalo intrajornada de que trata o art. 71, § 3º, da Consolidação das Leis do Trabalho fica delegada, privativamente, aos Superintendentes Regionais do Trabalho e Emprego, os quais poderão decidir sobre o pedido de redução de intervalo para repouso ou refeição. Estabelece, ainda, que o "Superintendente Regional do Trabalho e Emprego poderá deferir o pedido formulado, independentemente de inspeção prévia, após verificar a regularidade das condições de trabalho nos estabelecimentos, pela análise da documentação". O limite de autorização no tempo será de dois anos sem que cause afastamento da competência dos agentes da Inspeção do Trabalho de verificar, a qualquer tempo, *in loco*, o cumprimento dos requisitos legais.

De outra parte, registre-se que a Consolidação das Leis do Trabalho, decreto--lei do período autoritário de 37/45, concentra, em mãos do Poder Executivo, a competência exclusiva e decisória: o Ministro do Trabalho e Emprego deliberará sobre a redução, ou não, do intervalo para repouso interturnos, dentro da mesma jornada diária.

Por esse motivo e determinação da legislação, o Tribunal Superior do Trabalho manteve a atribuição do Ministério do Trabalho e Emprego, vedando aos acordos e às convenções coletivas de trabalho a possibilidade de negociar a redução do intervalo intrajornada, salvo quanto à categoria dos condutores e cobradores de veículos rodoviários, empregados em empresas de transporte público coletivo urbano, considerando a natureza do serviço e em virtude das condições especiais de trabalho a que são submetidos. Veja-se a Orientação Jurisprudencial n. 342 da SDI-I do TST:

> "OJ SDI-I do TST — 342. INTERVALO INTRAJORNADA PARA REPOUSO E ALIMENTAÇÃO. NÃO CONCESSÃO OU REDUÇÃO. PREVISÃO EM NORMA COLETIVA. INVALIDADE. EXCEÇÃO AOS CONDUTORES DE VEÍCULOS RODOVIÁRIOS, EMPREGADOS EM EMPRESAS DE TRANSPORTE COLETIVO URBANO (alterada em decorrência do julgamento do processo TST IUJEEDEDRR 1226/2005-005-24-00.1).
> 
> I — É inválida cláusula de acordo ou convenção coletiva de trabalho contemplando a supressão ou redução do intervalo intrajornada porque este constitui medida de higiene, saúde e segurança do trabalho, garantido por norma de ordem pública (art. 71 da CLT e art. 7º, XXII, da CF/1988), infenso à negociação coletiva.
> 
> II — Ante a natureza do serviço e em virtude das condições especiais de trabalho a que são submetidos estritamente os condutores e cobradores de veículos rodoviários, empregados em empresas de transporte público coletivo urbano, é válida cláusula de acordo ou convenção coletiva de trabalho contemplando a redução do intervalo intrajornada, desde que garantida a redução da jornada para, no mínimo, sete horas diárias ou quarenta e duas semanais, não prorrogada, mantida a mesma remuneração e concedidos intervalos para descanso menores e fracionados ao final de cada viagem, não descontados da jornada".

Apesar da exceção à regra no caso dos condutores e cobradores de transporte público coletivo urbano, manteve-se a centralização das decisões com o Ministério.

Não parece lógico, quando se faz um esforço de descentralização administrativa, preservar tal centralismo burocrático. Num país como o nosso, com a extensão territorial, com a diversidade de culturas e economias, com a realidade diferenciada de setor a setor da economia, de uma empresa para outra, inclusive do mesmo ramo, esperar que a liberação de um simples horário de intervalo dentro da jornada que, por razões específicas de um determinado estabelecimento, poderá ser reduzido em dez ou vinte minutos, fique na órbita de apreciação do Ministro do Trabalho e Emprego. É julgá-lo com pouco trabalho, para tratar de tão pouco, ou crer que nele se concentra toda a sapiência, capaz de entender casos tão pequenos e que, submetidos ao itinerário burocrático de ascender à manifestação ministerial, obviamente estão condenados, desnecessária e prejudicialmente, a um atraso injustificável e oneroso.

Na medida em que a Constituição estabeleceu no inciso XIII do art. 7º que, "mediante acordo ou convenção coletiva de trabalho", poderá haver redução de jornada e compensação de horários, dentro dos limites que a moldura constitucional fixou, as variações menores, como as do intervalo de repouso não computado para o cálculo da jornada, por sinal, não precisariam ficar na dependência do Ministro, nem mesmo do Ministério. Se as partes podem o mais, logicamente podem o menos. Se lhes está assegurado o direito constitucional de reduzir jornada, por entendimento coletivo, e, dentro de tal marco negocial, de abrangência categorial (convenção coletiva) ou de âmbito empresarial (acordo coletivo), também o de efetuar compensações, de molde a dar elasticidade e plasticidade dinâmica à jornada de trabalho, também poderiam, com autorização implícita da Lei Maior, ajustar o tempo de duração do intervalo de repouso intermediário. Não haveria dúvida de que os trabalhadores da empresa, representados pela entidade associativa classista, defenderiam com mais especificidade de conhecimento (e, por que não dizer, com maior empenho) os seus interesses do que qualquer representante governamental. Claro que essa disposição flexibilizadora e autorizativa, reconhecendo poderes, para tanto, dos sindicatos e, patronalmente, também das empresas, não retiraria o direito de fiscalização, em nome da competência legal e do interesse público, do próprio Estado.

O disposto no § 1º do art. 71 da CLT, por não colidente com os princípios da Constituição, tem sua aplicação assegurada. Nele se estabelece o intervalo obrigatório de quinze minutos, nas jornadas de mais de quatro e de menos de seis horas.

É dispositivo de ordem pública, insuscetível de negociação entre as partes, posto que garantia estabelecida, em termos de proteção mínima ao trabalhador, em nome do interesse da sociedade e, por decorrência do bem-comum, proibido de ser objeto de acerto entre as partes coletivas.

*g)* Por meio da Lei n. 8.923, de 27.7.94, foi incluído o § 4º no art. 71 da CLT, com a seguinte redação:

> "Quando o intervalo para repouso e alimentação, previsto neste artigo, não for concedido pelo empregador, este ficará obrigado a remunerar o período correspondente com um acréscimo de no mínimo cinquenta por cento sobre o valor da remuneração da hora normal de trabalho".

Assim, até a inclusão deste novo parágrafo, aplicava-se a Súmula n. 88 do c. TST, cancelada pela Res. 42/1995 — DJ 17.2.95, que dizia:

> "O desrespeito ao intervalo mínimo entre 2 (dois) turnos de trabalho, sem importar em excesso na jornada efetivamente trabalhada, não dá direito a qualquer ressarcimento ao obreiro, por tratar-se apenas de infração sujeita a penalidade administrativa (art. 71 da CLT)".

Agora o Tribunal Superior do Trabalho indica outra posição, em alinho ao texto da lei (parágrafo quarto do art. 71 da CLT), por meio da Orientação Jurisprudencial n. 307 da SDI-I:

> "OJ SDI-I n. 307. INTERVALO INTRAJORNADA (PARA REPOUSO E ALIMENTAÇÃO). NÃO CONCESSÃO OU CONCESSÃO PARCIAL. LEI N. 8.923/94.
>
> Após a edição da Lei n. 8.923/94, a não concessão total ou parcial do intervalo intrajornada mínimo, para repouso e alimentação, implica o pagamento total do período correspondente, com acréscimo de, no mínimo, 50% sobre o valor da remuneração da hora normal de trabalho (art. 71 da CLT)".

Nota-se que, inclusive, determina-se o pagamento integral do período do intervalo. Mais e importante: à luz da Orientação Jurisprudencial n. 354 da SDI-1 do TST, possui natureza salarial, ou seja, implica a sua integração como ocorre com as horas extras. Veja-se:

> "OJ da SDI-I — 354. INTERVALO INTRAJORNADA. ART. 71, § 4º, DA CLT. NÃO CONCESSÃO OU REDUÇÃO. NATUREZA JURÍDICA SALARIAL.
>
> Possui natureza salarial a parcela prevista no art. 71, § 4º, da CLT, com redação introduzida pela Lei n. 8.923, de 27 de julho de 1994, quando não concedido ou reduzido pelo empregador o intervalo mínimo intrajornada para repouso e alimentação, repercutindo, assim, no cálculo de outras parcelas salariais".

*h)* A possibilidade de compensação de jornada por meio de acordo ou convenção coletiva autorizada e exaltada pela Constituição sofre diversas restrições na legislação e interpretação dos Tribunais, como visto até o presente momento.

Uma nova restrição se encontra na Súmula n. 85 do Tribunal Superior do Trabalho, quando, em seu inciso IV, destaca que a prestação de horas extras habituais descaracteriza o acordo de compensação de jornada.

> SÚMULA N. 85 do TST COMPENSAÇÃO DE JORNADA.
>
> "I. A compensação de jornada de trabalho deve ser ajustada por acordo individual escrito, acordo coletivo ou convenção coletiva.
>
> II. O acordo individual para compensação de horas é válido, salvo se houver norma coletiva em sentido contrário.
>
> III. O mero não atendimento das exigências legais para a compensação de jornada, inclusive quando encetada mediante acordo tácito, não implica a repetição do pagamento das horas excedentes à jornada normal diária, se não dilatada a jornada máxima semanal, sendo devido apenas o respectivo adicional.
>
> IV. A prestação de horas extras habituais descaracteriza o acordo de compensação de jornada. Nesta hipótese, as horas que ultrapassarem a jornada semanal normal deverão ser pagas como horas extraordinárias e, quanto àquelas destinadas à compensação, deverá ser pago a mais apenas o adicional por trabalho extraordinário".

Pela Súmula n. 85, item IV, do TST, se há prestação habitual de horas extras, o acordo de compensação fica descaracterizado, esquecendo-se de que a Constituição não estabeleceu tal possibilidade.

Salienta-se que a Súmula n. 85 do TST interpreta a possibilidade da criação da compensação de jornada de trabalho por meio de ajuste por acordo individual escrito, bem como acordo coletivo ou convenção coletiva. A interpretação alarga a possibilidade das formas de estabelecer procedimento compensatório.

Ocorre que o TST está manietando, indevidamente, a Constituição, repetindo um traço jurídico-constitucional do nosso Direito do Trabalho: priorizar o legislado (e até o legislável) em detrimento do negociado.

Destaque-se, aliás, que se verifica, também no Direito do Trabalho, um viés legiferante do Judiciário, o que ainda mais comprime, reprime e deprime o negociado — criativo e ágil — ante o imposto e exógeno legislado.

## A JORNADA DE TRABALHO NAS CONSTITUIÇÕES ESTRANGEIRAS

| JAPÃO<br>Article 27:<br>(...)<br>2.) Standards for wages, hours, rest and other working conditions shall be fixed by law.<br>(...) | Tradução Livre<br>Artigo 27:<br>(...)<br>2.) Padrões salariais, jornada laboral, horas de descanso e outras condições de trabalho serão fixados por lei.<br>(...) |
|---|---|
| ITÁLIA<br>Art. 36.<br>(...)<br>La durata massima della giornata lavorativa è stabilita dalla legge.<br>(...) | Art. 36.<br>(...)<br>A duração máxima da jornada laboral é estabelecida por lei.<br>(...) |
| CUBA<br>artículo 46º.- Todo el que trabaja tiene derecho al descanso, que se garantiza por la jornada laboral de ocho horas, el descanso semanal y las vacaciones anuales pagadas.<br>(...) | Artigo 46.- Toda pessoa que trabalha tem direito a repouso, que é garantido pela jornada de oito horas de trabalho, pelo descanso semanal e pelas férias anuais remuneradas.<br>(...) |
| URUGUAI<br>Artículo 54.- La ley ha de reconocer (...) la limitación de la jornada; (...) | Artigo 54.- A lei reconhecerá (...) a limitação da jornada, (...) |
| PORTUGAL<br>Artigo 59º<br>**Direitos dos trabalhadores**<br>1. Todos os trabalhadores, (...)<br>d) Ao repouso e aos lazeres, a um limite máximo da jornada de trabalho, ao descanso semanal e a férias periódicas pagas; (...)<br>2. Incumbe ao Estado assegurar as condições (...)<br>b) A fixação, a nível nacional, dos limites da duração do trabalho; (...) | |

| | |
|---|---|
| **MÉXICO**<br>**Título Sexto**<br>**Del Trabajo y de la Previsión Social**<br>**Artículo 123.** (…)<br>**I.** La duración de la jornada máxima será de ocho horas. | **Título sexto**<br>**Trabalho e Previdência Social**<br>**Artigo 123**. (...)<br>**I** — A duração máxima da jornada será de oito horas. |
| **PARAGUAI**<br>**Artículo 91 — DE LAS JORNADAS DE TRABAJO Y DE DESCANSO**<br>La duración máxima de la jornada ordinaria de trabajo no excederá de ocho horas diarias y cuarenta y ocho horas semanales, diurnas, salvo las legalmente establecidas por motivos especiales. La ley fijará jornadas más favorables para las tareas insalubres, peligrosas, penosas, nocturnas o las que se desarrollen en turnos continuos rotativos. (…) | **TRABALHO E DE DESCANSO**<br>A duração máxima da jornada normal de trabalho não poderá exceder de oito horas diurnas por dia e de quarenta e oito horas por semana diurnas, exceto por motivos estabelecidos por circunstâncias especiais. A lei fixará jornadas mais favoráveis para tarefas penosas, insalubres, perigosas, noturnas, ou que se desenvolvem em turnos rotativos contínuos. (...) |

## Capítulo XIV

# JORNADA DE TRABALHO DE TURNO DE 6 HORAS

**TRAJETÓRIA NA CONSTITUINTE**

> **Jornada — turnos de seis horas**
>
> *Subcomissão dos Direitos dos Trabalhadores*
>
> "jornada diária de seis horas para o trabalho realizado em turnos ininterruptos de revezamento".
>
> *Comissão da Ordem Social*
>
> "jornada de seis horas para o trabalho realizado em turnos ininterruptos de revezamento".
>
> *Comissão de Sistematização*
>
> "jornada máxima de seis horas para o trabalho realizado em turnos ininterruptos de revezamento".
>
> *Constituição Federal, art. 7º, XIV — (texto oficial)*
>
> "JORNADA DE SEIS HORAS PARA O TRABALHO REALIZADO EM TURNOS ININTERRUPTOS DE REVEZAMENTO, SALVO NEGOCIAÇÃO COLETIVA".

Tal dispositivo se tornou, na História da Constituinte, um dos mais contraditórios. Depois do acerto obtido em temas de aparente inviabilidade quanto à capacidade de conciliação, a jornada de revezamento parecia impermeável ao acerto político. Os setores empresariais moveram-se contra a proposta redutora que atravessara a gincana constituinte — subcomissão temática e Sistematização — exitosamente, com uma fórmula normativa definida.

Preocupados os líderes operários porque o resultado que, na prática, fora satisfatório, conquistando as quarenta e quatro horas, não rendera simpatia na base, posto que os trabalhadores tinham sido mobilizados pelas quarenta horas, coisa que os líderes sabiam ser praticamente impossível conseguir, mas do que deixaram de dar ciência aos seus orientados, trataram de insistir, inicialmente radicalizando, na jornada *máxima* de seis horas, quando se tratasse de turno ininterrupto de revezamento.

Com isso, buscavam algumas afirmações significativas: 1º) *inseriam* a questão do trabalho em turno ininterrupto na faixa constitucional, assegurando-lhe maior proteção jurídica; 2º) *mobilizavam,* com essa luta, segmentos operários menos envolvidos, usualmente, e que ocupavam, pela natureza do serviço que prestam, posição estratégica no "ranking" dos setores produtivos, representando atividades que exigem turnos ininterruptos de revezamento, tais como altos fornos siderúrgicos, metalurgia, refinarias petrolíferas etc. Era evidente o seu reflexo na economia, inclusive na arte de preocupar o Governo, tanto na relação econômico-produtiva quanto na social-sindical; 3º) *conseguiam* fazer com que, publicamente, os trabalhadores que, na base, não tinham entendido como uma conquista exitosa a redução da jornada semanal das quarenta e oito para as quarenta e quatro horas, pudessem somar-se a alguns que pensavam ser meia-vitória esses outros, de comprovável profundidade, ainda que restritos a segmentos especiais, mas influentes; 4º) *usariam* esse tema como instrumento para não permitir resfriamento da mobilização classista.

A batalha dos turnos de revezamento prolongou-se num confronto de imprecisas pesquisas tidas como precisas. Os empregadores tentavam demonstrar, com forte mídia, que, se fosse adotado o preconizado pelos trabalhadores, o Brasil iria à falência, não haveria investimento no país, os capitais estrangeiros fugiriam e o Brasil ficaria desértico de indústrias de base. Os sindicatos e seus órgãos técnicos respondiam logo, com ruidosa divulgação interna na Constituinte, que reduzir a jornada de trabalho na siderurgia, na área metalúrgica, na petroquímica, nas refinarias etc. não teria desdobramento financeiro para o custo de produção da economia nacional. Seriam valores reduzidos, quase inexistentes.

Nenhum dos dois posicionamentos se sustentava com racionalidade e amparo técnico. Ambos tinham parcialmente razão, e ambos não a tinham integralmente.

Por isso, no apagar das luzes do plenário constituinte, chegou-se a uma solução, se não perfeita, aceitável. Retirou-se a palavra *máxima* do texto final, qualificativo da duração da jornada laboral. Com isso, em vez da imposição estática e insuscetível de ajustes, adotou-se uma definição indicativa, fixando um posicionamento e uma política, com sentido protetivo e sensível socialmente, *mas não infensa a possíveis acertos negociais.* Por isso, incluiu-se a expressão: *"salvo negociação coletiva".* Houve, em várias passagens, uma linha trabalhista coerente consagrada pela Constituição: valorização da negociação, especialmente coletiva. Em vez da normatização excessiva da CLT, com acolhimento expresso ou tácito das

Constituições de 1946 a 1967, uma tentativa de apreço pelo negociar das partes, pela valia do ajuste envolvendo patrões e empregados no mundo de seus interesses, geralmente comuns e eventualmente conflitantes. Não mais a ideia da sabedoria superior da lei e a intervenção do Poder Público. A Carta propunha-se a consagrar a capacidade de autorregrar-se das partes, habilitadas a criar o seu Direito do Trabalho em constante mutabilidade, adequado às relações da convivência produtiva. Não havia por que, em nome de formalismos, impostos, impedir que o trabalhador, como classe, buscasse fazer por si aquilo que ninguém haveria de saber fazer mais e melhor por ele do que ele próprio.

O trabalhador e o sindicato não podem ser considerados (quando a democracia lhes dá espaço e autonomia, assegurando-lhes liberdade e direito de agir) inválidos ou incapazes, meros dependentes da proteção prévia estatizante. Esta estabelece pisos mínimos de garantia, em nome do interesse público. Isso é fundamental, nos contornos de um Estado alimentado pelo sentimento de um liberalismo social. Daí a amordaçar a capacidade negocial, pela qual o trabalhador, por seu sindicato, concedendo algo aqui, acabe recebendo muito mais ali e depois; em que ensejando à empresa, oferecendo-lhe condições operacionais mais competitivas, acabe-se por poder dela exigir melhor tratamento remuneratório direto e/ou indireto, seria proceder obtusamente.

E para espantar o radicalismo e preservar uma conquista que se delineava difícil de ser concretizada, os líderes sindicais transigiram inteligentemente (junto com e também a postura lúcida de Empresários) que compreenderam a dimensão valiosa do texto intermediário, que avançava sem atropelos para abrir novos avanços em prol do trabalhador.

Ficou, assim, a garantia das seis horas, como critério normal para a jornada diária do trabalho realizado em turnos ininterruptos de revezamento, o que não impedirá que ocorram ajustamentos coletivos ditados pela realidade laboral e de sua convivência.

*a)* O texto constitucional gerou controvérsia em relação à categoria dos petroleiros, uma vez que a Lei n. 5.811, de 11.10.1972 — DOU 16.10.1972, regulamenta o regime de revezamento dessa categoria, inclusive turno de 8 (oito) horas e 12 (doze) horas em situações restritas. O Tribunal Superior do Trabalho editou Súmula n. 391 garantindo valia à Lei em destaque:

TST SÚMULA N. 391

PETROLEIROS. LEI N. 5.811/1972. TURNO ININTERRUPTO DE REVEZAMENTO. HORAS EXTRAS E ALTERAÇÃO DA JORNADA PARA HORÁRIO FIXO.

"I — A Lei n. 5.811/72 foi recepcionada pela CF/88 no que se refere à duração da jornada de trabalho em regime de revezamento dos petroleiros.

II — A previsão contida no art. 10 da Lei n. 5.811/1972, possibilitando a mudança do regime de revezamento para horário fixo, constitui alteração lícita, não violando os arts. 468 da CLT e 7º, VI, da CF/1988".

*b)* A necessidade de realizar intervalo para repouso e alimentação, durante o turno de revezamento, não o descaracteriza, em que pese o texto constitucional fazer referência a turnos ininterruptos, diante da necessidade de preservar a saúde do trabalhador empregado. Nesse sentido a Súmula ns. 360 do TST e 675 do STF:

> STF — Súmula n. 675
>
> "Os intervalos fixados para descanso e alimentação durante a jornada de seis horas não descaracterizam o sistema de turnos ininterruptos de revezamento para o efeito do art. 7º, XIV, da Constituição".
>
> SÚMULA N. 360 do TST — TURNOS ININTERRUPTOS DE REVEZAMENTO. INTERVALOS INTRAJORNADA E SEMANAL
>
> "A interrupção do trabalho destinada a repouso e alimentação, dentro de cada turno, ou o intervalo para repouso semanal, não descaracteriza o turno de revezamento com jornada de 6 (seis) horas previsto no art. 7º, XIV, da CF/1988".

*c)* Salienta-se que a Jurisprudência firmou posição de que não há necessidade, para a caracterização de turnos ininterruptos, que a alternância se dê em três turnos, bastando a constatação de que o trabalho é exigido, de forma continuada e simultânea, durante o dia e durante a noite — mesmo que em dois turnos —, pois plenamente comprometida estará a possibilidade de organização pessoal.

A submissão a turnos alternados revela que a atividade empresarial é continuada, não sendo este, de qualquer sorte, requisito constitucional. Nesse aspecto a Orientação Jurisprudencial n. 360 da SDI-I do TST:

> OJ da SDI-I do TST — 360. TURNO ININTERRUPTO DE REVEZAMENTO. DOIS TURNOS. HORÁRIO DIURNO E NOTURNO. CARACTERIZAÇÃO.
>
> "Faz jus à jornada especial prevista no art. 7º, XIV, da CF/1988 o trabalhador que exerce suas atividades em sistema de alternância de turnos, ainda que em dois turnos de trabalho, que compreendam, no todo ou em parte, o horário diurno e o noturno, pois submetido à alternância de horário prejudicial à saúde, sendo irrelevante que a atividade da empresa se desenvolva de forma ininterrupta".

De qualquer sorte, se estabelecida jornada superior a seis horas e limitada a oito horas por meio de regular negociação coletiva, os empregados submetidos a turnos ininterruptos de revezamento não têm direito ao pagamento da sétima e da oitava hora como extras. Assim estabelece a Súmula n. 423 do TST:

> TST — SÚMULA N. 423 — TURNO ININTERRUPTO DE REVEZAMENTO. FIXAÇÃO DE JORNADA DE TRABALHO MEDIANTE NEGOCIAÇÃO COLETIVA. VALIDADE.
>
> "Estabelecida jornada superior a seis horas e limitada a oito horas por meio de regular negociação coletiva, os empregados submetidos a turnos ininterruptos de revezamento não têm direito ao pagamento da 7ª e 8ª horas como extras".

*d)* Diante de tantas interpretações jurisprudenciais sobre o tema, fica mais uma vez nítido que há uma incontinência legislativa quer do Executivo (MTE), quer do Judiciário.

O que o constituinte, no espaço de sua exclusiva competência, deixara para ser, como espaço deliberativo, para ser ocupado pela negociação classista, foi ocupado por diretrizes jurisprudenciais e ordens de serviço burocráticas que não trazem, em si, a contribuição espontânea e vivida das partes interessadas.

# Capítulo XV

# REPOUSO SEMANAL REMUNERADO

**TRAJETÓRIA NA CONSTITUINTE**

*Repouso Semanal Remunerado*

*Subcomissão do Direito dos Trabalhadores*

"repouso remunerado aos sábados, domingos e feriados civis e religiosos de acordo com a tradição local, ressalvado o caso de serviço indispensável, quando o trabalhador deverá receber pagamento em dobro e repouso em outros dias da semana, garantido o repouso em um fim de semana, pelo menos, por mês".

*Comissão da Ordem Social*

"repouso semanal remunerado, de preferência aos domingos, e nos feriados civis e religiosos de acordo com a tradição local".

*Comissão de Sistematização*

"repouso semanal remunerado, preferencialmente aos domingos e feriados civis e religiosos, de acordo com a tradição local".

*Constitui Federal, art. 7º, XV — (texto oficial)*

"REPOUSO SEMANAL REMUNERADO, PREFERENCIALMENTE AOS DOMINGOS".

Os servidores públicos, por sua vez, pela redação do art. 39, parágrafo terceiro da Constituição, observando a Emenda Constitucional n. 19[58], de 1998, também

---

(58) Art. 39. A União, os Estados, o Distrito Federal e os Municípios instituirão, no âmbito de sua competência, regime jurídico único e planos de carreira para os servidores da administração pública direta,

foram contemplados com o repouso semanal remunerado preferencialmente aos domingos.

A Constituição reservou o inciso XV do art. 7º para tratar do repouso semanal, ao dizer:

"repouso semanal remunerado, preferencialmente aos domingos".

Não se fez variação maior, com relação à Constituição anterior que assegurava, no art. 165, inciso VII, "repouso semanal remunerado e nos feriados civis e religiosos, de acordo com a tradição local".

*a)* A diferença está no fato de a Constituição de 1988 ter tido a preocupação exclusiva de regular o repouso semanal, deixando de lado a questão dos feriados.

Consagrou o constituinte a ideia da lei ordinária (art. 67 da Consolidação das Leis do Trabalho), ao orientar o calendário laboral, preservando a tradição histórica e religiosa de coincidir o repouso semanal remunerado com o domingo. Tal diretriz, anteriormente, constava da lei, e não da Constituição.

a) O art. 67 da CLT estabelecia que:

"será assegurado a todo empregado um descanso semanal de vinte e quatro horas consecutivas, o qual, salvo motivo de conveniência pública ou necessidade imperiosa de serviço, deverá coincidir com o domingo, no todo ou em parte.
Parágrafo único. Nos serviços que exijam trabalho aos domingos, com exceção quanto aos elencos teatrais, será estabelecida escala de revezamento, mensalmente organizada e constando de quadro sujeito à fiscalização".

Mais adiante, no art. 385, a Consolidação asseverava que:

"O descanso semanal será de 24 (vinte e quatro) horas consecutivas e coincidirá, no todo ou em parte, com o domingo, salvo motivo de conveniência pública ou necessidade imperiosa de serviço, a juízo da autoridade competente, na forma das disposições gerais, casos em que recairá em outro dia.
Parágrafo único. Observar-se-ão, igualmente, os preceitos da legislação geral sobre a proibição de trabalho nos feriados civis e religiosos".

"Art. 386. Havendo trabalho aos domingos, será organizada urna escala de revezamento quinzenal que favoreça o repouso dominical".

O parágrafo único do art. 385 vedava o trabalho nos feriados civis e religiosos. Assim, a partir da CLT, e antes de se explicitar o *direito ao ganho* pela paralisação

---

das autarquias e das fundações públicas. § 3º Aplica-se aos servidores ocupantes de cargo público o disposto no art. 7º, IV, VII, VIII, IX, XII, XIII, XV, XVI, XVII, XVIII, XIX, XX, XXII e XXX, podendo a lei estabelecer requisitos diferenciados de admissão quando a natureza do cargo o exigir.

semanal, consagrado apenas, até então, a garantia do descanso pelo descanso, foi o de incluir, com idêntica tutela, o feriado civil e o religioso. À época, ficava ele adstrito à indefinição das peculiaridades locais, sempre tão complexas quanto as que temos hoje, às vezes incompreensíveis para um país que regulou, por lei federal, a matéria.

A partir de condicionamento histórico-religioso, o repouso dominical — coincidente, na origem, com a paralisação do trabalho para que se assistisse à missa, então obrigatória dos domingos, para os católicos, e se frequentasse a escola dominical, profissão de fé dos vinculados à Reforma —, pela Consolidação das Leis do Trabalho, fixou os parâmetros do instituto a cada semana de atividade, garantindo-se um descanso de vinte e quatro horas.

Dessa maneira, a partir da CLT, chegou-se à Lei n. 605, de janeiro de 1949, cujo art. 1º afirma: "Todo empregado tem direito ao repouso semanal *remunerado* de vinte e quatro horas consecutivas, preferentemente aos domingos, e nos limites das exigências técnicas das empresas, nos feriados civis e religiosos, de acordo com a tradição local".

A lei do repouso semanal fê-lo remunerado, levando-o do direito ao descanso para recuperação de energia, sem compensação financeira, à valia prática de ser remunerado. Assim, há uma clara conquista do trabalhador. Primeiro, o direito de interromper a atividade para recuperar-se, ao contrário da prestação de serviço, escravizada e exaustiva do século XIX, por horas intermináveis. Depois, a incorporação desse descanso aos ônus empresariais, tornando-o patrimônio do obreiro e, em contrapartida, despesa do empresário.

*b)* Os feriados civis e religiosos também passaram à condição de remunerados, com a Lei n. 605. Só que, nessa ocasião, inexistindo regulamentação da matéria, a fixação dos feriados ficou entregue a um critério oscilante, isto é, à tradição local.

Com o tempo, sofisticados os métodos de produção, agravados os encargos empresariais, acirrada a competição, multiplicada a sufocante burocracia estatal, entendeu-se que não seria o caso de persistir nesse contexto variável dos feriados, intentando-se fixá-los por lei federal. Sem chocar valores culturais e locais, a norma consagrou algumas datas como de obrigatoriedade nacional (1º de janeiro, Dia de Natal, Sexta-Feira Santa etc.) e de cumprimento em data fixa.

No entanto, com relação a outras datas, também de expressão histórica e abrangência em todo o território nacional (por exemplo, o 21 de abril), a lei adotou, à época, o princípio da flexibilidade de comemoração, quanto ao dia específico da paralisação da atividade. Adotava-se o modelo norte-americano que, para evitar a ocorrência do "feriadão", passa o feriado para a segunda-feira que o antecede, independente do dia exato da semana com que coincide a efeméride.

Reservou, na ocasião, o legislador nacional, para não fugir à tradição regional, à legislação municipal o direito de fixar quatro datas, que vão do feito histórico à crença religiosa etc.

Essa competência para dispor sobre feriados religiosos, por meio de lei municipal, estava contida no Decreto-lei n. 86, de 27 de dezembro de 1966, que deu nova redação ao art. 11 da Lei n. 605:

> "Art. 11. São feriados civis os declarados em lei federal. São feriados religiosos os dias de guarda, declarados por lei municipal, de acordo com a tradição local e em número não superior a quatro, neste incluída a Sexta-Feira da Paixão".

Como se podia ver, havia uma dicotomia para dispor sobre feriados. Os *civis*, de competência de lei federal, e os *religiosos*, limitados a quatro, incluída aí a Sexta-Feira da Paixão, de competência dos Municípios.

Considerou-se o número de feriados existentes em meio da semana, que dificultava a normalidade das atividades laborativas públicas e privadas. Daí a adoção de lei que dispunha sobre a antecipação de feriados, conforme a Lei n. 7.320, de 11 de junho de 1985, cujo artigo I preceituava:

> "Art. 1º Serão comemorados por antecipação, nas segundas-feiras, os feriados que caírem nos demais dias da semana, com exceção dos que ocorrerem nos sábados e domingos e dos dias 1º de janeiro (confraternização universal), 7 de setembro (Independência), 25 de dezembro (Natal) e Sexta-Feira Santa.
>
> Parágrafo único. Existindo mais de um feriado na mesma semana, serão eles comemorados a partir da segunda-feira subsequente".

Ocorreu choque de competências entre a União e os Municípios, na fixação de feriados, no que diz respeito à antecipação permitida pela Lei n. 7.320. Isso aconteceu porque, em se tratando de feriado religioso, a tradição local rejeitava sua antecipação, sob o argumento de que a guarda ficaria descaracterizada com a precocidade legal. As ponderações feitas pelos munícipes eram as de que os feriados religiosos não poderiam ser transferidos sob pena de se olvidar princípio enraizado nas tradições locais. Tal motivo levou prefeitos, pressionados pela população, a não aceitar a mudança, fato que causou transtornos agravando-se com o tempo.

Para diminuir o conflito e preservar as datas de alguns feriados religiosos, o artigo primeiro da Lei n. 7.320, por força da Lei n. 7.765, de 11.5.1989, passou a ter a seguinte redação:

> Art. 1º Serão comemorados por antecipação, nas segundas-feiras, os feriados que caírem nos demais dias da semana, com exceção dos que ocorrerem nos sábados e domingos e dos dias 1º de janeiro (Confraternização Universal), 7 de setembro (Independência), 25 de dezembro (Natal), Sexta-Feira Santa e Corpus Christi.
>
> Parágrafo único. Existindo mais de um feriado na mesma semana, serão eles comemorados a partir da segunda-feira subsequente.

Portanto, ficavam autorizadas as antecipações, nas segundas-feiras, dos feriados que eventualmente caíssem em outros dias da semana, salvo os tradicionais dias de 1º de janeiro dia da independência (7 de setembro), Natal, Sexta-Feira Santa e Corpus Christi, diante da tradição que circunda essas datas. Os demais feriados poderiam ter suas datas antecipadas para as segundas-feiras. Não havia obrigação. Havia faculdade.

Salienta-se que foram priorizados — mantidas as datas originais — os feriados vinculados à religião cristã, fortalecida na história ocidental. O Imperador Romano Constantino — personagem histórico e influente —, no ano de 312 d.C., quando de uma batalha (Ponte Mílvia), ordenou que fosse pintada uma cruz no escudo dos soldados, de acordo com uma visão que tivera na noite anterior. Sonhara com uma cruz, na qual estaria escrito: *in hoc signo vinces* (sob este símbolo vencerás). Depois de vencer a batalha, Constantino apoiou o cristianismo, instituindo o domingo como feriado.

O Império Romano, adotando o cristianismo como religião oficial, o que facilitava a dominação e simplificava as relações, veio a fortalecê-lo no mundo ocidental. Foi necessário adaptar feriados e comemorações já existentes para enquadrá-los nos fatos do cristianismo. Tal aconteceu, por exemplo, com o Natal, posto que originariamente era feriado destinado a celebrar o nascimento do Deus Sol no solstício de inverno, tendo sido ajustado, por volta do terceiro século depois de Cristo, facilitando a conversão dos povos pagãos. Passou-se, então, a comemorar o nascimento de Jesus de Nazaré.

Séculos depois, o cristianismo permanece forte e muito presente em nossa sociedade ocidental, contudo se tem intensificando o surgimento e o fortalecimento de outras culturas e religiões, como a umbanda (com suas datas próprias, gerando feriados), como também razões culturais étnicas, inseridas nesse contexto (Zumbi dos Palmares). A pluralidade cultural e a religiosa são bem-vindas. Está consagrada em nossa Constituição Federal, estabelecendo que é inviolável a liberdade de consciência e de crença, sendo assegurado o livre exercício dos cultos religiosos e garantida, na forma da lei, a proteção aos locais de culto e a suas liturgias (art. 5º, inciso VI).

*c)* Justamente porque regrados por lei específica — apesar dos entrechoques com as competências municipais —, os feriados atendiam a disciplina peculiar. Recorde-se de que deveriam ser remunerados, de que têm número máximo e de que sua motivação (universal, nacional ou local) tinha de ser consagrada legislativamente.

Preferiu o constituinte deixá-los viver as suas próprias normas, até porque, com essa interpenetração federal e local, fez-se difícil regulá-los por dispositivos conceituais amplos como os da Lei Maior. Isso não diminuiu a tutela que a norma deu ao empregado em razão do feriado. Permaneceu a garantia do repouso remunerado, posto que não se invalidou, com a Nova Constituição, a proteção da CLT, consagrada pela Lei n. 605 e acatada uniformemente pela Jurisprudência. Ao contrário, convalidou-se o disposto na Lei n. 605 (1949), revigorada pela recepção que lhe ofereceu o texto da Carta Magna.

*d)* As 24 horas do repouso semanal remunerado teriam de ser consecutivas. Para evitar que se retomasse uma discussão que a Jurisprudência do Tribunal Superior do Trabalho espancou, não se poderia confundir o descanso semanal com o repouso interjornadas. Isto é, nada teriam a ver, nem poderiam ser computados tais horários de maneira sobreposta, já que, se tal sucedesse, o trabalhador perderia repouso, se dissolvidas as onze horas de separação do sábado para o domingo, por exemplo, nas vinte e quatro horas que o trabalhador no domingo desfruta repouso semanal. As onze horas seriam específicas, fruto do intervalo interjornadas. As vinte e quatro horas, por sua vez, vinculam-se ao repouso semanal remunerado. Independentes e autônomas, ademais de consecutivas.

*e)* O legislador ordinário, antes, e o constituinte, na Lei Maior, como no passado, deram prioridade ao repouso semanal remunerado dominical. No entanto há ocupações que, pela sua atividade, não permitiam esse privilegiamento. É comum, por exemplo, que os restaurantes tenham maior movimento aos domingos. Seria ilógico que, nessa data, os trabalhadores fossem liberados, prejudicando a empresa. Como referia o art. 386 da CLT e repetiu a Lei n. 605, quando a atividade empresarial não comportasse a paralisação dominical, adotar-se-ia o sistema de revezamento para que, pelo menos num domingo por mês, nesse rodízio, o operário tivesse nele o seu dia de repouso, ficando as demais paralisações hebdomadárias, dependendo da escala, incidentes no meio da semana, e passíveis de variação.

Por isso, a CLT determinou, no art. 386, que se tivesse uma escala de revezamento "quinzenal", adianto que permitiria uma informação precoce, a fim de que o trabalhador que não teria repouso semanal em todos os domingos conhecesse, com antecedência, como seria o seu horário de trabalho quinzenal e as jornadas para descanso.

No caso de revezamento, tentou-se fazer coincidir, ilegalmente, em detrimento dos interesses do trabalhador, o intervalo interjornadas com o repouso semanal remunerado, anulando com aquele um pedaço deste.

A Jurisprudência, em matéria de revezamento, posicionou-se, rechaçando tal pretensão (Súmula n. 110 do Tribunal Superior do Trabalho):

"No regime de revezamento, as horas trabalhadas, *em seguida ao repouso de vinte e quatro horas, com prejuízo do intervalo mínimo de 12 horas consecutivas para descanso entre jornadas,* devem ser remuneradas como extraordinárias, inclusive com o respectivo adicional".

*f)* Nova legislação sobre o repouso semanal remunerado para a categoria dos comerciários surge com a Lei n. 10.101, de dezembro de 2000. Ela trata principalmente da participação dos trabalhadores nos lucros ou nos resultados da empresa, contudo dá outras providências, ou seja, traz nova regulamentação sobre o repouso semanal remunerado para os comerciários, que historicamente lutam para garantir o repouso aos domingos, mas enfrentam a tradição do comércio de trabalhar nesse dia da semana e em feriados. Salienta-se, ainda, que a Lei n. 10.101 já sofreu modificação posterior por meio da Lei n. 11.603, de 2007. A redação vigente é a seguinte:

> "Art. 6º Fica autorizado o trabalho aos domingos nas atividades do comércio em geral, observada a legislação municipal, nos termos do art. 30, inciso I, da Constituição.
>
> Parágrafo único. O repouso semanal remunerado deverá coincidir, pelo menos uma vez no período máximo de três semanas, com o domingo, respeitadas as demais normas de proteção ao trabalho e outras a serem estipuladas em negociação coletiva.
>
> Art. 6º-A. É permitido o trabalho em feriados nas atividades do comércio em geral, desde que autorizado em convenção coletiva de trabalho e observada a legislação municipal, nos termos do art. 30, inciso I, da Constituição".

Nota-se que, no caso das atividades do comércio, deverá haver a conjugação da legislação municipal (se existente) e autorização em convenção coletiva de trabalho. Fortalecida está a relação sindical, o diálogo e a negociação. Muitos conflitos, em diversos municípios, são decorrentes desse tema, contudo a necessidade de funcionamento do comércio nas datas festivas — momento de aquecimento das vendas — resulta na conveniência de funcionamento do comércio nos domingos, mediante recompensa a ser estabelecida em negociação coletiva.

### REPOUSO SEMANAL REMUNERADO NAS CONSTITUIÇÕES BRASILEIRAS

1. **Constituição de 1946**

    Art. 157, inciso VI

    "repouso semanal remunerado, preferentemente aos domingos e, no limite das exigências técnicas das empresas, nos feriados civis e religiosos, de acordo com a tradição local".

2. **Constituição de 1969 (Emenda n. 1)**

    Art. 165 inciso VII

    "repouso semanal remunerado e nos feriados civis e religiosos, de acordo com a tradição local".

## REPOUSO SEMANAL NAS CONSTITUIÇÕES ESTRANGEIRAS

| | |
|---|---|
| **RÚSSIA**<br>**Article 37.**<br>Work shall be free. (...)<br>Everyone shall have the right to rest and leisure. A person having a work contract shall be guaranteed the statutory duration of the work time, days off and holidays, and paid annual vacation. | **Tradução Livre**<br>**Artigo 37.**<br>Trabalho deve ser livre. (...)<br>Toda pessoa terá direito a repouso e lazer. A uma pessoa que tenha um contrato de trabalho deve ser garantida a duração legal da jornada de trabalho, assegurados dias de folga e feriados, e férias remuneradas anuais |
| **ITÁLIA**<br>Art. 36.<br>(...)<br>Il lavoratore ha diritto al riposo settimanale e a ferie annuali retribuite, e non può rinunziarvi. | Art. 36.<br>(...)<br>O trabalhador tem direito ao repouso semanal e às férias anuais remuneradas, não podendo renunciar a tais direitos. |
| **ARGENTINA**<br>**Art. 14 bis**. — El trabajo en sus diversas formas gozará de la protección de las leyes, las que asegurarán al trabajador: (...) descanso y vacaciones pagados; (...) | **Artigo 14 bis** — O trabalho, nas suas diversas formas, gozará da proteção da lei, que assegura aos trabalhadores: (...) descanso remunerado e férias pagas. |
| **CUBA**<br>Artículo 46º — Todo el que trabaja tiene derecho al descanso, que se garantiza por la jornada laboral de ocho horas, el descanso semanal y las vacaciones anuales pagadas.<br>(...) | Artigo 46. — Toda pessoa que trabalha tem direito a repouso, que é garantido pela jornada de oito horas de trabalho, pelo descanso semanal e pelas férias anuais remuneradas.<br>(...) |
| **URUGUAI**<br>Artículo 54. — La ley ha de reconocer (...) el descanso semanal y la higiene física y moral. (...) | Artigo 54. — A lei reconhecerá (...) o descanso semanal e procedimentos que assegurem a higiene física e moral. (...) |
| **PARAGUAI**<br>Artículo 91 — DE LAS JORNADAS DE TRABAJO Y DE DESCANSO<br>(...) Los descansos y las vacaciones anuales serán remunerados conforme con la ley. | Artigo 91 — DAS JORNADAS DE TRABALHO E DE DESCANSO<br>(...) Pausas para descanso e férias anuais serão pagas de acordo com a lei. |

# Capítulo XVI

# VALOR DAS HORAS EXTRAORDINÁRIAS TRABALHADAS

**TRAJETÓRIA NA CONSTITUINTE**

> **Horas Extraordinárias — remuneração**
>
> *Subcomissão dos Direitos dos Trabalhadores*
> "remuneração em dobro nos serviços emergenciais ou nos casos de força maior".
>
> *Comissão da Ordem Social*
> "proibição de serviço extraordinário, salvo os casos de emergência ou de força maior, com remuneração em dobro".
>
> *Comissão de Sistematização*
> "remuneração em dobro do serviço extraordinário".
>
> *Constituição Federal, art. 7º, XVI — (texto oficial)*
> "REMUNERAÇÃO DO SERVIÇO EXTRAORDINÁRIO SUPERIOR, NO MÍNIMO, EM CINQUENTA POR CENTO À DO NORMAL".

Os servidores públicos, pela redação do art. 39, parágrafo terceiro da Constituição, observando a Emenda Constitucional n. 19[59], de 1998, foram contemplados com o inciso XVI.

---

(59) Art. 39. A União, os Estados, o Distrito Federal e os Municípios instituirão, no âmbito de sua competência, regime jurídico único e planos de carreira para os servidores da administração pública direta, das autarquias e das fundações públicas. § 3º Aplica-se aos servidores ocupantes de cargo público o disposto no art. 7º, IV, VII, VIII, IX, XII, XIII, XV, XVI, XVII, XVIII, XIX, XX, XXII e XXX, podendo a lei estabelecer requisitos diferenciados de admissão quando a natureza do cargo o exigir.

As Constituições anteriores não entenderam como matéria de foro constitucional a prorrogação da jornada normal de trabalho.

O constituinte de 1988, seguindo a ideia de consignar o elenco discriminado dos direitos trabalhistas, dedicou à hora extra expressiva referência, fazendo uma espécie de "compacto" da CLT, atualizado e inovador.

*a)* O art. 7º, inciso XVI, estabelece:

"remuneração do serviço extraordinário superior, no mínimo, em cinquenta por cento à do normal";

Decidiu o constituinte não só que se exigiria pagamento a maior pela prorrogação do horário de trabalho, mas que caberia ao texto constitucional dizer qual o mínimo de acréscimo.

*b)* Anteriormente, a matéria era tratada no art. 59 da CLT:

"A duração normal do trabalho poderá ser acrescida de horas suplementares, em número não excedente de duas, mediante acordo escrito entre empregador e empregado, ou mediante contrato coletivo de trabalho.

§ 1º Do acordo ou contrato coletivo de trabalho deverá constar, obrigatoriamente, a importância da remuneração da hora suplementar, que será, pelo menos, 20% (vinte por cento) superior à da hora normal".

Conseguiram os movimentos sindicais transportar para o texto constitucional o regramento das horas extras, descendo ao detalhe de um percentual-piso, elevado para cinquenta por cento, quando, na legislação anterior, era de vinte por cento. A campanha das centrais sindicais foi por cem por cento, até porque havia diversas convenções coletivas, em que se chegara a tal base.

Pragmática, a reivindicação dos cem por cento de adicional feita por movimentos sindicais que, como ensinava GOMPPERS, deveriam sempre "pedir mais, mais e sempre mais". Por isso, a reação contrária patronal. E, por isso, racional a resolução que deu à pretensão e à reação a Constituinte.

*c)* Ainda que não o tenha dito a Constituição, mantém-se o disposto no § 2º do art. 59 da CLT:

"§ 2º Poderá ser dispensado o acréscimo de salário se, por força de acordo ou convenção coletiva, o excesso de horas em um dia for compensado pela correspondente diminuição em outro dia, de maneira que não exceda, no período máximo de um ano, à soma das jornadas semanais de trabalho previstas, nem seja ultrapassado o limite máximo de dez horas diárias".

Como já foi destacado no Capítulo da Jornada de Trabalho de 44 Horas Semanais, o art. 59 da CLT, em seu parágrafo segundo, sofreu alteração (primeiro pela Lei

n. 9.601, de 21 de janeiro de 1998, que inicialmente previa a compensação, após acordo ou convenção coletiva, das horas extras prestadas no período de cento e vinte dias, ficando elas armazenadas para depois ser compensadas ou pagas. (Trata-se do denominado "Banco de Horas"). Com a edição da Medida Provisória n. 2.164, de 24 de agosto de 2001, o prazo que antes era de cento e vinte dias passou a ser de um ano, permanecendo os demais requisitos.

As partes, por meio da negociação coletiva, podem estabelecer formas compensatórias da prorrogação do trabalho. O adicional de cinquenta por cento pode ser dispensado se as horas agregadas em um dia forem suprimidas ao longo do ano e desde que tal sistemática seja previamente acertada.

Tal dispositivo é a continuidade de uma filosofia ligada à então modernidade das relações trabalhistas. Isto é, sempre que as partes pudessem regrar seu relacionamento, na medida em que estiverem equilibradamente representadas, e com força para reivindicar, tenderiam a ser mais práticas do que a lei, estratificada, exógena e generalizante. Aquelas se corrigem no ajuste setorial, pela negociação direta dos que convivem com o problema. A lei distante terá um itinerário burocrático de correção, condicionado a fatores outros que não os da negociação coletiva.

Mesmo que a Constituição não o tivesse referido expressamente, é da sua filosofia estabelecer prevalência do interesse negociado pelas partes, mediante o acordo ou a convenção coletiva de trabalho, sobre a fixação imposta pela lei. Por isso, a aplicabilidade do estipulado na CLT, como forma de compensação da prorrogação da jornada num dia, pela redução em outro ao longo de um ano, sempre que tal decorrer negociação coletiva.

*d)* Via negociação poderão as partes estabelecer percentual maior do que o de cinquenta por cento. Tal se observa na redação do inciso XVI do art. 7º, ao tratar de remuneração das horas extras, no qual se fala *"no mínimo,* em cinquenta por cento (superior) à do normal". Ora, a expressão *no mínimo* enseja que mais se possa conseguir, e o caminho para chegar a valores maiores será o da negociação coletiva.

O dispositivo constitucional estipula apenas garantias mínimas de piso remuneratório.

*e)* Em nome do interesse do trabalhador, a legislação consolidada já estabelecia a máxima prorrogação. E o fez no art. 59, disciplinando tal acréscimo em duas horas diariamente. Na proteção da saúde do empregado, e em razão do prevalente interesse público, o legislador pôs um freio na jornada suplementar. A contenção valia, inclusive, sobre acordos entre as partes, que, interessados momentaneamente uns em ganhar o adicional e outros em acrescer a produção, ajustassem prorrogações de cinco ou seis horas diárias, por exemplo. Tal não valeria e seria, pela fiscalização do trabalho, mesmo sendo fruto de negociação coletiva, anulado.

A liberdade contratual coletiva, que deve ser respeitada, encontraria um freio porque, acima dela, que representa o classista, estaria o interesse público representando a comunidade. No choque entre esses dois valores, prepondera o bem maior a ser tutelado, isto é, a disposição jurídica que se ditou, em nome da sociedade.

No caso de regime de compensação de doze horas de trabalho por trinta e seis de descanso, tolera-se um limite diário superior, visto que seguido de repouso mais elastecido. Neste sentido a jurisprudência como elucida:

> "COMPENSAÇÃO DE JORNADA — INSTRUMENTO COLETIVO. Não é passível de nulidade a cláusula de acordo ou convenção coletiva que institui o regime de compensação, na escala de 12 horas de trabalho por 36 de descanso, pois a fixação das normas de duração da jornada e intervalos, em instrumento coletivo, tem previsão expressa nos incisos XIII e XXVI do art. 7º da Constituição Federal, sobretudo quando mais favoráveis ao obreiro que, nesse sistema, lhe possibilita o desempenho de outras atividades e maior convívio familiar. TRT da 3ª Região (Minas Gerais), RO 00908-2004-040-03-00-8, 3ª T. Publ. 22.01.2005, Rel.: Fernando Antônio Viegas Peixoto".

*f)* A CLT regulava situação excepcional, relativa a momento de sérias dificuldades que atingissem a empresa, durante as quais, ademais de alterações na jornada normal, permitiam-se, também, formas remuneratórios estabelecidas por um período atípico de suplementação da jornada.

Essa situação excepcional de dificuldade econômico-financeira da empresa, permitindo redução salarial, estava regulada pelo art. 503 da Consolidação das Leis do Trabalho:

> "Art. 503. É lícita, em caso de força maior ou prejuízos devidamente comprovados, a redução geral dos salários dos empregados da empresa, proporcionalmente aos salários de cada um, não podendo, entretanto, ser superior a 25%, respeitado, em qualquer caso, o salário mínimo da região".

A dificuldade da empresa deveria ser comprovada, a fim de que os assalariados não ficassem prejudicados por uma fraude. O artigo referia-se ao salário mínimo regional, que foi superado pelo salário mínimo unificado nacionalmente, contudo ressalta-se o piso salarial regional que pode ser implantado pelos Estados-membros frente ao Inciso V deste mesmo artigo combinado com a Lei Complementar n. 103/2000, que autoriza legislação estadual válida para os empregados que não tenham piso salarial definido em lei federal, convenção coletiva, acordo coletivo de trabalho ou sentença normativa. Assim, partindo da legalidade, ainda que excepcional, do piso salarial regional, sendo ele mais favorável, deverá ele ser observado na redução mínima.

*g)* A prorrogação dos trabalhos do menor e da mulher estava disciplinada por norma especial de proteção, à luz de medidas originárias da medicina e segurança do trabalho. Assim, a mulher somente poderia ter seu horário de trabalho prorrogado se estivesse para tanto autorizada por atestado médico oficial, constante de sua Carteira de Trabalho e Previdência Social. As medidas de proteção ao trabalho da mulher seriam de ordem pública, não se justificando a redução de seu salário. Havia restrições, também, quanto ao trabalho noturno, explicitando a lei que somente era permitido às mulheres maiores de dezoito anos e, mesmo assim, mediante atestado médico, com a devida anotação no livro ou ficha de registro de empregados, sob responsabilidade da empresa. Esse regramento foi revogado pela Lei n. 7.855, de 24.10.1989, diante da igualdade de gênero que se impõe na atual sociedade em que vivemos. Não se está aqui dizendo que a igualdade absoluta foi encontrada e que nossa sociedade está plenamente equilibrada, contudo, nesse aspecto se necessitava extirpar tal regramento, causador de discriminação da mulher.

Por outro lado, cumpre mencionar que a norma do art. 384 da CLT mantém a exigência de um descanso de quinze minutos antes do início do trabalho extraordinário:

"Art. 384. Em caso de prorrogação do horário normal, será obrigatório um descanso de 15 (quinze) minutos no mínimo, antes do início do período extraordinário do trabalho".

A jurisprudência salienta que essa norma está em vigor e não conflita com a Constituição:

"RECURSO DE REVISTA DA RECLAMANTE — PROTEÇÃO DO TRABALHO DA MULHER — HORAS EXTRAS — INTERVALO PARA DESCANSO ANTES DO INÍCIO DA JORNADA EXTRAORDINÁRIA — ART. 384 DA CLT — CONSTITUCIONALIDADE. 1. O Pleno desta Corte, ao julgar o IINRR-1.540/2005-046-12-00.5, decidiu por rejeitar o Incidente de Inconstitucionalidade do art. 384 da CLT, ao fundamento de que o princípio da isonomia, segundo o qual os desiguais devem ser tratados desigualmente na medida de suas desigualdades, possibilita tratamento privilegiado às mulheres no tocante aos intervalos para descanso. 2. Nesse contexto, reconhecida a constitucionalidade do art. 384 da CLT, impõe-se o provimento do apelo para deferir à Empregada o pagamento de horas extras decorrentes da não concessão do intervalo previsto no referido dispositivo. Recurso de revista obreiro parcialmente conhecido e provido. (RR n. 526200-38.2008.5.09.0872, 7ª Turma do TST, Rel. Maria Doralice Novaes. Unânime, DEJT 16.12.2010)".

Ao menor só seria permitida a prorrogação do trabalho por duas horas, em caráter excepcional e, mesmo assim, com a obrigação de compensação do excesso de horas de um dia pela diminuição em outro, de modo a ser observada a jornada semanal, hoje, de quarenta e quatro horas semanais. A prorrogação deve fazer parte de convenção ou acordo coletivo de trabalho. Os menores não poderiam trabalhar em ambientes ou em serviços prejudiciais à sua moralidade, bem como em serviços e locais perigosos e insalubres. A exemplo da mulher, o menor não poderia ter prorrogada sua jornada de trabalho se, para tanto, não estivesse autorizado por atestado médico oficial, sendo obrigação da empresa comunicar a prorrogação à autoridade competente, em quarenta e oito horas.

Como se constata, tanto a prorrogação do trabalho da mulher (em reduzida escala) como a do menor estão subordinadas a regras inibitórias já que esses trabalhadores carecem de cuidados especiais do Estado.

No que pertine à proteção da mulher, em relação ao aspecto biológico, a interrogação ainda se faz presente[60]. Necessitaria a mulher manter uma legislação especial sob o fundamento de que seria mais frágil fisicamente? A tendência caminha no sentido de que, como regra, não. Afinal, após a Revolução Industrial, as máquinas teriam deixado de exigir a força bruta.

Homens e mulheres não são iguais, mas as pequenas diferenças de vigor físico, em princípio, reconhecidamente existentes, não provocam a necessidade de legislação especial. Por outro lado, é notório que a mulher possui maior longevidade e resistiria melhor do que o homem à dor. A exceção está presente quanto à maternidade, quando a proteção é indispensável e crescente.

A existência de legislação trabalhista especial para a mulher, inclusive quanto à jornada de trabalho, pode lhe causar dano frente ao mercado de trabalho competitivo, no qual a escolha e a manutenção do empregado está fortemente atrelada ao seu custo e produtividade. Compete à legislação proteger a mulher, em especial no que tange à maternidade, contudo, na busca do equilíbrio, deve-se dissipar o ônus e os encargos para a sociedade em geral, como ocorre no caso da licença-gestante, em que a Previdência Social arca com os salários correspondentes.

*h)* A prática reiterada de horas extras é muitas vezes saudada pelos empregados, que obtêm ganhos maiores, inclusive pelo atrativo percentual de acréscimo de 50% instituído na Constituição. O empregado, que nem sempre recebe adequados salários, obtém pela jornada extraordinária ganhos capazes de melhor satisfazer suas obrigações os quais inclusive lhe permitem maior acesso ao consumo.

Do outro lado, encontra-se o empregador muitas vezes interessado na prática de horas extras, já que pode suprir ausências ocasionais, satisfazer uma maior produção momentânea, bem como encontrar agilidade e flexibilidade na jornada laboral.

Ocorre que pouco se fala de que a prática reiterada de horas extras diminuiria oportunidades de trabalho para os que estão na fila dos desempregados. O prejuízo pode ser da própria classe trabalhadora.

Debate assemelhado e interligado é o da redução da jornada semanal de quarenta e quatro horas, para quarenta horas semanais. A fixação da semana de quarenta e quatro horas, como já se disse, foi resultado da conciliação, quando

---

(60) Nem mesmo na Ilha de Utopia a ideia da fragilidade física do sexo feminino é esquecida. "Sendo menos robustas, as mulheres fazem as tarefas menos pesadas, como tecer a lã e o linho. Os trabalhos mais fatigantes são confiados aos homens." MORUS, Tomás. *Utopia*. Trad. De Paulo Neves. Porto Alegre: L&PM, 2006, p. 76.

da Constituinte, entre o desejo das forças sindicais para quarenta horas semanais e, na época, a existente jornada de quarenta e oito horas semanais.

Contudo, o debate persiste.

A redução da jornada semanal poderia gerar novos empregos?

A União Europeia aprovou, em 1975, a Recomendação n. 547, que refere à semana de quarenta horas. Esse parecia ser o caminho dos países desenvolvidos e de forte tradição trabalhista.

Aparentemente a redução de jornada semanal poderia gerar novos empregos, mas existiriam limites a ser observados. A França, objetivando aumentar a competitividade e a diminuição do desemprego, em 1998 (*Code du Travail*), reduziu para trinta e cinco horas a jornada semanal, tendo como lema: "Trabalhar menos para trabalharem todos"[61]. As consequências não foram satisfatórias; as empresas, buscando competitividade internacional — que foi ameaçada — aumentaram a automação com a consequente redução de número de empregados. E a experiência, na prática, frustou-se.

Dez anos depois, em 2008, a França, por meio da Lei 2008-789 (agosto de 2008), não abandonou formalmente, para não parecer um recuo político, a jornada de trinta e cinco horas semanais, contudo, permitiu e estimulou a prestação de horas suplementares mediante o sistema de compensação por repousos, autorizada pela negociação coletiva. Dito de outra forma, diante do desastre econômico, viu-se compelida, por caminho tortuoso (ou, pelo menos, complexo), retornar à possibilidade de uma jornada mais elastecida.

A redução de jornada semanal para gerar novos empregos estaria interligada — e até antecedida — pela redução de horas extras, como bem salienta Nascimento[62]:

> Minha impressão é que antes da redução da jornada semanal de trabalho há outro caminho a seguir e que é precedente e até mesmo prioritário: a redução do contingente de horas extras semanais ou mensais. De nada adiante reduzir a jornada de trabalho se forem mantidas as horas extras nas dimensões toleradas.

Não recomendável e certamente inócuo seria proibir por completo a possibilidade de prestação de jornada extraordinária. Cumpre reconhecer que o trabalho extraordinário é, muitas vezes, expediente útil que permite suprir momentos contigenciais por que passa a empresa (ausências etc.). Também, não parece ade-

---

(61) *"travailler moins, pour travailler tous".*
(62) NASCIMENTO, Amauri Mascaro. *Direito contemporâneo do trabalho.* São Paulo: Saraiva, 2011. p. 513.

quado elevar o percentual admissível das horas extras, o que estimularia as partes a perpetuarem o seu exagero.

Como foi alertado no Capítulo IV (salário mínimo), atualmente, a crise que se abateu sobra a Europa provocou e abrigou um debate profundo e sério sobre direitos trabalhistas e previdenciários. Greves e movimentos de populações se multiplicam no Velho Mundo. Chega-se a dizer, um tanto emocionalmente, que a ocupação circunstancial de hoje será mais solução do que o emprego duradouro.

O momento da economia internacional é de preocupação. A certeza, com natureza de dogma, de que o mercado é autorregulador, foi vencida e esmigalhada. Governos passaram a interferir de forma acentuada. Os Estados adotam — ou são obrigados a adotar — restrições de orçamentos de custos. Diminuem-se os investimentos. Salários são congelados — e até diminuídos —; benefícios previdenciários atropelados. Vive-se um momento de tensão, de desafio, de cobrança e de competência.

A crise europeia fez-se tão ou até mais contundente e mais abrangente que a dos Estados Unidos e alcança, inclusive, o próprio equilíbrio financeiro orçamentário, político e institucional da região do euro.

O Direito do Trabalho, como tantos outros setores da sociedade, passa e passará por transformações mais amplas ou por mudanças mais suaves, mas, de qualquer maneira, se alterará, adequando-se, como tudo e todos, aos novos tempos. Como? O tempo ajudará a dizer.

## HORAS EXTRAS NAS CONSTITUIÇÕES ESTRANGEIRAS

| MÉXICO<br>Título Sexto<br>Del Trabajo y de la Previsión Social<br>Artículo 123. Toda persona tiene derecho<br>(...)<br>XI. Cuando, por circunstancias extraordinarias deban aumentarse las horas de jornada, se abonará como salario por el tiempo excedente un 100% más de lo fijado para las horas normales. En ningún caso el trabajo extraordinario podrá exceder de tres horas diarias, ni de tres veces consecutivas. Los menores de dieciséis años no serán admitidos en esta clase de trabajos.<br>(...) | Tradução Livre<br>Título sexto<br>Trabalho e Previdência Social<br>Artigo 123. Toda pessoa tem direito<br>(...)<br>XI — Quando, devido a circunstâncias extraordinárias, devam aumentar-se as horas das jornadas, se pagará pelo tempo excedente o 100% a mais do que o estipulado para a hora normal. Em nenhum caso as horas extras serão mais do que três horas por dia, nem ocorrerão por três vezes consecutivas. Aos menores de dezesseis anos não será permitido esse tipo de trabalho.<br>(...) |
|---|---|

# Capítulo XVII

# FÉRIAS REMUNERADAS COM ACRÉSCIMO DE UM TERÇO

**TRAJETÓRIA NA CONSTITUINTE**

> **Gozo de Férias**
>
> *Subcomissão dos Direitos dos Trabalhadores*
>
> "gozo de férias anuais de pelo menos trinta dias, com pagamento igual ao dobro da remuneração mensal".
>
> *Comissão da Ordem Social*
>
> "gozo de trinta dias de férias anuais, com remuneração em dobro".
>
> *Comissão de Sistematização*
>
> "gozo de férias anuais, na forma da lei, com remuneração integral".
>
> *Constituição Federal, art. 7º, XVII — (texto oficial)*
>
> "GOZO DE FÉRIAS ANUAIS REMUNERADAS COM, PELO MENOS, UM TERÇO A MAIS DO QUE O SALÁRIO".

Os militares, frente à Emenda Constitucional n. 18[63], de 1998, foram contemplados com alguns incisos do art. 7º da Constituição Federal, incluindo as férias.

---

(63) Art. 142. As Forças Armadas, constituídas pela Marinha, pelo Exército e pela Aeronáutica, são instituições nacionais permanentes e regulares, organizadas com base na hierarquia e na disciplina, sob a autoridade suprema do Presidente da República, e destinam-se à defesa da Pátria, à garantia dos poderes constitucionais e, por iniciativa de qualquer destes, da lei e da ordem. § 3º Os membros das Forças Armadas são denominados militares, aplicando-se-lhes, além das que vierem a ser fixadas em lei, as seguintes disposições: VIII — aplica-se aos militares o disposto no art. 7º, incisos VIII, XII, XVII, XVIII, XIX e XXV e no art. 37, incisos XI, XIII, XIV e XV;

Os servidores públicos, por sua vez, pela redação do art. 39, parágrafo terceiro da Constituição, observando a Emenda Constitucional n. 19[64], de 1998, também.

A Constituição anterior estabelecia no inciso VIII do art. 165 o direito do empregado às *"férias anuais remuneradas".*

Seu antecedente era o art. 129 da Consolidação das Leis do Trabalho, que estipulava:

> "Todo empregado terá direito anualmente ao gozo de um período de férias, sem prejuízo da remuneração".

*a)* As férias nada mais são do que o prolongamento do repouso do trabalho. Aplicava-se na paralisação *intrajornada* — desde que o período continuado tivesse mais de seis horas; nas *interjornadas,* quando se exigia um intervalo de pelo menos onze horas entre duas etapas diárias. Nesses dois casos, o descanso não corria à conta da empresa. Esta tinha o dever de respeitá-lo. E mais: propiciá-lo, não estando compelida a remunerá-lo.

Já o descanso semanal tem a característica de ser pago, obrigatoriamente, pelo empregador e durar, pelo menos, vinte e quatro horas. Enquanto o intra e o interjornadas caracterizavam-se por ser *suspensão* do contrato de trabalho (não contavam tempo de serviço, não havia pagamento de salário, mas havia manutenção do vínculo), o descanso semanal identificava-se como *interrupção contratual* (contava tempo de casa, a empresa remunerava no seu decurso e, obviamente, se preservava a relação de emprego).

As férias — que também poderiam ser nominadas de repouso anual remunerado — ofereciam a mesma natureza jurídica do descanso semanal. Caracterizavam-se, como interrupção, desde a CLT, passando pelas Constituições anteriores, com substancioso reforço, no texto de 1988.

*b)* A motivação das férias estava ligada não apenas ao princípio de solidariedade humana: depois de um ano de intensa atividade e exigida dedicação, o trabalhador faz jus a um descanso para lazer, utilizável à luz de suas prioridades, mas também à ideia da recuperação física e da mental do empregado, como agente produtivo, na visão de interesse da empresa. A maneira terápica de recuperar-se, em qualquer avaliação ergométrica, passa pela recomposição de sua energia, ligada a um período de paralisação laboral, preferentemente dedicada ao lazer.

---

(64) Art. 39. A União, os Estados, o Distrito Federal e os Municípios instituirão, no âmbito de sua competência, regime jurídico único e planos de carreira para os servidores da administração pública direta, das autarquias e das fundações públicas. § 3º Aplica-se aos servidores ocupantes de cargo público o disposto no art. 7º, IV, VII, VIII, IX, XII, XIII, XV, XVI, XVII, XVIII, XIX, XX, XXII e XXX, podendo a lei estabelecer requisitos diferenciados de admissão quando a natureza do cargo o exigir.

A preocupação patronal com o descanso do trabalhador ocorre, *em parte,* por uma política inteligente de relações públicas do trabalho, aproximando mais, afetiva e efetivamente, o trabalhador da empresa, mas também está ligada à obtenção de resultados mais expressivos em matéria de produção e produtividade. Enquanto o empregado, que restauraria forças, renovaria disposição, reencontraria criatividade, o outro mostraria uma curva descendente que não apenas lhe é pessoalmente desgastante, mas também deficitária para a empresa.

*c)* A Organização Internacional do Trabalho, pela Convenção n. 52, de 24 de junho de 1936, adotada pelo Brasil nos termos da Carta de Ratificação em 21 de julho de 1938, estabeleceu, no artigo II, que "todo aquele a que se aplicar a presente convenção tem direito, após um ano de serviço contínuo, a férias anuais remuneradas, compreendendo ao menos seis dias úteis". No seu item seguinte, a Convenção Internacional, arrojada na época (em 1940), mas que setenta anos depois, parecia tão modesta na sua conquista mínima, fixava, para os menores de dezesseis anos, doze dias úteis.

A Convenção estabeleceu que as faltas ao serviço, por motivo de doença, e o não trabalhar por força de feriado, não se descontavam nas férias. Na ocasião, um passo que alargou conquistas para o trabalhador.

Uma recomendação contida no item 5 do art. 2º da Convenção, e que muitos países, mesmo adotando a norma internacional, não acolheram, dizia respeito à conveniência de que as férias tivessem uma individualização na sua duração, crescendo com o maior tempo do trabalhador na empresa.

A possibilidade de alargamento do período de férias em relação à duração do contrato de emprego não foi repetida na Convenção n. 132 da OIT, contudo, a princípio, poderia ser mantida, premiando o trabalhador não apenas presente (ausência de faltas injustificadas, conforme estabelecido na CLT), mas o empregado, com mais tempo de contrato, recompensando aquele com vínculo mais longevo. Em analogia ao aviso-prévio, poderiam as férias incorporar a proporcionalidade ao tempo de serviço (um dia a mais por ano de serviço, *v. g.*).

De outro lado, *veio também dessa Convenção da OIT* muita influência na CLT, que, por sua vez inspirou, nesse aspecto, Constituições: a *declaração* prévia e legal *de nulidade* de *acordo* "visando a negar ou a abandonar o direito às férias", *a garantia de recebimento do salário* pertinente às férias durante o período de sua duração e a *proibição* de que a despedida do trabalhador, por vontade patronal, antes de o trabalhador desfrutar seu período de férias, anulasse o seu direito, impedindo de transformá-lo em crédito trabalhista, recebendo-o como tal.

A Convenção n. 132 da OIT também trata das férias. Aprovada na 54ª reunião da Conferência Internacional do Trabalho (Genebra — 1970), entrou em vigor no plano internacional em 30.6.1973 e, no Brasil, foi aprovada pelo Congresso Nacional por meio do Decreto Legislativo n. 47, de 23.9.81, mas somente promulgada e publicada pelo Decreto n. 3.197, de 5.10.99 (DJU 6.10.99).

Trata-se de rica legislação sobre férias que traz diversas situações inovadoras e importantes. No art. 3º, parágrafo terceiro, está estabelecido que a duração das férias não deverá em caso algum ser inferior a três semanas de trabalho, por um ano de serviço, o que estaria derrocando parcialmente a proporcionalidade das férias frente a eventuais faltas injustificadas, conforme determina a CLT.

Tendo o Brasil ratificado o referido dispositivo internacional, cumpre observar a legislação mais benéfica nessa órbita. Comparando os arts. 129 e 130 da CLT, nota-se prazo maior de três semanas, já que o art. 130 da CLT assegura a fruição de férias num período de trinta ou vinte e quatro dias corridos para aqueles empregados que não tenham elevado número de faltas injustificadas; contudo o artigo celetista reduz para dezoito dias corridos, quando se anotarem de quinze a vinte e três faltas e resumindo-se a só doze dias corridos, quando o empregado tiver um escore de faltas de vinte e quatro a trinta e duas. Nota-se que em duas possibilidades existe o conflito entre o prazo mínimo da Convenção e a proporcionalidade criada na CLT.

Mais e importante: o art. 6º, parágrafo primeiro da Convenção, determina que os dias feriados oficiais ou costumeiros, quer se situem ou não dentro do período de férias anuais, não serão computados como parte do período mínimo de férias anuais remuneradas previsto no § 3º do art. 3º acima. O art. 8º, parágrafo segundo estabelece prazo mínimo de duas semanas para uma das frações, em conflito com as regras dos arts. 134, § 1º, e 139, § 1º, da CLT.

Salienta-se, ainda, que o art. 11 da Convenção estabeleceu que toda pessoa empregada que tenha completado o período mínimo de serviço deverá ter direito, em caso de cessação da relação empregatícia, ou a um período de férias remuneradas proporcional à duração do período de serviço pelo qual ela não gozou ainda tais férias, ou a uma indenização compensatória, ou a um crédito de férias equivalente. Assim, as férias proporcionais são devidas, mesmo havendo pedido de demissão, tendo o TST excluído apenas a hipótese de dispensa por justa causa, conforme as Súmulas ns. 171 e 261 do TST:

SÚMULA N. 171

FÉRIAS PROPORCIONAIS. CONTRATO DE TRABALHO. EXTINÇÃO

"Salvo na hipótese de dispensa do empregado por justa causa, a extinção do contrato de trabalho sujeita o empregador ao pagamento da remuneração das férias proporcionais, ainda que incompleto o período aquisitivo de 12 (doze) meses (art. 147 da CLT)".

SÚMULA N. 261

"FÉRIAS PROPORCIONAIS. PEDIDO DE DEMISSÃO. CONTRATO VIGENTE HÁ MENOS DE UM ANO".

O empregado que se demite antes de completar doze meses de serviço tem direito a férias proporcionais.

A Constituição da OIT, art. 19, alínea 8º, estabelece que: "Em nenhum caso se poderá admitir que a adoção de uma convenção ou de uma recomendação pela Conferência, ou a ratificação de uma convenção por qualquer membro torne sem efeito qualquer lei, sentença, costume ou acordo que garanta aos trabalhadores condições mais favoráveis que as que figuram na convenção ou na recomendação"[65].

A lógica é de que a OIT não pode suprimir eventual vantagem conquistada pelos trabalhadores na luta local.

Outras características a serem observadas nas Convenções da OIT, indicam que, tendo natureza de Tratado Internacional, limitam-se a supremacia das normas constitucionais, bem como, havendo reserva constitucional de lei complementar, faz-se inviável a sua adoção. Portanto, nesse caso, são recepcionadas na escala de leis como ordinárias.

Ocorre que a Convenção n. 132 da OIT, em comparação com a CLT (ambas de hierarquia ordinária), por vezes se mostra mais favorável e, em outros momentos, é inferior na oferta de direitos.

Pelo princípio consagrado do Direito do Trabalho, favorável, bem retratado por Américo Plá Rodrigues[66], quebra-se a tradicional hierarquia de normas, indicando que no cume está a que for mais favorável ao trabalhador.

Com fidelidade a tal princípio, cumpre comparar as normas em cada um dos preceitos, optando-se por aqueles que abarcarem mais benefício aos empregados (teoria da acumulação — ou teoria atomista).

Ampliando o debate, salienta-se que já na teoria do conglobamento a norma mais favorável deve ser escolhida comparando-se as normas jurídicas em seu conjunto e optando pela mais favorável.

A jurisprudência inclina-se, pela teoria do conglobamento, como no caso transcrito:

"APLICAÇÃO DA NORMA MAIS FAVORÁVEL. PRINCÍPIO DO CONGLOBAMENTO. A doutrina e a jurisprudência construíram, a respeito do tema, duas teorias, quais sejam, a da acumulação e a do conglobamento. Segundo a teoria do conglobamento, as condições estipuladas em convenção ou acordo coletivo de trabalho devem ser consideradas em seu conjunto, e não cláusula a cláusula, com o pinçamento de normas de um e de outro instrumento individualmente para aplicação aos beneficiários. Esta é a interpretação

---

(65) Art. 19 — 8. En ningún caso podrá considerarse que la adopción de un convenio o de una recomendación por la Conferencia, o la ratificación de un convenio por cualquier Miembro, menoscabará cualquier ley, sentencia, costumbre o acuerdo que garantice a los trabajadores condiciones más favorables que las que figuren en el convenio o en la recomendación. Disponível em: <http://www.ilo.org/ilolex/spanish/constq.htm>. Acesso em: 26 dez. 2011.
(66) RODRIGUEZ, Américo Plá. *Princípios de direito do trabalho*. Tradução Wagner D. Giglio. São Paulo: LTr; Ed. da Universidade de São Paulo, 1993.

mais coerente com o disposto no art. 620 da CLT. No presente caso é inequívoco que o instrumento coletivo firmado no Estado de Pernambuco é mais benéfico ao empregado. (RO n. 0000035-81.2010.5.06.0271, 3ª Turma do TRT da 6ª Região/PE, Rel. Virgínia Malta Canavarro. j. 17.11.2010, unânime, DEJT 26.11.2010)".

Adotando-se a teoria do conglobamento, majoritária, a Convenção n. 132 da OIT se tornaria letra morta. Mesmo que minoritária, a teoria da acumulação alinha-se aos tradicionais princípios do Direito do Trabalho e à própria Constituição da OIT antes referida, conferindo aos direitos sociais e fundamentais maior abrangência.

*d)* A Consolidação das Leis do Trabalho reservou alentado capítulo para as férias, inclusive fazendo com que a duração do repouso anual oscilasse na razão da assiduidade do trabalhador no período aquisitivo, dentro do princípio de que descansará mais quem mais tenha trabalhado, ressalvado o conflito parcial com a Convenção n. 132 da OIT, que estabelece o prazo "em caso algum inferior a três semanas". Excluíram-se do rol das faltas descontáveis as ausências legais referidas no art. 473[67] da CLT, por licença da empregada por motivo de maternidade ou aborto, enfermidade, acidente do trabalho, justificada pela empresa que não tenha ocorrido o desconto do correspondente salário, ou por suspensão preventiva para responder inquérito administrativo julgado improcedente e nos dias em que não tenha havido serviço, salvo na hipótese do inciso III do art. 133[68] da CLT.

As férias, normalmente, deveriam ser concedidas em um só período, e a regra fundamental era a de que o empregado trabalhasse na empresa doze meses para adquirir o direito, tendo o empregador os doze meses subsequentes para fixar e conceder o período do repouso, previamente comunicado ao empregado e anotado na sua Carteira.

---

(67) Art. 473. O empregado poderá deixar de comparecer ao serviço sem prejuízo do salário: I — até 2 (dois) dias consecutivos, em caso de falecimento do cônjuge, ascendente, descendente, irmão ou pessoa que, declarada em sua carteira de trabalho e previdência social, viva sob sua dependência econômica; II — até 3 (três) dias consecutivos, em virtude de casamento; III — por um dia, em caso de nascimento de filho no decorrer da primeira semana; IV — por um dia, em cada 12 (doze) meses de trabalho, em caso de doação voluntária de sangue devidamente comprovada; V — até 2 (dois) dias consecutivos ou não, para o fim de se alistar eleitor, nos termos da lei respectiva. VI — no período de tempo em que tiver de cumprir as exigências do Serviço Militar referidas na letra "c" do art. 65 da Lei n. 4.375, de 17 de agosto de 1964 (Lei do Serviço Militar). VII — nos dias em que estiver comprovadamente realizando provas de exame vestibular para ingresso em estabelecimento de ensino superior. VIII — pelo tempo que se fizer necessário, quando tiver que comparecer a juízo. IX — pelo tempo que se fizer necessário, quando, na qualidade de representante de entidade sindical, estiver participando de reunião oficial de organismo internacional do qual o Brasil seja membro.
(68) Art. 133. Não terá direito a férias o empregado que, no curso do período aquisitivo: III — deixar de trabalhar, com percepção do salário, por mais de 30 (trinta) dias, em virtude de paralisação parcial ou total dos serviços da empresa;

A CLT conferiu ao patrão o direito de fixar a época de concessão das férias, restringindo tal faculdade, a de ter de concedê-las em conjunto, quando, na empresa ou estabelecimento, trabalhassem membros de uma família e demonstrassem interesse no desfrute simultâneo do benefício.

A Consolidação fixou também, em favor do obreiro, o direito a exigir o ressarcimento indenizatório pelas férias não concedidas no prazo por ela estabelecido, hipótese em que o patrão teria de pagar o valor — que seria sempre o salário atualizado da época da concessão ou da indenização — correspondente ao dobro do valor das férias devidas, e não concedidas.

*Antes* de iniciar-se o período de férias, marcado pelo patrão, ele deve pagar ao trabalhador o crédito salarial referente às férias, cujo gozo têm início, proibindo-se ao empregado, durante elas, prestar serviços, com remuneração, a terceiro, salvo se autorizado pelo empregador.

Recorde-se, também, de que "o empregado que for despedido sem justa causa, ou cujo contrato de trabalho se extinguir em prazo determinado, antes de completar 12 (doze) meses de serviço, terá direito à remuneração relativa ao período incompleto de férias", isto é, na proporção de um doze avos (1/12), por mês de serviço ou fração superior a 14 dias (arts. 146 e 147 da CLT).

A Jurisprudência estabeleceu que a rescisão contratual, de iniciativa do empregado, não exclui seu direito a férias proporcionais, pois a lei só se referia a uma causa excludente desse direito: a dispensa por justa causa (Súmulas ns. 171 e 261 do TST antes transcritas).

Fez-se tal resenha consolidada, porque, aplicando-se o princípio da recepção, estariam vigentes, coexistindo com a nova Constituição.

*e)* O constituinte, ademais de preservar o conquistado em matéria de férias, avançou, nas pegadas da negociação coletiva, homologada por decisões jurisprudenciais, garantindo um suplemento salarial sem prejuízo do ganho correspondente ao período de paralisação.

Já foi dito que a duração do período de férias variava de acordo com uma escala estipulada pela CLT (art. 130), que ia de um mínimo de doze a um máximo de trinta dias, na dependência da frequência do trabalhador ao serviço, durante os doze meses do período aquisitivo, ressalvado o conflito parcial com a Convenção n. 132 da OIT que estabelece o prazo "em caso algum" inferior a três semanas.

Anteriormente o período máximo de férias limitava-se a vinte dias úteis, o que dava normalmente de vinte e três a vinte e cinco dias corridos. Pelo Decreto-lei n. 1.535, de 13 de abril de 1977, colocou-se o teto legal de descanso anual em trinta dias, equiparando o empregado privado ao funcionário, por um lado, e, por outro, dando ao trabalhador de categoria mais frágil o mesmo que operários de regiões e setores associativamente mobilizados já haviam conquistado por meio de negociações.

A lei, em sua evolução, assegurou ao empregado a faculdade de poder transformar até *um terço* do período de férias em *abono pecuniário* (art. 143), devendo, para desfrutar tal faculdade, requerê-la até quinze dias antes do término do período aquisitivo.

Por que o terço? Porque, originariamente, as férias eram de vinte dias. Depois, evoluíram para vinte dias *úteis*. Uma nova legislação acresceu um terço, passando de vinte para trinta dias, e ensejou o direito para o empregado de trocar os dias a mais de repouso, pelo recebimento em dinheiro. E como o tempo acrescido fora de *1/3*, ou seja, de vinte para trinta dias, o legislador resolveu adotar essa mesma referência — o terço — para balizar o limite do valor passível de conversão em abono pecuniário.

O constituinte de 1988, na linha das leis anteriores, consagrou o avanço. E o terço ficou previsto como uma remuneração complementar, devida pelo empregador ao empregado, no momento em que vai desfrutar as férias.

Não é mais o abono pecuniário da CLT que se calculava por dentro e cujo desfrute reduzia o tempo de descanso. Para a Carta, o trabalhador *gozaria* das férias constantes da escala da CLT, dependendo da assiduidade individual, na plenitude do seu direito, *não precisando trocar* parte desse prazo de repouso por trabalho, para receber um suplemento remuneratório. Pela nova Constituição, o empregado não faltoso repousaria os trinta dias, e, *complementarmente,* receberia um ADICIONAL de férias, no valor correspondente a um terço daquilo que lhe fora pago a título das férias gozadas.

Pela CLT, o operário precisava trocar, trabalhar em dobro, enfim, para perceber o abono. Pela Constituição, o valor do terço se pagará, sem reduzir o tempo de gozo das férias. O abono da CLT era uma opção. Para ser pago, teria de ser requerido pelo empregado, com prazo fatal para tanto. O Adicional da Constituição prescinde da manifestação do trabalhador, para garantir seu pagamento. É um direito constituído, e não a constituir-se, em função de sua vontade.

Caso o empregador não concedesse as férias no período por lei definido, teria de pagar o valor pertinente *em dobro,* consoante estabeleciam os arts. 134 e seguintes da CLT.

Com o disposto no inciso XVII do art. 7º da Carta Magna estipulando o direito ao TERÇO ADICIONAL, evidentemente que o descumprimento pelo patrão do seu dever de conceder as férias no prazo legal, implicará o pagamento *em dobro, também do valor pertinente ao terço constitucional.*

f) Conforme estabelece o art. 138 da CLT: *"Durante as férias, o empregado não poderá prestar serviços a outro empregador, salvo se estiver obrigado a fazê-lo em virtude de contrato de trabalho regularmente mantido com aquele".* As férias possuem função reparadora, portanto, o empregador não pode exigir, durante elas, que o empregado trabalhe. Por outro lado, o empregado deve se eximir de trabalhar, sob pena de perder a finalidade precípua das férias. Dito de outra forma: elas constituem um direito do empregado, mas, ao mesmo tempo, lhe impõem um dever, ou seja, o de se abster de trabalhar.

Se o empregado já possui outro contrato de emprego, a exceção se faz presente, sendo permitida a continuidade do trabalho no segundo vínculo. Oportuno seria conciliar o período de férias dos diferentes contratos, entre diálogo dos empregadores, o que na prática não se mostra realizável.

Situação omissa de nossa legislação diz respeito ao caso de o empregado adoecer durante as férias. Tal circunstância certamente retiraria o efeito de restauração física e psíquica, tornando praticamente as férias nulas. O exemplo que pode ser observado é o da legislação portuguesa, em que as férias são suspensas, prosseguindo, logo após a alta, com o gozo dos dias de férias restantes. Vejamos o art. 219 do Código de Trabalho de Portugal:

> Artigo 219º
> **Doença no período de férias**
> "1 — No caso de o trabalhador adoecer durante o período de férias, são as mesmas suspensas desde que o empregador seja do facto informado, prosseguindo, logo após a alta, o gozo dos dias de férias compreendidos ainda naquele período, cabendo ao empregador, na falta de acordo, a marcação dos dias de férias não gozados, sem sujeição ao disposto no n. 3 do art. 217º".
>
> 2 a 9 — omissos.

## *AS FÉRIAS NAS CONSTITUIÇÕES ESTRANGEIRAS*

| RÚSSIA<br>Article 37.<br>Work shall be free. (…)<br>Everyone shall have the right to rest and leisure. A person having a work contract shall be guaranteed the statutory duration of the work time, days off and holidays, and paid annual vacation. | Tradução livre<br>Artigo 37.<br>Trabalho deve ser livre. (…)<br>Toda pessoa terá direito a repouso e lazer. A uma pessoa que tenha um contrato de trabalho deve ser garantida a duração legal da jornada de trabalho, assegurados dias de folga, feriados e férias remuneradas anuais. |
|---|---|
| ITÁLIA<br>Art. 36.<br>(…)<br>Il lavoratore ha diritto al riposo settimanale e a ferie annuali retribuite, e non può rinunziarvi. | Art. 36.<br>(…)<br>O trabalhador tem direito ao repouso semanal e às férias anuais remuneradas, não podendo renunciar a tais direitos. |

| | |
|---|---|
| **ARGENTINA**<br>**Art. 14 bis**. — El trabajo en sus diversas formas gozará de la protección de las leyes, las que asegurarán al trabajador: (…) descanso y vacaciones pagados; (…) | **Artigo 14 bis** — O trabalho, nas suas diversas formas, gozará da proteção da lei, que assegurará ao trabalhador: (…) descanso remunerado e férias, (…) |
| **CUBA**<br>Artículo 46º — Todo el que trabaja tiene derecho al descanso, que se garantiza por la jornada laboral de ocho horas, el descanso semanal y las vacaciones anuales pagadas.<br>El Estado fomenta el desarrollo de instalaciones y planes vacacionales. | Artigo 46. — Toda pessoa que trabalha tem direito a repouso, a jornada de oito horas de trabalho, a descanso semanal e a férias anuais remuneradas.<br>O Estado incentivará o desenvolvimento de instalações e planos de férias. |
| **PORTUGAL**<br>Artigo 59º<br>**Direitos dos trabalhadores**<br>(…)<br>2. Incumbe ao Estado assegurar as condições de trabalho, retribuição e repouso a que os trabalhadores têm direito, nomeadamente:<br>(…)<br>d) O desenvolvimento sistemático de uma rede de centros de repouso e de férias, em cooperação com organizações sociais; | |
| **PARAGUAI**<br>Artículo 91 — DE LAS JORNADAS DE TRABAJO Y DE DESCANSO<br>(…)<br>Los descansos y las vacaciones anuales serán remunerados conforme con la ley. | Artigo 91 — DAS JORNADAS DE TRABALHO E DE DESCANSO<br>(…)<br>Pausas para descanso e férias anuais serão pagas de acordo com a lei. |

# Capítulo XVIII

# Licença à Gestante

**TRAJETÓRIA NA CONSTITUINTE**

> *Licença à Gestante*
>
> *Subcomissão dos Direitos dos Trabalhadores*
>
> "licença remunerada da gestante, antes e depois do parto, por período não inferior a cento e vinte dias".
>
> *Comissão da Ordem Social*
>
> "licença remunerada à gestante, antes e depois do parto, por período não inferior a cento e vinte dias".
>
> *Comissão de Sistematização*
>
> "licença remunerada à gestante, sem prejuízo do emprego e do salário, com a duração mínima de cento e vinte dias".
>
> *Constituição Federal, art. 7º, XVIII — (texto oficial)*
>
> "LICENÇA À GESTANTE, SEM PREJUÍZO DO EMPREGO E DO SALÁRIO, COM A DURAÇÃO DE CENTO E VINTE DIAS".

Antes de examinar a licença-gestante, como dispõe o inciso XVIII do art. 7º da Constituição, indispensável referir ao art. 10 das Disposições Transitórias, também protagonizando a trabalhadora grávida.

"Art. 10.

II — fica vedada a dispensa arbitrária ou sem justa causa:

a)

b) da empregada gestante, desde a confirmação da gravidez até cinco meses após o parto".

A Consolidação das Leis do Trabalho diz, no art. 391, que "não constitui justo motivo para a rescisão do contrato de trabalho da mulher o fato de haver contraído matrimônio ou de encontrar-se em estado de gravidez", proibindo a inclusão em regulamento de empresa, contratos individuais, ou convenções coletivas, de cláusulas que implicassem, por força de casamento ou gravidez, restrições ao direito da mulher ao emprego.

Tal dispositivo, pela evolução jurisprudencial, de sentimento protecionista, com a Súmula n. 142[69] do TST (agora superada — cancelada), chegava ao reconhecimento da estabilidade provisória. Permitiria, inclusive, que se estendesse, até mesmo aos contratos a prazo determinado em que o período de proteção, face à data do nascimento, está prevista para momento posterior ao termo contratual.

Atualmente a interpretação dominante do TST está insculpida na Súmula n. 244:

> TST — SÚMULA N. 244 — GESTANTE. ESTABILIDADE PROVISÓRIA
>
> I — O desconhecimento do estado gravídico pelo empregador não afasta o direito ao pagamento da indenização decorrente da estabilidade (art. 10, II, *b* do ADCT).
>
> II — A garantia de emprego à gestante só autoriza a reintegração se esta se der durante o período de estabilidade. Do contrário, a garantia restringe-se aos salários e demais direitos correspondentes ao período de estabilidade. *(ex-Súmula n. 244 — Res. n. 121/2003, DJ 21.11.2003)*
>
> III — A empregada gestante tem direito à estabilidade provisória prevista no art. 10, inciso II, alínea *b*, do ADCT, mesmo na hipótese de admissão mediante contrato por tempo determinado.

Notam-se algumas restrições, como a possibilidade de reintegração apenas se esta se der durante o período de estabilidade. Ressalta-se que a Súmula em foco, do período de novembro de 2000 até setembro de 2012, mantinha interpretação de que não havia reconhecimento de estabilidade provisória na hipótese de admissão mediante contrato de experiência. Interpretação superada, mediante a reformulação do inciso III, que atualmente admite à estabilidade provisória à gestante, mesmo na hipótese de admissão mediante contrato por tempo determinado.

*a)* A Constituição de 1967, no art. 165, inciso XI, preocupava-se com a proteção à gestante e a seu emprego, incorporando e adatando, por sinal, disposição originária do art. 157, inciso X, da Carta Magna de 1946. Dizia a Emenda Constitucional n. 1, de 1969, a respeito:

> "Descanso remunerado da gestante, antes e depois do parto, sem prejuízo do emprego e do salário".

---

(69) TST — SÚMULA N. 142 — Cancelada pela Res. 121/2003, DJ 21.11.2003. GESTANTE. DISPENSA

Empregada gestante, dispensada sem motivo antes do período de seis semanas anteriores ao parto, tem direito à percepção do salário-maternidade. Ex-prejulgado n. 14.

Ora, a combinação Consolidação-Constituição estimulou a Justiça a caminhar pela estrada da estabilidade provisória. Entendeu-se, inclusive, que o empregador, durante o período de proteção à gestante, para intentar a sua despedida, teria de propor inquérito para apuração de falta grave perante a Justiça do Trabalho. Tal entendimento, porém, nunca teve dos intérpretes e da própria Justiça um período fixo e determinado. Quando iniciava esse momento em que o manto da estabilidade provisória caía sobre a relação de emprego? Seria desde que a trabalhadora cientificasse — a qualquer momento da gravidez — o patrão? Seria só durante o prazo da proteção garantido pela licença remunerada, primeiro à conta da empresa, depois como benefício previdenciário? Haveria, enfim, uma data, no decurso da gravidez, a partir do qual, ainda que não coincidente com o início do gozo da licença, e antes dele, já a empregada grávida ficaria sob a garantia da estabilidade provisória? Tal ocorreria automaticamente, ou dependeria de comunicação? De que forma seria feita? Ou bastariam as evidências costumeiras?

Nada disso tinha resposta concreta da lei, posto que, em razão de seu amplo sentido protetivo e das disposições constitucionais subsequentes, mereceram progressiva e abrangente interpretação da Jurisprudência. Nesta, a diversidade do tratamento mudava, não só em relação às características da lide, mas em função da instância julgadora.

*b)* Por isso, a significação valiosa do art. 10, inciso II, letra "b", das Disposições Transitórias da Constituição atual, no qual o assunto foi retomado, vinculado à ideia do benefício decorrente da gravidez em favor da mulher-trabalhadora, mas separando o seu disciplinamento jurídico. Uma questão é a consequência sobre a relação de emprego decorrente da gravidez da empregada: sua garantia, a permanência do vínculo, desde quando a limitação ao direito patronal de despedir etc.; outro é o aspecto da garantia, hoje previdenciária, isto é, a data de início do direito ao repouso, quem vai pagá-lo, como se calcula, qual a responsabilidade patronal, como partícipe do processo, e qual a do sistema previdenciário. Enfim, o que é Direito do Trabalho e o que é Seguridade Social, e o que, ficando na "zona gris", por ser comum de dois, deve merecer enfoque sob os dois ângulos técnicos, o laboral, como origem, e o previdenciário, como meio, posto que o fim é a saúde da mulher e o êxito do evento em si, que é o parto.

*c)* Daí o significado maior do art. 10, II, *b*, das Disposições Transitórias. Em primeiro lugar, definiu prazos, a partir dos quais, e até no decurso deles, a norma tutelar estaria atuante. Fixou a garantia de emprego, desde a "confirmação da gravidez". Não se tratava de um determinado dia, mas daquele instante em que, ameaçada a continuidade do vínculo empregatício, e querendo preservá-la, a empregada pudesse fazer com que a gravidez alegada fosse confirmada por laudo médico. É uma legítima defesa potencial de que podia lançar mão a trabalhadora-grávida ante a iminência, ou face à tentativa de consumar-se a despedida injustificada. Mesmo que não haja sinais exteriores, e que nunca tenha dado notícia à empresa da gravidez existente, terá a trabalhadora o direito de invocá-la, desde que a comprove mediante prova hábil, para elidir o propósito, ou mesmo a decisão, sem justa causa, tomada pelo empregador. Anula-se a decisão, se adotada; suprime-se o propósito, se não formalizado.

Julgou pertinente o constituinte estabelecer uma data final protetiva, com exatidão. Tomando por referência o parto, a garantia do emprego acompanharia a empregada até "cinco meses após" a sua ocorrência. Não deixava, pois, margem a dúvidas, já que não exigia nada mais do que o parto em si, sem referir-se ao nascimento com vida. Não cobrava para garantir tal prazo alargado que, do parto, houvessem resultado sequelas, quer na mãe, quer no filho, exigentes de um tratamento posterior. Não. Trata-se de um período de garantia do emprego para a trabalhadora, mesmo que o parto tenha sido normal, tanto para quem deu à luz, quanto para quem nasceu. É um instituto de proteção não mais à grávida, ou à gestante na ocasião do evento, ou no puerpério. É uma tranquilidade e um arrimo, de responsabilidade da empresa, face ao seu compromisso com a sociedade, de valia para a maternidade, nos primeiros — e não tão curtos — tempos de seu exercício. Quem já foi grávida, quem já teve o filho, quem já superou a fase de recuperação inicial, tem um manto tutelar — a preservação do emprego, que é meio de sustento próprio e, talvez, do filho — para um período de reformulação da vida pessoal e da familiar.

Quanto tempo, pois, duraria a garantia de emprego, prevista pelo art. 10, II, *b*, das Disposições Transitórias? Pode durar na prática, se precocemente for ameaçado o emprego e a trabalhadora, sabendo-se grávida, tiver já condições de comprová-lo, por volta de treze meses, ou até mais, se métodos cada vez mais apurados cientificamente permitirem a comprovação da gravidez, ao concluir-se o primeiro mês da fecundação. O exemplo levaria o caso a uma situação-limite muito pouco provável, mas que serviria para demonstrar a elasticidade da cobertura estabelecida pelo dispositivo ora em análise.

*d)* Cumpre destacar à expressão do inciso II ("fica vedada a dispensa arbitrária ou sem justa causa") do art. 10 das Disposições Transitórias.

Retomou-se ali a discussão relativa à *garantia de emprego*. O que está deferido à empregada-gestante, desde a constatação da gravidez até cinco meses depois do parto, é o direito de NÃO SER DESPEDIDA ARBITRARIAMENTE OU (como insistia em enfatizar redundantemente o constituinte) SEM JUSTA CAUSA; não se tratou do renascimento, para esta situação — a da empregada gestante — da estabilidade, como apressadamente se poderia interpretar.

A Constituição deveria ser e, no caso, foi um todo harmônico no conceitual. Na parte permanente (art. 7º), consagrou-se o princípio da garantia de emprego, deixando de lado tanto a estabilidade (modelo CLT), quanto a liberdade de despedir, mesmo injustamente (fórmula FGTS), ainda que esta última, momentaneamente, como regra geral, teria sido preservada, até o advento de lei complementar, por força da sobrevida oferecida, pelo inciso I do art. 10 das Disposições Transitórias.

Ao abrir um novo inciso (o de n. II), no art. 10, o constituinte tratou de resgatar para a gestante (e também para o chamado líder "cipeiro", isto é, o dirigente eleito de comissões internas de prevenção de acidentes) a proteção contra a despedida arbitrária, que o constituinte quis assegurar, mesmo durante o prazo de vigência das franquias do art. 10 das Disposições Transitórias. A empregada grávida (desde a confirmação da gravidez até o quinto mês após o parto) e o dirigente eleito de comissão de prevenção de acidente *não podem* ser despedidos SEM JUSTA CAUSA. Não adiantaria o empregador depositar os 40% do FGTS, como alude o inciso I do art. 10 (que lhe dá a transitória faculdade rescisória arbitrária com relação aos demais assalariados), posto que a disposição do inciso II excepciona e protege as duas categorias já referidas de empregados.

A empregada grávida estaria sob a proteção da garantia de emprego, o que inabilitava o empregador a despedi-la SEM JUSTA CAUSA OU DE FORMA ARBITRÁRIA, mas não o impediria, a nosso juízo, de fazê-lo, arcando com os ônus decorrentes, na hipótese de evidenciar-se uma justa causa de natureza empresarial, cuja exemplificação motivou nossa análise no capítulo pertinente (n. I). O empregador teria de pagar o salário do tempo da licença-gestante, mas ficaria, ocorrendo comprovadamente a justa causa empresarial, liberado de preservar o emprego pelo prazo do art. 10, inciso II, letra "b".

*e)* A jurisprudência, sob a égide da Constituição anterior e dos dispositivos da CLT, curvava-se à realidade fática. Como a proteção especial dada ao emprego da trabalhadora grávida era uma tutela temporária (ou seja, por prazo determinado), mesmo quando a ela se aplicava o conceito tradicional de estabilidade, não se lhe reconhecia o direito à reintegração. O ato rescisório sem amparo fático e legal do empregador — hoje também sem amparo constitucional, pela combinação interpretativa do art. 7º do texto permanente com o art. 10 das Disposições Transitórias — levava a trabalhadora a reclamar perante a Justiça do Trabalho para assegurar a reparação do dano e a preservação de seu patrimônio jurídico lesado. A demanda, mesmo célere (o que era improvável pelo abarrotamento de causas com que lida a Justiça do Trabalho), levaria meses ou anos. Com isso, estaria inconclusa a demanda no período da gravidez e mesmo da proteção empregatícia pós parto. Daí, *a reintegração* — um direito decorrente da estabilidade provisória reconhecida pela Jurisprudência de antes, e da garantia de emprego, consagrada pelo entendimento da letra e do espírito da Constituição vigente — *acabaria sendo,* pelos prazos exíguos dos fatos naturais e biológicos, *um direito potencial.* Na prática, uma possibilidade quase ilusória.

Por isso, em um primeiro momento o Tribunal Superior do Trabalho, por meio da Súmula n. 244, decidia:

"Estabilidade provisória — Empregada gestante — A garantia de emprego à gestante não autoriza a reintegração, assegurando-lhe apenas o direito a salários e vantagens correspondente ao período e seus reflexos" (DJU — 5.12.85).

No ano de 2003, o Tribunal Superior do Trabalho reformulou a Súmula 244, nesse particular:

TST — SÚMULA N. 244 — GESTANTE. ESTABILIDADE PROVISÓRIA.

"I — O desconhecimento do estado gravídico pelo empregador não afasta o direito ao pagamento da indenização decorrente da estabilidade (art. 10, II, b do ADCT) (ex-OJ n. 88 — DJ 16.4.2004).

II — A garantia de emprego à gestante só autoriza a reintegração se esta se der durante o período de estabilidade. Do contrário, a garantia restringe-se aos salários e demais direitos correspondentes ao período de estabilidade *(ex-Súmula n. 244 — Res. 121/2003, DJ 21.11.2003)*.

III — A empregada gestante tem direito à estabilidade provisória prevista no art. 10, inciso II, alínea b, do ADCT, mesmo na hipótese de admissão mediante contrato por tempo determinado".

A jurisprudência dominante se alinhou à Constituição. Pela Carta atual, se o pleito trabalhista fosse concluído ainda no período de garantia de emprego, a reintegração seria a solução adequada, até porque, mesmo depois, com a ampliação do período sob proteção (cinco meses após o parto), seria pouco viável que se tivesse o decisório do inquérito no prazo de cobertura, ensejando a reintegração. Também não se poderia afastar a eventualidade de que a empregada tentasse uma ação mais eficaz e a tivesse bem-sucedida na Justiça do Trabalho; por exemplo, um pedido, um pouco atípico, de liminar de reintegração que ganhasse acolhimento pronto do magistrado.

Reitere-se que o prazo sob proteção, sobretudo com a Carta de 88, inicia no momento de confirmação da gravidez (sem designação de data certa) até o quinto mês posterior à ocorrência do parto. Isso porque, antes, se vinculava o período de proteção legal apenas ao tempo de interrupção do contrato de trabalho, primeiramente, e de suspensão, posteriormente, quando o pagamento passaria para a Previdência. Não se poderia cair nesse antigo engano: tempo de descanso remunerado prévio e posterior ao parto passou a ser algo dentro de um espaço maior, que tem a garantia de emprego, iniciada no instante em que a empregada prova sua condição de grávida e que a acompanha até o quinto mês posterior ao parto. O prazo menor era seguro social e passou, pela Constituição, a ser seguridade social. O outro, mais amplo (posto que são círculos concêntricos, dos quais o previdenciário, por menor, cabe dentro do trabalhista, maior), é tipicamente norma protetiva de Direito do Trabalho. Aquela garantia com presença intermediadora do Estado. Essa última, segurança jurídica nascida e efetivada no âmbito da relação de emprego, tendo por partícipes, apenas, o empregador e a empregada.

*f)* A Organização Internacional do Trabalho, por meio da Convenção 103/66, adotada em Genebra, a 28 de junho de 1952, aprovada pelo Decreto Legislativo n. 20, de 1965, e promulgada pelo Decreto n. 58.820, de 14 de julho de 1966 (Diário Oficial da União, de 19 de julho de 1966), estabeleceu que "toda mulher à qual se aplica a presente convenção tem o direito, mediante exibição de um atestado médico que indica a data provável de seu parto, a uma LICENÇA DE MATERNIDADE". E prossegue o art. 3º da referida Convenção: "A duração dessa licença será de doze semanas, no mínimo; uma parte dessa licença será tirada, obrigatoriamente, depois do parto".

O texto da Convenção define critérios gerais da divisão cronológica do período de repouso, destacando a competência da legislação nacional para uma fixação definitiva.

A norma internacional, apesar da solidariedade que lhe assegurou o Brasil, nas conferências internacionais em que foi discutida e aprovada, no início da década de 1950 (1950-1952), enfrentou, em nível de Governo, em sucessivas administrações, oposição à sua adoção.

Durante quatorze anos a Convenção n. 103 fez périplo, migrando de uma para outra repartição administrativa, depois peregrinando por demorada travessia no Legislativo e, finalmente, regressando para uma trajetória conclusiva ainda lenta até a promulgação pelo Decreto de 14 de julho de 1966. Isso mesmo com reservas parciais para os incisos "a" e "b" do § 1º do art. 7º.

O salário-maternidade passaria a ser considerado benefício previdenciário com a Lei n. 6.136, de 7 de novembro de 1974, cabendo ao empregador pagá-lo à empregada gestante, sendo, posteriormente, reembolsado pela Previdência Social, mediante compensação feita na folha de contribuição mensal.

Preceituava o art. 4º da referida lei que o custeio do salário-maternidade seria atendido por uma contribuição das empresas igual a 0,3% (três décimos por cento) da folha de salários de contribuição. Esses 0,3% foram retirados do antigo plano de custeio do salário-família, previsto na Lei n. 4.266, de 3 de outubro de 1966.

Não estava, porém, finda a demorada jornada que levaria a licença-gestante a desembarcar na Previdência Social, como deveria acontecer e terminou acontecendo. O Decreto n. 89.312, que editou a Consolidação das Leis de Previdência Social, só foi baixado em 23 de janeiro de 1984 (Diário Oficial da União, de 24.1.84).

g) Há distinções entre a rescisão (que põe fim ao vínculo empregatício), a suspensão (que o hiberna) e a interrupção (que, desaquecendo, não lhe retira razoável calor).

Aqui não se trataria de rescisão. *Tratar-se-ia de suspensão e interrupção*. Esta ocorreria quando, cessada momentaneamente, por prazos variáveis, a obrigação da prestação de serviços por parte do trabalhador, mantém-se, para o empregador, a obrigação de pagar a remuneração computando-se, para todos os fins, tal tempo de serviço do empregado. Enfim, o empregado não trabalharia, ganharia e contaria tempo de casa. Tal situação ocorreria, por ocasião das férias, do repouso semanal remunerado, dos primeiros quinze dias de enfermidade do trabalhador etc.

Na suspensão, alterar-se-ia tal contexto. O empregado não teria o dever de trabalhar no seu decurso, não lhe devendo salário o empregador e não se levando em conta o prazo suspensivo no contrato. Logo, o empregado não trabalharia, não ganharia e não contaria tempo de serviço. É, pois, a suspensão para o trabalhador, menos favorável que a interrupção. São casos de suspensão o gozo de benefício previdenciário (auxílio-doença, por exemplo), bem como qualquer licença não remunerada deferida pela empresa atendendo a interesses do empregado, o afastamento do assalariado para o serviço militar obrigatório etc.

*h)* Até a Lei n. 6.136, de 7 de novembro de 1974, a licença-gestante era instituto que nascia e se concluía na órbita trabalhista, desatendendo à Convenção n. 103 da OIT, que o Brasil aprovara, em 1965 e fora promulgada pelo Decreto n. 58.820, em 1966. Por ela, a proteção à gestante no decurso do contrato, desde a comprovação da gravidez e, a partir de quando, por causa desta, houvesse recomendação legal à cessação do trabalho, deveria correr à conta da Previdência Social.

Entre a edição da Convenção (1952), seu acolhimento e promulgação pelo Brasil (1965/1966) e sua aplicação efetiva (1974), ocorreu longa travessia que retardou a vigência do benefício.

Enquanto durou a travessia, ante a postura do Governo de não assumir a gestão de encargo que era seu e que, universalmente, ficava na órbita da Seguridade Social, que é governamental, descumprindo o que aprovara lá fora e formalmente acolhera aqui, a proteção, da mesma maneira, e ainda assim, funcionou. O empregador pagava diretamente, como salário, ainda que sem trabalho à trabalhadora, durante o período determinado pela CLT (art. 392). Nessa circunstância, relação direta de pagamento empregador-empregado, sem interveniência da Previdência, a licença-gestante, juridicamente, era interrupção do contrato individual de trabalho. O empregado não trabalhava, a empresa pagava e o tempo de serviço era computado.

Pela Lei n. 6.136 (1974), a Previdência Social ficou responsável pelo procedimento, passando a licença-gestante a ser um benefício do seguro social. A Previdência Social tornou-se responsável pelo ônus, expressão que, mesmo repetida, não me parecia das mais felizes, já que, para contabilizá-lo, atuarialmente, a Previdência Social, antes, e tal decorreu expressamente da lei que lhe repassou a gestão do benefício, passou a ter o direito de acrescer na sua tabela de encargos perante as empresas mais uma parcela de contribuição, para fazer frente a essa nova obrigação. Tal adicional ficaria na responsabilidade da empresa, ainda que versada para o seguro social brasileiro.

Constata-se que, a contar da Lei n. 6.136, pela qual a empresa paga à trabalhadora grávida, estamos perante uma situação híbrida. A trabalhadora fica dispensada da prestação de serviços, recebe remuneração e conta tempo de serviço. À primeira vista, nada se teria alterado, comparativamente à situação anterior, mantendo-se a figura da interrupção. Só que agora todo esse processo tem a interferência da Previdência Social, e o benefício previdenciário, por si só, como regra comum, tem a característica de, uma vez operante, determinar a suspensão do contrato individual de trabalho.

Logo, no caso da licença-gestante, ocorre algo atípico. Deveríamos ter suspensão contratual porque a licença-gestante, por força de lei, de convenção internacional, de sua mecânica jurídico-atuarial, é um instituto, desde a Lei n. 6.136, previdenciário. No entanto, estamos perante um benefício que, ao contrário dos demais, não obstaculizaria a contagem do tempo de serviço da empregada, e preservaria a remuneração.

Tratar-se-ia de uma questão tecnicamente crucial. A Previdência paga, nos seus benefícios temporários, auxílios pecuniários. Não paga salários. Por isso, também, é que se tem a suspensão contratual, posto que a natureza do valor entregue ao destinatário (empregado transformado momentaneamente em segurado-beneficiário) não ocorreria em contrapartida por serviço prestado (salário), mas sim a título de cobertura previdenciária financeira, retirada do fundo comum, que, este sim, se constituiu, em tempos normais da relação de emprego, mediante contribuição das partes, para ressarcir situações de risco, dano e infortúnio. Por isso, usualmente, perante um benefício previdenciário, se estaria lidando com a suspensão contratual, na qual não se computa tempo de serviço trabalhista, ainda que não se suste a continuidade do cômputo de tempo para vida previdenciária do segurado (durante auxílio-doença, por exemplo, conta-se prazo para a futura aposentadoria).

No caso da licença-gestante, a Constituição diz, claramente, que ela será desfrutada "SEM PREJUÍZO DO EMPREGO E DO SALÁRIO". Com isso, o constituinte deu uma palavra final sobre a matéria, deixando em segundo plano as divergências e diferenças conceituais e sua estreita dicotomia.

A Carta Magna assevera que, durante a licença, o emprego continua. Até aí, nada de peculiar. Ao assinalar, porém, que se preservaria o *salário* da trabalhadora grávida, a Constituição acabou com eventual dúvida. Apesar de ser um benefício previdenciário, por força da Lei n. 6.136 (hoje regulamentado pela Lei n. 8.213 de 24.7.1991 — DOU 25.7.1991 — que dispõe sobre os Planos de Benefícios da Previdência Social, e dá outras providências), apesar da interferência do seguro social, apesar de usualmente, nessas circunstâncias, ficar o contrato de trabalho suspenso, aqui se excepciona tal diretriz e se garante o pagamento de salário numa atípica situação de seguro social em que o ressarcimento é remuneração, e não benefício.

Ao longo do tempo surgiram algumas situações diferenciadas, por meio de legislação infraconstitucional, nos quais o pagamento da licença-gestante é efetuado pela Previdência Social diretamente à empregada ou segurada, como no caso da empregada doméstica, da mãe adotiva ou da que obtiver guarda judicial para fins de adoção[70], da segurada especial[71], da segurada facultativa[72], da empregada e da trabalhadora avulsa[73] de microempreendedora individual[74].

No que tange a efeitos da licença-gestante sobre a relação de emprego, recorde-se de que, ao pagar *salário*, mais se distingue da suspensão e se aproxima da interrupção por outra consequência: na sua vigência, conta-se o tempo de serviço na empresa, em favor da trabalhadora grávida, na medida em que, anteriormente, tinha a empregada, durante tal período, a proteção da estabilidade provisória, e, com a nova Constituição, passou a ter a "garantia de emprego". Tais institutos ofereceriam, entre outras consequências, a continuidade da relação de emprego e a agregação, no tempo de serviço, desse período de licença.

Apesar de, historicamente, os benefícios previdenciários serem causas determinantes de suspensão do contrato de trabalho, e a licença-gestante ser um benefício previdenciário, suas consequências, na relação de emprego, são idênticas às da interrupção, posto que, durante sua aplicação, pagar-se-ia à trabalhadora o salário, contar-se-ia o tempo de casa e dispensar-se-ia da prestação do trabalho.

*i)* Uma das razões desse efeito da licença-gestante, quanto ao contrato de trabalho, é o fato de que, como determina o regulamento da referida licença, o Decreto n. 75.207, de 10 de janeiro de 1975, o *"salário* da empregada gestante, durante o período de licença, passa a ser encargo da Previdência Social".

Manteve-se, na regulamentação, a atipicidade referida sacramentada pela Constituição. O ato de pagar não ocorreria como para outros benefícios previdenciários, na agência do Seguro Social. Durante o período de licença, na empresa,

---

(70) Art. 71-A. À segurada da Previdência Social que adotar ou obtiver guarda judicial para fins de adoção de criança é devido salário-maternidade pelo período de 120 (cento e vinte) dias, se a criança tiver até 1(um) ano de idade, de 60 (sessenta) dias, se a criança tiver entre 1 (um) e 4 (quatro) anos de idade, e de 30 (trinta) dias, se a criança tiver de 4 (quatro) a 8 (oito) anos de idade (Incluído pela Lei 10.421 de 15.04.2002). Parágrafo único. O salário-maternidade de que trata este artigo será pago diretamente pela Previdência Social (Incluído pela Lei n. 10.710 de 5.8.2003).

(71) **Segurado especial** — São os trabalhadores rurais que produzem em regime de economia familiar, sem utilização de mão de obra assalariada. Estão incluídos nesta categoria cônjuges, companheiros e filhos maiores de 16 anos que trabalham com a família em atividade rural. Também são considerados segurados especiais o pescador artesanal e o índio que exerce atividade rural e seus familiares.

(72) **Segurado facultativo** — Nesta categoria estão todas as pessoas com mais de 16 anos que não têm renda própria, mas decidem contribuir para a Previdência Social. Por exemplo: donas de casa, estudantes, síndicos de condomínio não remunerados, desempregados, presidiários não remunerados e estudantes bolsistas.

(73) **Trabalhador avulso** — Trabalhador que presta serviço a várias empresas, mas é contratado por sindicatos e órgãos gestores de mão de obra. Nesta categoria estão os trabalhadores em portos: estivador, carregador, amarrador de embarcações, quem faz limpeza e conservação de embarcações e vigia. Na indústria de extração de sal e no ensacamento de cacau e café também há trabalhador avulso.

(74) Art. 72 — § 3º O salário-maternidade devido à trabalhadora avulsa e à empregada do microempreendedor individual de que trata o art. 18-A da Lei Complementar n. 123, de 14 de dezembro de 2006, será pago diretamente pela Previdência Social (redação dada pela Lei n. 12.470, de setembro de 2011).

constaria a empregada na folha salarial da empresa, junto dos colegas ativos, salvo os casos diferenciados antes enunciados, nos quais o pagamento é efetuado diretamente pela Previdência Social.

A empresa, depois de pagar à grávida, diretamente, como se trabalhando estivesse, fazia a compensação. Isto é, deduzia de seus encargos previdenciários o valor que já pagara à empregada licenciada. Esse fato, que não retiraria do instituto a característica previdenciária e que o aproximaria pela mecânica operacional do salário-família, reforçaria a sua peculiaridade. Pagar-se-ia na empresa a título de salário, mantendo-se o emprego, fatos que, somados, justificam que se esteja, mesmo face a um benefício previdenciário, perante uma interrupção atípica, nos seus efeitos, do contrato de trabalho.

*j)* Mantêm-se aplicáveis várias disposições legais constantes da CLT, com relação à licença-gestante. É o caso do art. 393, no qual se dizia que "a mulher terá direito integral ao salário e, quando variável, calculado de acordo com a média dos 6 (seis) meses últimos de trabalho, bem como os direitos e vantagens adquiridos...". Destarte, todas as conquistas que a categoria obtivesse, por convenção coletiva ou por sentença normativa, durante o período de afastamento, seriam adicionáveis à remuneração da gestante em licença.

No art. 394 da CLT, ficou estabelecido que "mediante atestado médico, à mulher grávida" garante-se, facultativamente, rescindir o contrato de trabalho, desde que ele fosse prejudicial à gestação. Tal corte na relação não retiraria o direito à percepção do salário do período de proteção já estabelecido, a título de licença-gestante, assim como também se lhe ensejaria, uma vez passado o parto, o direito de retorno ao posto de trabalho anteriormente ocupado, do qual se teria afastado.

Houve acréscimo de prerrogativas: o parágrafo quarto do art. 392 da CLT, incluído pela Lei n. 9.799, de 26.5.1999, garantiu, ainda, à empregada, durante a gravidez, sem prejuízo dos salários e demais direitos, a possibilidade de transferência de função, quando as condições de saúde o exigirem, assegurada a retomada da função anteriormente exercida, logo após o retorno ao trabalho. Além disso, a mesma norma dispensa do horário de trabalho pelo tempo necessário para a realização de, no mínimo, seis consultas médicas e demais exames complementares.

*k)* O art. 395 da CLT assinala que, "em caso de aborto não criminoso, comprovado por atestado médico oficial, a mulher terá direito a um repouso remunerado de duas semanas, ficando-lhe assegurado o direito de retornar à função que ocupava antes de seu afastamento".

É a proteção garantida à gestação e à gestante, face à ocorrência de evento traumatizante, do qual não fora causadora voluntária a trabalhadora grávida: o aborto. Limitava-se o período de descanso remunerado (interrupção contratual) a duas semanas, desde que houvesse comprovação mediante atestado médico oficial. Durante as duas semanas, a trabalhadora estaria sob a proteção da garantia de emprego. Tal dispositivo tutelar acompanharia a empregada (não fora o aborto) até o quinto mês, como queria o art. 10 das Disposições Transitórias. Pela Carta, a garantia para a grávida só se estenderia até o quinto mês (art. 10, II, "b" das Disposições Transitórias) se tivesse ocorrido, exitosa ou inexitosamente, o evento parto. Ele era o ponto referencial, sem o qual não haveria condições de iniciar-se a contagem do período de vigência do direito pleiteado.

Sem o parto, a garantia de emprego não se estenderia pelos cinco meses que, a partir dele (e só com a sua ocorrência), seriam computados. Na hipótese do art. 395, tal forma tutelar é inaplicável.

*l)* Grande discussão travou-se na Constituinte quando da fixação do tempo da licença-gestante. Pelo que dispunha, na época, o art. 392 da CLT, sua duração fixar-se-ia em doze semanas: "Quatro semanas antes e oito semanas depois do parto".

O art. 392 foi adequado ao texto Constitucional (Lei n. 10.421, de 15.4.2002), pelo qual a nova redação faz referência aos cento e vinte dias de licença-maternidade sem prejuízo do emprego e do salário e, no parágrafo primeiro, determina que a empregada deve, mediante atestado médico, notificar o seu empregador da data de início do afastamento do emprego, que poderá ocorrer entre o vigésimo oitavo dia antes do parto e ocorrência deste.

O prazo tem sido administrado, no que tange a seu início de vigência, pela trabalhadora, já que o § 1º do artigo, como antes transcrito, depende da iniciativa da empregada apresentar o atestado médico e notificar o empregador da data de início do afastamento.

São repetidos os exemplos em que a empregada, porque o processo de gravidez evolui normalmente, prefere continuar no emprego até as vésperas do parto, para prolongar a licença, reservando a maior parte do tempo de repouso à fase posterior ao parto, na qual terá encargos com o recém-nascido.

Na época da constituinte, o § 3º do art. 392 era explícito: "em caso de parto antecipado, a mulher terá sempre direito às 12 (doze) semanas previstas neste artigo"[75].

No entanto, a Constituição resolveu, depois de ampla campanha, liderada por movimentos femininos, alterar o prazo do art. 395, estabelecendo que a "DURAÇÃO DA LICENÇA GESTANTE SERÁ DE CENTO E VINTE DIAS". Aumentou-se, assim, o período protetivo de doze para dezessete semanas.

A distribuição dessa licença, tomando por referência o art. 7º, inciso XVIII, da Constituição Federal, isto é, o prazo de 120 dias, obedeceria à vontade da trabalhadora grávida, que a distribuiria em função do parto.

---

(75) O § 3º do art. 392 já foi adequado por meio da Lei n. 10.421, de 15.4.2002, reiterando que, em caso de parto antecipado, a mulher terá direito aos 120 (cento e vinte) dias de licença.

A licença-gestante, conforme o art. 39, § 3º, da Constituição[76], aplicar-se-ia às servidoras públicas, tanto da União, como dos Estados, Municípios e do Distrito Federal, integrantes dos três poderes (Legislativo, Executivo e Judiciário), da administração direta e da indireta. Nesse sentido decisões do Supremo Tribunal Federal:

> "O Supremo Tribunal Federal fixou entendimento no sentido de que as servidoras públicas e empregadas gestantes, inclusive as contratadas a título precário, independentemente do regime jurídico de trabalho, têm direito à licença-maternidade de cento e vinte dias e à estabilidade provisória desde a confirmação da gravidez até cinco meses após o parto, nos termos do art. 7º, XVIII, da CF e do art. 10, II, *b*, do ADCT. Precedentes. (RE 600.057-AgR, Rel. Min. Eros Grau, julgamento em 29.9.2009, Segunda Turma, *DJE* de 23.10.2009.) No mesmo sentido: RE 634.093-AgR, Rel. Min. Celso de Mello, julgamento em 22.11.2011, Segunda Turma, *DJE* de 7.12.2011".

Por força da Emenda Constitucional n. 18 (1998), foi incluído o inciso VIII no art. 142 da Constituição, que passou a ter a seguinte redação:

> "Art. 142. As Forças Armadas, constituídas pela Marinha, pelo Exército e pela Aeronáutica, são instituições nacionais permanentes e regulares, organizadas com base na hierarquia e na disciplina, sob a autoridade suprema do Presidente da República, e destinam-se à defesa da Pátria, à garantia dos poderes constitucionais e, por iniciativa de qualquer destes, da lei e da ordem.
> VIII — aplica-se aos militares o disposto no art. 7º, incisos VIII, XII, XVII, XVIII, XIX e XXV e no art. 37, incisos XI, XIII, XIV e XV;"

A licença-gestante de cento e vinte dias passa a pertencer ao rol de direitos das militares, conforme decisão do Supremo Tribunal Federal:

> "A estabilidade provisória advinda de licença-maternidade decorre de proteção constitucional às trabalhadoras em geral. O direito amparado pelo art. 7º, XVIII, da Constituição Federal, nos termos do art. 142, VIII, da CF/1988, alcança as militares. (RE 523.572-AgR, Rel. Min. Ellen Gracie, julgamento em 6.10.2009, Segunda Turma, *DJE* de 29.10.2009.) No mesmo sentido: AI 811.376-AgR, Rel. Min. Gilmar Mendes, julgamento em 1º.3.2011, Segunda Turma, *DJE* de 23.3.2011".

*m)* O art. 201 da Constituição dispunha sobre os "planos de Previdência Social", dizendo que atenderão, nos termos da lei, a:

> ............................................................................................................................................
> "II — proteção à maternidade, especialmente à gestante[77]".

---

(76) § 3º Aplica-se aos servidores ocupantes de cargo público o disposto no art. 7º, IV, VII, VIII, IX, XII, XIII, XV, XVI, XVII, XVIII, XIX, XX, XXII e XXX, podendo a lei estabelecer requisitos diferenciados de admissão quando a natureza do cargo o exigir. (Redação dada pela Emenda Constitucional n. 19, de 1998)
(77) Redação mantida pela Emenda Constitucional n. 20, de 1998, que apenas alterou o inciso III para o segundo: II — proteção à maternidade, especialmente à gestante;

Mais adiante, a Carta Magna, no art. 203, I, ao tratar da assistência social, afirma que "será prestada a quem dela necessitar, independentemente de contribuição à seguridade social, e tem por objetivos:

"I — a proteção à família, *à maternidade,* à infância, à adolescência e à velhice".

No primeiro caso, falava-se de previdência, que decorreria de um contrato de seguro, isto é, da relação *do ut des*. É a contraprestação do Estado, por meio do "pago hoje, para receber amanhã", que é coletivo, que visa à proteção dos que comprariam o direito prévio à tutela futura, face à ocorrência do infortúnio ou na ocasião do momento, na vida pessoal ou familiar, em que maiores encargos exigirem maiores receitas, das quais não virá a dispor, usualmente, o segurado. O seguro social sustenta-se pelo pagamento do trabalhador e da empresa, a tanto obrigados, em função dos encargos sociais decorrentes da relação de emprego. A previdência seria a vigência do princípio do prever para poder prover. Ter-se-ia um direito, por que fui contribuinte, ao benefício previdenciário. Paguei para tê-lo e posso exigi-lo, quando se vierem a implementar as condições requeridas para tanto. A tutela da maternidade, conforme o art. 201, II, está no rol dos benefícios previdenciários. No art. 203, I, o constituinte retornaria à proteção à maternidade, ficando no plano genérico desse propósito e desse dever. Não referiu explicitamente à gestante. Tratou da responsabilidade do Estado — sem que tivesse contribuído a gestante à seguridade, ou, especificamente, à previdência — com a maternidade e tudo quanto a ela se referiria, não porque a grávida e a empresa tivessem, antes, contribuído para a previdência. Não porque se tivesse pago para depois receber. Simplesmente, porque, num sistema combinado de saúde, assistência e previdência que, somadas, fizeram a base da seguridade, haveria obrigação da sociedade e ônus para o Estado de oferecer, ante circunstâncias que o art. 203, I, descreveu, proteção e apoio, independente de que tivesse antes cobrado para tanto. Seria a missão do Poder Público para com o cidadão. O restante da sociedade haveria de tê-lo feito. É o intuito de redistribuição da renda, para que não se fique tão distante do ideal das oportunidades iguais e, ao menos, do mínimo digno de proteção no final da jornada, ou nos infortúnios e gravames mais exigentes. São imperativos da solidariedade social, inspiradora da Seguridade como gênero, e da Assistência como espécie e dever de natureza pública.

*n)* A licença-gestante, com seu mais amplo prazo de duração, isto é, cento e vinte dias, encontrava-se em vigor desde a promulgação da Carta Magna.

Objetivando prorrogar por mais sessenta dias a duração da licença-gestante, tornando-a de cento e oitenta dias, foi instituído o Programa Empresa Cidadã, condicionado a **ato de adesão voluntária** por parte da empresa, pelo fato de que somente poderão deduzir o pagamento do salário correspondente à licença-gestante as empresas tributadas com base no lucro real e não no presumido.

A Norma n. 11.770, de 9 de setembro de 2008, que criou o Programa Empresa Cidadã, exigiu, ainda, que a empregada beneficiada, inclusive mãe adotiva ou aquela que obtiver guarda judicial para fins de adoção, requeira até o final do primeiro mês após o parto a prorrogação da licença-gestante para cento e oitenta dias. De forma peculiar, proíbe a empregada de exercer qualquer atividade remunerada e a criança não poderá ser mantida em creche ou organização similar, sob pena de perder-se o direito à prorrogação.

Também ficou autorizada a administração pública direta, indireta e fundacional a instituir programa equivalente.

Seria um benefício previdenciário *sui generis*, posto que também atenderia a um encargo assistencial do Poder Público. Sendo uma conquista da empregada, antes de uma vitória do beneficiário, e espécie do gênero dos tantos repousos (como as férias, o semanal etc.) existentes na relação de emprego, mostrava forte identidade com a área trabalhista. Consagrando-se pelo texto constitucional (art. 7º, inciso XVIII) que a concessão da licença-gestante não ofereceria prejuízo ao emprego, nem ao salário, institutos típicos das relações laborais; tendo sido evidenciado que implicaria interrupção atípica, mas sempre interrupção (porque se pagaria salário, contaria tempo de serviço e se suspenderia a prestação laboral) do contrato de trabalho, enquanto os benefícios de prestação continuada da Previdência Social metamorfoseariam a relação de emprego, fazendo com que se suspendesse o vínculo laboral (não se contaria o tempo de serviço e não se faria pagamento de salário). Logo, é evidente a situação especial da licença-gestante no mapa protetivo da Constituição.

*o)* Buscando maior proteção à gestante e objetivando a não discriminação da mulher, a Lei n. 9.029, de 13 de abril de 1995, constituiu como crime a prática de exigência de teste, exame, perícia, atestado, declaração ou qualquer outro procedimento relativo à esterilidade ou à gravidez. Estabeleceu, ainda, que será penalizada a adoção de quaisquer medidas, de iniciativa do empregador, que configurem indução ou instigamento à esterilização genética ou promoção do controle de natalidade, assim considerado o oferecimento de serviços e de aconselhamentos ou planejamento familiar, realizado por meio de instituições públicas ou privadas.

Tanto quando da contratação ou da dispensa da mulher fica defeso ao empregador pedir ou exigir exame objetivando saber do estado de gravidez da empregada, evitando-se a discriminação. Ocorrendo a dispensa sem justa causa e posterior conhecimento do fato, compete ao empregador reintegrar a empregada gestante, por proteção e interesse social.

*p)* A empregada doméstica, pelo parágrafo único[78] do art. 7º da Constituição, teve garantida a licença-gestante, contudo não foi agraciada pela garantia de

---

(78) Parágrafo único. São assegurados à categoria dos trabalhadores domésticos os direitos previstos nos incisos IV, VI, VIII, XV, XVII, XVIII, XIX, XXI e XXIV, bem como a sua integração à previdência social.

emprego, prevista no inciso I do mesmo artigo, delimitada no art. 10 das Disposições Transitórias (vedada a dispensa arbitrária ou sem justa causa desde a confirmação da gravidez até cinco meses após o parto).

Trata-se de empregada *sui generis* que trabalha no domicílio de seu empregador, ou seja, provavelmente na sua residência pessoal ou de lazer. Conferir a mesma estabilidade provisória, junto à residência do empregador, no seio familiar, conflitava com a inviolabilidade da casa. Imprudente seria reintegrar empregada neste ambiente. Mais e importante: o Direito do Trabalho não confere estabilidade ao empregado que ocupa cargo de confiança (art. 499 da CLT); em analogia, a empregada doméstica ocupa cargo de confiança, de vez que guarda os maiores bens da vida, os filhos, quando existentes, além de ser testemunha e partícipe da privacidade familiar.

A Constituição não conferiu garantia no emprego à empregada doméstica, distinguindo o estabelecimento do empregador da residência, não se tratando de discriminação e sim de prudência.

No entanto, em julho de 2006, por meio da Lei n. 11.324, foi incluído o art. 4-A[79] na Lei n. 5.859 (dispõe sobre a profissão do empregado doméstico), vedando a dispensa arbitrária ou sem justa causa da empregada doméstica gestante desde a confirmação da gravidez até cinco meses após o parto, ou seja, concedendo direito que a Constituição originariamente entendera por não outorgar.

*q*) Perdura debate jurisprudencial nos Tribunais no caso de a empregada engravidar no período do aviso-prévio indenizado. Algumas decisões minoritárias trilham no sentido de que a projeção do contrato de trabalho para o futuro, pelo aviso-prévio indenizado, tem efeitos limitados às vantagens econômicas obtidas nesse período, não abarcando a estabilidade provisória decorrente da gravidez.

Na atualidade, o Tribunal Superior do Trabalho, revendo decisões anteriores, inclina-se para conferir a estabilidade provisória, mesmo tendo iniciado a gravidez no aviso-prévio indenizado, conforme jurisprudência infra, colecionada:

AGRAVO DE INSTRUMENTO. RECURSO DE REVISTA. ESTABILIDADE PROVISÓRIA DA GESTANTE. AQUISIÇÃO NO CURSO DO AVISO-PRÉVIO INDENIZADO.
"O art. 10, II, *b*, do ADCT veda a dispensa arbitrária ou sem justa causa da empregada gestante desde a confirmação da gravidez até cinco meses após o parto. A finalidade teleológica da norma é garantir o emprego contra a dispensa injusta, de modo a impedir que a gravidez constitua causa de discriminação, assegurando a continuidade do contrato de trabalho, além do bem-estar do nascituro. A jurisprudência, a propósito, já se pacificou no sentido de que a referida vedação constitucional decorre do fato objetivo da confirmação da gravidez na vigência do contrato de trabalho, caso em que o direito da obreira à estabilidade provisória prescinde do conhecimento prévio do seu estado gestacional pelo

---

(79) Art. 4º-A. É vedada a dispensa arbitrária ou sem justa causa da empregada doméstica gestante desde a confirmação da gravidez até 5 (cinco) meses após o parto.

empregador no momento da resilição contratual (Súmula n. 244, I, do TST). Entende-se que o aviso-prévio indenizado integra o contrato de trabalho, para todos os efeitos, inclusive para incidência da estabilidade no emprego. Nos termos da OJ n. 82, SBDI-1/TST, "a data da saída a ser anotada na CTPS deve corresponder à do término do prazo do aviso-prévio, ainda que indenizado", o que evidencia a ampla projeção do aviso-prévio no contrato de trabalho. No mesmo sentido, o art. 487, § 1º, *in fine*, da CLT. Frise-se que, do ponto de vista jurídico, no período de pré-aviso, permanecem inalteradas algumas importantes obrigações das partes, inclusive a lealdade contratual, podendo inclusive ocorrer infração trabalhista por qualquer das partes, apta a transmudar a resilição contratual em resolução culposa do pacto empregatício, ou seja, a dispensa injusta ou o pedido de demissão em ruptura por justa causa de uma das partes (arts. 490 e 491 da CLT e Súmula n. 73/TST). Assim, as disposições do art. 10, II, *b*, do ADCT são plenamente válidas na hipótese de a concepção ocorrer durante o prazo do aviso-prévio indenizado, que não implica a extinção do contrato de trabalho, apenas firmando o prazo para sua terminação (inteligência do art. 489, *ab initio*, da CLT). Inaplicável, portanto, ao caso dos autos, a Súmula n. 371/TST, de caráter restrito, que não pode ser estendida, por interpretação, com o fito de macular ou frustrar direito fundamental estabelecido na Carta Magna. A garantia de emprego, assim fixada, encontra amparo não só no citado art. 10, II, *b*, do ADCT, mas também em toda a normatização constitucional voltada para a proteção da maternidade (arts. 6º e 7º, XVIII), da família (art. 226), da criança e do adolescente (227) e todos os demais dispositivos dirigidos à proteção da saúde pública. Agravo de instrumento desprovido. (AIRR n. 10840-26.2009.5.11.0001, 6ª Turma do TST, Rel. Mauricio Godinho Delgado. unânime, DEJT 18.11.2010)."

## GESTANTE NAS CONSTITUIÇÕES ESTRANGEIRAS

| ITÁLIA | Tradução livre |
|---|---|
| Art. 37.<br>La donna lavoratrice (...)<br>Le condizioni di lavoro devono consentire l'adempimento della sua essenziale funzione familiare e assicurare alla madre e al bambino una speciale adeguata protezione.<br>(...) | Art. 37.<br>A mulher trabalhadora (...)<br>As condições de trabalho devem permitir que as mulheres cumpram as suas essenciais funções familiares e assegurar à mãe e à criança a proteção especial apropriada.<br>(...) |
| **PORTUGAL**<br>Artigo 59º<br>**Direitos dos trabalhadores**<br>(...)<br>2. Incumbe ao Estado assegurar as condições de trabalho, retribuição e repouso a que os trabalhadores têm direito, nomeadamente:<br>(...)<br>c) A especial proteção do trabalho das mulheres durante a gravidez e após o parto, bem como do trabalho dos menores, (...) | |

| | |
|---|---|
| **MÉXICO**<br>**Título Sexto**<br>**Del Trabajo y de la Previsión Social**<br>**Artículo 123.** Toda persona tiene derecho (…)<br>**V.** Las mujeres durante el embarazo no realizarán trabajos que exijan un esfuerzo considerable y signifiquen un peligro para su salud en relación con la gestación; gozarán forzosamente de un descanso de seis semanas anteriores a la fecha fijada aproximadamente para el parto y seis semanas posteriores al mismo, debiendo percibir su salario íntegro y conservar su empleo y los derechos que hubieren adquirido por la relación de trabajo. En el período de lactancia tendrán dos descansos extraordinarios por día, de media hora cada uno para alimentar a sus hijos;<br>(…) | **Título sexto**<br>**Trabalho e Previdência Social**<br>**Artigo 123.** Toda pessoa tem direito (…)<br>**V** — Mulheres, durante a gravidez, não realizarão trabalhos que exijam esforço considerável e representem perigo para a sua saúde em relação a sua gravidez; gozarão necessariamente de um descanso de seis semanas antes da data aproximadamente fixada para o parto e de seis semanas depois dele, recebendo o seu salário integral e mantendo seu emprego e os direitos adquiridos pela relação de trabalho. No período de lactação terão dois descansos extraordinários por dia de meia hora cada um, para alimentar seus filhos;<br>(…) |
| **PARAGUAI**<br>**Artículo 89 — DEL TRABAJO DE LAS MUJERES**<br>Los trabajadores de uno y otro sexo tienen los mismos derechos y obligaciones laborales, pero la maternidad será objeto de especial protección, que comprenderá los servicios asistenciales y los descansos correspondientes, los cuales no serán inferiores a doce<br>semanas. La mujer no será despedida durante el embarazo, y tampoco mientras duren los descansos por maternidad.<br>La ley establecerá el régimen de licencias por paternidad. | **Artigo 89 — O TRABALHO DA MULHER**<br>Os trabalhadores de ambos os sexos têm os mesmos direitos e obrigações trabalhistas, mas a maternidade receberá proteção especial, que compreende serviços assistenciais e os repousos correspondentes que não serão inferiores a doze semanas. A mulher não poderá ser demitida durante a gravidez, nem no período da licença-maternidade.<br>A lei estabelecerá o sistema de licença-paternidade. |

## Capítulo XIX

# LICENÇA-PATERNIDADE

**TRAJETÓRIA NA CONSTITUINTE**

> *Licença-paternidade*
>
> *Subcomissão dos Direitos dos Trabalhadores*
> "nihil"
>
> *Comissão da Ordem Social*
> "nihil"
>
> *Comissão de Sistematização*
> "nihil"
>
> *Constituição Federal, art. 7º, XIX — (texto oficial)* "LICENÇA-PATERNIDADE, NOS TERMOS FIXADOS EM LEI".

Não trataram as Constituições anteriores de um afastamento temporário do empregado, enquanto pai, na ocasião do nascimento do filho. Não há referência nos textos constitucionais precedentes de licença do trabalhador após o parto, com o objetivo de ensejar-lhe a possibilidade de dedicar-se a auxiliar a mãe nos primeiros cuidados exigidos pelo nascimento da criança.

*a)* A Consolidação das Leis do Trabalho, no entanto, já nos idos de 1943, tratara do assunto e estabelecera, no seu art. 473:

"O empregado poderá deixar de comparecer ao serviço, sem prejuízo do salário:

....................................................................................................................

III — por um dia, em caso de nascimento de filho, no decorrer da primeira semana";

Estabelecia-se a interrupção do contrato de trabalho, pelo prazo de um dia, na semana subsequente ao parto exitoso (o artigo condicionava a licença ao *"nascimento de filho"*). Havendo o parto, e ocorrendo insucesso, com a morte da criança, não se abria, nos termos da lei, a garantia para a interrupção contratual, o que mostrava ter o consolidador sido inspirado, na fixação do direito ao afastamento, *pelas obrigações e encargos do empregado-pai com o filho nascido,* e não com o atendimento da parturiente, ante insucesso do evento.

A paralisação implicaria a cobrança de salário pelo trabalhador, dispensado da prestação de serviço, sem que isso, porém, implicasse não computar o dia não trabalhado no seu tempo de serviço. Tratava-se, pois, de interrupção, e não de suspensão.

A Constituição de 1988, produto de uma Assembleia Nacional, requerida por tanto tempo pela sociedade e que teve como motivadora a necessidade e a urgência, entre outras coisas, de conquistas sociais, teria de atentar à integração crescente do pai, numa família igualitária. Não mais o machismo, o autoritarismo masculino, na célula social básica, mas a corresponsabilidade, que iria do sustento à repartição de encargos e à distribuição de competências, fazendo homem e mulher copartícipes solidários, numa hierarquia igualitária, que, se queria, viesse a ser a nova realidade social, econômica, política e cultural da família contemporânea.

Se assim seria, para marido e mulher, também o seria, por decorrência, para trabalhador e trabalhadora. Se à mãe-empregada reservaram-se garantias especiais pela gravidez, e face seu desdobramento natural, que é o parto, criou-se complementarmente movimento reivindicatório, capitaneado pelas mulheres, também se agiu em favor do apoio ao pai. Liberá-lo da prestação obrigatória do trabalho, dias depois do parto, não se destinava a premiá-lo com o lazer, por ter sido exitoso reprodutor. Vinculou-se a inovação constitucional ao objetivo de solidificar laços familiares; de repartir, sem discriminação, tarefas comuns. Isto é, o pai, como tal, não é apenas quem fecundou e assiste *ao* parto, como espectador, em fervorosa "torcida". Há de ser quem dá assistência à mulher-gestante, desincumbe-se de tarefas importantes dele decorrentes e "logo" se vincula ao filho nascido, oferecendo-lhe atendimento. É condômino de emoções agradáveis, resultados tristes e de obrigações, às vezes exaustivas e exigentes. Tal situação, inclusive, se faz mais intensa na família de menor renda, na qual as dotações materiais escasseiam. A realidade era — e é — uma vida sacrificada e de obstáculos criados por acesso difícil aos benefícios legais, ante condicionantes burocráticas e descabidas exigências formais.

Por isso, o pai tinha de participar, dividir tarefas, intentando superar dificuldades socioeconômicas de uma sociedade desigual.

Foram direitos e deveres, de cujo exercício e ônus se excluía o progenitor, decorrente da pouca convivência com o filho nos momentos iniciais da vida. Entendeu-se sanável — a possível — por meio da institucionalização da licença--paternidade.

*c)* A Constituinte foi atacada, até ridicularizada, num momento inicial, atribuindo-se a nova conquista à irresponsabilidade de um plenário, seduzido por campanha em prol de mais ócio e menos trabalho feita por "trabalhadores irresponsáveis" e mulheres reivindicantes. Apesar da pressão contrária, uma argumentação esclarecedora produziu ponderações claras, chegando-se à votação de plenário, com a justa ideia vitoriosa. Cabia torná-la objetiva, colocando-a dentro de sadios propósitos. E isso foi feito, assegurando que a licença-paternidade pudesse ser reconhecida como um dispositivo inovador, não fruto insensato do novo pelo novo, mas consequência de saudável pedagogia da convivência familiar e societária. A empresa, fonte de empregos, viveu e viverá nessa e dessa família. Quanto mais harmônica for, também ela tirará proveito.

*d)* A Constituição consagrou a "licença-paternidade, nos termos fixados em lei". Não foi preservado o dispositivo original, vindo do primeiro turno, que colocara na Lei Maior um prazo fixo de oito dias. Preferiu o constituinte, ao fim, erigir o direito, mas deixar fora do corpo permanente um período rígido de duração. O que não significou que a Carta, nas Disposições Transitórias, deixasse de regrar a matéria.

O art. 39, § 3º, da Constituição[80], estendeu aos servidores públicos, *lato senso*, da União, dos Estados, dos Municípios e do Distrito Federal, tanto do Poder Executivo, do Legislativo quanto do Judiciário, quer vinculados à Administração Direta quanto à Indireta, o direito à licença-paternidade, sem qualquer diferenciação.

A Emenda Constitucional n. 18 (1998) estendeu aos militares a licença-paternidade, quando incluiu o inciso VIII no art. 142[81] da Constituição.

*e)* O constituinte mostrou preocupação com a imediatividade da vigência do benefício, ao estabelecer no art. 10, § 2º, das Disposições Transitórias:

"Até que a lei venha a disciplinar o disposto no art. 7º, inciso XIX, da Constituição, o prazo da licença-paternidade a que se refere o inciso é de 5 (cinco) dias".

---

(80) § 3º Aplica-se aos servidores ocupantes de cargo público o disposto no art. 7º, IV, VII, VIII, IX, XII, XIII, XV, XVI, XVII, XVIII, XIX, XX, XXII e XXX, podendo a lei estabelecer requisitos diferenciados de admissão quando a natureza do cargo o exigir. (Redação dada pela Emenda Constitucional n. 19, de 1998)
(81) Art. 142. As Forças Armadas, constituídas pela Marinha, pelo Exército e pela Aeronáutica, são instituições nacionais permanentes e regulares, organizadas com base na hierarquia e na disciplina, sob a autoridade suprema do Presidente da República, e destinam-se à defesa da Pátria, à garantia dos poderes constitucionais e, por iniciativa de qualquer destes, da lei e da ordem.
VIII — aplica-se aos militares o disposto no art. 7º, incisos VIII, XII, XVII, XVIII, XIX e XXV, e no art. 37, incisos XI, XIII, XIV e XV;

Com isso, espancaram-se as dúvidas que já se iniciavam, antes das Disposições Transitórias, tentando impedir a imediata aplicação da licença-paternidade. Como deveria ser posteriormente aprovada lei que regularia a matéria, havia quem acreditasse que o benefício ficaria sustado até que tal norma estivesse vigorando. O constituinte dissipou a incerteza, fixando o prazo da licença, assegurando a aplicação da medida (mesmo antes de lei reguladora), ou seja, desde 5 de outubro de 1988.

*f)* A licença-paternidade, suprimindo a obrigação de prestação de serviço do trabalhador nos cinco dias em que vigora; ampliando conquista do art. 473 da CLT; garantindo a percepção do salário normal e computando os cinco dias não trabalhados no tempo de serviço, caracterizou uma interrupção do contrato de trabalho.

A lei poderia dar novos elementos ao instituto inovador, inclusive transferindo-se do mundo trabalhista, onde nasceu, para a previdência e seguridade.

Caberia ao legislador ordinário do depois decidir, cumprindo diretriz constitucional, que natureza jurídica e feitio operacional teria a licença-paternidade.

Como fonte inspiradora, para o legislador inovar e modernizar a legislação do trabalho, pode-se buscar o Código de Trabalho de Portugal, que trata de norma nova (2003), que garante também cinco dias de licença paternidade, contudo, estende-a, igualando-a ao prazo que competiria à mãe, ou ao remanescente daquele período, caso a mãe já tenha gozado alguns dias de licença, quando ocorrer a sua incapacidade física ou psíquica, e enquanto esta se mantiver, bem como no caso de morte da mãe ou, mostrando maturidade social, quando houver decisão conjunta dos pais. Vejamos o art. 36 do Código de Portugal:

Artigo 36º
**Licença por paternidade**
"1 — O pai tem direito a uma licença por paternidade de cinco dias úteis, seguidos ou interpolados, que são obrigatoriamente gozados no primeiro mês a seguir ao nascimento do filho.

2 — O pai tem ainda direito à licença, por período de duração igual àquele a que a mãe teria direito nos termos do n. 1 do artigo anterior, ou ao remanescente daquele período caso a mãe já tenha gozado alguns dias de licença, nos seguintes casos:

a) Incapacidade física ou psíquica da mãe, e enquanto esta se mantiver;

b) Morte da mãe;

c) Decisão conjunta dos pais.

3 — No caso previsto na alínea b) do número anterior o período mínimo de licença assegurado ao pai é de 30 dias.

4 — A morte ou incapacidade física ou psíquica da mãe não trabalhadora durante o período de 120 dias imediatamente a seguir ao parto confere ao pai os direitos previstos nos ns. 2 e 3".

Fica mantida a primazia feminina da licença, como recomenda a natureza, contudo, em casos especiais, como nos indicados na legislação portuguesa, correto e prudente seria transferir a licença ao pai, de preferência no mesmo modelo da mulher, garantindo-lhe salário e, quem sabe, estabilidade provisória.

### PATERNIDADE NAS CONSTITUIÇÕES ESTRANGEIRAS

| PARAGUAI | Tradução livre |
|---|---|
| Artículo 89 — DEL TRABAJO DE LAS MUJERES (...) La ley establecerá el régimen de licencias por paternidad. | Artigo 89 — DO TRABALHO DA MULHER (...) A lei estabelecerá o sistema de licença-paternidade. |

# Capítulo XX

# PROTEÇÃO DO MERCADO DE TRABALHO DA MULHER

**TRAJETÓRIA NA CONSTITUINTE**

> Proteção do trabalho da mulher
>
> Subcomissão dos Direitos dos Trabalhadores
> "nihil"
>
> Comissão da Ordem Social
> "nihil"
>
> Comissão de Sistematização
> "nihil"
>
> Constituição Federal, art. 7º, XX — (texto oficial)
> "PROTEÇÃO DO MERCADO DE TRABALHO DA MULHER, MEDIANTE INCENTIVOS ESPECÍFICOS, NOS TERMOS DA LEI".

As servidoras públicas, pela redação do art. 39, parágrafo terceiro da Constituição, observando a Emenda Constitucional n. 19[82], de 1998, também foram contempladas.

---

[82] Art. 39. A União, os Estados, o Distrito Federal e os Municípios instituirão, no âmbito de sua competência, regime jurídico único e planos de carreira para os servidores da administração pública direta, das autarquias e das fundações públicas. § 3º Aplica-se aos servidores ocupantes de cargo público o disposto no art. 7º, IV, VII, VIII, IX, XII, XIII, XV, XVI, XVII, XVIII, XIX, XX, XXII e XXX, podendo a lei estabelecer requisitos diferenciados de admissão quando a natureza do cargo o exigir.

A Constituição estabeleceu, no inciso XX do art. 7º, que é um direito da trabalhadora a proteção de seu mercado de trabalho "mediante incentivos específicos, nos termos da lei".

*a)* Ao dispor dessa maneira, o constituinte inovou. Nada constava nos textos constitucionais anteriores. O inciso XX é consequente à linha protetiva que os incisos anteriores, particularmente o XVIII e o XIX, apresentavam. Tanto a ampliação da licença-gestante, no prazo de repouso, quanto o aumento do período de vedação da injustificada despedida, alargando o tempo de garantia de emprego, bem como a instituição da licença-paternidade, que não era apenas uma vantagem do pai-empregado, mas forma de proteção complementar à família, por isso, à maternidade e à empregada-parturiente e mãe, são opções do constituinte também em favor da mulher e da maternidade.

A Carta Magna procurou banir não só discriminações prejudiciais à trabalhadora, defasada no seu salário, comparativamente ao homem; prejudicada, em geral, na sua carreira profissional por impedimentos nem sempre declarados e devidos a sua condição feminina etc. Entendeu o constituinte que era o momento de garantir especial proteção à mulher no mercado de trabalho. O seu ingresso na disputa por postos foi, e em certas circunstâncias ainda é, cercado de alguns elementos prejudiciais. Tradições culturais, dogmas sociológicos, preconceitos históricos, inclusive em países altamente civilizados em que se admite disfarçadamente diferença remuneratória entre dois profissionais de igual nível apenas em razão do sexo. Somada a isso a concorrência na disputa pela ocupação do espaço mercadológico levou a uma conscientização crescente de que, sem histerias, já estava na hora de a sociedade posicionar-se. Sem privilégios que levariam a gangorra a um outro ponto de desnível também indesejável, oferecendo-se a proteção adequada para que, tratando-se desigualmente os desiguais, na medida em que desigualam, se estivesse cultivando o princípio da igualdade. Momento de preparar a sociedade para um tempo imediato em que não mais se precisaria das ações protetivas, porque a igualdade seria normal no convívio social, nos conceitos culturais, nas oportunidades econômicas e no exercício político.

Assumiu o constituinte a realidade, não a ocultando. O inciso XX estaria a dizer que existiriam discriminações no mercado de trabalho e que caberia ao constituinte o dever de denunciá-las e de repudiá-las, e ao legislador ordinário o de normatizar a vida real, não fazendo declarações de sonho. Agir sobre o que é, para fazer com que ele venha a ser o que deveria ser. Por consequência, a necessidade de que lei futura estabelecesse o que esperávamos, transformando-se em medidas transitórias de proteção da mulher na sua participação no mercado de trabalho. Não seria o caso de decretar a presença pesada e, muitas vezes, imprópria do Governo nas relações privadas do mercado de trabalho para consagrar favoritismo protegendo a mulher. Não. Seria assegurar que a lei encurtasse e logo extinguisse desníveis injustificados. Emparelhar situações para que a legítima e igualitária competição decidia em favor de um ou de outro.

*b)* Já em 10 de julho de 1968, a Lei n. 5.473, em seu art. 10, dizia que "são nulas as disposições e providências que, direta ou indiretamente, criem discriminações entre brasileiros de ambos os sexos para provimento de cargos sujeitos à seleção, assim nas empresas privadas, como nos quadros do funcionalismo público federal, estadual ou municipal, do serviço autárquico, de sociedades de economia mista *e* de empresas concessionárias de serviço público". No parágrafo único do referido artigo, o legislador mostrou preocupação em fazer efetivamente vigente o conteúdo supra, ao prescrever pena de prisão (de três meses a um ano), além de multas — realmente insignificantes — para quem "obstar ou tentar obstar o cumprimento da presente lei".

Tal norma pré-constituinte demonstrava que a sociedade brasileira despertara com senso de oportunidade para o problema da discriminação, tentando impedir que se tornasse inimputável a segregação empregatícia. A lei correspondeu a um momento histórico em que aumentou a demanda feminina por postos de trabalho. As faculdades passaram a ter maior frequência de universitárias; caíram barreiras que, antes, faziam quase inacessíveis, por motivações aparentemente morais, mas realmente por competitividade preconceituosa, certas ocupações pela mão de obra feminina. Esta se convenceu e foi convencendo a sociedade de que determinados impedimentos, ditados por um sentido cinicamente protecionista (alegação de que, sendo o "sexo frágil", a mulher não poderia trabalhar em determinadas tarefas que exigiriam maior utilização de energia e força físicas), não passavam de falsas piedades ou prejudiciais bondades, que faziam com que a trabalhadora se visse prévia e injustamente afastada da competição de largas fatias do mercado de trabalho, que ficavam para exclusivo acesso masculino.

A lei de 1968 não teve poder nem tinha amplitude para modificar o mercado de trabalho e realinhar, por inteiro, as forças que dele participavam. Foi capaz, porém, de contribuir para que se abrisse um atalho, visando a que se chegasse a uma competição mais sadia na disputa pelos postos laborais, que não deveriam ser ocupados em razão do critério pouco apropriado para tanto: o do sexo.

*b)* Fixou-o o constituinte no inciso XX de maneira genérica, como incumbia a um dispositivo conceitual carente da norma regulamentadora.

Para não ficar na mera intenção, o constituinte, preocupado com a proteção da mulher laboral, fixou sua área de atuação, dando diretrizes obrigatórias à lei que regulamentaria o dispositivo constitucional. A Lei Maior buscou proteger a mulher, a fim de que, como trabalhadora, não se visse prejudicada.

Além de especializar sua proteção, isto é, à mulher empregada, ou querendo sê-lo; além de definir o teatro de operações, ou seja, no mercado de trabalho, o constituinte desenhou mais um caminho a ser seguido: o oferecimento, para viabilizar-se a proteção, de "incentivos específicos".

Não disse, nem lhe cabia fazê-lo, quais, como e quantos seriam esses estímulos especiais que visariam a encurtar e, se possível, a extinguir desníveis em detrimento da mulher no mercado de trabalho. Deixou ao legislador ordinário o espaço para que oferecesse compensações capazes de anular discriminações existentes contra a trabalhadora-mulher.

O legislador deveria aproveitar essa faculdade, também um dever, para oferecer, na lei, franquias e vantagens que o Estado poderia ensejar *àquelas empresas* que, por exemplo, abrissem maior espaço, multiplicando vagas para a trabalhadora, bem como lhe dando tratamento tributário mais favorável, no caso de oferecerem à empregada garantias de atendimento que lhe ensejassem, por exemplo, melhores condições de cumprimento de sua missão maternal (creches especiais p. ex.) etc.

A lei ordinária, prevista no inciso XX do art. 7º, não escaparia das limitações necessárias — visando a impedir excessos protecionistas — fixadas pelo inciso XXX, no qual se diz que é proibida a "diferença de salários, de exercício de funções e de critério de admissão por motivo de sexo...".

Tal dispositivo impediria que se estabelecessem vantagens, não mais para corrigir discriminações contra a mulher — as quais não podiam e não deviam ser mantidas — mas também para não concretizá-las, em detrimento da mão de obra masculina, o que, de resto, seria injusto. O justo não estaria na postura caritativa em favor da empregada, criando um novo e invertido desnível. O justo estaria na inexistência de vantagens e prejuízos em razão do sexo. Por isso, a tutela corretiva do inciso XX deveria conduzir a uma lei ordinária que obedeceria a tais mandamentos.

### *PROTEÇÃO DA MULHER NAS CONSTITUIÇÕES ESTRANGEIRAS*

| ITÁLIA | Tradução Livre |
|---|---|
| Art. 37.<br>La donna lavoratrice ha gli stessi diritti e, a parità di lavoro, le stesse retribuzioni che spettano al lavoratore.<br>Le condizioni di lavoro devono consentire l'adempimento della sua essenziale funzione familiare e assicurare alla madre e al bambino una speciale adeguata protezione.<br>La legge stabilisce il limite minimo di età per Il lavoro salariato.<br>La Repubblica tutela il lavoro dei minori con speciali norme e garantisce ad essi, a parità di lavoro, il diritto alla parità di retribuzione. | Art. 37.<br>A mulher trabalhadora tem os mesmos direitos e, por trabalho igual, os mesmos salários do trabalhador.<br>As condições de trabalho devem permitir que as mulheres cumpram as suas essenciais funções familiares e assegurar à mãe e à criança a proteção especial apropriada.<br>A lei estabelecerá a idade mínima para o trabalho assalariado.<br>A República tutela o trabalho dos menores com disposições especiais e lhes garante, por trabalho igual, o direito à igualdade de remuneração. |

| ALEMANHA | |
|---|---|
| Article 3 [Egalité devant la loi] <br> (1) Tous les êtres humains sont égaux devant la loi. <br> (2) Hommes et femmes sont égaux en droits. L'Etat promeut la réalisation effective de l'égalité en droits des femmes et des hommes et agit en vue de l'élimination des désavantages existants. <br> (3) Nul ne doit être discriminé ni privilégié en raison de son sexe, de son ascendance, de sa race, de sa langue, de sa patrie et de son origine, de sa croyance, de ses opinions religieuses ou politiques. 2Nul ne doit être discriminé en raison de son handicap. | Artigo 3º [a igualdade perante a lei] <br> Todos os seres humanos são iguais perante a lei. <br> Homens e mulheres têm direitos iguais. O Estado deve promover a efetiva realização da igualdade entre homens e mulheres e agir para a eliminação dos privilégios existentes. <br><br> Nenhuma pessoa pode ser prejudicada ou favorecida por causa de seu sexo, ascendência, raça, língua, pátria e origem, fé, de suas opiniões religiosas ou políticas. Ninguém será discriminado por causa de sua deficiência. |
| **PORTUGAL** <br> **Artigo 58.º** <br> **Direito ao trabalho** <br> 1. Todos têm direito ao trabalho. <br> 2. Para assegurar o direito ao trabalho, incumbe ao Estado promover: <br> (...) <br> b) A igualdade de oportunidades na escolha da profissão ou género de trabalho e condições para que não seja vedado ou limitado, em função do sexo, o acesso a quaisquer cargos, trabalhos ou categorias profissionais; (...) <br> **Artigo 59.º** <br> **Direitos dos trabalhadores** <br> 1. Todos os trabalhadores, sem distinção de idade, sexo, raça, cidadania, território de origem, religião, convicções políticas ou ideológicas, têm direito: <br> (...)2. Incumbe ao Estado assegurar as condições de trabalho, retribuição e repouso a que os trabalhadores têm direito, nomeadamente: <br> (...) <br> c) A especial protecção do trabalho das mulheres durante a gravidez e após o parto, bem como do trabalho dos menores, dos diminuídos e dos que desempenhem actividades particularmente violentas ou em condições insalubres, tóxicas ou perigosas; (...) | |

| | |
|---|---|
| **ESPANHA**<br>Artículo 35<br>1. Todos los españoles tienen el deber de trabajar y el derecho al trabajo, a la libre elección de profesión u oficio, a la promoción a través del trabajo y a una remuneración suficiente para satisfacer sus necesidades y las de su familia, sin que en ningún caso pueda hacerse discriminación por razón de sexo.<br>2. La ley regulará un estatuto de los trabajadores | Artigo 35<br>1. Todos os espanhóis têm o dever de trabalhar e o direito ao trabalho, à livre escolha de profissão ou ofício, ao progresso por meio do trabalho, e a uma remuneração suficiente para satisfazer as suas necessidades e às de sua família, sem que em nenhum caso possa ocorrer discriminação em razão do sexo.<br>2. A lei fixará o Estatuto dos Trabalhadores |
| **URUGUAI**<br>Artículo 54.-<br>La ley ha de reconocer a quien se hallare en una relación de trabajo o servicio, como obrero o empleado, la independencia de su conciencia moral y cívica; la justa remuneración; la limitación de la jornada; el descanso semanal y la higiene física y moral.<br>El trabajo de las mujeres y de los menores de dieciocho años será especialmente reglamentado y limitado. | Artigo 54. —<br>A lei reconhecerá a quem participar de uma relação de trabalho, como prestador de serviço ou empregado, independência da sua consciência moral e cívica; determinará sua justa remuneração, a limitação da jornada, o descanso semanal e procedimentos essenciais que assegurem a higiene física e a moral.<br>O trabalho das mulheres e menores de dezoito anos de idade será especialmente regulamentado e limitado. |
| **PARAGUAI**<br><br>Artículo 48 — DE LA IGUALDAD DE DERECHOS DEL HOMBRE Y DE LA MUJER<br>El hombre y la mujer tienen iguales derechos civiles, políticos, sociales, económicos y culturales. El Estado promoverá las condiciones y creará los mecanismos adecuados para que la igualdad sea real y efectiva, allanando los obstáculos que impidan o dificulten su ejercicio y facilitando la participación de la mujer en todos los ámbitos de la vida nacional. | Artigo 48 — IGUALDADE DE DIREITOS DOS HOMENS E DAS MULHERES<br>Homens e mulheres têm iguais direitos civis, políticos, sociais, econômicos e culturais. O Estado promoverá AS CONDIÇÕES e criará mecanismos adequados para tornar a igualdade real e efetiva, removendo os obstáculos que impedem ou dificultam seu exercício, facilitando a participação das mulheres em todas as esferas da vida nacional. |
| Artículo 88 — DE LA NO DISCRIMINACION<br>No se admitirá discriminación alguna entre los trabajadores por motivos étnicos, de sexo, edad, religión, condición social y preferencias políticas o sindicales.<br>El trabajo de las personas con limitaciones o incapacidades físicas o mentales será especialmente amparado. | Artigo 88 — da NÃO DISCRIMINAÇÃO<br>A discriminação não é admitida entre os trabalhadores por motivos de raça, sexo, idade, religião, condição social e preferências políticas ou sindicais.<br>O trabalho de pessoas com limitações ou deficiências físicas ou mentais será especialmente protegido. |

| | |
|---|---|
| Artículo 89 — DEL TRABAJO DE LAS MUJERES<br>Los trabajadores de uno y otro sexo tienen los mismos derechos y obligaciones laborales, pero la maternidad será objeto de especial protección, que comprenderá los servicios asistenciales y los descansos correspondientes, los cuales no serán inferiores a doce<br>semanas. La mujer no será despedida durante el embarazo, y tampoco mientras duren los descansos por maternidad.<br>La ley establecerá el régimen de licencias por paternidad. | Artigo 89 — DO TRABALHO DAS MULHERES<br>Os trabalhadores de ambos os sexos têm os mesmos direitos e obrigações trabalhistas, mas a maternidade receberá proteção especial, que compreende serviços assistenciais adequados e repousos que não serão inferiores a doze semanas. A mulher não poderá ser demitida durante a gravidez, nem no período da licença--maternidade.<br>A lei estabelecerá o sistema de licença--paternidade. |
| **ETIOPIA**<br>Article 42 Workers' Rights<br>1. (a) Factory and service sector employees, peasants, agricultural workers, other rural workers, government employees below a certain level of responsibility and the nature of whose employment so requires, shall have the right to form associations for the purpose of improving their economic and employment conditions. This right shall include the right to form trade union and other associations, and to negotiate with their employers and other organizations affecting their interests.<br>(b) The category of workers referred to in paragraph (a) of this Article shall have the right to express their grievances, which shall include the right to strike.<br>(c) Government employees who may benefit from the rights recognized under paragraphs (a) and (b) of this Article shall be determined by law.<br>(d) The right of women workers to equal pay for equal work is guaranteed.<br>2. Workers shall have the right to appropriately defined working hours, breaks, leisure, periodic leave with pay, paid public holidays, and a safe and healthy working environment.<br>3. Laws issued for the implementation of these rights shall, without derogating from the rights recognized under Sub- Article (1) of this Article, lay down procedures for the establishment of the said trade unions and the manner of conducting collective bargaining. | Artigo 42º Direitos dos Trabalhadores<br>1. Os empregados de fábrica e setor de serviços, camponeses, trabalhadores agrícolas, além de outros trabalhadores rurais, funcionários públicos abaixo de um certo nível de responsabilidade e assim requerido pela natureza de seu emprego, terão o direito de formar associações com o objetivo de melhorar a sua situação econômica e condições de emprego. Esse direito incluirá o de formar sindicatos e outras associações, e de negociar com seus empregadores e outras organizações que possam atingir seus interesses.<br>(b) A categoria dos trabalhadores referidos no parágrafo (a) do presente artigo terá o direito de expressar suas reivindicações, que incluirá o direito à greve.<br>(c) Os funcionários do governo que se poderão beneficiar dos direitos reconhecidos nos termos dos ns. (a) e (b) do presente artigo serão identificados pela lei.<br>(d) O direito das mulheres trabalhadoras à igual remuneração por igual trabalho é garantido.<br>2. Os trabalhadores terão o direito adequadamente definido de fixação do horário de trabalho, das pausas, do lazer, das licenças periódicas pagas, dos dias feriados pagos, e de um ambiente de trabalho seguro e saudável.<br>3. Leis emitidas para a implementação desses direitos serão, sem prejudicar os direitos reconhecidos na subtítulo (1) do presente artigo, estabelecidas para ensejar a criação de sindicatos e disciplinar a maneira de conduzir-se a negociação coletiva. |

# Capítulo XXI

# AVISO-PRÉVIO

**TRAJETÓRIA NA CONSTITUINTE**

> *Subcomissão dos Direitos dos Trabalhadores*
> "nihil"
>
> *Comissão da Ordem Social*
> "nihil"
>
> *Comissão de Sistematização*
> "aviso-prévio proporcional ao tempo de serviço, sendo no mínimo de trinta dias, e direito de indenização, nos termos da lei".
>
> *Constituição Federal, art. 7º, XXI — (texto oficial)*
> "AVISO-PRÉVIO PROPORCIONAL AO TEMPO DE SERVIÇO, SENDO NO MÍNIMO DE TRINTA DIAS, NOS TERMOS DA LEI".

A Constituição teve o mérito, no inciso XXI do art. 7º, de oferecer abrigo a um instituto tradicional do Direito do Trabalho: o *aviso-prévio*. As Constituições antecedentes não acolheram tal conquista do trabalhador, regrada por lei ordinária.

O texto constitucional passou a estabelecer que, entre os direitos dos trabalhadores urbanos e rurais, se encontrasse "o aviso-prévio proporcional ao tempo de serviço, sendo no mínimo de trinta dias, nos termos da Lei".

*a)* O art. 487 da CLT regulava a notificação prévia de rescisão do contrato de trabalho há quarenta e seis anos. Dispunha[83] que, "não havendo prazo estipulado, a parte que, sem justo motivo, quiser rescindir o contrato, deverá avisar à outra de sua resolução com antecedência mínima de:

"I) oito dias, se o pagamento for efetuado por semana ou tempo inferior;

l) trinta dias aos que perceberem por quinzena ou mês, ou que tenham mais de 12 (doze) meses de serviço na empresa".

A norma consolidada permaneceu aplicável, com base no princípio da recepção até o ponto em que não ocorressem confrontos entre o que ela dispunha e o que veio a ser estabelecido pela Constituição. Esta fulminou o inciso I do art. 487 da CLT, o qual fixava em oito dias o aviso-prévio dos semanalistas ou diaristas, posto que, a partir de 5 de outubro de 1988, o PRAZO MÍNIMO de aviso-prévio, independente da forma e do prazo de pagamento do empregado, bem como de seu tempo de casa, passou a ser de TRINTA DIAS.

O dispositivo constitucional, neste aspecto, é autoaplicável, insuscetível de dúvida interpretativa; sua aplicação independe de complemento normativo. A imediatidade da vigência decorre do desnível hierárquico das normas coincidentes no tema e conflitantes no conteúdo: a anterior é fruto de decreto-lei; a atual, que a revoga, pertence ao texto constitucional.

*b)* A Consolidação ia além nas suas disposições, estabelecendo que:

"Art. 487. ..................................................................................................................

§ 1º A falta de aviso-prévio por parte do empregador dá ao empregado o direito aos salários correspondentes ao prazo do aviso, garantida sempre a integração desse período no seu tempo de serviço".

Tal diretriz continuou vigente na Carta de 1988; isto é, o trabalhador computará no seu tempo de casa o prazo do aviso-prévio devido pelo empregador, tenha este dado, ou não, a notificação. Sendo injusta a rescisão, *o trabalhador terá direito a receber a remuneração do período de aviso-prévio*, sendo legalmente notificado com antecipação, ou não o sendo. Tal pagamento correspondente ao período trabalhado de aviso-prévio, ou não; em se tratando de "salário pago na base de tarefa", teria o seu cálculo feito de acordo com a média dos últimos doze meses de serviço.

O tempo de aviso-prévio trabalhado ou devido, e não concedido, pelo empregador é computado para todos os fins no tempo de serviço do trabalhador, mesmo quando se trata de despedida indireta (art. 487, § 4º).

---

(83) Na origem da CLT o prazo era, ainda mais reduzido: três dias se o empregado recebesse, diariamente, o seu salário e oito dias se o pagamento fosse efetuado por semana ou tempo inferior. Somente em 1951, por força da Lei n. 1.530, estabeleceram-se os critérios de oito e trinta dias, que, por fim, foram modificados pela Constituição.

*c)* O § 2º do art. 487 dispunha sobre as consequências da falta de aviso-prévio por parte do empregado. Teria o empregador o "direito de descontar os salários correspondentes ao prazo respectivo".

O aviso-prévio é um instituto bilateral, tanto a ele se via obrigado o patrão quanto a ele também estaria constrangido o trabalhador se pretendesse afastar-se sem outra motivação, que não fosse a do seu interesse pessoal ou profissional.

A finalidade do aviso-prévio permitiria ao empregador que buscasse, no mercado externo ou nos quadros da empresa, alguém para substituir o operário que, *motu proprio*, estaria afastando-se da firma. Se, para o trabalhador, uma despedida abrupta era um impacto com prejuízos pessoais e profissionais, também para a empresa, guardadas as proporções, uma saída repentina de um empregado com larga experiência, de confiança, era, ou poderia ser, um apreciável dano. Daí, a obrigação do aviso-prévio também para o empregado, nos termos do § 2º do art. 487 da CLT.

*d)* O aviso-prévio, tanto pela CLT então vigente, quanto pela Constituição, não se dirigia ao contrato por prazo determinado. Este já nasceria com data prevista de conclusão. A decisão repentina, de uma das partes, cortando o vínculo e alcançando desprevenida a outra, no ajuste a termo não pressupunha prévio aviso. Ademais, se houvesse antecipação do término da relação pactuada para uma duração mais longa e determinada, a própria Consolidação estabeleceu formas de ressarcimento da parte prejudicada pela precoce conclusão contratual.

*e)* Nem a CLT nem a Lei Maior estipularam forma obrigatória para que o aviso prévio produzisse efeitos sobre a relação de emprego. Tanto pode ser escrita ou verbal. Só que aquela assegurava ao notificante — interessado na rescisão contratual e, por isso, titular da iniciativa de pré-avisar — a garantia da prova, se o notificado negasse o recebimento da comunicação.

De qualquer maneira, seriam procedimentos de segurança na prova que desejaria ter o notificante, e não de exigência da lei, que nada veda, permitindo, inclusive, que o aviso-prévio seja verbal.

*f)* Pelo art. 489 da CLT, "dado o aviso prévio, a rescisão torna-se efetiva depois de expirado o respectivo prazo, mas, se a parte notificante reconsiderar o ato, antes de seu termo, à outra parte é facultado, ou não, aceitar a reconsideração". A notificação, uma vez concedida, não seria, pelo visto, irreversível. As partes poderiam retificá-la, revogando-a, enquanto fluiria o prazo. O notificante, arrependendo-se de sua decisão e querendo anular o aviso-prévio que concedeu, só poderia fazê-lo se o notificado concordasse em retornar ao *status quo*. A vontade das partes, acordes, revogaria o aviso-prévio. Não seria suficiente, para tanto, apenas o desejo de quem o concedeu.

Aliás, não só o fazer revogaria o aviso-prévio. Também o não fazer, em determinadas circunstâncias, ocasionaria o mesmo efeito. Isto é, expirado o prazo do aviso-prévio, se o empregado continuasse comparecendo à empresa e prestando serviço, e o empregador nada fizesse para objetar a continuidade do vínculo, concluir-se-ia que teria, por entendimento das partes, ocorrido a revogação tácita do aviso-prévio.

A vontade convencionada de patrão e empregado poderia também determinar a prorrogação do aviso-prévio. Não poderão reduzi-lo, no caso da notificação dada pelo empregador ao trabalhador, já que a diminuição, nessa circunstância, significaria subtração de garantia mínima. Se tal estaria previamente inviabilizada pela sua nulidade, o aumento do prazo, especialmente ante notificação dada pelo empregador, seria admitido. Só se corporificaria havendo ajuste entre as partes, reiterando-se o princípio juslaboralista: as partes sempre podem convencionar ampliação protetiva em favor do operário, indo além do mínimo irrenunciável concedido por lei.

*g)* Eventos como o acidente de trabalho ou a doença, determinado impossibilidade temporária de prestação de serviços, ocorridos na vigência do aviso-prévio, sobrestam a contagem de tempo da notificação em curso. Quer na eventualidade de suspensão (acidente do trabalho), quer na de interrupção (primeiros quinze dias de afastamento do trabalhador, por doença); naquela, à conta da Previdência; nesta, de responsabilidade financeira direta do empregador, corta-se a cronologia do aviso-prévio. Se doze dos trinta dias já passaram, sobresta-se a continuidade do cômputo, fica o contrato sob a égide da suspensão ou da interrupção, e, uma vez recuperado o trabalhador da doença ou do acidente, retomar-se-ia a plenitude de sua validez laboral, reiniciando-se, do ponto onde parou (do décimo terceiro dia, no exemplo acima), a contagem do restante para concluir-se o aviso-prévio. E isso por uma razão simples: o aviso-prévio dado pelo empregador objetiva a que o trabalhador tenha um prazo mínimo para buscar nova colocação, a fim de não se ver alcançado pelo desemprego. Enquanto doente ou acidentado, consequentemente desvalido, não teria como tentar a tal busca. Recuperado, retomaria à empreitada da procura e o tempo voltaria a fluir.

*h)* Assevera o art. 488 da Consolidação das Leis do Trabalho que "o horário normal de trabalho do empregado, durante o prazo do aviso, e se a rescisão tiver sido promovida pelo empregador, será reduzido de duas horas diárias, sem prejuízo do salário integral". Quando o empregador deixar de diminuir a jornada do assalariado, descumprindo obrigação legal, ficará obrigado a pagar novo aviso-prévio. Se o empregado tem direito a ver sua jornada reduzida para buscar um novo emprego, e se essa é mais uma consequência onerosa para o empregador, o aproveitamento que ele fizer, determinando a continuidade da jornada do trabalhador, fará com que pague um novo aviso-prévio (indenizado), conforme jurisprudência exemplificativa:

AVISO-PRÉVIO. CONCESSÃO IRREGULAR. CONSEQUÊNCIA.

"O art. 488 da CLT prevê que, durante o aviso-prévio, o empregado poderá optar entre a redução da jornada diária por duas horas e a ausência por sete dias corridos durante o período. A concessão do aviso prévio em desconformidade com a lei acarreta o pagamento do período integral, por frustração do instituto. (RO n. 1262/2009-132-03-00.4, Turma Recursal de Juiz de Fora do TRT da 3ª Região/MG, Rel. Convocado Paulo Mauricio R. Pires. unânime, DEJT 3.11.2010)

*i)* O aviso-prévio pago, quando não trabalhado, deveria ser entendido não como salário, em termos de natureza jurídica, mas como indenização por salário não pago, posto que salário, *stricto sensu*, seria o que se destinaria ao trabalhador, por parte da empresa, em troca da prestação de serviços que, no caso em tela, não ocorreu. Essa indenização por falta de pagamento do salário tem a mesma flexibilidade do próprio salário, e é seu sucedâneo. Havendo habitualidade na prestação de serviços em horário extraordinário, a indenização por falta de salário, no decurso do aviso-prévio não trabalhado, por dispensa patronal, incorporará a remuneração de tais horas extras costumeiras, computáveis como se salário fossem para fins trabalhistas e previdenciários.

Tendo ocorrido, durante o aviso-prévio concedido pelo empregador, aumento salarial por força de lei, dissídio coletivo, negociação sindical ou mesmo sentença individual em demanda anteriormente ajuizada, o acréscimo será incorporado ao montante do aviso-prévio, como também será computado para todos os demais créditos trabalhistas do empregado que tenham por base o salário.

Por esses motivos houve a inclusão dos §§ 5º e 6º do art. 487 da CLT, por meio da Lei n. 10.218, de 11.4.2001, que determina a integração das horas extras habituais no aviso-prévio indenizado e que o reajustamento salarial coletivo, determinado no curso do aviso-prévio, beneficia o empregado pré-avisado da despedida, mesmo que tenha recebido antecipadamente os salários correspondentes ao período do aviso, que integra seu tempo de serviço para todos os efeitos legais.

*j)* A Lei n. 6.708, de 30 de outubro de 1978, no art. 9º, estabeleceu: "o empregado dispensado, sem justa causa, no período de 30 dias que antecede à data de sua correção salarial, teria direito à indenização adicional equivalente a um salário mensal, seja ele optante, ou não, pelo Fundo de Garantia do Tempo de Serviço". Por força desse dispositivo, se o aviso-prévio for trabalhado ou indenizado, concluindo-se nos trinta dias antecedentes à correção monetária automática dos salários, o empregado teria direito a um ressarcimento complementar calculado com base no valor já agregado, pelo disposto na Lei n. 6.708. Assim sendo, uma despedida injustificada, estando iminente uma correção salarial determinaria que se calculasse o aviso-prévio, a indenização adicional (prevista pelo citado art. 9º da Lei n. 6.708) e a indenização normal do art. 477 da CLT (ou da sistemática do FGTS) com base no salário corrigido pela Lei n. 6.708.

*k)* O inciso XXI do art. 7º, ao consagrar, constitucionalmente, o aviso-prévio, além de fixar a sua duração mínima em trinta dias, permitiu a reafirmação dos dispositivos não conflitantes advindos da CLT e de normas complementares. Um aspecto, porém, mereceu comentário especial. A adoção pelo constituinte da ideia da *proporcionalidade*, que seria estipulada em razão do tempo de serviço do trabalhador.

Destarte, quanto mais antigo fosse o empregado, maior seria o aviso-prévio a que faria jus, em razão de despedida patronal. Também, como contrapartida, se entendesse o empregado, com mais tempo na empresa, dela afastar-se, maior seria o prazo do pré-aviso que teria de dar ao empregador, no equilíbrio que a lei regulamentadora usaria, interpretando a diretriz da Carta Magna.

Não inventou, em matéria de prazo do aviso-prévio, o constituinte brasileiro. Há leis nacionais de diferentes países nas quais se adota esse lineamento: o tempo do aviso-prévio cresce na proporção da antiguidade de vinculação patrão-empregado. Considera-se mais difícil para o trabalhador mais idoso e mais enraizado numa firma conseguir um novo emprego à altura de seu passado, experiência e ambientação pessoal e cultural, e também se sabe mais complexo para uma empresa substituir um trabalhador de longa vivência nos seus quadros, portador da confiança que a convivência demorada inspira, habilitado por formação profissional continuada. A reposição de quem tem mais raízes é mais complicada do que a substituição de um recém-contratado. E também, no outro polo do processo, mais adverso o mercado de trabalho para o operário cuja vida se afeiçoou à rotina de uma empresa, à qual deu tempo de serviço que foi tempo de vida, para buscar novo começo.

Por isso, a tese da proporcionalidade progressiva na fixação do aviso-prévio tem bom senso. Valoriza a relação mais duradoura que, seguramente, terá sido mais produtiva para as partes e mais conveniente para a própria sociedade.

Havia na CLT um início desse critério da proporcionalidade. Dizia-se que empregado com menos de doze meses de casa, desde que fosse semanalista, teria aviso-prévio menor, isto é, de oito dias. Quem completasse um ano na empresa, mesmo que continuasse como semanalista, faria jus ao aviso-prévio de trinta dias. O princípio timidamente lançado na CLT ganhou foros constitucionais e dimensão abrangente.

Passou-se, a partir do piso de trinta dias, ao legislador ordinário a orientação para que traçasse o caminho da proporcionalidade. Eram razões efetivas, com vistas, sobretudo, ao ajustamento do desempregado no mercado de trabalho, também pensando na necessidade de tempo para que a empresa substituísse, satisfatoriamente, o experimentado empregado.

Sem a lei regulamentar, o prazo de trinta dias foi o máximo e o mínimo de duração do aviso-prévio, quer do patrão para o empregado, quer no sentido inverso.

Na busca de legislar o que a Constituição exigia, recomendava e havia prometido, foi apresentado por mim, em 18 de outubro de 1989, o projeto de Lei

n. 3.941/1989, quando ocupava o cargo de Senador. Tratava-se de proposta objetiva, enxuta e adequada ao cumprimento do papel que lhe foi atribuído, ou seja, consagrar operacionalmente a proporcionalidade que havia sido prevista na Constituição, mas que carecia de regulamentação.

A longa tramitação de projetos de lei, somada à letargia do Legislativo, fez com que somente em 2011 fosse aquele projeto de Lei votado, aprovado e sancionado, estabelecendo a proporcionalidade do aviso-prévio. Diga-se que, no projeto original, modificado ao longo de seu curso, a proporção que sugeri foi de um dia para cada ano de trabalho, quando se ultrapassar o primeiro ano de contrato; portanto, um ano, trinta dias; dois anos, trinta e um dias e assim sucessivamente.

O fato é que, mais de vinte anos depois da promulgação da Constituição, a Lei n. 12, de 11 de outubro de 2011, estabeleceu que o aviso-prévio previsto na CLT, será na proporção de trinta dias aos empregados que contem até um ano de serviço na mesma empresa, sendo acrescidos de três dias por ano de serviço prestado na mesma empresa, até o máximo de sessenta dias, perfazendo um total de até noventa dias.

Alguns temas relacionados ao aviso-prévio proporcional estão sendo arguidos, que ainda não foram enfrentados pelos Tribunais, exatamente pela sua novidade.

O empregado que pede demissão deverá cumprir o aviso-prévio proporcional, no caso, ou está limitado a trinta dias? Ocorre que o art. 7º da Constituição, em seu *caput*, trata dos DIREITOS dos TRABALHADORES, e foi esse artigo que a lei regulamentou. A proporcionalidade, no texto da Constituição, portanto, está deferida aos trabalhadores.

Outro questionamento surge da aplicabilidade do aviso-prévio proporcional para a categoria dos empregados domésticos, considerando que a Lei que o instituiu se refere a CLT, à qual, por força do art. 7º, não se aplica aos domésticos. Na verdade, o parágrafo único do art. 7º assegura ao doméstico o aviso-prévio proporcional (XXI), logo não haveria, como excluí-lo da regra progressiva.

A regra de que "serão acrescidos 3 (três) dias por ano de serviço na mesma empresa" deve ser observada, quando se ultrapassar o primeiro ano de contrato; portanto, um ano, trinta dias; dois anos, trinta e três dias, e assim sucessivamente.

Outra questão que se levanta é a que ocorre ante a suspensão do contrato de emprego (*v.g.* por doença): se o tempo de suspensão deve ser computado para cálculo do aviso-prévio proporcional. No período de suspensão, diferente da interrupção, não ocorre a contagem de tempo. Assim, no caso da suspensão do contrato de emprego, o tempo de serviço não flui e a proporcionalidade não avançaria.

No que pertine à redução da jornada de duas horas ou, alternativamente, dos sete últimos dias do aviso, objetivando a busca de um novo emprego, prevista no art. 488 da CLT, aplica-se ao aviso-prévio proporcional de forma equivalente, ou seja, se escolhida a redução de duas horas, basta seguir a mesma nos dias que se acresceram ao aviso prévio proporcional, e, na escolha de redução dos últimos dias do aviso, que se faça a proporcionalidade com uma regra de três.

O tempo do aviso-prévio pode causar efeitos em sua própria proporcionalidade? Questionando de outra forma: estando o empregado com um ano e onze meses de trabalho, teria ele direito a trinta e três dias de aviso prévio proporcional, com a projeção do aviso prévio de trinta dias sobre o restante do contrato? Ora, se o tempo de aviso prévio sempre foi computado, não haveria por que não computá-lo se, com seu prazo original, sobe para outro nível da escala (isto é, de um ano e onze meses para dois anos), com as implicações da proporcionalidade.

Por fim, mas não menos importante, cumpre afirmar que se trata de norma de aplicação imediata, inclusive sobre os contratos em vigor.

# Capítulo XXII

# Saúde, higiene e segurança

**TRAJETÓRIA NA CONSTITUINTE**

*Saúde, higiene e segurança*

*Subcomissão dos Direitos dos Trabalhadores*

"proibição de trabalho em atividades insalubres ou perigosas, salvo se autorizado em convenção ou acordo coletivo, com remuneração majorada em 50% (cinquenta por cento).

*Comissão da Ordem Social*

"proibição de trabalho em atividades insalubres ou perigosas, salvo lei ou convenção coletiva que, além dos controles tecnológicos visando à eliminação do risco, promova a redução da jornada e um adicional de remuneração incidente sobre o salário contratual".

*Comissão de Sistematização*

"redução dos riscos inerentes ao trabalho, por meio de normas de saúde higiene e segurança".

*Constituição Federal, art. 7º, XXII — (texto oficial)*

"REDUÇÃO DOS RISCOS INERENTES AO TRABALHO, POR MEIO DE NORMAS DE SAÚDE, HIGIENE E SEGURANÇA".

Os servidores públicos, pela redação do art. 39, parágrafo terceiro da Constituição, observando a Emenda Constitucional n. 19[84], de 1998, foram inseridos neste contexto.

O antecedente constitucional dessa norma era o inciso IX do art. 165 da Carta de 69, que garantia ao empregado o direito "à higiene e segurança do trabalho".

A Consolidação das Leis do Trabalho dispôs sobre o assunto estabelecendo, no art. 154, que "a observância, em todos os locais de trabalho, do disposto neste Capítulo, não desobriga as empresas do cumprimento de outras disposições que, com relação à matéria, sejam incluídas em códigos de obras ou regulamentos sanitários dos Estados ou Municípios em que se situem os respectivos estabelecimentos, bem como daquelas oriundas de convenções coletivas de trabalho".

*a)* A discussão central pertinente à prevenção de acidentes do trabalho travou-se, na Constituinte, em torno do órgão ou setor governamental ao qual incumbiria regular a infortunística. De acordo com a CLT, no seu art. 200, outorgava-se ao Ministério do Trabalho (hoje denominado Ministério do Trabalho e Emprego) e a seus compartimentos setoriais a normatização operacional, inspeção, controle e formação profissional de técnicos para multiplicar a informação, realizar assessoria e praticar atos de fiscalização.

A CLT preocupou-se principalmente com medidas de prevenção e proteção na área de construção: de inflamáveis e explosivos; de minas, escavações e túneis; de risco face a incêndios; de insolação, calor, frio e umidade; de exposição ante substâncias nocivas, radiações, agentes químicos etc.

Também há disciplina preconizada na CLT com relação a condições de higiene: tratamento de resíduos industriais, fornecimento de água potável, instalações sanitárias etc.

Tudo isso foi sintetizado nas Normas Regulamentadoras do Capítulo V, Título II, da CLT, por força da Portaria do então MTb n. 3.214, de 8.6.78, na qual se discriminaram as diretrizes sobre a matéria.

As referidas Normas Regulamentadoras são de "observância obrigatória pelas empresas privadas e públicas e pelos órgãos públicos da administração direta e indireta, bem como pelos órgãos dos poderes legislativo e judiciário que possuam empregados regidos pela CLT". As Normas incluem, na sua área de proteção e controle, "os trabalhadores avulsos, as entidades ou empresas que lhes tomem o serviço e os sindicatos representativos das respectivas categorias profissionais".

---

(84) Art. 39. A União, os Estados, o Distrito Federal e os Municípios instituirão, no âmbito de sua competência, regime jurídico único e planos de carreira para os servidores da administração pública direta, das autarquias e das fundações públicas. § 3º Aplica-se aos servidores ocupantes de cargo público o disposto no art. 7º, IV, VII, VIII, IX, XII, XIII, XV, XVI, XVII, XVIII, XIX, XX, XXII e XXX, podendo a lei estabelecer requisitos diferenciados de admissão quando a natureza do cargo o exigir.

O Governo, face a situação catastrófica a que se chegara, com números trágicos bordando a estatística acidentária (mais de cinco mil mortos anuais)[85], oferecendo-nos posição de destaque infeliz na competição dos países de maior risco laboral do mundo, passou a realizar, principalmente na segunda metade da década de 1970, campanha de prevenção. Visou-se a qualificar técnicos, preparar médicos e engenheiros, em nível de especialização, e a conclamar empresários e sindicalistas a compartilhar a tarefa de reduzir o número de acidentes de trabalho.

Daí, a proteção crescente às CIPAs (com a consagração da estabilidade provisória, por lei, dos seus integrantes trabalhadores), a multiplicação dos cursos de informação, para proteger, com o esclarecimento, o trabalhador, muitas vezes, inconscientemente imprevidente e vítima em potencial. Subiram as multas; estudos mais sofisticados mostraram o custo para a economia nacional, o desarranjo dos recursos previdenciários e o prejuízo para a empresa, face à inabilitação, temporária ou definitiva, por força de acidente do trabalho, de mão de obra quantitativa e qualitativamente valiosa.

Houve, talvez por isso, alguma redução nos índices de infortúnio laboral. A presença dos sindicatos, inicialmente mediante convênios com o Governo, mais adiante — e não muitas vezes — com seu próprio pessoal, suas técnicas de orientação e sua estratégia mobilizadora, contribuiu para resultados que, se não foram, nem são totalmente exitosos, conseguiram bloquear o crescimento continuado da curva acidentária.

*b)* A Jurisprudência maior, interpretando a legislação aplicável à espécie, na Súmula n. 194 do STF decidiu:

"É competente o Ministro do Trabalho para a especificação das atividades insalubres".

Tal decisório confortou o direito à participação quase dominadora do Ministério do Trabalho e Emprego no regrar a matéria. Inúmeras portarias compuseram o elenco normativo da CLT e das Normas Regulamentadoras. São condições peculiares de prestação do trabalho, matéria-prima exigente de proteção especial, além de ambientes de trabalho que pressuponham garantias específicas de salubridade para o obreiro etc. Tudo isso o Direito foi absorvendo do ensinamento dos profissionais — sobretudo médicos e engenheiros especializados — atuantes na preservação de acidentes laborais. São dispositivos minuciosos e transitórios, posto que a tecnologia criativa, permanentemente impelida pela força concorrencial, altera padrões de produção para fazê-los mais competitivos, exigindo zelosa inteligência na defesa da integridade física do trabalhador. Num país com tantas

---

(85) No ano de 2010, no Brasil, foram 2.712 mortes em decorrência de acidentes do trabalho e houve uma redução em relação ao ano de 2009 no número total de acidentes do trabalho de 733.365 (em 2009) para 701.496 (em 2010), segundo dados do Anuário Estatístico da Previdência Social (AEPS 2010). Disponível em: <http://www.mpas.gov.br/vejaNoticia.php?id=44331>. Acesso em: 29 dez. 2011.

diferenças como o Brasil, formado das regiões interioranas, inclusive rurais, e das áreas metropolitanas altamente industrializadas, as regras administrativas precisaram de divulgação, flexibilidade e contemporaneidade, que nem sempre tiveram, inclusive em função de sua multiplicidade.

Quanto às demandas, o Supremo Tribunal Federal estabeleceu que compete a Justiça do Trabalho, por meio da Súmula n. 736:

"Súmula n. 736 do STF — Compete à Justiça do Trabalho julgar as ações que tenham como causa de pedir o descumprimento de normas trabalhistas relativas à segurança, higiene e saúde dos trabalhadores."

*c)* O Brasil, em relação à adoção das convenções internacionais, normalmente as aprova nos certames da OIT. As incorporadas no elenco de nossos dispositivos protecionistas são:

> ➢ CONVENÇÃO n. 12, que trata da INDENIZAÇÃO POR ACIDENTE DO TRABALHO NA AGRICULTURA, aprovada na OIT em 1921. No BRASIL: Aprovação pelo Decreto Legislativo n. 24, de 29 de maio de 1956. Ratificação: 25 de abril de 1957. Promulgação: Decreto n. 41.721, de 25 de junho de 1957.

> ➢ CONVENÇÃO n. 16, que trata do EXAME MÉDICO DE MENORES NO TRABALHO MARÍTIMO, aprovada na OIT em 1921. No BRASIL: aprovação: Decreto Legislativo n. 9, de 22 de dezembro de 1935. Ratificação: 8 de junho de 1936. Promulgação: Decreto n. 1.398, de 19 de janeiro de 1937.

> ➢ CONVENÇÃO n. 42, referente à INDENIZAÇÃO DE TRABALHADORES POR DOENÇAS OCUPACIONAIS, aprovada na OIT em 1934. No BRASIL, aprovação pelo Decreto Legislativo n. 9, de 22 de dezembro de 1935. Ratificação: 8 de junho de 1936. Promulgação: Decreto n. 1.361, de 12 de janeiro de 1937.

> ➢ CONVENÇÃO n. 45, que trata do TRABALHO SUBTERRÂNEO DE MULHERES, aprovada na OIT em 1935. No BRASIL, aprovação pelo Decreto-lei n. 482, de 8 de junho de 1938. Ratificação: em 22 de setembro de 1938. Promulgação: pelo Decreto n. 3.233, de 3 de novembro de 1938.

> ➢ CONVENÇÃO n. 81, que trata da INSPEÇÃO DO TRABALHO, aprovada na OIT em 1947. No BRASIL, aprovação pelo Decreto Legislativo n. 24, de 29 de maio de 1956. Ratificação: 22 de abril de 1957. Promulgação: Decreto n. 41.721, de 25 de junho de 1957. Denúncia: 5 de abril de 1971, tornada pública pelo Decreto n. 68.796, de 23 de junho de 1971. Revigoramento da Ratificação pelo Decreto Legislativo n. 95.461, de 11 de dezembro de 1987.

> ➢ CONVENÇÃO n. 113, que trata do EXAME MÉDICO DE PESCADORES, aprovada na OIT em 1959. No BRASIL, aprovação pelo Decreto Legislativo n. 27, de 5 de agosto de 1964. Ratificação: 1º de março de 1965. Promulgação: Decreto n. 58.827, de 14 de julho de 1966.

> ➢ CONVENÇÃO n. 115, que trata da PROTEÇÃO CONTRA RADIAÇÕES, aprovada na OIT em 1960. No BRASIL, aprovação pelo Decreto Legislativo n. 2, de 7 de abril de 1964. Ratificação: 5 de setembro de 1966. Promulgação: Decreto n. 62.151, de 19 de janeiro de 1968.

> ➢ CONVENÇÃO n. 120, que versa sobre HIGIENE NO COMÉRCIO E ESCRITÓRIOS, aprovada na OIT em 1964. No BRASIL, aprovação pelo Decreto Legislativo n. 30, de 20 de

agosto de 1968. Ratificação: 24 de março de 1969. Promulgação: Decreto n. 66.498, de 27 de abril de 1970.

➢ CONVENÇÃO n. 124, que trata de EXAME MÉDICO DOS MENORES NA MINERAÇÃO SUBTERRÂNEA, aprovada na OIT em 1965. No BRASIL, aprovação pelo Decreto Legislativo n. 662, de 30 de junho de 1969. Ratificação: 21 de agosto de 1970. Promulgação: Decreto n. 67.342, de 5 de outubro de 1970.

➢ CONVENÇÃO n. 127, que trata de PESO MÁXIMO (transporte manual e habitual de carga), aprovada na OIT em 1967. No BRASIL, aprovação pelo Decreto Legislativo n. 662, de 30 de junho de 1969. Ratificação: 21 de agosto de 1970. Promulgação: Decreto n. 67.339, de 5 de outubro de 1970.

➢ CONVENÇÃO n. 136, que versa sobre BENZENO (exposição dos trabalhadores ao benzeno), aprovada na OIT em 1971. No BRASIL, aprovação pelo Decreto Legislativo n. 76, de 19 de novembro de 1992. Ratificação: 24 de março de 1993. Promulgação: Decreto n. 1.253, de 27 de setembro de 1994.

➢ CONVENÇÃO n. 139, que trata de CÂNCER PROFISSIONAL, Aprovada na OIT em 1974. No BRASIL, aprovação pelo Decreto Legislativo n. 3, de 7 de maio de 1990. Ratificação: 27 de junho de 1990. Promulgação: Decreto n. 157, de 2 de julho de 1991.

➢ CONVENÇÃO n. 148, que trata do MEIO AMBIENTE DE TRABALHO (CONTAMINAÇÃO DO AR, RUÍDO E VIBRAÇÕES), aprovada na OIT em 1977. No BRASIL aprovação pelo Decreto Legislativo n. 56, de 9 de outubro de 1981. Ratificação: 14 de janeiro de 1982. Promulgação: Decreto n. 92.413, de 15 de outubro de 1986.

➢ CONVENÇÃO n. 152, que versa sobre SEGURANÇA E HIGIENE NO TRABALHO PORTUÁRIO, aprovada na OIT em 1979. No BRASIL, aprovação pelo Decreto Legislativo n. 84, de 11 de dezembro de 1989. Ratificação: 18 de maio de 1990. Promulgação: Decreto n. 99.534, de 19 de setembro de 1990.

➢ CONVENÇÃO n. 155, que se refere à SEGURANÇA E SAÚDE DOS TRABALHADORES, aprovada na OIT em 1981. No BRASIL, aprovação pelo Decreto Legislativo n. 2, de 17 de março de 1992. Ratificação: 18 de maio de 1992. Promulgação: Decreto n. 1.254, de 19 de setembro de 1994.

➢ CONVENÇÃO n. 161, que trata de SERVIÇOS DE SAÚDE NO TRABALHO (dever de formular e aplicar política nacional de serviços de saúde no trabalho), aprovada na OIT em 1985. No BRASIL, aprovação pelo Decreto Legislativo n. 86, de 14 de dezembro de 1989. Ratificação: 18 de maio de 1990. Promulgação: Decreto n. 127, de 22 de maio de 1991.

➢ CONVENÇÃO n. 162, que trata da PREVENÇÃO E CONTROLE DO ASBESTO, aprovada na OIT em 1986. No BRASIL, aprovação pelo Decreto Legislativo n. 51, de 25 de agosto de 1989. Ratificação: 18 de maio de 1990. Promulgação: Decreto n. 126, de 22 de maio de 1990.

➢ CONVENÇÃO n. 167, que versa sobre SEGURANÇA E SAÚDE NA CONSTRUÇÃO, aprovada na OIT em 1988. No BRASIL, aprovação pelo Decreto Legislativo n. 61, de 18 de abril de 2006. Ratificação: 19 de maio de 2006. Promulgação: Decreto n. 6.271, de 22 de novembro de 2007.

➢ CONVENÇÃO n. 170, que trata da SEGURANÇA NA UTILIZAÇÃO DE PRODUTOS QUÍMICOS, aprovada na OIT em 1990. No BRASIL, aprovação pelo Decreto Legislativo n. 67, de 4 de maio 1995. Ratificação: 23 de dezembro de 1996. Promulgação: Decreto n. 2.657, de 3 de julho de 1998.

➢ CONVENÇÃO n. 174, que versa sobre PREVENÇÃO DE ACIDENTES INDUSTRIAIS MAIORES, aprovada na OIT em 1993. No BRASIL, aprovação pelo Decreto Legislativo n. 246, de 28 de junho de 2001. Ratificação: 2 de agosto de 2001. Promulgação: Decreto n. 4.085, de 15 de janeiro de 2002.

➢ CONVENÇÃO n. 176, que versa sobre SEGURANÇA E SAÚDE NA MINERAÇÃO, aprovada na OIT em 1995. No BRASIL, aprovação pelo Decreto Legislativo n. 62, de 18 de abril de 2006. Ratificação: 18 de maio de 2006. Promulgação: Decreto n. 6.270, de 22.11.2007.

A existência de diversas convenções internacionais referentes à prevenção de acidente do trabalho, ratificadas com demora pelo Brasil, não significou hostilidade nacional a dispositivos acolhidos no mais alto foro universal trabalhista. Explicava-se, também, pela circunstância de que muitas matérias contidas nas convenções ratificadas estão tratadas por normas nacionais, inclusive, em certos casos, de forma mais ampla ou mais peculiar à realidade brasileira.

A minudência da normatização, sobretudo da regulação da matéria (inúmeras e específicas portarias), em certas circunstâncias, se não excluía, pelo menos coincidia com os atos internacionais, fazendo com que sua não ratificação não deixasse a descoberto a área específica de que eles tratavam, já sob a regência da legislação nacional.

*d)* Há uma série de fatores indutores do acidente de trabalho, desde os limites da capacidade de resistência físico-psíquica do trabalhador até a deficiência de proteção face a um equipamento obsoleto por antiguidade ou por falta de manutenção; desde a exposição do trabalhador ao uso de produtos que, pela sua nocividade, induzem enfermidades agressivas, até a quase robotização do operário, mesmo em ambientes aparentemente saudáveis, tangido por estímulos da remuneração por tarefa e conduzido a uma sequência repetitiva que lembra o delírio chapliniano (trágico e poético) de "Tempos Modernos".

A isso se agrega o descuido de normas protetivas na planta empresarial e certos riscos adotados espontaneamente pelo trabalhador, por descrença nos mecanismos e equipamentos de proteção ou por superestima de pessoal eficiência, destreza ou sorte no evitar traumatismos funcionais.

*d)* No debate constituinte surgiu uma questão: a quem competiria, com nova Carta Magna, a função de comandar a política prevencionista? A adoção do SUS (Sistema Único de Saúde), vinculado ao Ministério da Saúde, estabelecendo a concentração de práticas e medidas, que vão da produção de medicamentos imunobiológicos e hemoderivados até a execução das ações de saneamento básico; desde a inspeção de alimentos, passando pela guarda de produtos radioativos e pela vigilância sanitária, até a participação no controle e na fiscalização de produtos psicoativos e tóxicos, CHEGA até o inciso VIII do art. 200, obrigando-se a "colaborar na proteção do meio ambiente, nele compreendido o *trabalho*".

Foi a maneira sutil e indefinida de não preservar expressamente a competência do Ministério do Trabalho e Emprego, como ocorria anteriormente, quando a vinculação se fixava pela preponderância laboral na gênese do acidente, deixando em aberto a competência administrativa setorial da política prevencionista. Sanitaristas insistiram, junto aos constituintes, para que, dentro dessa visão global, abrangente e ilimitada *de saúde,* sobre a qual o SUS estenderia sua incidência coordenadora, se colocasse a prevenção de acidente do trabalho, ainda que, na realidade, a tarefa de executá-la se viabilizasse com a participação não apenas de profissionais da área de saúde, mas com a presença de engenheiros, assistentes sociais, sociólogos, inspetores de segurança, e particularmente por uma consciência classista e funcional sobre a qual atuaria, inclusive, o sindicato.

A reação interprofissional, alicerçada na área sindical e apoiada em diferentes setores especializados da atividade prevencionista, fez com que a doutrina, bastante dogmática do controle pelo SUS, cedesse, nos seus propósitos de dominação e chegasse, ao final, a unir na redação de compromisso que não chega a definir, sequer a dividir, competência, referindo sutilmente à matéria, sem especificá-la. Ao dizer que as competências do SUS ficarão vinculadas ao *que a lei complementar vier a definir e limitar,* fez-se com que, na prática, apesar da leve referência à proteção do trabalho no contexto do SUS, tudo continuasse como anteriormente. As Normas Regulamentadoras, as Portarias e, sobretudo, as disposições da CLT que tratavam da prevenção de acidente continuaram vigentes, inclusive, especificamente, o trato da matéria pelo Ministério do Trabalho e Emprego, até que lei ordinária viesse a enfrentar o problema e dar-lhe nova disciplina.

Desconhecer a existência de um valioso trabalho nas universidades, nos sindicatos, nas entidades empresariais, vinculado ao corpo técnico do Ministério do Trabalho e Emprego, seria negar a realidade; desnecessário querer inovar, sem motivação forte, que justificasse em termos de melhoria concreta tal mudança. Havia um pouco de modismo, ao lado de uma ideologização que intentava fazer uma universalização absolutista da política de saúde, sem que tal proposição mostrasse, *a priori,* justificativas capazes de embasá-la. O risco de tal uniformização concentradora, imposta por alegações teóricas, era o de não oferecer os avanços prometidos, e desejados, e perder as conquistas que, se não eram tantas quantas queríamos e das quais precisávamos, pelo menos davam indicativos dos caminhos a trilhar, se não perdêssemos a bússola indispensável.

Imprescindível destacar que o aspecto securitário que cobre, no princípio de um obrigatório *do ut des,* o acidente do trabalho e a doença profissional os mantém também e fortemente atrelados às normas (leis, decretos, instruções etc.), editadas pelo Ministério da Previdência Social e por sua autarquia operacional: o INSS (Instituto Nacional de Seguros Sociais).

O Ministério do Trabalho e Emprego atua, basicamente, para que o sinistro não ocorra.

O Ministério da Previdência age, operacional e regulatoriamente, para que a vítima seja ressarcida.

## A INSALUBRIDADE NAS CONSTITUIÇÕES BRASILEIRAS CONSTITUIÇÃO DE 1946

Art. 157, inciso IX

"proibição de trabalho a menores de 14 anos, em indústrias insalubres, a mulheres e a menores de 18 anos; e de trabalho noturno a menores de 18 anos, respeitadas, em qualquer caso, as condições estabelecidas em lei e as exceções admitidas pelo juiz competente".

Constituição de 1967

Art. 158, inciso X

"proibição de trabalho a menores de doze anos e de trabalho noturno a menores de dezoito anos, em indústrias insalubres a estes e às mulheres"

Constituição de 1969 (emenda n. 1)

Art. 165, inciso X

"proibição de trabalho, em indústrias insalubres, a mulheres e menores de dezoito anos, de trabalho noturno a menores de dezoito anos e de qualquer trabalho a menores de doze anos".

## SAÚDE, HIGIENE E SEGURANÇA NAS CONSTITUIÇÕES ESTRANGEIRAS

| CUBA<br>Artículo 49 — El Estado garantiza el derecho a la protección, seguridad e higiene del trabajo, mediante la adopción de medidas adecuadas para la prevención de accidentes y enfermedades profesionales.<br>El que sufre un accidente en el trabajo o contrae una enfermedad profesional tiene derecho a la atención médica y a subsidio o jubilación en los casos de incapacidad temporal o permanente para el trabajo. | Tradução Livre<br>Artigo 49 — O Estado garante o direito à proteção, à segurança e à higiene no trabalho, por meio da adoção de medidas adequadas para prevenir acidentes e doenças profissionais.<br>Quem sofre acidente de trabalho ou doença profissional tem direito a cuidados médicos, e a auxílio ou a aposentadoria em caso de incapacidade temporária ou permanente para o trabalho. |
|---|---|
| RÚSSIA<br>**Article 37.**<br>Work shall be free. (...)<br>Everyone shall have the right to work under conditions meeting the requirements of safety and hygiene, to remuneration for work without any discrimination whatsoever and not below the statutory minimum wage, and also the right to security against unemployment. (...) | **Artigo 37.**<br>Trabalho deve ser livre. (...)<br>Toda pessoa terá o direito de trabalhar em condições que satisfaçam os requisitos de segurança e higiene, a remuneração do trabalho sem discriminação alguma e não abaixo do salário mínimo legal, e também o direito à segurança contra o desemprego. (...) |

| | |
|---|---|
| **PORTUGAL**<br>**Artigo 59º**<br>**Direitos dos trabalhadores**<br>1. Todos os trabalhadores, sem distinção de idade, sexo, raça, cidadania, território de origem, religião, convicções políticas ou ideológicas, têm direito:<br>(...)<br>c) A prestação do trabalho em condições de higiene, segurança e saúde; (...) | |
| **MÉXICO**<br>Título Sexto<br>Del Trabajo y de la Previsión Social<br>**Artículo 123.** Toda persona tiene derecho(...)<br>**XV.** El patrón estará obligado a observar, de acuerdo con la naturaleza de su negociación, los preceptos legales sobre higiene y seguridad en las instalaciones de su establecimiento, y a adoptar lãs medidas adecuadas para prevenir accidentes en el uso de las máquinas, instrumentos y materiales de trabajo, así como a organizar de tal manera éste, que resulte la mayor garantía para la salud y la vida de los trabajadores, y del producto de la concepción, cuando se trate de mujeres embarazadas. Las leyes contendrán, al efecto, las sanciones procedentes en cada caso; | Título sexto<br>**Do Trabalho e da Previdência Social**<br>**Artigo 123**. Toda pessoa tem direito (...)<br><br>XV — O empregador deverá observar, de acordo com a natureza de seu negócio, as normas legais de saúde e segurança no seu estabelecimento, e a tomar as medidas adequadas para prevenir acidentes pelo uso de máquinas, ferramentas e materiais de trabalho, organizando-o de modo que haja a maior garantia maior possível para a saúde e a vida dos trabalhadores, e para o processo de concepção, no caso de mulheres grávidas. As leis conterão, para tal efeito, as sanções adequadas em cada caso de descumprimento; |

# Capítulo XXIII

# ADICIONAL DE ATIVIDADES PENOSAS, INSALUBRES E PERIGOSAS

**TRAJETÓRIA NA CONSTITUINTE**

*Adicional — atividades penosas, insalubres ou perigosas*

*Subcomissão dos Direitos dos Trabalhadores*
"nihil"

*Comissão da Ordem Social*
"nihil"

*Comissão de Sistematização*
"adicional de remuneração para as atividades consideradas penosas, insalubres ou perigosas, na forma da lei".

*Constituição Federal, art. 7º, XXIII — (texto oficial)*
"ADICIONAL DE REMUNERAÇÃO PARA AS ATIVIDADES PENOSAS, INSALUBRES OU PERIGOSAS, NA FORMA DA LEI".

As Constituições anteriores não trataram de adicional para os empregados com atividade em serviços insalubres, penosos ou perigosos. Tudo estava disciplinado por meio da legislação ordinária (art. 192 e seguintes da CLT), inclusive de portarias ministeriais. O poder de normatização do Executivo consagrou-se principalmente por meio de tais portarias que, preenchendo vazios legais, ou elucidando entrechoques interpretativos do texto superior, avançaram além dos limites de sua competência, alargando as regras da lei superior. Disse o art. 192 da CLT que "o exercício do trabalho em condições insalubres, acima dos limites de tolerância estabelecidos pelo Ministério do Trabalho, assegura a percepção de adicional respectivamente de 40% (quarenta por cento), 20% (vinte por cento) e 10% (dez por cento) do salário mínimo, segundo se classifiquem nos graus máximo, médio e mínimo".

No art. 193, a CLT estipulou que "são consideradas atividades ou operações perigosas, na forma de regulamentação aprovada pelo Ministério do Trabalho, aquelas que, por sua natureza ou métodos de trabalho, impliquem o contato permanente com inflamáveis ou explosivos em condições de risco acentuado". Alude o § 1º do artigo em referência: "O trabalho em condições de periculosidade assegura ao empregado um adicional de 30% (trinta por cento) sobre o salário sem os acréscimos resultantes de gratificações, prêmios ou participações nos lucros da empresa", assinalando o § 2º (e aí a perda do sentido humano da norma, à qual se empresta um mero caráter de ressarcimento financeiro aquém, na ocorrência de insalubridade, do dever de oferecer recuperação ao trabalhador): "O empregado poderá optar pelo adicional de insalubridade que porventura lhe seja devido".

Interpretação minoritária, sem que isso faça perder seu significado, entende que o § 2º do art. 192 estaria vencido pela aplicação do art. 11, letra "b", da Convenção n. 155[86] da OIT, no qual consta que, para efeitos de danos à saúde do trabalhador, deverão ser considerados, simultaneamente, os vários agentes e substâncias nocivas ao organismo humano. Como exemplo, uma decisão do TRT gaúcho:

"Processo 0123500-80.2009.5.04.0122 (RO), **EMENTA: TRABALHADOR PORTUÁRIO AVULSO. PRESCRIÇÃO. OJ 384 DA SDI-II DO C. TST.** A adoção *ipsis literis* da OJ 384 do TST torna letra morta para o trabalhador portuário avulso o direito de ação com cobertura prescricional de cinco anos, o que nega o princípio da igualdade do art. 7º, XXXIV, da Constituição. **PRESCRIÇÃO. SUCESSÃO DO TRABALHADOR. MENOR DE IDADE.** Não flui prescrição contra menor de idade sucessor do trabalhador, a qual resta suspensa desde a última prestação de trabalho por requisição junto ao OGMO do trabalhador falecido. **ADICIONAIS DE INSALUBRIDADE E PERICULOSIDADE.** CUMULAÇÃO. A norma do art. 193, § 2º, da CLT não foi recepcionada na Ordem de 1988 e, de qualquer sorte, derrogada em razão da ratificação pelo Estado brasileiro da Convenção n. 155 da OIT. Recurso dos reclamantes provido. Decisão unânime."

---

(86) CONVENÇÃO n. 155 que trata da **Segurança e Saúde dos Trabalhadores**, aprovada na 67ª reunião da Conferência Internacional do Trabalho (Genebra — 1981), entrou em vigor no plano internacional em 11.8.83. No Brasil foi aprovada pelo Decreto Legislativo n. 2, de 17.3.92, do Congresso Nacional, ratificada em 18 de maio de 1992, promulgada pelo Decreto n. 1.254, de 29.9.94, com vigência nacional a contar de 18 de maio de 1993. Art. 11 — b — Art. 11 — Com a finalidade de tornar efetiva a política referida no art. 4 da presente Convenção, a autoridade ou as autoridades competentes deverá garantir a realização progressiva das seguintes tarefas: b) a determinação das operações e processos que serão proibidos, limitados ou sujeitos à autorização ou ao controle da autoridade ou autoridades competentes, assim como a determinação das substâncias e agentes aos quais estará proibida a exposição no trabalho, ou bem limitada ou sujeita à autorização ou ao controle da autoridade ou autoridades competentes; deverão ser levados em consideração os riscos para a saúde decorrentes da exposição simultânea a diversas substâncias ou agentes;

Enfim, compensando com dinheiro, ainda que de valor inferior ao dano decorrente da natureza lesiva, o empregador ficaria quitado das consequências mórbidas, às vezes invalidantes, que o meio ambiente laboral ensejou. Libertar-se-ia o empresário do compromisso que deveria permanecer com ele, até o final do período prescricional pelo menos, quantificando-se indenizatoriamente a doença, o trauma, que as condições insalubres ou perigosas determinaram, de evidência imediata ou de efeito retardado, na convivência do empregado com elementos nocivos do ambiente de trabalho.

O pagamento do percentual teve o condão de, legalmente, assegurar a tutela prevencionista. Uma falácia, cinquentenária na vida trabalhista e infortunística do País. Fácil na aplicação incoerente e no arrazoado desmobilizador da ação classista. Pagou o empresário uma indenização de dano continuado para legalmente poder continuar produzindo, num ambiente insalubre. Não se cancelaram as causas da insalubridade, não se anularam seus efeitos. Apenas se indenizou, de forma presuntiva, os seus malévolos efeitos. Sanou-se, **em parte**, tal situação graças a já referida alteração constitucional.

Com a Emenda Constitucional n. 45 e a nova redação do art. 114 da Constituição, ficou claro que compete à Justiça do Trabalho julgar demandas em relação às ações de indenização por dano moral ou patrimonial, decorrentes da relação de trabalho (inciso VI). A migração de ações decorrentes de acidentes do trabalho (incluindo doenças decorrentes do trabalho e a elas relacionadas — concausa) foi elevada e definitiva, tendo, inclusive, sido criada Súmula Vínculante do Supremo Tribunal Federal a respeito: "A Justiça do Trabalho é competente para processar e julgar as ações de indenização por danos morais e patrimoniais decorrentes de acidente de trabalho propostas por empregado contra empregador, inclusive aquelas que ainda não possuíam sentença de mérito em primeiro grau quando da promulgação da Emenda Constitucional n. 45/2004". (Súmula Vinculante n. 22)

Nota-se, portanto, que apesar do adicional de insalubridade e periculosidade pago ao longo da contratualidade, poderia o trabalhador ajuizar demanda na Justiça do Trabalho buscando a reparação do dano material e do moral decorrentes de eventual prejuízo a sua saúde resultado do meio ambiente do trabalho.

a) A Constituição estabeleceu, no inciso XXIII do art. 7º, o direito do trabalhador ao "adicional de remuneração para as atividades penosas, insalubres ou perigosas, na forma da lei".

Aparentemente um avanço, com a inserção da matéria na Carta Magna. Enfim, o que, até então, ficava confinado às portarias ministeriais, complementando dispositivos legais, ascendia à Lei Maior. À primeira vista, acreditou-se tratar de um triunfo. No entanto, a norma constitucional institucionalizando o pagamento de adicional compensatório para "ressarcir o prejuízo" do empregado que prestava serviços em ambiente penoso, insalubre, perigoso, aceitou, explicitamente, a tese mercantilista, consagrando-a na mais elevada normatização.

O inciso anterior (XXII) do art. 7º aludiu à "redução dos riscos inerentes ao trabalho, por meio de normas de saúde, higiene e segurança", o que indicava um propósito talvez até mais moral do que prático de combater os males originais, diminuindo a nocividade lesiva e doentia da atividade laboral. Tal diretriz, porém, não passou de bela enunciação de princípios, com valia mais ética, trazendo apenas esperanças futuras de um encaminhamento legislativo mais eficaz. Entrementes, o inciso XXIII confirmava a legislação ordinária vigente. Reforçava-a, fazendo-a duradoura. Adotava o princípio da indenização financeira prévia, calculada por estimativa, dividida em blocos de riscos potenciais. É a reparação *forfatária,* que não evitava, por exemplo, que o trabalhador se intoxicasse com os elementos radioativos, mas lhe dava alguns reais — mínimos, é verdade — para que ele pensasse, ilusoriamente, que estava sendo compensado pela doença precoce que contraíra ou pelo risco de letalidade que passou a rondá-lo com maior antecedência.

Não era um dispositivo iluminado o que, saindo da CLT, chegou, com aparência de avanço, à Constituição. Sua adoção foi um desapreço à condição humana do trabalhador e ao respeito que ela merece. É a desfiguração da pessoa-empregada, e o seu tratamento como se fosse mero instrumento mecânico — a máquina — de prestação de serviços. Não foi um enfoque desse tipo, fruto do sentimento solidarista, que inspirou, no capitalismo moderno e com suas garantias sociais, o moderno Direito do Trabalho. Era reminiscência de um capitalismo, selvagem, sem horizontes, que deixou danosos descendentes, como esse.

*b)* A Constituição de 1988 ofereceu fórmulas protecionistas mais modernas ao empregado. O caso da insalubridade, apesar das aparências de avanço, em nada inovou. Ao contrário, consagrou aquilo que já estava na CLT e nas portarias ministeriais dela decorrentes. Cometeu uma heresia social, mercantilizando, constitucionalmente, a indenização face à poluição laboral, não investindo, como deveria, contra os atentados à "ecologia harmônica da produção", que era e deve continuar sendo um dos objetivos da sociedade. Não importa quanto se paga, indenizatoriamente, sob o título de adicional. Importa o princípio de que, assim agindo, desvaloriza-se a pessoa. Inadequado socialmente que o Estado use a Constituição, para permitir que se compre o direito de ofender a integridade do trabalhador, em nome da produção. Não deveria ter o Poder Público, em respeito à cidadania, tal direito.

*c)* A base de cálculo do adicional de insalubridade foi debatida ao longo de muitos anos nos Tribunais Superiores, com decisões conflitantes. O fato decisivo e marcante dessa longa peleia jurídica foi dado pelo Supremo Tribunal Federal, por meio da Súmula Vinculante n. 4. Indispensável recordar a Súmula Vinculante e a Súmula n. 228 do TST (nova redação e suspensa por decisão do STF), as quais dizem:

Súmula Vinculante n. 4 — STF

"Salvo nos casos previstos na Constituição, o salário mínimo não pode ser usado como indexador de base de cálculo de vantagem de servidor público ou de empregado, nem ser substituído por decisão judicial".

Súmula N. 228 — TST

"ADICIONAL DE INSALUBRIDADE. BASE DE CÁLCULO. A partir de 9 de maio de 2008, data da publicação da Súmula Vinculante n. 4 do Supremo Tribunal Federal, o adicional de insalubridade será calculado sobre o salário básico, salvo critério mais vantajoso fixado em instrumento coletivo. — suspensa por decisão do STF".

Os ministros do Supremo Tribunal Federal (STF), em 30 de abril de 2008, ao julgarem o Recurso Extraordinário (RE 565714) com repercussão geral, decidiram no sentido de que a vinculação do adicional de insalubridade ao salário mínimo ofende a Constituição Federal, mas a alteração da base de cálculo por via de interpretação jurídica não parece possível.

Importante referir que a Repercussão Geral foi criada pela reforma do Judiciário (Emenda Constitucional n. 45) e regulamentada pela Lei n. 11.418/2006, consistindo em um "filtro recursal" que permite a adoção, pelo STF, de posturas em que seja identificada as relevâncias social, econômica, política ou jurídica, nos recursos extraordinários. Apenas questões de maior relevância, que afetem não apenas as partes envolvidas em cada processo, mas um grande número de jurisdicionados, devem ser julgadas pelo Supremo Tribunal Federal.

Para aplicar esse mecanismo, cada ministro analisa previamente a existência de relevância jurídica nos REs que estão sob sua relatoria e, então, encaminha para o colegiado que, por meio eletrônico, decide se existe repercussão ou não. São necessários os votos de oito ministros para rejeitar a repercussão geral em um RE. Nesse caso, o processo é arquivado na Corte e fica mantida a decisão tomada pelo tribunal de segunda instância. Após julgar e definir um caso ao qual se reconheceu a existência de repercussão geral, a decisão do Supremo passa a ter o poder de vincular outras decisões, em todas as instâncias do Poder Judiciário.

O recurso extraordinário que provocou o debate para a criação da Súmula Vinculante n. 4 do STF surge de uma ação, proposta na primeira instância por policiais militares paulistas. Pretendia que o Estado passasse a usar, como base de cálculo do adicional por insalubridade, o total dos vencimentos recebido pelos servidores, e não o salário mínimo, como determinou a Lei Complementar n. 432/85, de São Paulo.

A decisão do Plenário foi unânime. Para os ministros, mesmo que o dispositivo da lei paulista não tenha sido recepcionado pela Constituição de 1988 e que o salário mínimo não possa ser usado como indexador, por ofensa à Constituição Federal, não pode ocorrer a substituição da base de cálculo do adicional por meio de simples interpretação da legislação, mas apenas por meio de lei ordinária.

Dessa forma, o Supremo decidiu que, no caso dos policiais paulistas, autores desse RE, o adicional será calculado sobre o valor, em reais, do salário mínimo vigente na data do trânsito em julgado desse recurso (quando a decisão for irrecorrível), cabendo à lei ordinária fixar os critérios de atualização.

Em seu voto, a relatora, Ministra Cármen Lúcia Antunes Rocha, salientou que a parte final do art. 7º, inciso IV, da Constituição, proíbe expressamente a vinculação do salário mínimo para qualquer fim. O objetivo da norma, explicou a ministra, é impedir que haja pressões que levem a reajustes menores no salário mínimo. A Ministra lembrou diversos precedentes da Corte no sentido de que o mínimo não pode ser usado como indexador de vencimentos, abonos, pensão ou indenizações, entre outros.

A promulgação da Constituição Federal, em 1988, disse a relatora, teria revogado a parte final do art. 3º e seu § 1º da LC Paulista n. 432/85. A norma prevê que todos os servidores públicos do Estado que exercem, em caráter permanente, atividades consideradas insalubres, têm direito a um adicional, calculado em 40, 20 e 10 por cento do salário mínimo, conforme variação do grau de insalubridade — máximo, médio e mínimo.

Uma forma de resolver a situação, reconhecendo a inconstitucionalidade dessa norma, mas sem causar prejuízo aos autores, que poderiam deixar de receber o benefício por falta de uma base de cálculo, argumentou a relatora, seria calcular o valor do salário mínimo na data do trânsito em julgado do recurso. A partir daí, esse valor ficaria desindexado do salário mínimo e passaria a ser atualizado de acordo com lei que venha a regular o tema.

Os ministros sugeriram fosse editada uma nova súmula vinculante[87], dispondo sobre a inconstitucionalidade da vinculação do adicional de insalubridade ao salário mínimo.

Ao final do julgamento, o ministro Cezar Peluso esclareceu que os servidores atingidos pela decisão continuariam a receber exatamente como recebem hoje. "O que o Tribunal fez foi não aceitar o recurso dos servidores que queriam mudar a base de cálculo", disse o ministro. Segundo ele, não pode haver reajuste com base na variação do salário mínimo, pois a Constituição proíbe utilizá-lo como fator de indexação.

---

(87) SÚMULA VINCULANTE N. 4, DE 7.5.2008 — DJE 8.5.2008 — Apreciado o processo RE 565.714-1/SP na sessão de 30 de abril de 2008, o Tribunal Pleno editou o seguinte enunciado de súmula vinculante, que se publica no Diário da Justiça e no Diário Oficial da União, nos termos do § 4º do art. 2º da Lei n. 11.417/2006: **Súmula Vinculante n. 4** — Salvo nos casos previstos na Constituição, o salário mínimo não pode ser usado como indexador de base de cálculo de vantagem de servidor público ou de empregado, nem ser substituído por decisão judicial. Precedentes: RE 217.700, rel. Min. Moreira Alves, DJ 17.12.1999; RE 208.684, rel. Min. Moreira Alves, DJ 18.6.1999; RE 236.396, rel. Min. Sepúlveda Pertence, DJ 20.11.1998; RE 338.760, rel. Min. Sepúlveda Pertence, DJ 28.6.2002; RE 439.035, rel. Min. Gilmar Mendes, DJe 28.3.2008; RE 221.234, rel. Min. Marco Aurélio, DJ 5.5.2000; RE 565.714, rel. Min. Cármen Lúcia, j. 30.4.2008.

Assim, até que não se edite uma nova lei, fica-se como está, uma vez que não pode ocorrer a substituição da base de cálculo do adicional por meio de simples interpretação da legislação, mas apenas por meio de lei ordinária.

Ocorre que, após a criação da Súmula Vinculante n. 4 do STF, o Tribunal Superior do Trabalho modificou a redação da Súmula n. 228 para definir como base de cálculo para o adicional de insalubridade o salário básico, bem como cancelou a Súmula n. 17[88] e a Orientação Jurisprudencial n. 2[89] da SDI-1 e alterou a Orientação Jurisprudencial n. 47[90] da SDI-1 para adequá-la à nova redação da Súmula n. 228[91].

O entendimento adotado pelo Pleno do TST (por maioria de votos) foi no sentido de que a Súmula Vinculante n. 4 do STF teria tornado inconstitucional o artigo da CLT e decidiu adotar, por analogia, a base de cálculo assentada pela jurisprudência do Tribunal para o adicional de periculosidade, prevista na Súmula 191[92] do TST.

O fato é que a Súmula Vinculante n. 4 do STF salienta que a alteração da base de cálculo por via de interpretação jurídica não é possível, e foi exatamente isso que a Súmula n. 228 do TST faz, em flagrante conflito com a Súmula Vinculante n. 4 do STF.

A Súmula Vinculante, ao mesmo tempo em que reconheceu ser inconstitucional a utilização do salário mínimo como base de cálculo do adicional de insalubridade, vedou a substituição desse parâmetro por meio de decisão judicial, deixando a tarefa exclusivamente para o legislador.

Além disso, a Súmula n. 228 do TST teria fixado com marco inicial a data de 9 de maio de 2008 para adoção de base de cálculo do adicional de insalubridade

---

(88) SÚMULA N. 17 — ADICIONAL DE INSALUBRIDADE — O adicional de insalubridade devido a empregado que, por força de lei, convenção coletiva ou sentença normativa, percebe salário profissional será sobre este calculado.
(89) 02. ADICIONAL DE INSALUBRIDADE. BASE DE CÁLCULO. MESMO NA VIGÊNCIA DA CF/88: SALÁRIO MÍNIMO.
(90) **Antiga redação:** 47. HORA EXTRA. ADICIONAL DE INSALUBRIDADE. BASE DE CÁLCULO. É O RESULTADO DA SOMA DO SALÁRIO CONTRATUAL MAIS O ADICIONAL DE INSALUBRIDADE, ESTE CALCULADO SOBRE O SALÁRIO MÍNIMO. **Nova redação:** 47. HORA EXTRA. ADICIONAL DE INSALUBRIDADE. BASE DE CÁLCULO. A base de cálculo da hora extra é o resultado da soma do salário contratual mais o adicional de insalubridade.
(91) **Antiga redação:** SÚMULA N. 228 — ADICIONAL DE INSALUBRIDADE. BASE DE CÁLCULO. O percentual do adicional de insalubridade incide sobre o salário mínimo de que cogita o art. 76 da CLT, salvo as hipóteses previstas na Súmula n. 17. **Nova redação:** SÚMULA 228 — TST ADICIONAL DE INSALUBRIDADE. BASE DE CÁLCULO. A partir de 9 de maio de 2008, data da publicação da Súmula Vinculante n. 4 do Supremo Tribunal Federal, o adicional de insalubridade será calculado sobre o salário básico, salvo critério mais vantajoso fixado em instrumento coletivo.
(92) SÚMULA N. 191 — TST. ADICIONAL. PERICULOSIDADE. INCIDÊNCIA. O adicional de periculosidade incide apenas sobre o salário básico e não sobre este acrescido de outros adicionais. Em relação aos eletricitários, o cálculo do adicional de periculosidade deverá ser efetuado sobre a totalidade das parcelas de natureza salarial.

como sendo o salário básico, salvo critério mais vantajoso em instrumento coletivo, deixando lacunosa interpretação correspondente ao período anterior à mencionada data.

Diante da colisão entra as Súmulas mencionadas, a Confederação Nacional da Indústria apresentou Reclamação Constitucional n. 6.266, junto ao Supremo Tribunal Federal, obtendo liminar que suspendeu a aplicação da Súmula n. 228 do Tribunal Superior do Trabalho, na parte em que permite a utilização do salário básico para calcular o adicional de insalubridade.

Decisão mais acertada e alinhada à Súmula Vinculante n. 4 do STF foi dada pela Sétima Turma do TST em 27 de maio de 2008. O entendimento foi de que o STF, ao analisar a questão constitucional sobre a base de cálculo do adicional de insalubridade e editar a Súmula Vinculante n. 4, adotou técnica decisória conhecida no direito constitucional alemão como "declaração de inconstitucionalidade sem pronúncia da nulidade". A norma, embora declarada inconstitucional, continua a reger as relações obrigacionais, em face da impossibilidade de o Poder Judiciário se sobrepor ao Legislativo para definir critério diverso para a regulação da matéria.

"A solução adotada pelo STF colocou-se como intermediária entre duas soluções extremas", explica o ministro Ives Gandra Filho. "Uma propunha o congelamento do valor do salário mínimo e a aplicação dos índices de reajuste salariais, critério ainda mais prejudicial para os trabalhadores; a outra era a utilização da remuneração como base de cálculo." No processo trabalhista, os processos em que se discute o adicional de insalubridade são, quase sempre, propostos pelos empregados, que buscam uma base de cálculo mais ampla. O relator ressalta que o STF, inclusive, rejeitou a tese da conversão do salário mínimo em pecúnia e a aplicação posterior dos índices de correção dos salários. "Se o reajuste do salário mínimo for mais elevado que o da inflação do período, os trabalhadores que pleiteassem uma base de cálculo mais ampla seriam prejudicados por uma decisão judicial que reduziria a vantagem pedida".

Assim, a Súmula Vinculante n. 4 do STF, apesar de declarar inconstitucional a vinculação com o salário mínimo, até que o legislador não modifique a base de cálculo é sobre ele, o salário mínimo, que deverá ser calculado o adicional de insalubridade, estando a Súmula n. 228 do TST em afronta à Súmula Vinculante. Fica ressalvado, claro, a hipótese de salário profissional *stricto sensu*, até a edição de Lei dispondo em outro sentido ou até que as categorias interessadas se componham em negociação coletiva para estabelecer a base de cálculo que incidirá sobre o adicional em questão.

*d)* O adicional de atividades penosas está pendente de lei que o regulamente. Tendo transcorrido mais de vinte e três anos da promulgação da Constituição, ainda não se fez o que requer a lei. A expressão trabalhos penosos já havia sido referida na Lei n. 3.807, de 26 de agosto de 1960 (hoje revogada), ao instituir as aposentadorias especiais para os trabalhos penosos, insalubres e perigosos. Sobre o adicional de penosidade, dizia o art. 31 daquela Lei:

> "Art. 31. A aposentadoria especial será concedida ao segurado que, contando no mínimo 50 (cinquenta) anos de idade e 15 (quinze) anos de contribuições, tenha trabalhado durante 15 (quinze), 20 (vinte) ou 25 (vinte e cinco) anos pelo menos, conforme a atividade profissional, em serviços, que, para esse efeito, forem considerados penosos, insalubres ou perigosos, por Decreto do Poder Executivo
>
> § 1º A aposentadoria especial consistirá numa renda mensal calculada na forma do § 4º do art. 27, aplicando-se-lhe, outrossim, o disposto no § 1º do art. 20
>
> § 2º Reger-se-á pela respectiva legislação especial a aposentadoria dos aeronautas e a dos jornalistas profissionais".

Resta aos trabalhadores, até que venha a lei esperada, buscarem o adicional de atividades penosas pelo mecanismo de acordos e convenções coletivas de trabalho.

## ADICIONAIS PARA ATIVIDADES INSALUBRES OU PERIGOSAS NAS CONSTITUIÇÕES ESTRANGEIRAS

| PARAGUAI<br>Artículo 92 — DE LA RETRIBUCIÓN DEL TRABAJO | Tradução Livre<br>Artigo 92 — DA RETRIBUIÇÃO DO TRABALHO |
|---|---|
| El trabajador tiene derechos a disfrutar de una remuneración que le asegure, a él y a su familia, una existencia libre y digna.<br>La ley consagrará el salario vital mínimo, el aguinaldo anual, la bonificación familiar, el reconocimiento de un salario superior al básico por horas de trabajo **insalubre o riesgoso**, y las horas extraordinarias, nocturnas y en días feriados. Corresponde, básicamente, igual salario por igual trabajo. | O trabalhador tem direito a desfrutar remuneração que lhe assegure e a sua família, uma existência livre e digna.<br>A Lei estabelecerá o salário mínimo vital, o 13º salário e o bônus familiar, a fixação do salário básico por hora de trabalho **insalubre ou perigoso**, o reconhecimento de trabalho em horas extras, à noite e nos feriados. Basicamente, corresponderá salário igual por trabalho igual. |

# Capítulo XXIV

# APOSENTADORIA

**TRAJETÓRIA NA CONSTITUINTE**

> *Subcomissão dos Direitos dos Trabalhadores*
>
> "aposentadoria com proventos iguais à maior remuneração dos últimos doze meses de serviço, verificada a regularidade dos reajustes salariais nos seis meses anteriores ao pedido, garantido o reajustamento para preservação de real, nos termos do inciso VII, que nunca será inferior ao número de salários mínimos percebidos quando da concessão do benefício".
>
> *Comissão da Ordem Social*
>
> "aposentadoria, no caso do trabalhador rural, nas condições de redução previstas no art. 64".
>
> *Comissão de Sistematização*
>
> "aposentadoria"
>
> *Constituição Federal, art. 7º, XXIX — (texto oficial)*
>
> "APOSENTADORIA"

A Constituição anterior estabeleceu no art. 165, inciso XIX, a garantia da aposentadoria para a mulher, aos trinta anos de trabalho, com salário integral. Agregou-se, tempos depois, por emenda constitucional, o inciso XX que tratava do professor, assegurando-lhe aposentadoria aos trinta anos de efetivo exercício em atividade de magistério, e o mesmo tratamento peculiar à professora, reduzindo--lhe a exigência de magistério para vinte e cinco anos. A ambos, protegia-se com o aceno do "salário integral", que queria dizer que o salário benefício seria idêntico ao de contribuição.

E a isso se limitava a Lei Maior, deixando que a implementação ficasse por conta da legislação ordinária.

*a)* A Constituição de 1988 foi, inicialmente, mais econômica, dizendo, no inciso XXIV do art. 7º que o trabalhador, urbano ou rural, teria direito à *"aposentadoria"*. E quedou-se por aí. À primeira vista, uma redução nas conquistas constitucionais passadas, mais minudentes do que a parcimônia verbal do constituinte hodierno.

No entanto, deslocando-se o exame para o Título Constitucional correspondente, encontrava-se uma gama de proteções securitárias que, anteriormente, não tinham guarida na Constituição brasileira. Desde a consagração da universalização da cobertura e do atendimento, passando pela uniformidade e equivalência dos benefícios e serviços de populações urbanas e rurais até a irredutibilidade dos benefícios, sem descurar da seletividade na prestação, a equidade na participação do custeio e a diversidade da base de financiamento. Tudo isso, alicerçando princípios de Seguridade Social, consoante o art. 194 da Lei Magna.

Fixou-se, no art. 195, a corresponsabilidade contributiva para com a Seguridade Social de toda a Sociedade, nos termos da lei, destacando a parcela a cargo da União, dos Estados, dos Municípios, do Distrito Federal, sem excluir os encargos dos empregadores, da empresa e da entidade a ela equiparada na forma da lei[93], dos trabalhadores e dos demais segurados da previdência social[94], dos concursos de prognósticos e do importador de bens ou serviços do exterior, ou de quem a lei a ele equiparar[95]. Dispensando operações burocráticas, isentou as entidades beneficentes de assistência social (nos parâmetros a ser traçados por lei regulamentadora) da obrigação de contribuir.

Foram inseridos o produtor rural (que, na verdade, significava o minifundista, o pequeno proprietário), bem como outras figuras do meio camponês como o parceiro, e o arrendatário, ademais do pescador artesanal[96], que atuasse em regime de economia familiar, no dever de contribuir, aplicando-se-lhe alíquota especial incidente sobre "o resultado da comercialização da produção". Consagrava-se, assim, no art. 195, § 8º, da Nova Constituição, a sistemática já utilizada para o sistema assistencial-previdenciário dos trabalhadores rurais, sob a gestão, na época, do FUNRURAL. Era, pois, uma cobrança sobre o faturamento do pequeno produtor rural, como forma de contribuição única que, além de mantida para ele, se estendia ao pescador artesanal.

---

(93) Inclusão das expressões "empresa e de entidade a ela equiparada na forma da lei" por força da Emenda Constitucional n. 20 de 1998.

(94) *Idem* Emenda Constitucional n. 20, de 1998, que ressalta, ainda: (não incidindo contribuição e pensão concedidas pelo regime de previdência social de que trata o art. 201)

(95) Acrescido pela Emenda Constitucional n. 42, de 19.12.2003.

(96) (tendo sido excluído o garimpeiro por força da Emenda Constitucional n. 20, de 1998)

*b)* A Constituição, no *caput* do art. 194, afirmou que a "Seguridade Social compreenderia um conjunto integrado de ações de iniciativa dos Poderes Públicos e da sociedade, destinadas a assegurar os direitos relativos à saúde, à previdência social e à assistência social". Destarte, o constituinte, pela nova formulação do atendimento de saúde, sua visão global e sua cobertura genérica, ofereceria ao segurado e a seus dependentes garantias de atenção médico-hospitalar-farmacêutica, na qualidade de cidadãos, aos quais se assegurava o direito à proteção de que se encarrega o Estado, como ônus social. Em termos de política de bem estar social, como meta, o alargamento da atuação sanitário-social era benfazeja: urgente, justa e indispensável. Cumpria obter os recursos necessários e destiná-los, sem desvios, para tal tarefa, posto que, na Previdência, o atendimento de saúde destinado a segurados e dependentes apropriava-se de trinta por cento do orçamento volumoso do seguro social brasileiro. Em 1988, constitucionalmente multiplicando-se o grupo dos potenciais beneficiários — todos com direito reconhecido pela Lei Maior — indispensável seria oferecer meios adequados, que a Sociedade teria de prover, para que se não ficasse na intenção elogiável, sem chegar a fins práticos.

A Emenda Constitucional n. 20, de 1998, modificou o inciso VII[97] do art. 194, para dizer que compete ao Poder Público organizar a seguridade social, com base no caráter democrático e descentralizado da administração, mediante gestão quadripartite, com participação dos trabalhadores, dos empregadores, dos aposentados e do Governo nos órgãos colegiados. Alterou para dizer o que já estava implícito, ou seja, se competia ao Poder Público organizar, evidentemente deveria participar do colegiado.

*c)* A Constituição de 1988 abriu a Seção III do Título VIII, arts. 201 a 204, para tratar especificamente de Previdência e Assistência Sociais. Não a timidez da Carta Magna anterior, restrita a algumas referências sobre a aposentadoria, mas o alargamento das disposições enfrentando a disciplina geral do seguro social, tratando da arrecadação, característica dos contribuintes, sistema de orçamentação, área de abrangência, responsabilidade do Poder Público nas diferentes esferas, isenções prévias e segurados atípicos, sem deixar de registrar linhas básicas de gestão administrativa e princípios de filosofia social. A Constituição abriu espaço, saudavelmente invadida por dispositivos com a marca da Seguridade e conceitos, então novos, da assistência, do seguro e dos serviços sociais de saúde.

No pertinente à Previdência (seguro propriamente dito), não se ficou só na referência da aposentadoria, à primeira vista isolada no inciso XXIV do art. 7º, mas que, na prática, era sinalizadora das normas posteriores, amplas e abrangentes. Tratou-se da maternidade e da gestante; dos segurados de baixa renda e dos

---

(97) Redação original do inciso VII — caráter democrático e descentralizado da administração, com a participação da comunidade, em especial de trabalhadores, empresários e aposentados.

deveres da sociedade para com eles; do desemprego involuntário e da pensão por morte de segurado, homem ou mulher, ao cônjuge ou companheiro e dependentes, obedecido ao disposto no § 5º e no art. 202. Consagrou-se constitucionalmente a proteção à(ao) companheira(o), antes estipulada em legislação ordinária, depois de farto esforço criativo jurisprudencial e de ruidosa reivindicação político-social, numa demonstração cabal de atenção da Carta Maior com a transformação familiar dos tempos.

Em 1998, por Emenda Constitucional de n. 20, o art. 201 foi remodelado e sofreu, ainda, uma nova alteração pela Emenda Constitucional n. 47, de 2005.

As alterações iniciam já no primeiro inciso, sendo que foi retirada a expressão "incluídos os resultados de acidente do trabalho" "e substituída a expressão "velhice e reclusão", passando a constar apenas "idade avançada".

A mesma Emenda n. 20 incluiu o § 10º do art. 201, fazendo referência que a lei disciplinará a cobertura do risco de acidente do trabalho, a ser atendida concorrentemente pelo regime geral da Previdência Social e pelo setor privado.

Outra alteração (inclusão do inciso IV) foi a referência ao salário-família e auxílio reclusão para os dependentes dos segurados de baixa renda. A Constituição, antes da Emenda n. 20, de 1998, fazia referência à cobertura por reclusão (art. 201, inciso I) e sobre o salário-família (art. 7º, inciso XII). A novidade está em que somente será concedido no caso dos beneficiários serem comprovadamente pessoas de baixa renda. Portanto, nova restrição.

Tratou-se (Emenda n. 20 manteve) da maternidade e da gestante; dos segurados de baixa renda e dos deveres da sociedade para com eles; do desemprego involuntário.

No caso de pensão "por morte de segurado, homem ou mulher, ao cônjuge ou companheiro e dependentes, observado o disposto no § 2º", deve-se esta redação novamente à Emenda n. 20, de 1998. Manteve-se o que a Constituição consagrou, ou seja, a proteção à(ao) companheira(o), antes estipulada em legislação ordinária, depois de farto esforço criativo jurisprudencial. A mudança consubstanciou-se em extirpar a obediência ao art. 202 da Constituição, que tratava do cálculo do benefício; contudo, foi assegurado o limite mínimo de um salário mínimo.

A Constituição de 88 exigia do sistema público de tutela social respeito formal com o cidadão beneficiário que, durante largo tempo — uma vida de trabalho — pagara para, ante o infortúnio, ter a proteção, que comprara com sua contribuição, o direito ao ressarcimento no momento da carência, da necessidade. Delineou impedimento (?) formal à corrosão — verdadeiro confisco antissocial que o Estado, por seus tentáculos, que são os organismos previdenciários, há muito vinha realizando — dos benefícios, diminuindo-os na contramão da espiral inflacionária. Prometia a garantia (pela intenção e pelo texto da Constituição, mesmo ante as ameaças das Medidas Provisórias do Governo Federal) correção que preservaria o valor real, ao mesmo tempo em que a Lei Maior assegurava impedir que "benefício que substitua o salário de contribuição ou o rendimento do trabalho do segurado" tenha "valor mensal inferior ao mínimo", proteção que, implantada com a lei, regularia um conjunto de avanços, deveres sociais impostergáveis do Estado, face a exigências mínimas de QUALIDADE DE VIDA E SOBREVIVÊNCIA DIGNA da cidadania. Com isso, deveria ocorrer não apenas uma elevação dos ínfimos benefícios ainda infra salário mínimo, que não eram tão poucos, na área urbana, como também dos milhões de benefícios (que eram todos) da área rural, os quais tinham, como piso e teto, *metade* do salário mínimo que, mesmo inteiro, já era insuficiente.

Também se deveria, respeitados critérios e princípios da Lei Maior, que os benefícios (aposentadoria, pensões etc.) mantivessem, através dos tempos, seu poder aquisitivo, mantendo a valia que tinham à época de sua concessão.

Tal não ocorre. De início, com pequenas defasagens na correção, hoje, o descompasso é flagrante, havendo perdas de 30 a 35% do valor real em três anos de desfrute.

A Emenda n. 20, que realizou mudanças nesse artigo constitucional, em um novo § 1º reiterou a limitação à concessão de aposentadoria com requisitos e critérios diferenciados apenas para os casos de atividades exercidas sob condições especiais que prejudiquem a saúde ou a integridade física (antigo inciso II do art. 202 da Constituição). Por meio da Emenda Constitucional n. 47, de 2005, foi acrescida, ainda, a situação dos portadores de deficiência, nos termos de lei complementar.

Pela alteração, o § 5º do art. 201 estabeleceu que é vedada a filiação ao regime geral da Previdência Social, na qualidade de segurado facultativo, de pessoa participante de regime próprio de previdência, excluindo aqueles que podem gozar de outra forma de previdência, sendo que a redação anterior do artigo (antigo § 1º) estabelecia que qualquer pessoa poderia participar dos benefícios da Previdência Social, mediante contribuição de planos previdenciários. Não foram excluídos os participantes da previdência privada, que vem sendo estimulada, criando uma poupança própria importante, que fomenta o mercado e a livre iniciativa.

Aliás, a Emenda n. 20 importou os dizeres do artigo posterior (202) para parágrafos do art. 201. Condensou os dois artigos em um só, para permitir a inclusão de outra matéria naquele art. 202, que agora trata do regime de previdência privada.

No § 7º do art. 201, a Emenda Constitucional n. 20 estabeleceu condições para assegurar a aposentadoria. Reiterou a referência aos limites de idade de contribuição, que haviam sido ditos nos incisos I e II do antigo art. 202 da Constituição, ou seja, trinta e cinco anos de contribuição, se homem, e trinta anos de contribuição, se mulher. Reiterou, ainda, exigência de sessenta e cinco anos de idade, se homem, e sessenta anos de idade, se mulher, reduzido em cinco anos o limite para os trabalhadores rurais de ambos os sexos e para os que exerçam suas atividades em regime de economia familiar, nele incluído o produtor rural, o garimpeiro e o pescador artesanal. Nos tempos atuais, diante do avanço da mulher no mercado de trabalho, ainda não completo, mas cada vez mais próximo da igualdade, questiona-se se essa distinção de sexo se justifica e se não ofende exatamente a igualdade que se almeja.

Reiterando o antigo e agora superado art. 202 da Constituição (antes da Emenda n. 20), no § 8º reduziu em cinco anos de contribuição para a categoria dos professores que comprovassem exclusivamente tempo de efetivo exercício das funções de magistério na educação infantil e no ensino fundamental e no médio. A mudança restringiu a redução de tempo aos professores da educação infantil, ensino fundamental e médio, não mais abarcando o professor de ensino superior.

A Emenda n. 20 reiterou, ainda (§ 9º), a compensação financeira entre regimes de Previdência Social e garantiu, para efeito de aposentadoria, a contagem recíproca do tempo de contribuição na administração pública e na atividade privada, rural e urbana (antigo § 2º do art. 202 da Constituição).

Alargando os limites da previdência, por meio da Emenda n. 47, foi ventilada a possibilidade de sistema especial de inclusão previdenciária para atender a trabalhadores de baixa renda e àqueles sem renda própria que se dedicassem exclusivamente ao trabalho doméstico no âmbito de sua residência, desde que pertencentes a famílias de baixa renda, garantindo-lhes acesso a benefícios de valor igual a um salário mínimo, com alíquotas e carências inferiores. A dona de casa que acolhe e protege geralmente numerosa família, em precárias condições, poderá ser beneficiada pela previdência, mesmo sem renda própria, reconhecendo-se o trabalho doméstico, como importante e fecundo para a sociedade.

*d)* Complementou-se a proteção social com os arts. 203 e 204 dirigidos à Assistência Social, voltada prioritariamente para a proteção da "família, da maternidade, da infância, da adolescência e da velhice", preservando, na devida conta, a promoção do mercado de trabalho, e uma objetiva atuação que visava a habilitar e a reabilitar os portadores de deficiência, promovendo-os e integrando-os à vida comunitária.

O constituinte ofereceu, formalmente, piso mínimo ao deficiente e ao idoso que não conseguissem, comprovadamente, meios de prover a própria manutenção ou de tê-la provida por suas famílias. Nessa hipótese, lei regulamentar estabeleceria auxílio mensal que seria, pelo menos, igual a um salário mínimo para cada beneficiado.

A Constituição de 1988, em certas circunstâncias, fez um texto compactado das diretrizes e comprometimentos da legislação securitária existente, ao mesmo tempo em que abria, para o futuro, na esteira de lei disciplinadora que teria de ser aprovada, novos procedimentos, voltados para instrumentalizar melhor redistribuição de renda, de redução da carência, de combate à miséria absoluta, de prioridades sociais, enfim.

Tratava-se de integrar compartimentos, às vezes estanques, da atuação social, esperando-se que a vivência e a convivência não impedissem, pela inércia, a efetivação do pretendido. Essa propositura dependeria, na prática, de recursos, de meios que não surgiriam do enfoque doutrinário. Há, no art. 195, indicativos que mostravam por onde pretendia o constituinte que caminhasse o legislador. Tudo isso, no entanto, em nome do bem-comum e do bem-estar social, estava nos arts. 58 e 59 das Disposições Transitórias. No primeiro deles (58) se estabelecia que, em sete meses, a contar da promulgação, teriam os titulares de benefícios de prestação continuada o direito de vê-los revistos, restabelecido seu poder aquisitivo original, expresso em número de salários mínimos "que tinham na data de sua concessão"; o art. 59, o segundo dos citados, fixava o cronograma para que não apenas se corrigissem os benefícios carcomidos, mas também para que se aplicassem os instrumentos de ampliação da política de seguridade social, que iriam exigir novos planos de custeio e reformulada estrutura administrativa. O Executivo tinha, para realizar essa cirúrgica mudança, seis meses, a contar de 5 de outubro de 1988, devendo, nesse prazo, enviar os projetos de lei; o Congresso, mais seis, em continuidade, para apreciá-los e votá-los.

Dezoito meses, após a decisão parlamentar, seria o prazo constitucional para que se fizesse a implementação dessa política de proteção social, tornando-se concreto tão grande programa tutelar, sob o nome genérico de Seguridade que, em última análise, significa o somatório da Saúde (SUS) com a Previdência e Assistência Sociais.

Em 1º de junho de 1989, editou-se a Medida Provisória 63, tratando do custeio do Seguro Social.

A inconstitucionalidade de tal Medida Provisória era patente, posto que procurava desvincular o salário mínimo dos benefícios de prestação continuada. Tão nova ainda a Lei Maior e o Governo começava a violá-la, frontalmente.

*e)* A nova redação do art. 202 da Constituição, que agora trata do regime de previdência privada, de caráter complementar e organizada de forma autônoma ante o regime geral de previdência social, é de caráter facultativo.

A previdência complementar privada foi instituída pela Lei n. 6.435, de 15 de julho de 1977, e posteriormente regulamentada pelo Decreto n. 81.240, de 20 de janeiro de 1978. Com a Emenda Constitucional n. 20, que exigiu Lei Complementar para tratar do tema, foram promulgadas as Leis Complementares ns. 108 e 109, que passaram a tratar da questão.

Foi assegurada, no plano constitucional, a transparência desses planos privados no que concerne aos participantes, bem como a sua não integração ao contrato de trabalho, nem mesmo englobando-se na remuneração. Buscou-se estimular e difundir o mecanismo em tela, afastando o receio de que empregadores venham a ver vinculados tais pagamentos ao contrato de emprego, com as integrações indesejadas, que encareçam gravosamente a mão de obra.

Ficou, ainda, vedado o aporte de recursos à entidade de previdência privada pela União, Estados, Distrito Federal e Municípios, suas autarquias, fundações, empresas públicas, sociedades de economia mista e outras entidades públicas, salvo na qualidade de patrocinador, situação na qual, em hipótese alguma, sua contribuição normal poderá exceder à do segurado.

O estimulo aos planos complementares de previdência privada incrementa o jogo social e o econômico, com a participação forte de fundos de pensão bilionários, investindo decisivamente e com preocupação em maximizar os lucros. Tornam os mercados de capital e acionário cada vez mais voláteis e inseguros.

## APOSENTADORIA NAS CONSTITUIÇÕES ESTRANGEIRAS

| RÚSSIA<br>Article 39.<br>Everyone shall be guaranteed social security in old age, in case of disease, invalidity, loss of breadwinner, to bring up children and in other cases established by law.<br>State pensions and social benefits shall be established by laws.<br>Voluntary social insurance, development of additional forms of social security and charity shall be encouraged. | Tradução Livre<br>Artigo 39.<br>A todos é garantido a seguridade social na velhice, em caso de doença, invalidez, perda de arrimo, para educar os filhos e em outros casos estabelecidos por lei.Pensões do Estado e os benefícios sociais serão estabelecidos por leis.<br>Seguro social voluntário, o desenvolvimento de formas adicionais de seguridade social e a caridade (assistência social) devem ser incentivados. |
|---|---|
| ITÁLIA<br>Art. 38.<br>Ogni cittadino inabile al lavoro e sprovvisto dei mezzi necessari per vivere ha diritto al mantenimento e all'assistenza sociale.<br><br>I lavoratori hanno diritto che siano preveduti ed assicurati mezzi adeguati alle loro esigenze di vita in caso di infortunio, malattia, invalidità e vecchiaia, disoccupazione involontaria.<br>Gli inabili ed i minorati hanno diritto all'educazione e all'avviamento professionale.<br>Ai compiti previsti in questo articolo provvedono organi ed istituti predisposti o integrati dallo Stato.<br>L'assistenza privata è libera. | Art. 38.<br>Todos os cidadãos incapacitados de trabalhar e sem os meios de subsistência necessários têm direito à manutenção e à assistência social.<br><br>Os trabalhadores têm o direito de que sejam previstos e assegurados os meios adequados para suas necessidades vitais em caso de acidente, doença, invalidez, velhice e desemprego involuntário.<br>Pessoas com deficiência e menores têm direito à educação e à formação profissional.<br>Os deveres previstos neste artigo são de responsabilidade de orgãos e instituições estabelecidas ou apoiados pelo Estado.<br>A Assistência Social privada é livre. |
| ARGENTINA<br>Art. 14 bis. — El trabajo en sus diversas formas gozará de la protección de las leyes, las que asegurarán al trabajador: (...) | Artigo 14 bis — O trabalho, nas suas diversas formas, gozará da proteção da lei, que assegurará aos trabalhadores: (...) |

| | |
|---|---|
| **ARGENTINA (cont.)**<br>El Estado otorgará los beneficios de la seguridad social, que tendrá carácter de integral e irrenunciable. En especial, la ley establecerá: el seguro social obligatorio, que estará a cargo de entidades nacionales o provinciales con autonomía financiera y económica, administradas por los interesados con participación del Estado, sin que pueda existir superposición de aportes; jubilaciones y pensiones móviles; la protección integral de la familia; la defensa del bien de familia; la compensación económica familiar y el acceso a una vivienda digna. | O Estado concederá os benefícios da seguridade social, que terá caráter integral e irrenunciável. Em particular, a lei estabelecerá o seguro social obrigatório, que será realizado por entidades nacionais ou provinciais, com autonomia financeira e econômica, administrado pelas partes interessadas, com a participação do Estado, sem sobreposição de contribuições; aposentadorias e pensões; proteção integral da família, defesa do bem de raiz; abonos de família e acesso à moradia digna. |
| **CUBA**<br>Artículo 47º. — Mediante el sistema de seguridad social, el Estado garantiza la protección adecuada a otro trabajador impedido por su edad, invalidez o enfermedad.<br>En caso de muerte del trabajador garantiza similar protección a su familia. | Artigo 47. — Por meio do sistema de seguridade social, o Estado garantirá proteção adequada ao trabalhador impedido por sua idade, invalidez ou doença.<br>Em caso de morte do trabalhador, o Estado garantirá similar proteção a sua família. |

# Capítulo XXV

# CRECHES E PRÉ-ESCOLAS — ASSISTÊNCIA

**TRAJETÓRIA NA CONSTITUINTE**

> *Assistência — creches e pré-escolas*
>
> *Subcomissão dos Direitos dos Trabalhadores*
>
> "garantia de assistência, pelo empregador, aos filhos e dependentes dos empregados, pelo menos até seis anos de idade, em creches e escolas maternais, nas empresas ou órgãos públicos em que trabalhem mais de trinta mulheres".
>
> *Comissão da Ordem Social*
>
> "garantia de assistência, pelo empregador, aos filhos e dependentes dos empregados, pelo menos até seis anos de idade, em creches e pré-escolas, nas empresas privadas e órgãos públicos".
>
> *"Comissão de Sistematização"*
>
> "assistência gratuita aos filhos e dependentes, em creches e pré-escolas, de zero a seis anos de idade".
>
> *Constituição Federal, art. 7º, XXV — (texto oficial)*
>
> "ASSISTÊNCIA GRATUITA AOS FILHOS E DEPENDENTES DESDE O NASCIMENTO ATÉ SEIS ANOS DE IDADE EM CRECHES E PRÉ-ESCOLAS".
>
> *Emenda Constitucional n. 53, de 2006:*
>
> XXV — ASSISTÊNCIA GRATUITA AOS FILHOS E DEPENDENTES DESDE O NASCIMENTO ATÉ 5 (CINCO) ANOS DE IDADE EM CRECHES E PRÉ-ESCOLAS;

Os militares, frente à Emenda Constitucional n. 18[98], de 1998, foram agraciados com alguns incisos do art. 7º da Constituição Federal, incluindo o décimo terceiro salário.

Estabeleceu o inciso XXV do art. 7º, para os filhos e dependentes dos trabalhadores urbanos e rurais, o direito de assistência gratuita, desde o nascimento até cinco[99] anos de idade em creches e pré-escolas. Tal dispositivo, de prevalente feição trabalhista, mesmo com matizes previdenciários, apresentava-se mais como uma declaração de princípios do que propriamente como de aplicação imediata e objetiva.

Era ambíguo o texto, posto que proclamava um direito, para o trabalhador, a ser exercitado em favor de seus filhos e dependentes, mas não definia perante quem se explicitava tal direito e quem por ele deveria responder. Não se definia se esse direito era do empregado face a seu empregador, e deste haveria de ser exigido, ou se era uma garantia do empregado, enquanto cidadão, e portanto teria de exercitar-se diante do Estado.

Mais preocupante se tornou o destino da norma constitucional quando nela não se encontrou nenhuma referência à sua mecânica operacional, posto que em si encerra, ainda que com boas intenções, apenas uma declaração de princípios respeitáveis, mas de aplicação não definida.

De onde sairiam os meios para sustento de tais creches? Quem garantiria sua efetivação?

Cabe examinar o princípio enunciado, em conjunto com o estipulado nos arts. 203 e 204, referentes à Assistência Social (Título VIII, capítulo II, Seção IV), e também o constante no mesmo Título, Capítulo VII, especificamente no art. 227, em que se asseverava que "é dever do Estado, da família e da sociedade assegurar à criança, ao adolescente e ao jovem[100], com absoluta prioridade, o direito à vida, à saúde, à alimentação, à educação, ao lazer, à profissionalização, à cultura, à dignidade, o respeito à liberdade e à convivência familiar e comunitária, além de colocá-los a salvo de toda forma de negligência, discriminação, exploração, violência, crueldade e opressão".

---

(98) Art. 142. As Forças Armadas, constituídas pela Marinha, pelo Exército e pela Aeronáutica, são instituições nacionais permanentes e regulares, organizadas com base na hierarquia e na disciplina, sob a autoridade suprema do Presidente da República, e destinam-se à defesa da Pátria, à garantia dos poderes constitucionais e, por iniciativa de qualquer destes, da lei e da ordem. § 3º Os membros das Forças Armadas são denominados militares, aplicando-se-lhes, além das que vierem a ser fixadas em lei, as seguintes disposições: VIII — aplica-se aos militares o disposto no art. 7º, incisos VIII, XII, XVII, XVIII, XIX e XXV e no art. 37, incisos XI, XIII, XIV e XV;
(99) Houve redução de 6 (seis) para 5 (cinco) anos pela Emenda Constitucional n. 53, de 2006.
(100) Por força da Emenda n. 62, de 2010, foi incluído conceitualmente o "Jovem", visto que antes o artigo fazia referência apenas à criança e ao adolescente.

Como manifestação de propósitos, de política em favor da humanização nas relações sociais, de primado da solidariedade e da convivência fraterna, o texto mereceu aplausos e compromisso de apoio. No que tange à operacionalização, ficou no altiplano, à época, inatingível. Dizer que se tem de proteger família, Estado e sociedade; a criança, o adolescente e o jovem da negligência (de quem? da própria família, ou do Estado, ou da própria sociedade, que seriam fiscais de si próprios, pelo visto?), da exploração, da violência é um compromisso do hoje e do amanhã, mas difícil de cobrar agora. O mandamento constitucional seria um roteiro a perseguir, mas não se poderia tê-lo, como de satisfatória aplicação imediata.

*a)* O art. 203 estabeleceu, no inciso I, que a Assistência Social objetiva a "proteção à família, à maternidade, à infância, à adolescência e à velhice", alcançando, inclusive, aqueles que, não contribuindo para a seguridade social, precisam de seu efetivo atendimento.

No inciso II, reiterou, com relação à população infantil, prioritária preocupação, dizendo que está no rol de seus objetivos básicos "o amparo a crianças e a adolescentes carentes", num reforço daquilo que já se dissera para eles e também para os outros segmentos carentes da população.

Nessa seção IV — da Assistência Social —, havia resposta para uma das indagações que já fizemos: de onde os meios para levar a cabo tal política. Afirmou o art. 204 que "as ações *governamentais* na área da assistência social serão realizadas com recursos do orçamento da seguridade social, previstos no art. 195, além de outras fontes... Tal implicava uma ampla captação de recursos, no orçamento securitário, posto que, além de atender aos encargos com o seguro social, enfrentaria ônus com os serviços complementares e a política de saúde na amplitude quase ilimitada que lhe deu a Constituição e, finalmente, a extensão de uma gama larga de procedimentos de assistência social a seu encargo.

O art. 227, § 1º, incisos I e II, enfrentou o atendimento infantojuvenil[101], propondo-se a oportunizar condições mais dignas de vida. Recordou-se ali o dever de aplicação de parcelas percentuais dos recursos públicos nos programas de assistência integral à saúde da criança e do adolescente etc., dando-se a entender que, além dos quantitativos a ser extraídos do orçamento da Seguridade, propriamente dito, também deveriam ser alocadas verbas do Tesouro para tal "prioridade absoluta" (segundo a expressão entusiasmada da Lei Maior), isto é, programas em prol da infância, da adolescência e do jovem de baixa renda.

*b)* A Constituição anterior, no Título IV, dispunha sobre "Família, Educação e Cultura", no art. 175, § 4º: "lei especial disporá sobre a assistência à maternidade, à infância e à adolescência e sobre a educação de excepcionais".

---

(101) A Emenda Constitucional n. 62, de 2010, preocupada com a questão conceitual incluiu a expressão "jovem", no inciso II.

Não se tratava de dispositivo inserido no contexto das relações empregatícias, nem mesmo do processo produtivo em si. Não oferecia proteção a mães, crianças e jovens porque dependentes de trabalhadores, ou porque partícipes do vínculo empregatício. Declarava-se uma obrigação da sociedade como um todo que haveria de ser instrumentalizado na sua contraprestação protetiva, por meio de leis específicas que, em parte, foram aprovadas e, pelo menos razoavelmente, viram-se implementadas.

*c)* De longa data, a CLT vinha dispensando atenção à presente temática. Assim, no art. 389 se determinava que toda empresa deveria adotar as medidas necessárias à segurança e ao conforto das mulheres, estabelecendo, no § 1º, que, nos estabelecimentos "em que trabalharem pelo menos 30 (trinta) mulheres com mais de 16 (dezesseis) anos de idade, haveria local apropriado onde lhes fosse permitido guardar, sob vigilância e assistência, os seus filhos no período de amamentação".

No § 2º, permitia-se que a empresa se desincumbisse da obrigação imposta, com a instalação de creches distritais ou celebrando convênios com instituições públicas ou privadas que atendessem à exigência legal. Falava-se também em escolas maternais e jardins de infância, e se dizia que eles, sobretudo quando mantidos com recursos públicos ou contribuições sociais, deveriam ser localizados preferentemente nas áreas mais densamente povoadas por trabalhadores, posto que nelas, seguramente, se concentraria a clientela mais suscetível do atendimento preconizado.

No art. 400 da CLT, o legislador foi determinante ao dizer: "os locais destinados à guarda dos filhos das operárias, durante o período de amamentação, deverão possuir, no mínimo, um berçário, uma saleta de amamentação, uma cozinha dietética e uma instalação sanitária".

A antiga Jurisprudência pouco apresentava sobre a matéria. Recorda-se um julgado veemente no seu conteúdo: "Não cumprindo a empresa exigência legal contida no art. 389 da CLT (local para guarda dos filhos durante o prazo de amamentação), faz jus a empregada aos salários relativos ao período (até seis meses) em que se viu impedida de trabalhar". Tal decisório, da 2ª Turma do TST, *in* "Revista do TST", de 6.2.1966, p. 55, estabeleceu uma punição que ultrapassou a mais avançada cominação e a mais larga proteção à maternidade fixada pela nova Constituição, tão acusada pelos empregadores menos disponíveis a avanços de ser complacente.

Cumpre fazer referência à Portaria n. 3.296/86, que autoriza empresas e empregadores, em substituição à exigência contida no art. 389 da CLT, a adotar o sistema de "reembolso-creche", verba que, dotada de cunho indenizatório, não poderia sofrer a incidência de contribuição previdenciária. A regulamentação remete a empresa e o empregador a estabelecerem valores por meio do acordo ou da convenção coletiva.

Viu-se que há, tanto na CLT, como nas Constituições de hoje e de ontem, mais um repertório de diretrizes visando ao bem-estar da sociedade, olhando com carinho o compromisso protetivo com a mãe e seu filho menor, do que normas que se enderecem à relação de emprego em si. Claro que se fala da trabalhadora a ser protegida, bem como de seu filho, assegurando-se-lhe um local de amamentação. *Não se tratava,* no entanto, de alusões e intercorrências com a relação de emprego propriamente dita (assiduidade, pontualidade, disciplina laboral etc.), *mas de mandamento gerais,* que buscam dar condições menos desfavoráveis à mãe-empregada e ao seu filho. É o Estado, preocupando-se com a maternidade e a infância, no ambiente de trabalho. São, pois, tais dispositivos, quer na lei, quer na Constituição, um pouco híbridos: têm parentesco, por afinidade, com o Direito do Trabalho, mas não se pode negar que são consanguíneos do Direito da Família, das liberdades individuais, da Assistência Social, enfim, do Direito Social, compreendido este como a tutela que o indivíduo — sobretudo o mais carente — pode invocar da sociedade como um todo, para que se reduzam as diferenças essenciais que o separam da média dos cidadãos. Essa desigualdade atinge aqueles que, historicamente, foram os mais flagrante ou sutilmente discriminados, como as mulheres e as crianças.

# Capítulo XXVI

# CONVENÇÕES E ACORDOS COLETIVOS DE TRABALHO

**TRAJETÓRIA DA CONSTITUINTE**

*Convenções e acordos coletivos de trabalho*

*Subcomissão dos Direitos dos Trabalhadores*
"reconhecimento das convenções coletivas de trabalho e obrigatoriedade de negociação coletiva".

*Comissão da Ordem Social*
"reconhecimento das convenções coletivas de trabalho e obrigatoriedade da negociação coletiva".

*Comissão de Sistematização*
"reconhecimento das convenções coletivas de trabalho".

*Constituição Federal, art. 7º, XXVI — (texto oficial)*
"RECONHECIMENTO DAS CONVENÇÕES E ACORDOS COLETIVOS DE TRABALHO".

Estabelecia o inciso XIV do art. 165 da Constituição anterior que era um direito do trabalhador o "reconhecimento das convenções coletivas de trabalho".

A Consolidação das Leis do Trabalho já fixara, no art. 513, como prerrogativas dos sindicatos, entre outras, a de "celebrar contratos coletivos de trabalho" (letra "b"). Ao mesmo tempo, no art. 611, dizia-se que "convenção coletiva de trabalho é o acordo de caráter normativo, pelo qual dois ou mais sindicatos representativos de categorias econômicas e profissionais estipulam condições de trabalho aplicáveis, no âmbito das respectivas representações, às relações individuais de trabalho".

A Consolidação previa, também, que, para reger as relações das categorias, inorganizadas em sindicatos, as Federações e, na falta delas, as Confederações econômicas ou profissionais poderiam celebrar convenções coletivas de trabalho, para reger as relações das categorias, evidentemente a elas vinculadas, no âmbito de suas representações (art. 611, § 2º).

*a)* A redação original da CLT estabelecia que eram prerrogativas dos sindicatos (art. 513) "celebrar *contratos* coletivos de trabalho". Estava o texto consolidado influenciado, sobretudo no Direito Coletivo, pelas diretrizes oriundas, em termos de associativismo " pelo modelo maior que era a "Carta del Lavoro", do final da década de 1920, escrita sob a batuta de Arturo *Rocco.* Não que fosse idêntica, ou que lhe seguisse os passos com subserviente rigorismo, mas sofria sua influência. Daí, falar-se em *contratos* coletivos de trabalho, muito mais expressão da doutrina e da legislação italianas do que produto dos franceses. Na verdade, o "contrato" sempre fortaleceu a ideia da negociação, do entendimento pactuado. O *contrato* coletivo seria, como foi no início, a transposição do acerto individual para o plano dos grupos categoriais organizados. Acima de tudo, o ajuste de condições práticas de trabalho: valor do salário, duração da jornada, remuneração por adicionais, critério de aferição da quantidade e qualidade do trabalho oferecido, regras disciplinares etc.

A *"convenção"* coletiva do trabalho, de origem francesa, preocupou-se com as cláusulas obrigacionais, querendo-as no corpo do instrumento ajustado. Isto é, *além da chamada parte econômica,* com suas cláusulas direito-obrigação fazendo lei entre as partes, regrando a convivência empregatícia coletiva e servindo de moldura e marco às dezenas, centenas ou até aos milhares de relações de emprego individuais. A *convenção* — não apenas ela, mas principalmente ela — estimulou a integração, no corpo do instrumento negociado, da *parte obrigacional.* Esta se atinha a compromissos entre os contratantes coletivos. Deveres e direitos recíprocos de sindicatos patronais e operários que, como sujeitos negociadores, estabeleciam critérios de convivência político-associativa-negocial entre eles; regras do como negociar, punições para quem se negava a tanto; prazos de atendimento à convocação negocial, multas para a entidade que deixasse de agir no sentido de fazer com que seus representados respeitassem as regras comuns que a convenção coletiva fixou e que deveriam ser integradas como conteúdo dos contratos individuais celebrados na sua área de jurisdição. Seria não o acerto do conteúdo essencial que serviria de núcleo dos contratos individuais na sua parte substantiva, mas o regramento da própria negociação coletiva futura, do respeito ao ajustado na presente, da disciplina das táticas de pressão e dos prazos para exercê-las e dos deveres recíprocos assumidos pelos grandes negociadores. Era o acordo dos sindicatos para os sindicatos (parte obrigacional), enquanto a outra (parte econômica) é o acordo dos sindicatos para os sindicalizados e membros da categoria.

O contrato coletivo foi mais enfático com a parte econômica, enquanto a convenção coletiva veio valorizar compromissos entre os grandes contratadores (parte obrigacional).

O Decreto-lei n. 229, de 28 de fevereiro de 1967, responsabilizou-se pela redação alterada da Consolidação das Leis do Trabalho. E, a partir dele, onde se lia "contrato coletivo de trabalho", passou-se a ler-se "convenção coletiva de trabalho", junto ao artigo 611, contudo, por esquecimento ou inobservância, deixou de fazer o mesmo junto aos arts. 59 e 513 da CLT.

*b)* O mesmo Decreto-lei n. 229 introduziu outra alteração. Em vez de ficar-se restrito ao acerto entre sindicatos de patrões e de empregados, facilitou-se um outro ajuste entre as partes, com valia supraindividual: o acordo coletivo de trabalho. De um lado, o sindicato da categoria profissional, enquanto, do outro, estará a empresa, ou poderão estar algumas ou várias empresas, como determina a CLT (art. 611 e segs.).

Diz o § 1º do art. 611: "É facultado aos sindicatos representativos de categorias profissionais celebrar ACORDOS COLETIVOS com uma ou mais empresas da correspondente categoria econômica que estipulem condições de trabalho aplicáveis, no âmbito da empresa ou das empresas acordantes, às respectivas relações de trabalho".

Com isso, restringia-se o âmbito do ajuste, fazendo-o mais direto. Não era mais o entendimento normativo de celebrantes que não implementavam para si o acordado, posto que não atuavam diretamente como empregador e empregado; seriam, isso sim, contratadores para, e em nome de terceiros a quem representam, inclusive por delegação legal, independente da vontade expressa do interessado que irá sujeitar-se, beneficiando-se ou restringindo-se em razão do pactuado. Já o Acordo Coletivo era acerto em que um dos celebrantes era parte da direta relação de emprego; era parceiro que ficava na ponta final do processo negociado. A empresa negociava por si mesma. Ela seria uma (ou a) empregadora que se disciplinaria na relação direta com o empregado pelos dispositivos consagrados no Acordo Coletivo.

Destarte, o Acordo Coletivo tem um sabor de entendimento mais direto e profundo, e, ao mesmo tempo, mais limitado na geografia horizontal. Não alcança, em termos de área patronal, a categoria como um todo; a Convenção, de sua parte, era insuscetível de identificação prévia no que tange a quantas e quais, com exatidão, as empresas a ela sujeitas, até porque algumas poderiam estar surgindo depois do acerto feito e no tempo de sua vigência e, igualmente, teriam de a ele submeter-se. O Acordo Coletivo tinha destino certo. Nome e sobrenome identificados. Endereço conhecido. Era para a empresa "x", ou para ela e mais a "y" e "z", posto que foram as celebrantes sujeito e objeto do acordado. Do lado do trabalhador, usualmente negociava o sindicato, em seu nome posto que se tratava de coletividade ampla. No entanto, pelo art. 617 e §§, também diretamente, por si próprio, poderiam os empregados celebrar um acordo coletivo, desde que respeitassem os formalismos prévios e realizassem as consultas que a lei estabeleceu, com o propósito de obrigá-los a submeter-se ao sindicato, deixando só ao final uma luz no túnel para indicar uma saída, quando total fosse a inércia da(s) entidade(s) associativa(s).

O Decreto-lei n. 229 flexibilizou a negociação coletiva, fazendo-a, com o Acordo Coletivo, ajustada à realidade intraempresarial, ou, num meio-termo, às conveniências interempresariais, sem chegar ao universo amplo, mais indefinido e elástico até um limite desconhecido, da convenção (ou do contrato) coletivo de trabalho. O Acordo, por ser específico de uma, duas, cinco empresas etc., regrava, com especificidade, situações peculiares daquela(s) empresa(s), tais como o mercado e sua flutuações momentâneas; a oferta de emprego mais ou menos qualificado, numa microrregião, em certo momento; os preços ascendentes (ou descendentes) face à conjuntura da matéria prima etc. Essa negociação localizada influenciava, na vida econômica como um todo e nas diversas áreas de atuação empresarial, consequentemente, ensejando chance — maior ou menor — para as reivindicações de empregados que estariam bem informados, porque vivenciando a realidade sobre a qual contratavam.

*c)* A Constituição de 1988, no inciso XXVI do art. 7º, estabeleceu como um direito dos trabalhadores o "reconhecimento das convenções e acordos coletivos de trabalho".

Com isso, atualizou-se a Carta Magna. Enquanto a Lei Maior anterior se restringia, pela legislação ordinária da época (só transformando-se em 1967 para albergar o Acordo Coletivo), à convenção coletiva de trabalho, o texto constitucional ora vigente incorporou o acerto celebrado com uma (ou várias) empresa(s) individualizada(s), no elenco das garantias efetivas do trabalhador. Não havia, pois, em termos de legislação, *lato senso,* um avanço de mérito, posto que o transcrito na Constituição de hoje já o dizia a lei de ontem, com validade continuada até hoje, e por não conflitar com a nova Carta Magna, daqui em diante. Apenas se obteve uma ascensão hierárquica, em termos normativos, do Acordo Coletivo de Trabalho que, pela Carta original anterior, se restringia a ser explicitado por legislação ordinária, e, agora, passava a ter o respaldo da Constituição, fazendo-o parceiro da Convenção Coletiva, já albergada na Lei Maior.

*d)* O direito às Convenções e aos Acordos Coletivos de Trabalho estão limitados aos trabalhadores da iniciativa privada, uma vez que o § 3º do artigo 39[102]

---

(102) Art. 39. A União, os Estados, o Distrito Federal e os Municípios instituirão, no âmbito de sua competência, regime jurídico único e planos de carreira para os servidores da administração pública direta, das autarquias e das fundações públicas. § 3º Aplica-se aos servidores ocupantes de cargo público o disposto no art. 7º, IV, VII, VIII, IX, XII, XIII, XV, XVI, XVII, XVIII, XIX, XX, XXII e XXX, podendo a lei estabelecer requisitos diferenciados de admissão quando a natureza do cargo o exigir. (Redação dada pela Emenda n. 19 de 1998)

da Constituição, que trata dos servidores público não inclui o inciso XXVI no rol de direitos outorgados, bem como pela impossibilidade de ampla negociação por parte da administração pública. Nesse sentido decisão do Supremo Tribunal Federal:

> "A celebração de convenções e acordos coletivos de trabalho constitui direito reservado exclusivamente aos trabalhadores da iniciativa privada. A negociação coletiva demanda a existência de partes detentoras de ampla autonomia negocial, o que não se realiza no plano da relação estatutária. A administração pública é vinculada pelo princípio da legalidade. A atribuição de vantagens aos servidores somente pode ser concedida a partir de projeto de lei de iniciativa do chefe do Poder Executivo, consoante dispõe o art. 61, § 1º, inciso II, alíneas *a* e *c*, da Constituição do Brasil, desde que supervenientemente aprovado pelo Poder Legislativo. (ADI 559, Rel. Min. Eros Grau, julgamento em 15.2.2006, Plenário, *DJ* de 5.5.2006.) No mesmo sentido: ADI 554, Rel. Min. Eros Grau, julgamento em 15.2.2006, Plenário, *DJ* de 5.5.2006; ADI 112, Rel. Min. Néri da Silveira, julgamento em 24.8.1994, Plenário, *DJ* de 9.2.1996".

*e)* A Organização Internacional do Trabalho, por meio das Convenções ns. 98 e 154, incentiva a utilização da convenção coletiva.

A Convenção n. 98 da OIT trata do Direito de Sindicalização e de Negociação Coletiva. O Brasil a aprovou (Decreto Legislativo n. 49, de 27.8.1952) e a ratificou em 18 de novembro de 1952, promulgando-a pelo Decreto n. 33.196, de 29.6.1953, com vigência nacional a partir de 18 de novembro de 1953.

A Convenção n. 154 da OIT trata do Fomento à Negociação Coletiva. O Brasil a aprovou (Decreto Legislativo n. 22, de 12.5.1992), ratificou-a em 10 de julho de 1992 e a promulgou pelo Decreto n. 1.256, de 29.9.1994, com vigência nacional a partir de 10 de julho de 1993. No artigo segundo da norma internacional, consta o conceito de convenção coletiva, como sendo todas as negociações que tenham lugar entre, de uma parte, um empregador, um grupo de empregadores ou uma organização ou várias organizações de empregadores, e, de outra parte, uma ou várias organizações de trabalhadores, com fim de: a) fixar as condições de trabalho e emprego; ou b) regular as relações entre empregadores e trabalhadores; ou c) regular as relações entre os empregadores ou suas organizações e uma ou várias organizações de trabalhadores, ou alcançar todos estes objetivos de uma só vez.

## *AS CONVENÇÕES COLETIVAS NAS CONSTITUIÇÕES BRASILEIRAS*

As Constituições de 1946, 1967 e 1969 (Emenda n. 1) têm a mesma redação. Ei-la, segundo o inciso XIV do art. 165 da Constituição de 1969 (Emenda n. 1):

> "reconhecimento das convenções coletivas de trabalho".

# AS CONVENÇÕES COLETIVAS NAS CONSTITUIÇÕES ESTRANGEIRAS

| | |
|---|---|
| **SUIÇA**<br>*Art. 110 Employment*<br>1 The Confederation may legislate on:<br>(...)<br>d. the declaration of collective employment agreements to be generally applicable.<br>02 Collective employment agreements may be declared generally applicable only if they take appropriate account of the justified interests of minorities and regional particularities, and they respect the principle of equality before the law and the right to form professional associations.<br>(...) | **Tradução Livre**<br>*Artigo. 110 Emprego*<br>1 A Confederação pode legislar sobre:<br>(...)<br>d. a declaração de aplicação geral de convenções coletivas de trabalho.<br>Acordos coletivos de trabalho podem ser declarados de aplicação geral só se tiveram em devida conta os justificados interesses das minorias e das particularidades regionais, respeitando o princípio da igualdade perante a lei e o direito de formar associações profissionais.<br>(...) |
| **ITÁLIA**<br>Art. 39.<br>L'organizzazione sindacale è libera .<br>Ai sindacati non può essere imposto altro obbligo se non la loro registrazione presso uffici locali o centrali, secondo le norme di legge.<br>È condizione per la registrazione che gli statuti dei sindacati sanciscano un ordinamento interno a base democratica.<br>I sindacati registrati hanno personalità giuridica.<br>Possono, rappresentati unitariamente in proporzione dei loro iscritti, **stipulare contratti collettivi di lavoro con efficacia obbligatoria** per tutti gli appartenenti alle categorie alle quali il contratto si riferisce. | Art 39.<br>A organização sindical é livre.<br>Aos sindicatos não podem ser impostas outras obrigações a não ser o seu registro em nível local ou central, de acordo com a lei.<br>É condição para o registro que os estatutos sindicais estabeleçam um democrático sistema interno de organização.<br>Os sindicatos registrados têm personalidade jurídica.<br>Eles podem, por meio de uma representação unitária, composta na proporção aos seus membros afiliados, **celebrar contratos coletivos de trabalho com eficácia obrigatória** para todos os pertencentes das categorias a que o contrato se refere. |
| **ARGENTINA**<br>Art. 14-Bis (...) Queda garantizado a los gremios: concertar convenios colectivos de trabajo; recurrir a la conciliación y al arbitraje; el derecho (...) | Artigo 14-Bis (...) Aos sindicatos fica garantido: celebrar convenções coletivas de trabalho; recorrer à conciliação e arbitragem; o direito (...) |
| **JAPÃO**<br>Article 28:<br>The right of workers to organize and to bargain and act collectively is guaranteed. | Artigo 28:<br>O direito dos trabalhadores de organizar-se e de negociar e agir coletivamente é garantido. |

| | |
|---|---|
| **PORTUGAL**<br>**Artigo 56.º**<br>**Direitos das associações sindicais e contratação colectiva**<br>1. Compete às associações sindicais (…)<br>3. Compete às associações sindicais exercer o direito de contratação colectiva, o qual é garantido nos termos da lei.<br>4. A lei estabelece as regras respeitantes à legitimidade para a celebração das convenções colectivas de trabalho, bem como à eficácia das respectivas normas. | |
| **ESPANHA**<br>Artículo 37<br>1. La ley garantizará el derecho a la negociación colectiva laboral entre los representantes de los trabajadores y empresarios, así como la fuerza vinculante de los convenios.<br>2. Se reconoce el derecho de los trabajadores y empresarios a adoptar medidas de conflicto colectivo. La ley que regule el ejercicio de este derecho, sin perjuicio de las limitaciones que puedan establecer, incluirá las garantías precisas para asegurar el funcionamiento de los servicios esenciales de la comunidad. | **Artigo 37**<br>A lei garantirá o direito à negociação coletiva entre representantes de trabalhadores e de empregadores, bem como a força vinculante das convenções coletivas celebradas.<br>Reconhece-se o direito dos trabalhadores e dos empregadores a ações conflitivas coletivas. A lei que regulamenta o exercício desse direito, sujeito a limitações, incluirá as garantias necessárias para assegurar o funcionamento dos serviços essenciais à Comunidade. |
| **CHILE**<br>N. 16. — La libertad de trabajo y su protección.<br>Toda persona (...)<br>***(Mofificado por Ley 20.050 de 2005)***<br>La negociación colectiva con la empresa en que laboren es un derecho de los trabajadores, salvo los casos en que la ley expresamente no permita negociar. La ley establecerá las modalidades de la negociación colectiva y los procedimientos adecuados para lograr en ella una solución justa y pacífica. La ley señalará los casos en que la negociación colectiva deba someterse a arbitraje obligatorio, el que corresponderá a tribunales especiales de expertos cuya organización y atribuciones se establecerán en ella.<br>(...) | N. 16. — Do Direito ao trabalho e sua proteção.<br>Toda pessoa (...)<br>(Mofificado pela Lei 20.050, de 2005)<br>A negociação coletiva com a empresa em que trabalhem é um direito dos trabalhadores, salvo se a lei expressamente proibir a negociação. A lei estabelecerá as modalidades de negociação coletiva e os procedimentos adequados para alcançar com ela uma solução justa e pacífica. A lei determinará os casos em que a negociação coletiva deve ser submetida à arbitragem obrigatória, o que ocorrerá ante tribunais especiais de especialistas cuja organização e competências serão estabelecidas por ela.<br>(...) |

| | |
|---|---|
| **PARAGUAI**<br>**Artículo 97 — DE LOS CONVENIOS COLECTIVOS**<br>Los sindicatos tienen el derechos a promover acciones colectivas y a concertar convênios sobre las condiciones de trabajo. El Estado favorecerá las soluciones conciliatorias de los conflictos de trabajo y la concertación social. El arbitraje será optativo. | **Artigo 97 — DAS CONVENÇÕES COLETIVAS**<br>Os sindicatos têm o direito de promover ações coletivas e de celebrar acordos sobre condições de trabalho.<br>O Estado favorecerá soluções conciliatórias para os conflitos laborais e apoirá o diálogo social. A arbitragem será opcional. |
| **ETIÓPIA**<br>Article 42 Workers' Rights<br>1. (a) Factory and service sector employees, peasants, agricultural workers, other rural workers, government employees below a certain level of responsibility and the nature of whose employment so requires, shall have the right to form associations for the purpose of improving their economic and employment conditions. This right shall include the right to form trade union and other associations, and to negotiate with their employers and other organizations affecting their interests.<br>(...)<br>3. Laws issued for the implementation of these rights shall, without derogating from the rights recognized under Sub-Article (1) of this Article, lay down procedures for the establishment of the said trade unions and the manner of conducting collective bargaining. | Artigo 42 Direitos dos Trabalhadores<br>1. (a) Funcionários de fábrica e setor de serviços, camponeses, trabalhadores agrícolas, outros trabalhadores rurais, funcionários públicos abaixo de um certo nível de responsabilidade terão o direito de formar associações com o objetivo de melhorar a sua situação econômica e condições de emprego. Esse direito incluirá o direito de formar sindicatos e outras associações, e de negociar com seus empregadores e com outras organizações temas dos seus interesses.(..)<br><br>3. Leis emitidas para a implementação desses direitos, sem prejudicar os direitos reconhecidos na subartigo (1) do presente artigo, estabelecerão procedimentos para o funcionamento dos referidos sindicatos e para a maneira de conduzir a negociação coletiva. |

# Capítulo XXVII

# Proteção em face de automação

**TRAJETÓRIA NA CONSTITUINTE**

> *Proteção em face de automação*
>
> *Subcomissão dos Direitos dos Trabalhadores*
> "nihil"
>
> *Comissão da Ordem Social*
> "nihil"
>
> *Comissão de Sistematização*
> "participação nas vantagens advindas da modernização tecnológica e da automação".
>
> *Constituição Federal, art. 7º, XXVII" — (texto oficial)*
> "PROTEÇÃO EM FACE DA AUTOMAÇÃO, NA FORMA DA LEI".

Inovou o Constituinte ao incluir, entre os direitos dos trabalhadores, o da "proteção em face da automação, na forma da lei" (art. 7º, inciso XXVII).

Preocupação da sociedade moderna tem sido o avanço da máquina inteligente, como instrumento cada vez mais habilitado para substituir a mão de obra. A evolução tecnológica, indutora da produção maciça de um lado e de engenhos criativos de outro; a tecnologia sofisticada, permitindo descobertas que rasgam novos horizontes, desde o espacial até o micro-organismo, da informática à biotecnologia, produzindo efeitos que servirão de causas para outros efeitos, no campo da agricultura, da saúde, da educação, da indústria *lato senso,* da própria organização empresarial, da administração da Justiça, do lazer e da segurança pública. Enfim, essa vida nova na criação, na reprodução e na repetição dos bens e serviços que atendem, gerando outras, às necessidades do ser humano, está intimamente ligada a novas regras e condutas na relação Capital-Trabalho.

Até chegarmos aos robôs enamorados de ASIMOV ou às máquinas perfeitas, devidamente sindicalizadas, de FANUC, tivemos uma larga jornada que foi da Tecnotrônica à Telemática, passando por inventos e experiências que geraram e estão a gerar, por fatos e feitos dos homens que dominaram os equipamentos que criaram, resultados e consequências que fizeram da ficção científica e do engenho ambicionado e inatingível de outras décadas figura usual no mercado de consumo. Acelerou-se a substituição de bens modernos, porque o moderno é o de hoje, num tempo restrito, de acelerado envelhecimento na chegada precoce do amanhã que trará consigo um outro artefato, um novo programa: a máquina inventada que, imediatamente, determinará a progeria do que era, recentemente, tão inovador.

Essa luta, sadia e cruel, rumo a novas descobertas, mudou comportamentos e até mesmo deu novos condimentos a princípios éticos que, existindo nas e entre pessoas, sofreram a influência dos fatos coletivos, das relações interpessoais da convivência societária.

Se o *de antes* era o individual, isolado e criativo, no mundo da contemplação grega, nas artes clássicas, na criação inspirada pelo reproduzir, extrair da natureza cores, emoções e amores, numa convivência produtiva entre bucólica e plácida com o natural, sem alterá-lo, mas tentando transpô-lo, e o econômico era o *quantum satis* para atender às necessidades existenciais básicas, *o depois* foi progressivamente identificando-se com o produzir mais. Pensou-se no comprar e no vender. Fez-se do ato mercantil parceiro da convivência civilizadora. Orientou-se a produção para servir e atender terceiros, por meio da oficina individual, primeiro, e do trabalho coletivo, sob a direção do mestre e com a participação do companheiro, depois, modelo da Idade Média. Valorizou-se o artesanato, com sua criatividade, mas que trazia, também, o intuito da venda, da troca do serviço e da criação humana pelo elemento de valor comum, referência e parâmetro da riqueza circulante, a moeda.

E assim, passando do criar para deleitar ou para subsistir ao produzir para vender a alguns, a muitos, e, depois, a tantos, inclusive a distância, na comercialização além-fronteiras por meio da exportação, a economia passou do individual para o coletivo, chegando ao societário local e, por fim, internacionalizando-se.

Nessa trajetória através dos tempos e sem limitações espaciais, submergindo, e/ou sobrevoando, em todas as direções sobrepondo-se a ideologias e a aduanas, a produção cresceu porque o consumo estimulado exigiu. E, para atendê-lo crescente de mais gente querendo mais bens, e entendendo-os indispensáveis para enfrentar necessidades cada vez mais hierarquizadas, porque ditadas por imperativos como a sobrevivência, a melhoria de qualidade de vida e as exigências de natureza cultural, multiplicou-se a produção, fazendo-a chegar ao consumidor potencial via desempenho competitivo. E a máquina, reduzindo custos, uniformizando produção, e, sobretudo, aumentando volumes, mostrou- se, em diversas circunstâncias, capaz de substituir o operário, ou os muitos operários, causando a preocupação do desemprego, filho da automatização, neto emprestado do consumo em massa.

Desde os tempos da batalha dos trabalhadores, retratados por Mário Monicelli, no filme "I Compagni" ("Os Companheiros"), iniciantes da luta reivindicatória mutualística-sindical do final do século passado, numa Europa dividida e indignada, na qual o individualismo exacerbado, o lucro sem limites e a omissão do Estado-gendarme tudo permitiam, a máquina era amiga e adversária, parceira e inimiga. Produzia mais e auxiliava os operários, que a manobravam, a mais ganharem na retribuição por tarefa; ainda primitiva, sem equipamentos de segurança, manejada pelo obreiro das dezesseis horas de jornada diária, sonolento, cansado e faminto, com reflexos lentos, era a cruel autora das mutilações e da invalidez que se multiplicavam nos galpões de uma indústria incipiente. De qualquer maneira, foi a máquina primitiva (que inspirou a loucura artística chapliniana) que, produzindo e sendo produzida em série, implantou a linha de montagem, monótona e mentalmente alienante, abundante no resultado material.

Com ela, elevaram-se padrões materiais, níveis salariais, formas de vida, qualidade de serviço público, atendimento de necessidades sociais e pessoais. Venceram-se barreiras técnicas, e pôs-se a ciência a serviço da sociedade, com a domesticação utilitária do saber.

Essa máquina que, originalmente de ferros à mostra, de linhas desengonçadas, de pouca flexibilidade e de produção (para os níveis de hoje primitivos e inexpressivos), gerou os fundamentos materiais da Revolução Industrial, verdadeira tempestade de mudanças criadoras e sacrificantes, desalojando trabalhadores, mudando hábitos, alterando relações econômicas. Foi essa máquina, por sua descendente de várias gerações, sofisticada e inteligente, de linhas simétricas compactada e computadorizada na sua intimidade inteligente, que retornou, na Terceira Revolução, do fim-início de milênio.

Pertinente, pois, o dispositivo constitucional ao inserir um princípio, sem detalhes operativos, no qual se deu hierarquia maior a assunto de tamanha relevância, que é tema trabalhista porque está ancorado na relação empregatícia, no meio da produção, mas se espalha por toda a sociedade e obriga a Política, a Economia, a Sociologia, todos os ramos do Direito, as manifestações culturais enfim, a com ela preocupar-se por imperativo da realidade existencial.

Seria uma lei futura que terá de enfrentá-la com objetividade. Não será fácil redigi-la, pelo que tem a automação de criativo e de mutável no ambiente em que atua. Mais exigente seria, ainda, fazê-la de valia nacional, face a um país com tantas diversidades, tão distintos estágios no seu tempo e História de desenvolvimento econômico, social e técnico. Nada mais recomendável, para que a lei não fique apenas no discurso do genérico e no bem-intencionado do propósito, nem também se detenha no casuísmo inexpressivo, que se predisponha a repassar seus princípios, para aplicação, por meio da negociação coletiva, plástica e adatável, passível de permanente atualização.

Seria a realidade do momento produtivo não só daquela região geográfica, nem daquele compartimento da economia, que daria os elementos para um projeto de automatização, sem maiores gravames sociais; se possível, sem feridas na redução dos postos de trabalho. Seria a visão interior, o olhar a realidade intraempresarial, projetando a visão para seu futuro — perspectivas, expansão, mercado etc. — que permitiriam estabelecer, entre empregador e empregado, conscientes do processo competitivo e da necessidade de sê-lo, para obter lucro e preservar empregos, os que fixariam regras adequadas de avanço da tecnologia.

Esse ajustamento, negociado a cada momento, é que poderia assegurar às empresas e aos trabalhadores que aquelas possam conseguir produção maior e mais qualificada, para competir com êxito no mercado, e esses últimos possam preservar (adatando-se) empregos, qualificando-se e especializando-se profissionalmente, a fim de adequar a força de trabalho aos novos métodos de produção.

*a)* A proteção, em face da automação, em outros países, está relacionada à proteção contra a dispensa coletiva. Havendo investimento da empresa em tecnologia, ou pelo simples fato do avanço tecnológico, o empregador, por vezes, necessita reformular todo um setor, ou, quem sabe, o estabelecimento por completo e, por fim, a hipótese de encerramento da atividade daquela unidade, para abertura de uma nova.

O empregador, diante dessa realidade imposta pela automação, pelo avanço tecnológico, poderá necessitar dispensar um razoável número de empregados do que não está impedido, contudo, necessita estabelecer princípios, fórmulas e condições para a dispensa coletiva, diante da função social da empresa e do impacto social que pode causar.

No exemplo de Portugal, que interessa pela jovialidade da lei trabalhista daquele país (2003), consta no art. 397[103] do Código de Trabalho o conceito de dis-

---

(103) **Despedimento colectivo** — Art. 397. — **Noção** — 1 — Considera-se despedimento colectivo a cessação de contratos de trabalho promovida pelo empregador e operada simultânea ou sucessivamente no período de três meses, abrangendo, pelo menos, dois ou cinco trabalhadores, conforme se trate, respectivamente, de microempresa e de pequena empresa, por um lado, ou de média e grande empresa, por outro, sempre que aquela ocorrência se fundamente em encerramento de uma ou várias secções ou estrutura equivalente ou redução de pessoal determinada por motivos de mercado, estruturais ou tecnológicos. 2 — Para efeitos do disposto no número anterior, consideram-se, nomeadamente:

a) Motivos de mercado — redução da actividade da empresa provocada pela diminuição previsível da procura de bens ou serviços ou impossibilidade superveniente, prática ou legal, de colocar esses bens ou serviços no mercado;

pensa coletiva que se relaciona com o motivo tecnológico, dizendo: "Motivos tecnológicos — alterações nas técnicas ou nos processos de fabrico, automatização dos instrumentos de produção, de controlo ou de movimentação de cargas, bem como informatização de serviços ou automatização de meios de comunicação".

Nota-se a preocupação e a proteção em face da automação, quando da dispensa coletiva, criando mecanismos de justiça social e equilíbrio. A sustentabilidade também se faz necessária nas relações de trabalho.

---

b) Motivos estruturais — desequilíbrio económico-financeiro, mudança de actividade, reestruturação da organização produtiva ou substituição de produtos dominantes;

c) Motivos tecnológicos — alterações nas técnicas ou processos de fabrico, automatização dos instrumentos de produção, de controlo ou de movimentação de cargas, bem como informatização de serviços ou automatização de meios de comunicação.

# Capítulo XXVIII

# Seguro contra acidentes do trabalho

**TRAJETÓRIA NA CONSTITUINTE**

> *Subcomissão dos Direitos dos Trabalhadores*
> "Seguro contra acidentes de trabalho".
>
> *Comissão da Ordem Social*
> "Seguro contra acidentes do trabalho".
>
> *Comissão de Sistematização*
> "seguro contra acidentes do trabalho, a cargo do empregador, sem excluir a indenização a que este está obrigado, quando incorrer em dolo ou culpa".
>
> *Constituição Federal, art. 7º, XXVIII — (texto oficial)*
> "SEGURO CONTRA ACIDENTES DE TRABALHO, A CARGO DO EMPREGADOR, SEM EXCLUIR INDENIZAÇÃO A QUE ESTE ESTÁ OBRIGADO, QUANDO INCORRER EM DOLO OU CULPA".

Reservou o constituinte um dispositivo — inciso XXVIII do art. 7º — para garantir ao trabalhador o direito de ter um seguro contra o acidente do trabalho, correndo o ônus financeiro de tal proteção à conta da empresa. Algo que não se caracterizou como novidade no corpo constitucional, porque na Carta de 1967, art. 165, inciso XVI, já se dizia que o empregado deveria estar protegido, sendo um direito seu o seguro contra acidente do trabalho, a ser bancado, na época, por contribuição tripartite: União, empregador e empregado, posto que se englobava no rol dos benefícios cobertos pelo seguro oficial.

Nesse último aspecto — o de sustentação financeira — é que a Carta de 1988 foi expressa e reformista. Não mais a postura de repartição de encargos no enfrentamento dos infortúnios laborais, como antes se determinava. Agora, passou-se, por vontade do constituinte, à responsabilidade empresarial.

*a)* O Regulamento da Previdência Social (Decreto n. 3.048, de 6 de maio de 1999) no art. 104 estabelece que:

> "Art. 104. O auxílio-acidente será concedido, como indenização, ao segurado empregado, exceto o doméstico, ao trabalhador avulso e ao segurado especial quando, após a consolidação das lesões decorrentes de acidente de qualquer natureza, resultar sequela definitiva, conforme as situações discriminadas no anexo III, que implique: incisos e parágrafos omissos (…)"

Na Lei n. 8.213 (24 de julho de 1991), em seu art. 18, relaciona as prestações, inclusive em razão de eventos decorrentes de acidente:

> Art. 18. O Regime Geral de Previdência Social compreende as seguintes prestações, devidas inclusive em razão de eventos decorrentes de acidente do trabalho, expressas em benefícios e serviços:
>
> I — quanto ao segurado:
>
> a) aposentadoria por invalidez;
>
> b) aposentadoria por idade;
>
> c) aposentadoria por tempo de contribuição; *(Redação Lei Complementar n. 123, de 2006)*
>
> d) aposentadoria especial;
>
> e) auxílio-doença;
>
> f) salário-família;
>
> g) salário-maternidade;
>
> h) auxílio-acidente;
>
> II — quanto ao dependente:
>
> a) pensão por morte;
>
> b) auxílio-reclusão;
>
> III — quanto ao segurado e dependente:
>
> a) pecúlios; *(Revogada pela Lei n. 9.032, de 1995)*
>
> b) serviço social;
>
> c) reabilitação profissional.
>
> § 1º Somente poderão beneficiar-se do auxílio-acidente os segurados incluídos nos incisos I, VI e VII do art. 11 desta Lei. *(Redação Lei n. 9.032, de 1995)*
>
> § 2º e § 3º omissos (…)

A Lei n. 8.213 no art. 11 relaciona:

Art. 11. São segurados obrigatórios da Previdência Social as seguintes pessoas físicas:

I — como empregado:

a) aquele que presta serviço de natureza urbana ou rural à empresa, em caráter não eventual, sob sua subordinação e mediante remuneração, inclusive como diretor empregado;

b) aquele que, contratado por empresa de trabalho temporário, definida em legislação específica, presta serviço para atender a necessidade transitória de substituição de pessoal regular e permanente ou a acréscimo extraordinário de serviços de outras empresas;

c) o brasileiro ou o estrangeiro domiciliado e contratado no Brasil para trabalhar como empregado em sucursal ou agência de empresa nacional no exterior;

d) aquele que presta serviço no Brasil à missão diplomática ou à repartição consular de carreira estrangeira e a órgãos a elas subordinados, ou a membros dessas missões e repartições, excluídos o não brasileiro sem residência permanente no Brasil e o brasileiro amparado pela legislação previdenciária do país da respectiva missão diplomática ou repartição consular;

e) o brasileiro civil que trabalha para a União, no exterior, em organismos oficiais brasileiros ou internacionais dos quais o Brasil seja membro efetivo, ainda que lá domiciliado e contratado, salvo se segurado na forma da legislação vigente do país do domicílio;

f) o brasileiro ou estrangeiro domiciliado e contratado no Brasil para trabalhar como empregado em empresa domiciliada no exterior, cuja maioria do capital votante pertença à empresa brasileira de capital nacional;

g) o servidor público ocupante de cargo em comissão, sem vínculo efetivo com a União, Autarquias, inclusive em regime especial, e Fundações Públicas Federais.

h) o exercente de mandato eletivo federal, estadual ou municipal, desde que não vinculado a regime próprio de previdência social;

i) o empregado de organismo oficial internacional ou estrangeiro em funcionamento no Brasil, salvo quando coberto por regime próprio de previdência social;

VI — como trabalhador avulso: quem presta, a diversas empresas, sem vínculo empregatício, serviço de natureza urbana ou rural definidos no Regulamento;

VII — como segurado especial: a pessoa física residente no imóvel rural ou em aglomerado urbano ou rural próximo a ele que, individualmente ou em regime de economia familiar, ainda que com o auxílio eventual de terceiros, na condição de:

a) produtor, seja proprietário, usufrutuário, possuidor, assentado, parceiro ou meeiro outorgados, comodatário ou arrendatário rurais, que explore atividade:

1. agropecuária em área de até 4 (quatro) módulos fiscais;

2. de seringueiro ou extrativista vegetal que exerça suas atividades nos termos do inciso XII do *caput* do art. 2º da Lei n. 9.985, de 18 de julho de 2000, e faça dessas atividades o principal meio de vida;

b) pescador artesanal ou a este assemelhado que faça da pesca profissão habitual ou principal meio de vida; e

c) cônjuge ou companheiro, bem como filho maior de 16 (dezesseis) anos de idade ou a este equiparado, do segurado de que tratam as alíneas a e *b* deste inciso, que, comprovadamente, trabalhem com o grupo familiar respectivo.

Oportuno mencionar a questão do médico residente, que receberá auxílio acidente somente quando o acidente tiver ocorrido em data anterior a 26 de novembro de 2001[104].

Pelo art. 7º da Constituição (inciso XXVIII), garantiu-se o direito à proteção do trabalhador em face do acidente laboral. Ele que é gênero, do qual o empregado é espécie. Incorporou-se o disposto no Regulamento da Previdência Social (Decreto n. 3.048/99), como também o constante da Lei n. 8.213/91, exemplificando tipos diferentes de trabalhadores, subordinados ou não, sendo devido o benefício de auxílio-acidente ao trabalhador empregado, ao trabalhador avulso[105] e ao segurado especial[106] (médico residente apenas se o acidente aconteceu antes de 26 de novembro de 2001). O empregado doméstico, o contribuinte individual[107] e o facultativo[108] não gozam do benefício.

Decorreu do art. 7º que o seguro contra acidente do trabalho seria um direito essencialmente do empregado, já que se determinava que correria à conta do empregador. Logo, pressuporia, como indispensável (posto que dele dependeria o custeio e a manutenção), o patrão e, com ele, a relação de emprego, e seu outro polo, o empregado.

Ao mesmo tempo que estreitava o espaço de proteção securitária contra o acidente, limitando-a à relação de emprego, fazendo-a alicerçada na obrigação patronal de financiá-la e, consequentemente, tornando-a garantia específica do

---

(104) Conforme o § 5º do art. 312 da Instrução Normativa INSS n. 45 de 6 de agosto de 2010 DOU 11.8.2010, que diz: § 5º Observado o disposto no art. 104 da RPS, o médico residente fará jus ao benefício de que trata este artigo, quando o acidente tiver ocorrido até 26 de novembro de 2001, data da publicação do Decreto n. 4.032 de 26 de novembro de 2001.
(105) AVULSO: Trabalhador que presta serviço a várias empresas, mas é contratado por sindicatos e órgãos gestores de mão de obra. Nesta categoria estão os trabalhadores em portos: estivador, carregador, amarrador de embarcações, quem faz limpeza e conservação de embarcações e vigia. Na indústria de extração de sal e no ensacamento de cacau e café também há trabalhador avulso.
(106) ESPECIAL: São os trabalhadores rurais que produzem em regime de economia familiar, sem utilização de mão de obra assalariada permanente, e que a área do imóvel rural explorado seja de até 04 módulos fiscais. Estão incluídos nesta categoria cônjuges, companheiros e filhos maiores de 16 anos que trabalham com a família em atividade rural. Também são considerados segurados especiais o pescador artesanal e o índio que exerce atividade rural e seus familiares.
(107) INDIVIDUAL: Nesta categoria estão as pessoas que trabalham por conta própria (autônomos), os empresários e os trabalhadores que prestam serviços de natureza eventual a empresas, sem vínculo empregatício. São considerados contribuintes individuais, entre outros, os sacerdotes, o sócio gerente e o sócio cotista que recebem remuneração decorrente de atividade em empresa urbana ou rural, os síndicos remunerados, os motoristas de táxi, os vendedores ambulantes, as diaristas, os pintores, os eletricistas, os associados de cooperativas de trabalho e outros.
(108) FACULTATIVO: Nesta categoria estão todas as pessoas com mais de 16 anos que não têm renda própria, mas decidem contribuir para a Previdência Social. Por exemplo: donas de casa, estudantes, síndicos de condomínio não remunerados, desempregados, presidiários não remunerados e estudantes bolsistas.

assalariado o constituinte, no inciso XXXIV, explicitava "igualdade de direitos entre o trabalhador com vínculo empregatício permanente e o trabalhador avulso".

Caminho tortuoso para chegar a uma cobertura que, desde tempos passados, por legislação ordinária, já se garantia, sem essas sinuosidades da disposição constitucional.

Garantidos os avulsos, haveria de se perquirir a situação dos autônomos, especialmente os do meio rural os quais, trabalhando por conta própria, com apoio da família em certos períodos, noutros — às vezes, até simultaneamente — prestam serviços temporários a terceiros. Eles, expostos ao infortúnio, ficariam excluídos do rol dos beneficiáveis? Assim, ocorreu a possibilidade de esses trabalhadores serem incluídos como segurados especiais, ou seja, os trabalhadores rurais que produzem em regime de economia familiar, sem utilização de mão de obra assalariada permanente, e cuja área do imóvel rural explorada for de até 04 módulos fiscais. Cônjuges, companheiros e filhos maiores de dezesseis anos que trabalham com a família em atividade rural também são considerados segurados especiais, como o pescador artesanal e o índio que exercem atividade rural e também seus familiares.

Conviria examinar o *caput* do art. 7º, em que se diz que "são direitos dos trabalhadores urbanos e rurais...". Não se falava ali em direitos dos empregados, ou dos que teriam empregadores para arcar com o ônus da proteção social. Dispunha o *caput*, a respeito de tutela para os trabalhadores genericamente, não se exigindo, para usufruir a norma tuitiva, o vínculo empregatício. Trabalhador é o partícipe da relação de trabalho, círculo mais amplo, ainda que concêntrico, dentro do qual caberia a relação de emprego, uma das suas espécies.

O constituinte quis oferecer ao trabalhador, sem perguntar-lhe se assalariado, o direito de proteger-se ante o infortúnio laboral, ocorrente não apenas no âmbito da relação de emprego, mas em quaisquer circunstâncias da atividade produtiva.

*b)* Esse intuito progressista tropeçou na oração intercalada do inciso XXVIII, ao qual se vinculou o princípio protetivo ao pré-requisito da relação de emprego.

Não apenas aludiu o inciso XXVIII à responsabilidade financeira do empregador, como contratante do seguro, mas também à possibilidade de que viesse a ser obrigado a indenizar o trabalhador, complementarmente, se fosse comprovado ter havido, de sua parte, dolo ou culpa, contributivo para a ocorrência do acidente do trabalho. Retornou-se, parcialmente, à teoria do risco, como fundamento jurídico, das responsabilidades empresariais, da relação de emprego, e a ela se agregou a possibilidade de punibilidade do empregador, constatando-se sua ação ou omissão criminosa na ocorrência do infortúnio.

Carregou-se na ideia do acidente do trabalho limitado à relação de emprego, em choque frontal com a largueza de propósitos do *caput* do art. 7º.

Com o advento do novo Código Civil, surge forte debate entre a responsabilidade objetiva mencionada no parágrafo único do art. 927[109] e a responsabilidade subjetiva.

A responsabilidade objetiva, que dispensa comprovar a culpa, encontra-se presente em alguns ramos do Direito: nas relações de consumo (CDC, arts. 12[110] e 14[111]), por danos ambientais (CF, art. 225[112], § 3º, e Lei n. 6.938/81, art. 14[113], § 1º), nas atividades de risco (CC, art. 927, parágrafo único) e por fato de terceiro (CC, arts. 932[114] — III, 933[115]). Contudo, urge destacar que o próprio Código Civil prioriza a responsabilidade subjetiva, deixando como exceção a objetiva.

No caso das relações de emprego, a responsabilidade objetiva ficou a cargo da Previdência, visto que socorre e indeniza independentemente da culpa, inclusive se o próprio trabalhador for o exclusivo causador e responsável pelo acidente de trabalho. A segunda responsabilidade, a do empregador, a Constituição exigiu a comprovação da culpa ou dolo, ou seja, foi clara ao indicar a responsabilidade subjetiva (culpa aquiliana) e *in claris cessa interpretatio*.

A decisão do Tribunal Superior do Trabalho, abaixo transcrita, adota como posição a responsabilidade subjetiva. Vejamos:

---

(109) Art. 927. Aquele que, por ato ilícito (arts. 186 e 187), causar dano a outrem, fica obrigado a repará-lo. Parágrafo único. Haverá obrigação de reparar o dano, independentemente de culpa, nos casos especificados em lei, ou quando a atividade normalmente desenvolvida pelo autor do dano implicar, por sua natureza, risco para os direitos de outrem.

(110) Art. 12. O fabricante, o produtor, o construtor, nacional ou estrangeiro, e o importador respondem, independentemente da existência de culpa, pela reparação dos danos causados aos consumidores por defeitos decorrentes de projeto, fabricação, construção, montagem, fórmulas, manipulação, apresentação ou acondicionamento de seus produtos, bem como por informações insuficientes ou inadequadas sobre sua utilização e riscos. Parágrafos omissos (...)

(111) Art. 14. O fornecedor de serviços responde, independentemente da existência de culpa, pela reparação dos danos causados aos consumidores por defeitos relativos à prestação dos serviços, bem como por informações insuficientes ou inadequadas sobre sua fruição e riscos. Parágrafos omissos (...)

(112) Art. 225. Todos têm direito ao meio ambiente ecologicamente equilibrado, bem de uso comum do povo e essencial à sadia qualidade de vida, impondo-se ao Poder Público e à coletividade o dever de defendê-lo e preservá-lo para as presentes e futuras gerações. § 3º As condutas e atividades consideradas lesivas ao meio ambiente sujeitarão os infratores, pessoas físicas ou jurídicas, a sanções penais e administrativas, independentemente da obrigação de reparar os danos causados.

(113) Art. 14. Sem prejuízo das penalidades definidas pela legislação federal, estadual e municipal, o não cumprimento das medidas necessárias à preservação ou correção dos inconvenientes e danos causados pela degradação da qualidade ambiental sujeitará os transgressores: § 1º Sem obstar a aplicação das penalidades previstas neste artigo, é o poluidor obrigado, independentemente de existência de culpa, a indenizar ou reparar os danos causados ao meio ambiente e a terceiros, afetados por sua atividade. O Ministério Público da União e dos Estados terá legitimidade para propor ação de responsabilidade civil e criminal por danos causados ao meio ambiente.

(114) Art. 932. São também responsáveis pela reparação civil: III — o empregador ou comitente, por seus empregados, serviçais e prepostos, no exercício do trabalho que lhes competir, ou em razão dele;

(115) Art. 933. As pessoas indicadas nos incisos I a V do artigo antecedente, ainda que não haja culpa de sua parte, responderão pelos atos praticados pelos terceiros ali referidos.

"RECURSO DE REVISTA — INDENIZAÇÃO POR DANOS MORAIS E MATERIAIS — ASSALTO AO CARRO FORTE EM QUE LABORAVA O EX-EMPREGADO — ÓBITO — INEXISTÊNCIA DE NEXO DE CAUSALIDADE DE CULPA OU DOLO DA RECLAMADA — RESPONSABILIDADE OBJETIVA — INAPLICABILIDADE — CF, ART. 7º, XXVIII. 1. Para a existência do dever de reparar o dano causado, alguns pressupostos devem estar presentes, sem os quais o próprio instituto da responsabilidade não pode subsistir, quais sejam, o dano experimentado pelo ofendido, a ação ou a omissão do causador, o nexo de causalidade e a culpa ou o dolo. Trata-se do estabelecimento do nexo causal entre lesão e conduta omissiva ou comissiva do empregador, sabendo-se que o direito trabalhista brasileiro alberga tão somente a teoria da responsabilidade subjetiva, derivada de culpa ou dolo do agente da lesão em matéria trabalhista (CF, art. 7º, XXVIII). 2. *In casu*, o Regional confirmou a sentença condenatória de pagamento de indenização por danos morais e materiais, decorrentes de acidente de trabalho, sob o fundamento de que a responsabilização da Empregadora seria objetiva, na forma do art. 927, parágrafo único, do CC, na medida em que desempenha atividade empresarial intrinsecamente perigosa (transporte e segurança de valores). Conforme analisado pela Corte Regional, verificou-se que o assalto que resultou no óbito do ex-empregado não decorreu de ato culposo ou doloso atribuível à Empregadora, mas de fato relacionado a terceiros, qual seja, os assaltantes, que utilizaram armas (calibre ponto 50) capazes de perfurar a blindagem do "carro forte" no qual estava o "de cujus". 3. Se, por um lado, a norma civil não alcança a esfera trabalhista, iluminada pelo comando constitucional do art. 7º, XXVIII, por outro, nenhuma atividade laboral está infensa a riscos de acidente (no próprio dizer de Guimarães Rosa, em sua epopeia "Grande Sertão: Veredas", "viver é muito perigoso"), mas a CLT somente admite o adicional de periculosidade para as atividades de risco acentuado, ínsito ao manuseio de explosivos, inflamáveis (art. 193) e energia elétrica (Lei n. 7.369/85, art. 1º), o que descartaria, em tese, a invocação da responsabilidade objetiva por risco em relação ao setor de transporte e segurança de valores, que é a hipótese dos autos. 4. Assim, não há como se atribuir responsabilidade à Empregadora pelos danos morais e materiais decorrentes de acidente de trabalho que levou ao óbito o pai e marido das Reclamantes, apenas considerando a teoria da responsabilidade objetiva. Recurso de revista parcialmente conhecido e provido. (RR n. 140/2008-105-03-00.7, 7ª Turma do TST, Rel. Ives Gandra Martins Filho. j. 18.3.2009, DEJT 27.3.2009)".

*b)* O art. 195, da Constituição, modificado pela Emenda n. 20, de 1998, e pela Emenda n. 42, de 2003, diz que a "seguridade social será financiada por toda a sociedade, de forma direta e indireta, nos termos da lei, mediante recursos provenientes dos orçamentos da União, dos Estados, do Distrito Federal e dos Municípios, e das seguintes contribuições sociais:

"I — do empregador, da empresa e da entidade a ela equiparada na forma da lei, incidentes sobre: *(redação Emenda n. 20, de 1998)*

a) da folha de salários e demais rendimentos do trabalho pagos ou creditados, a qualquer título, à pessoa física que lhe preste serviço, mesmo sem vínculo empregatício; *(incluído pela Emenda n. 20, de 1998)*

b) da receita ou o faturamento; *(incluído pela Emenda n. 20, de 1998)*

c) do lucro; *(incluído pela Emenda n. 20, de 1998)*

II — do trabalhador e dos demais segurados da previdência social, não incidindo contribuição sobre aposentadoria e pensão concedidas pelo regime geral de previdência social de que trata o art. 201; *(redação pela Emenda n. 20, de 1998)*

III — sobre a receita de concursos de prognósticos.

IV — do importador de bens ou serviços do exterior, ou de quem a lei a ele equiparar. *(incluído pela Emenda n. 42, de 2003)"*

Ora, a Seguridade Social, capítulo maior no qual cabiam as seções parciais em que estariam a Saúde, a Previdência Social e a Assistência Social, tinha o propósito, conforme o mesmo art. 195, § 8º *(alterado pela Emenda n. 20, de 1998, que excluiu o garimpeiro)*, de garantir que:

> "§ 8º O produtor, o parceiro, o meeiro e o arrendatário rurais e o pescador artesanal, bem como os respectivos cônjuges, que exerçam suas atividades em regime de economia familiar, sem empregados permanentes, contribuirão para a seguridade social mediante a aplicação de uma alíquota sobre o resultado da comercialização da produção e farão jus aos benefícios nos termos da lei. *(redação Emenda n. 20, de 1998)"*

Como se vê, o minifundista — o pequeno proprietário rural, o colono, que trabalha ajudado por e ajudando sua família —, o pescador que não tinha, nem era empregado e os que exploravam terra de terceiros, mediante contratos de locação ou de sociedade participativa, mas sempre de extensões limitadas e em que sua parcela preponderante no empreendimento é o fator trabalho, e não o capital, seriam contribuintes securitários por meio da parcela deduzida de seu faturamento. Isso lhes daria — a eles que não eram, nem tinham empregadores para participar do seguro contra acidentes do trabalho — a faculdade de exercitar todos os direitos que a Seguridade Social explicitara, entre os quais os benefícios referidos no art. 201, particularmente no inciso I (da Previdência Social), no qual se assegurava que haveria "cobertura dos eventos de doença, invalidez, morte e idade avançada". Salienta-se que, em 1998, por Emenda Constitucional de n. 20, o art. 201 foi remodelado e sofreu, ainda, uma nova alteração pela Emenda Constitucional n. 47, de 2005. Uma das alterações atinge o primeiro inciso, sendo que foi retirada a expressão "incluídos os resultados de acidente do trabalho" e substituída a expressão "velhice e reclusão", passando a constar apenas "idade avançada".

Assim, o autônomo, usualmente com renda similar à do assalariado e constituindo, em geral, categoria carente de proteção, independente da sua condição jurídica, também teria a garantia do seguro para enfrentar o acidente do trabalho.

O sentido universalizante da seguridade social tornou expressa tal proteção e, multiplicando e diversificando fontes de receita (faturamento e lucro patronais, concursos de prognósticos etc.), derrubou a limitação expressa no inciso XXVIII.

Portanto, o autônomo não estaria excluído — quando profissional de baixa renda, dependente do seu trabalho para sustento pessoal — da proteção contra o acidente do trabalho; contribuirá para a manutenção da seguridade social com parcela deduzida do resultado comercializado de sua produção, reforçando-se o financiamento do sistema com fontes diversificadas retiradas de empregadores e dos orçamentos públicos.

A expressão *in fine* do § 8º do art. 195 fez alusão a que o dispositivo seria operacionalizado "nos termos da lei".

Assim, pela Constituição, a proteção contra acidente do trabalho alcançaria o trabalhador *lato senso,* inclusive quando empreendedor à conta própria fosse na área urbana ou na rural; isso sem deixar de alcançar aqueles que, anteriormente partícipes de relação de trabalho atípica (avulso etc.), continuaram garantidos pela Constituição inovadora. Não se ficaria apenas na contribuição exigida do empregador, ainda que a dele não se dispensasse e fosse preponderante para garantir o custeio do seguro contra o acidente, quer de empregados, e dos que, não o sendo, fossem trabalhadores *lato senso*.

*d)* A redação original da Constituição no seu art. 201, § 1º, dizia que "qualquer pessoa poderá participar dos benefícios da previdência social, mediante contribuição na forma dos planos previdenciários". Assim, qualquer tentativa feita de interpretação restritiva, vedando o seguro contra acidente laboral para o partícipe, *lato senso,* da relação de trabalho, teria diante de si, como objeção imbatível, o disposto no art. 201, § 1º, da Constituição.

Aquela franquia que abria a proteção previdenciária de maneira praticamente ilimitada, conjugando tão larga cobertura com o sentido universalizante da seguridade, tinha por escopo fazer com que não houvesse discriminações na cidadania do direito-dever de precatar-se e proteger-se ante os infortúnios laborais.

A ideia do seguro social contida no art. 201, § 1º, amparado na previsão do cálculo atuarial, rejeitava o conceito de que a Previdência Social é clube de contribuintes bem dotados, preparando benefícios polpudos. Não. Era instrumento de redistribuição de renda, de sociedade aberta, de incremento de fundo comum, em que, pela contribuição crescente de tantos, se possível, se tenha como enfrentar circunstâncias adversas para alguns, ou para muitos. O fundamental era democratizá-la, e fazê-la funcionar sem privilégios: cumprindo-se o dever da contribuição prévia (trata-se de previdência, não de seguridade, da qual ela é uma faceta), ensejará o direito do recebimento posterior.

Ocorre que as Emendas de n. 20 e de n. 47 modificaram, como já anunciado anteriormente, o art. 201 da Constituição, fazendo desaparecer a expressão universalista do antigo § 1º: "qualquer pessoa poderá participar dos benefícios da previdência social, mediante contribuição na forma dos planos previdenciários". Abriu-se aqui a possibilidade de limitações que foram procedidas, tanto que o empregado doméstico, o contribuinte individual e o facultativo não gozam do benefício de auxílio acidente.

*e)* Discutiu-se, na Constituinte, sobre a competência e a jurisdição para apreciação das ações que versassem sobre o seguro de acidente do trabalho. A tragédia que, usualmente, emoldurava tais procedimentos, demorados, burocratizantes, desprovidos de estrutura judiciária específica para apreciá-los, era de urgência social e levou a sugestões de comissão e plenário parlamentares, tentando oferecer-lhes o tratamento menos lento da Justiça do Trabalho ou a possibilidade de uma atenção específica da Justiça Federal.

No entanto, apesar da exigência óbvia de revisar-se a situação que aí estava, talvez porque o inválido não tinha força física para fazer lobby ruidoso; talvez porque sua própria invalidez o impedia de movimentar-se para clamar contra a injustiça que o acometia, o certo foi que a nova Constituição, nesse particular, não podia ser mais velha, nascendo superada e mantendo uma situação ineficiente e punitiva com os que eram vítimas do trabalho, e depois se viram vítimas da Justiça que não se lhes defere, quando dela necessitavam, com a urgência ditada pela sua carência.

Muitas seriam as fórmulas para minimizar o prejuízo das audiências marcadas para três anos depois; dos processos com dez anos de tramitação; dos recursos subindo aos tribunais superiores e empoeirando-se nos arquivos, ao lado de milhares de outros feitos similares, por tempo sem conta.

A Emenda Constitucional n. 45, de 2004, que modificou o art. 114 da Constituição Federal, ampliando a competência da Justiça do Trabalho, trouxe para sua competência as ações de indenização por dano moral ou patrimonial, decorrentes da relação de trabalho. O Supremo Tribunal Federal inclusive editou Súmula Vinculante n. 22, confirmando a competência da Justiça do Trabalho em relação às ações de indenização decorrentes de acidente do trabalho propostas por empregado contra empregador.

> "A Justiça do Trabalho é competente para processar e julgar as ações de indenização por danos morais e patrimoniais decorrentes de acidente de trabalho propostas por empregado contra empregador, inclusive aquelas que ainda não possuíam sentença de mérito em primeiro grau quando da promulgação da EC n. 45/2004." (Súmula Vinculante n. 22.)

Salienta-se que se trata de ações envolvendo o empregador e não do segurado contra a autarquia previdenciária.

## PROTEÇÃO CONTRA ACIDENTE DE TRABALHO NAS CONSTITUIÇÕES ESTRANGEIRAS

| ITÁLIA | Tradução Livre |
|---|---|
| Art. 38. | Art. 38. |
| Ogni cittadino inabile al lavoro e sprovvisto dei mezzi necessari per vivere ha diritto al mantenimento e all'assistenza sociale. | Todo cidadão incapacitado de trabalhar e sem os meios de subsistência necessário tem direito à manutenção e à assistência social. |

| | |
|---|---|
| **ITÁLIA (cont.)**<br>I lavoratori hanno diritto che siano preveduti ed assicurati mezzi adeguati alle loro esigenze di vita in caso di infortunio, malattia, invalidità e vecchiaia, disoccupazione involontaria.<br>Gli inabili ed i minorati hanno diritto all'educazione e all'avviamento professionale.<br>Ai compiti previsti in questo articolo provvedono organi ed istituti predisposti o integrati dallo Stato.<br>L'assistenza privata è libera. | Os trabalhadores têm o direito de que sejam previstos e assegurados os meios adequados para suas necessidades vitais em caso de acidente, doença, invalidez, velhice e desemprego involuntário.<br>Pessoas com deficiência e menores têm direito à educação e à formação profissional.<br>Os deveres previstos neste artigo são de responsabilidade de orgãos e instituições estabelecidas ou apoiadas pelo Estado.<br>A Assistência Social privada é livre. |
| **CUBA**<br>Artículo 49º. — El Estado garantiza el derecho a la protección, seguridad e higiene del trabajo, mediante la adopción de medidas adecuadas para la prevención de accidentes y enfermedades profesionales.<br>El que sufre un accidente en el trabajo o contrae una enfermedad profesional tiene derecho a la atención médica y a subsidio o jubilación en los casos de incapacidad temporal o permanente para el trabajo. | Artigo 49. — O Estado garante o direito à proteção, à segurança e à higiene no trabalho, por meio da adoção de medidas adequadas para prevenir acidentes e doenças profissionais.<br>Quem sofre acidente de trabalho ou contrai doença profissional tem direito a cuidados médicos, a auxílio ou a aposentadoria em caso de incapacidade temporária ou permanente para o trabalho. |
| **PORTUGAL**<br>Artigo 59º<br>**Direitos dos trabalhadores**<br>1. Todos os trabalhadores, sem distinção de idade, sexo, raça, cidadania, território de origem, religião, convicções políticas ou ideológicas, têm direito:<br>(...)<br>f) A assistência e justa reparação, quando vítimas de acidente de trabalho ou de doença profissional. | |
| **MÉXICO**<br>Título Sexto<br>**Del Trabajo y de la Previsión Social**<br>Artículo 123. Toda persona tiene derecho (...)<br>XIV. Los empresarios serán responsables de los accidentes del trabajo y de las enfermedades profesionales de los trabajadores, sufridas con motivo o en ejercicio de la profesión o trabajo que ejecuten; por lo tanto, los patronos deberán pagar la indemnización correspondiente, según que haya traído como consecuencia la muerte o simplemente incapacidad temporal o permanente para trabajar, de acuerdo con lo que las leyes determinen. Esta responsabilidad subsistirá aún en el caso de que El patrono contrate el trabajo por un intermediario. | Título sexto<br>**Trabalho e Previdência Social**<br>Artigo 123. Toda pessoa tem direito (...)<br>XIV — Os empregadores serão responsabilizados por acidentes de trabalho e doenças profissionais dos trabalhadores ocorridos em conexão com ou pelo exercício da profissão ou trabalho executado; portanto, o empregador deverá pagar a indenização correspondente, em caso de morte ou incapacidade apenas temporária ou permanente para o trabalho, de acordo com o estipulado por lei. Essa responsabilidade subsiste mesmo no caso de o empregador contratar o trabalho por meio de terceirização. |

# Capítulo XXIX

# Prescrição dos Direitos Trabalhistas

**TRAJETÓRIA NA CONSTITUINTE**

> **Prescrição dos direitos trabalhistas**
>
> *Subcomissão dos Direitos dos Trabalhadores*
>
> "não incidência da prescrição no curso do contrato de trabalho até dois anos da sua cessação".
>
> *Comissão dos Direitos Sociais*
>
> "nihil"
>
> *Comissão de Sistematização*
>
> "não incidência da prescrição no curso do contrato de trabalho e até dois anos de sua cessação".
>
> *Constituição" Federal, art. 7º, XXIX — (texto oficial)*
>
> "AÇÃO, QUANTO A CRÉDITOS RESULTANTES DAS RELAÇÕES DE TRABALHO, COM PRAZO PRESCRICIONAL DE:
>
> a) CINCO ANOS PARA O TRABALHADOR URBANO, ATÉ O LIMITE DE DOIS ANOS APÓS A EXTINÇÃO DO CONTRATO;
>
> b) ATÉ DOIS ANOS APÓS A EXTINÇÃO DO CONTRATO, PARA O TRABALHADOR RURAL".
>
> *Emenda Constitucional n. 28, de 25 de maio de 2000:*
>
> "XXIX — AÇÃO, QUANTO AOS CRÉDITOS RESULTANTES DAS RELAÇÕES DE TRABALHO, COM PRAZO PRESCRICIONAL DE CINCO ANOS PARA OS TRABALHADORES URBANOS E RURAIS, ATÉ O LIMITE DE DOIS ANOS APÓS A EXTINÇÃO DO CONTRATO DE TRABALHO;"

Não fazia parte das Constituições anteriores referência à *prescrição trabalhista*. Matéria de importância substantiva, ainda que originária do mundo adjetivo do Direito, a prescrição albergava-se na Consolidação das Leis do Trabalho. Ali, desde 1943 até 1998, determinava-se (art. 11) que:

> "Não havendo disposição especial em contrário nesta Consolidação, prescreve em dois anos o direito de pleitear a reparação de qualquer ato infringente de dispositivo nela contido".

Em 1998, a Lei n. 9.658 adotou o texto da CLT ao Constitucional, antes da Emenda n. 28, tendo a seguinte redação:

> "Art. 11. O direito de ação quanto a créditos resultantes das relações de trabalho prescreve:
>
> I — em cinco anos para o trabalhador urbano, até o limite de dois anos após a extinção do contrato;
>
> II — em dois anos, após a extinção do contrato de trabalho, para o trabalhador rural.
>
> § 1º O disposto neste artigo não se aplica às ações que tenham por objeto anotações para fins de prova junto à Previdência Social".

Ocorre que, após, surge a Emenda n. 28, de 2000, que igualou os prazos entre urbano e rural.

A regra geral prevista em 1943 manteve-se vigorante, apesar de críticas e tentativas de mudança que antecederam a Constituição/88.

Como o art. 11 destacava, abriam-se espaços, com exceções, à fórmula genérica. Nas férias, a prescrição corria não do momento em que se consolidava o direito (isto é, do término do período aquisitivo), mas do instante em que se concluía o tempo para que fosse exercido, fixado por ato que incumbiria ao patrão (limitado ao término do período concessivo). E, assim, algumas outras que tinham normatização específica, distinta do princípio geral do art. 11, ao qual incumbia a disciplina geral.

*a)* Não foi, no entanto, a prescrição urbana, a da CLT, a que ocasionou discussões polítcos-sociais, pressões sindicais e até questionamentos doutrinários. Teve seus debates; ensejou algumas divergências, mas consolidou-se, elogiada por patrões e empregados. O ponto central de discórdia e dos diversos projetos de lei que nos últimos tempos haviam transitado pelo Congresso Nacional, sem qualquer êxito, foi a prescrição rural.

Em 1963, o "Estatuto do Trabalhador Rural" passou a vigorar e trouxe, como inovação, um dispositivo que ensejaria, por mais de um quarto de século, protestos irados e defesas emocionadas. Nele se estabelecia critério inusitado para a contagem de prescrição do empregado rural, fixando-se, em nome do interesse público, que ela não começava a fluir da ocorrência do fato, mas, sim, do final do contrato individual de trabalho, sob cuja vigência o fato ocorreu.

Com isso, o legislador estatutário ousou e avançou. E recorde-se de que o Estatuto, realmente, foi lei na plenitude de sua acepção; discutida e votada no Congresso Nacional, por meio de suas duas Casas, enquanto a CLT jamais escapará da marca de decreto-lei, imposta pelo Executivo num período autoritário (1943).

A disposição do Estatuto foi revigorada pela Lei n. 5.889, de 8 de junho de 1973, que instituiu normas reguladoras do trabalho rural, consagrando o princípio de que "a prescrição dos direitos assegurados por esta lei aos trabalhadores rurais só ocorrerá após dois anos de cessação do contrato de trabalho".

Depois de dez anos de reação do patronato rural contra a fórmula do Estatuto, a lei de 1973 a reafirmava na plenitude, com a chancela, novamente, do Congresso.

A questão fundamental era o mecanismo protetor para o empregado. Partindo de sua hipossuficiência e, sobretudo, de sua alegada desinformação a respeito de direitos e conquistas, o legislador concedeu-lhe o benefício da imprescritibilidade contratual. Isto é, enquanto vigente o acordo individual de trabalho, enquanto dependente do empregador pelo vínculo contratual, o empregado rural não teria — ao contrário do urbano — correndo contra si a prescrição, ameaçando confiscar-lhe, com o passar do tempo (o biênio do fato), o direito de pleitear reparação por lesão de Direito de que entendera ser vítima.

O fundamento do Estatuto, confirmado pela Lei n. 5.889, estava na presunção de que o trabalhador, se reclamasse, no decurso do contrato por direito que lhe teria sido negado, sofreria perseguição do empresário, sendo despedido (posto que não teve originariamente o direito à estabilidade) e, consequentemente, inviabilizado praticamente de proteger-se.

O Estatuto teria sido influenciado por uma realidade cultural e social da década de 1960, que, na visão do legislador de então, não ensejaria condições ao assalariado, na vigência do contrato (que geraria, na área rural, excessiva dependência e quase submissão), de defender direitos lesados e preservar vínculos laborais. O mercado de trabalho seria, segundo o Estatuto, extremamente desfavorável ao trabalhador, à época, e o obreiro estaria na iminência permanente da despedida (que poderia ser injustificada), jogando-o no desemprego. Além do mais, iniciando-se, à época, o processo associativo campesino, criando-se os sindicatos de trabalhadores rurais que viriam a constituir a base da rede hoje existente por todo o país, representando o homem do campo, começava uma autoproteção classista. Os rurícolas transformavam-se em coletividade assumida, profissionalmente. Estimulava-se a ideia do 'nós" classista contra o "eu" individualista e desprotegido. Esse homem, que não usufruiria da comunicação social, que não sabia das leis e dos direitos, que acreditava feitos pelos outros e em favor dos outros, começava a construir nova identidade.

*b)* Daí o Estatuto lhe ter dado o privilégio de não contagem do tempo. Esperou a lei que ele viesse a saber mais. O camponês não sabia. E, se soubesse, não poderia, assim pensou o legislador de 1963. Esse raciocínio, que lhe trouxe vantagem, propiciando reclamatórias que inquietavam os grandes proprietários, remontando tempos passados e chegando, pela denúncia de irregularidades múltiplas, a valores inesperados, levou à Lei n. 5.889. Houve pressões políticas e econômicas dos setores empresariais rurais: fazendeiros e empresários agrícolas mobilizaram-se para derrubar o dispositivo, e visando a fazer urbanos e rurícolas objeto de idêntica diretriz também em matéria de prescrição.

Prevaleceu, no entanto, a força política e a ação classista dos trabalhadores rurais, mesmo durante um período de Congresso controlado e Governo autoritário. As investidas do patronato não conseguiram mudar o instituto da prescrição que permaneceu como um dos poucos em que a disciplina do trabalhador rural continuou diferente da aplicável ao assalariado urbano.

*c)* O Brasil de 1973 era diferente do de 1963, quando o Estatuto foi sancionado. De qualquer maneira, os sindicatos dos trabalhadores rurais arguiram razões similares às que embasaram o dispositivo de 1963, ainda que já não se pudesse mais falar em falta de estrutura sindical (em 1973, já havia mais de mil sindicatos de camponeses), nem em ausência informativa de direitos trabalhistas com relação ao rurícola. Ele continuava a desconhecer muitas coisas, mas nem tudo. Já havia alguém seu igual, na entidade classista, que lhe daria informação, ademais de apoio jurídico para defender seu alegado direito.

Mesmo parcialmente mudado o Brasil, o legislador preferiu, com a Lei n. 5.889, em 1973, manter o tratamento preferencial, em matéria de prescrição rural. Prevalecera a ideia de que o trabalhador rural não tinha independência para reclamar o que, a seu juízo, seria justo, sob pena de ser despedido. Ao lado desse temor da retaliação patronal, permanecia, segundo as lideranças sindicais, a ideia da desinformação do obreiro. Mesmo com os veículos modernos de comunicação social, a maioria da população rurícola continuaria ignorando as garantias da lei.

Essa a justificação obreira para o art. 10 da Lei n. 5.889; para patrões, anacrônica e injustificável, protegendo o que não carecia de defesa e proteção; para os trabalhadores, útil, porque ainda precisavam de proteção para evitar atos persecutórios. Esteve prestes a cair o artigo prescricional. No entanto, prevaleceu a fórmula original. Situação *sui generis*, na engenharia legal laboral.

Não surpreendeu a forte mobilização dos patrões rurais tentando, na Constituinte, eliminar a fórmula prescricional da Lei n. 5.889.

*d)* A Constituição de 1988 dispôs no art. 7º, inciso XXIX, que é um direito do trabalhador ingressar com "ação, quanto a créditos resultantes das relações de trabalho, com prazo *prescricional* de:

"a) cinco anos para o trabalhador urbano, até o limite de dois anos após a extinção do contrato;

b) até dois anos após a extinção do contrato, para o trabalhador rural".

Enquanto empresários lutavam até emocionalmente contra a garantia de emprego, na versão adotada pela Comissão de Sistematização, não se lhes ocorreu que um dispositivo mais contundente fora aprovado, transferindo praticamente o princípio da prescrição rural para que fosse aplicado, parcialmente — poder-se-ia dizer — nas relações laborais urbanas.

Chegando ao plenário, enrijeceu-se o debate, mobilizaram-se as forças. Os empregadores, querendo afastar qualquer dispositivo que estabelecesse tanto para a cidade quanto para o campo o início da contagem do prazo de prescrição apenas a partir da cessação da relação contratual trabalhista, e insistindo na fixação do termo inicial na data de ocorrência do evento em si. Os trabalhadores estavam, por outro lado, aferrados ao avanço obtido nas comissões constituintes, pelo qual não só o tempo de prescrição do direito de pleitear do trabalhador rural contava apenas do fim do contrato, mas também dessa ocasião, e não do dia do evento, seria computado o tempo prescricional que fulminaria o direito de peticionar do trabalhador urbano, apesar do prazo de cinco anos constante do texto.

No plenário, em busca da solução, chegou-se a um entendimento político negociado pelas diferentes correntes classistas e ideológicas que gravitavam na Constituinte, construindo um dispositivo *sui generis,* isto é, o inciso XXIX, art. 7º, da Constituição.

*e)* No pertinente ao trabalhador urbano, avançou-se, relativamente à Consolidação, oferecendo maior espaço de reclamar, alargando-se-lhe o prazo prescricional. Em vez dos dois anos a contar do evento determinante da lesão, cuja reparação se pleitearia em juízo, elasteceu-se para o quinquênio. Passou a ter o operário urbano cinco anos, a contar do evento, para poder reivindicar, perante a Justiça, a reparação do dano que entendesse ter sofrido. O quinquênio ocorreria no decurso do contrato. Se este viesse a encerrar-se, contar-se-ia o biênio para que se encerrasse o prazo prescricional. Isto é, se o evento causador do prejuízo alegado ocorreu há um ano, e nesse momento se encerra o contrato, teria o trabalhador direito a mais dois anos para postular. Se, por outro lado, o fato lesivo tivesse ocorrido há quatro anos, na vigência do contrato, o empregado teria não os dois anos a partir do final do contrato, mas só um ano, posto que, computados os dois períodos, chegar-se-ia ao quinquênio que seria o tempo básico prescricional.

Entendeu-se, portanto, na letra da Constituição que a prescrição urbana seria de cinco anos, e menos do que isso, sempre que, extinto o contrato de trabalho, vencessem dele os dois anos, ainda que não se chegasse nesse caso ao próprio quinquênio.

O que a Constituição não dizia era que se daria o prazo dos cinco anos no decurso do contrato, e depois se ofereceriam, uma vez findo o ajuste laboral, mais dois anos de ressuscitada prescrição. Seria ler o que a Constituição não escreveu e o Constituinte não dispôs.

A FÓRMULA encontrada, sem antecedente doutrinário e também de outras legislações, buscava ser solução intermediária entre os dois anos, a contar do evento, como queria a Consolidação historicamente, e os dois anos a contar do final do contrato, como se escrevera no anteprojeto e ao que aspiravam os trabalhadores. Ficou-se num meio-termo criativo, por meio de forma inovadora.

Foi um avanço obtido pelos trabalhadores no pertinente à prescrição urbana. Primeiro, porque a elevaram à hierarquia de matéria constitucional, o que lhe deu maior vigor como conquista. Em vez do biênio anterior, aumentou-se o tempo padrão para o quinquênio, num acréscimo considerável, deixando-se, ainda, como forma complementar de cálculo a que indicava os dois anos, a partir da extinção contratual, sempre que não coincidente com ou sobreposta ao quinquênio.

Predominou o espírito protecionista nessa matéria, inclusive porque quarenta e cinco anos depois da CLT, quando a prescrição fora estabelecida e justificada em nome da desproteção do trabalhador, chegava-se agora (1988) num contexto sociopolítico que lhe era mais favorável, à fórmula ainda mais protetiva. Alcançavam os trabalhadores, num regime aberto, prazo mais largo prescricional, inequívoca vantagem trabalhista.

Em 1988, quando saberiam mais, tendo mais força, com sindicatos mais atuantes, pressionaram e conseguiram, por isso mesmo, o direito de ter mais tempo para não perder o direito. Antes, quando precisariam dessa franquia por mais prazo, a tiveram menor, porque lhes faltara força para reivindicar.

*f)* O trabalhador rural — e o constituinte, nesse inciso, cometeu o grosseiro erro de confundir *o empregado, que era espécie* e a quem se referia a problemática da prescrição do direito de pleitear créditos trabalhistas perante o empregador, e o *trabalhador,* a quem aludia, como se fosse o titular do direito, *que é gênero,* não partícipe específico da relação de emprego, consequentemente insuscetível de ter prescritos direitos de que nunca fora titular *o trabalhador rural, repita-se, no caso, deveria ser entendido como o empregado rural, e* teria "até dois anos após a extinção do contrato", para ingressar com a ação válida, pleiteando direitos decorrentes da relação de emprego.

Praticamente, não houve maiores alterações, se compararmos o inciso XXIX, letra "b", art. 7º da Constituição com o art. 10 da Lei n. 5.889. Apenas se alterou a ordem da frase, sem mudar-lhe o conteúdo, substituindo-se a palavra *"cessação"* — usada pela lei ordinária — pela *"extinção"* (empregada pela Carta Magna). No caso, sinônimas, visando a ter — e tendo — a capacidade de abranger qualquer hipótese de término da relação de emprego individual: fosse a título de rescisão patronal; fosse pelo pedido de demissão; fosse por morte do trabalhador (hipótese em que o pleitear créditos, entendidos como existentes, caberia aos dependentes ou herdeiros); fosse pela aposentadoria; fosse pelo final acordado do contrato a prazo determinado de qualquer natureza (tempo fixo, obra certa, acontecimento suscetível de previsão aproximada etc.).

Só o ponto final, o desfazimento completo da relação é que iniciaria, regra geral, a contagem do tempo prescricional, referente a fato ocorrido no decurso dela. Se o trabalhador recebeu o aviso-prévio no dia 1º de abril e o empregador o dispensou, na vigência da notificação, igualmente o prazo prescricional bienal — sendo o trabalhador rural — só contaria a partir do dia 1º de maio, e por um período de dois anos. Preservava-se, na plenitude, o instituto da prescrição rural na visão e aplicação com o qual o introduzira o Estatuto. Apesar das mobilizações dos proprietários patronais rurais, os constituintes preservaram a diferença entre urbanos e rurais, no pertinente à prescrição, fazendo desse tema a exceção que confirmava a regra da uniformidade.

De qualquer forma, não se devem buscar meros elementos doutrinários para justificar o texto final. Houve pressões e contrapressões políticas, sindicais, econômicas e sociais. Disso tudo, como ocorre numa Constituinte, decorreu o inciso que acabaria por preservar o que tinha o rurícola, e dar um pouco mais do que conquistara, há tantos anos, o assalariado urbano.

Onze anos depois da promulgação da Constituição, surge a Emenda Constitucional n. 28, de 2000, que iguala a prescrição entre empregados urbanos e rurais, apesar de novamente ter sido utilizada a expressão trabalhadores (gênero). O que quase havia sido modificado quando da Constituinte, foi alcançado por pressões patronais, no sentido de igualar e de reduzir o prazo prescricional dos rurais. O Brasil, continental, de uma pluralidade incomum, atípica e diversificada, convive no campo com situações precárias, como trabalho análogo à escravidão e sindicatos rurais fortes e representativos. Os argumentos de que seria custoso ao empregador rural armazenar documentação por décadas (caso o contrato de trabalho fosse duradouro), bem como a opção por trabalhadores avulsos e de que, na era da informática, já não haveria a desinformação propalada na década de 1960, venceu. A realidade agora é de uma prescrição para o rural, igual à do empregado urbano.

g) Apesar do princípio geral ser da prescrição bienal, havia situações que dispunham de prazos específicos. Era o que mostrava a *cobrança das contribuições do FGTS*, cuja prescrição é a trintenária, contudo observando o prazo de dois anos após o término do contrato de trabalho, segundo a Súmula n. 362[116] do Tribunal Superior do Trabalho, ou a anotação da Carteira de Trabalho, que se tornou imprescritível quando tenha por objeto anotações para fins de prova junto à Previdência Social[117] sem prejuízo de um outro período — de quarenta e oito horas — nos quais o empregador tem o seu tempo inicial e legal para fazer o devido preenchimento.

---

(116) SÚMULA N. 362 — FGTS. PRESCRIÇÃO — É trintenária a prescrição do direito de reclamar contra o não recolhimento da contribuição para o FGTS, observado o prazo de 2 (dois) anos após o término do contrato de trabalho.
(117) Conforme parágrafo primeiro do art. 11 da CLT, redação dada pela Lei n. 9.658 de 1998: § 1º O disposto neste artigo não se aplica às ações que tenham por objeto anotações para fins de prova junto à Previdência Social.

*h)* A prescrição é um tempo em que se esvai o direito do empregado; mais do que isso, um prazo durante o qual se lhe assegura o direito de pleitear direitos referentes à relação de emprego e, ao final do qual, ele decai, com relação à época prescrita, não mais por lhe faltar o mérito, mas porque o decurso do tempo e a sua inação, em nome da firmeza das relações jurídico-sociais, determinaram a inviabilidade de operacionalizar-se eficazmente tal direito. Permaneceria a essência do Direito, a substância. Perder-se-ia a força adjetiva que permitiria ao credor (no caso, titular jurídico) a possibilidade de exercitá-lo com êxito em relação a um determinado tempo. Na Espanha, em termos trabalhistas, a prescrição ocorre em três anos[118], das infrações cometidas pelo empresário. Na Alemanha, também três anos[119], ressalvando que a contagem do triênio acontece a partir do último dia do ano civil em que ocorreu o evento que dá origem à ação trabalhista. Salienta-se, ainda, no caso alemão, a existência de variedade de prazos prescricionais em casos específicos, como no exemplo em que o empregado queira se opor a aviso prévio, sendo de apenas três semanas.

*i)* Pelo princípio da recepção, acolheu-se o art. 10, parágrafo único, da Lei n. 5.889: "contra o menor de 18 anos não corre qualquer prescrição", e o originário da CLT (art. 440 que afirmava: "contra os menores de 18 anos não corre nenhum prazo de prescrição"), tanto no âmbito rural quanto no urbano. O disposto vigora, pois, plenamente sob a égide da Constituição de 1988.

*j)* A Emenda Constitucional n. 45, de 2004, que, entre outras medidas, modificou o art. 114 da Constituição ampliando a competência da Justiça do Trabalho, incluindo em suas tarefas as ações de indenização por dano moral ou patrimonial, decorrentes da relação de trabalho, gerou debate sobre a aplicação da prescrição nesse tipo de demanda. Surgiram teses de que se deveria aplicar a prescrição, fixada no Código Civil de três anos com base no inciso V[120], do § 3º, do art. 206. Outra corrente preconizava que deveria ser aplicada a prescrição prevista no Código Civil, mas a de dez anos, com base no art. 205[121]. Uma outra linha

---

(118) Estatuto dos Trabalhadores; **Artículo 60.** *Prescripción.* — 1. Las infracciones cometidas por el empresario prescribirán a los tres años, salvo en materia de seguridad social. 2. Respecto a los trabajadores, las faltas leves prescribirán a los diez días; las graves, a los veinte días, y las muy graves, a los sesenta días a partir de la fecha en que la empresa tuvo conocimiento de su comisión, y, en todo caso, a los seis meses de haberse cometido.

TRADUÇÃO (Livre): Art. 60. Prescrição. 1 — As infrações cometidas pelo empresário prescrevem em três anos, salvo em material de seguridade social. 2 Para os trabalhadores, as faltas leves prescrevem em dez dias; as graves, em vinte dias, e as muito graves, em sessenta dias a partir da data em que a empresa teve conhecimento de sua condição, e, em todo caso, nos seis meses do fato cometido.

(119) Código Civil Alemão Section 195 — Standard limitation period — The standard limitation period is three years. TRADUÇÃO (Livre): Seção 195 — Prazo de prescrição padrão — O prazo de prescrição padrão é de três anos.

(120) Art. 206. Prescreve: § 3º Em três anos: V — a pretensão de reparação civil;

(121) Art. 205. A prescrição ocorre em dez anos, quando a lei não lhe haja fixado prazo menor.

adotou a defesa de que se deveria aplicar a norma do Código Civil, respeitando a regra de transição prevista no art. 2.028[122] (observar o prazo da lei anterior, considerando que houve redução de prazo prescricional, quando, na data de entrada em vigor do Código Civil, já houvesse transcorrido mais da metade do tempo estabelecido na lei revogada), para o fim de aplicar a prescrição vintenária prevista no art. 177, do Código Civil anterior, para os acidentes ocorridos até 10.1.2003.

Outra proposição, envolvendo o inciso em foco, seria de aplicar-se a prescrição constitucional (cinco e dois anos) também nessas ações, uma vez que decorrem da relação de trabalho, não havendo motivo aparente para tratar de forma diversa o direito de indenização dos demais direitos do contrato de trabalho. Veja, a respeito, uma decisão do Tribunal Superior do Trabalho:

> "RECURSO DE REVISTA — NULIDADE POR NEGATIVA DE PRESTAÇÃO JURISDICIONAL — INOCORRÊNCIA.
>
> PRESCRIÇÃO — AÇÃO DE INDENIZAÇÃO POR DANOS MORAIS PROVENIENTES DE ACIDENTE DE TRABALHO — DEBATE SOBRE QUAL PRAZO PRESCRICIONAL APLICÁVEL CIRCUNSCRITO À SIMPLÓRIA DICOTOMIA ENTRE A PRESCRIÇÃO TRABALHISTA E A PRESCRIÇÃO CIVIL — ADOÇÃO DO PRAZO PRESCRICIONAL DO ART. 7º, XXIX, DA CONSTITUIÇÃO.
>
> I — Os contornos adquiridos pela lide evidenciam que o debate sobre a modalidade de prescrição aplicável está circunscrito à simplória dicotomia entre a prescrição trabalhista e a prescrição civil.
>
> II — Em razão da singularidade de a indenização por danos morais decorrentes de infortúnios do trabalho ter sido equiparada aos direitos trabalhistas, a teor do art. 7º, inciso XXVIII, da Constituição, não se revela juridicamente consistente a tese de que a prescrição do direito de ação devesse observar prazo prescricional do Direito Civil.
>
> III — É que, se o acidente de trabalho e a moléstia profissional são infortúnios intimamente relacionados ao contrato de trabalho, impõe-se a conclusão de a indenização prevista no art. 7º, inciso XXVIII, da Constituição, se caracterizar como direito genuinamente trabalhista, atraindo, por conta disso, a prescrição trabalhista do art. 7º, inciso XXIX, da Constituição.
>
> IV — É fato incontroverso ter o autor laborado na atividade de furador de tetos em minas de subsolo de 15.4.1987 a 31.12.1996. Também não paira controvérsia de que nos nove meses que antecederam o deslinde contratual o autor passou a sentir fortes ruídos internos nos ouvidos, falta de audição, dores de cabeça, insônias e tonturas, o que autoriza concluir que a ciência inequívoca do desenvolvimento da doença ocorreu ainda em 1996.
>
> V — Fixados esse parâmetros e considerando que a ação foi ajuizada apenas em 2002, não há dúvidas de que o direito de ação encontra-se irremediavelmente soterrado pela prescrição.
>
> VI — Recurso conhecido e provido. (RR n. 301700-86.2006.5.12.0027, 4ª Turma do TST, Rel. Antônio José de Barros Levenhagen. unânime, DEJT 17.6.2010)"

---

(122) Art. 2.028. Serão os da lei anterior os prazos, quando reduzidos por este Código, e se, na data de sua entrada em vigor, já houver transcorrido mais da metade do tempo estabelecido na lei revogada.

De outro lado, o Tribunal Superior do Trabalho, em outras e reiteradas decisões, leva em consideração a data do evento danoso, se antes ou depois da Emenda Constitucional n. 45/2004. A posição jurisprudencial reiterada daquela corte é a de que somente após a vigência da Emenda Constitucional 45 é que se aplica a prescrição constitucional e que, em tempo anterior à Emenda, deve-se observar a prescrição estabelecida no Código Civil:

> "PRESCRIÇÃO. AÇÃO INDENIZATÓRIA EM DECORRÊNCIA DE ACIDENTE DO TRABALHO.
>
> Entendimento pacificado na SDI-1 do TST quanto a incidir a prescrição trabalhista nas ações acidentárias ajuizadas na Justiça do Trabalho posteriormente à edição da Emenda Constitucional n. 45/04 e julgamento do Conflito de Competência n. 7.204-1 pelo STF em 29.6.05. Recurso do reclamante provido para, afastando a prescrição pronunciada, determinar o retorno dos autos à origem para julgamento dos pedidos. (RO n. 0184700-73.2008.5.04.0203, 3ª Turma do TRT da 4ª Região/RS, Rel. João Ghisleni Filho. j. 06.10.2010, unânime)"

# Capítulo XXX

# PROIBIÇÃO DE DISCRIMINAÇÃO SALARIAL

**TRAJETÓRIA NA CONSTITUINTE**

> **Discriminação salarial**
>
> *Subcomissão dos Direitos dos Trabalhadores*
>
> "proibição de distinção de direitos por trabalho manual, técnico ou intelectual, quanto à condição de trabalhador ou entre profissionais respectivos".
>
> *Comissão da Ordem Social*
>
> "proibição de diferença de salário ou vencimento e de critérios de admissão, dispensa e promoção pelos motivos a que se refere o art. 1º, VI (tratava-se das diversas formas de discriminação, que constavam do referido artigo do anteprojeto).
>
> *Comissão de Sistematização*
>
> "proibição de diferença de salários e de critérios de admissão por motivo de sexo, cor ou estado civil".
>
> *Constituição Federal, art. 7º, XXX — (texto oficial)*
>
> "PROIBIÇÃO DE DIFERENÇA DE SALÁRIOS, DE EXERCÍCIO DE FUNÇÕES E DE CRITÉRIO DE ADMISSÃO POR MOTIVO DE SEXO, IDADE, COR OU ESTADO CIVIL".

Os servidores públicos, pela redação do art. 39, parágrafo terceiro da Constituição, observando a Emenda Constitucional n. 19[123], de 1998, foram contemplados por esse inciso.

---

(123) Art. 39. A União, os Estados, o Distrito Federal e os Municípios instituirão, no âmbito de sua competência, regime jurídico único e planos de carreira para os servidores da administração pública direta,

A Constituição anterior, no inciso III, art. 165, proibia a "diferença de salários e de critérios de admissões por motivo de sexo, cor e estado civil".

O dispositivo repousava em diretrizes fixadas, anteriormente, pela Consolidação das Leis do Trabalho que, no art. 5º, dizia: "a todo trabalho de igual valor corresponderá salário igual, sem distinção de sexo". O que inspirou o dispositivo consolidado foi o sentimento antidiscriminação. O salário deveria corresponder a uma determinada qualidade e quantidade de trabalho, sem que fosse admissível, segundo a lei, o empregador dar diferenças remuneratórias que não estivessem vinculadas ao serviço prestado pelo empregado. E enfatizava a motivação que fundamentou tal medida destinada a obstaculizar tratamento preferencial: a não distinção de sexo. O consolidador indentificava com clareza, no texto, que a tomada de posição se vinculava a uma preocupação com as prioridades que pudessem ser conferidas ao empregado em detrimento da empregada (como *usualmente* ocorria em muitos países).

*a)* Seria ingenuidade acreditar que o dispositivo da igualdade de tratamento teria facilidade de aplicação. A mensuração qualitativa e, em certos casos, até mesmo a quantitativa do trabalho não é fácil. Houve, inclusive, decisões (do Tribunal Superior do Trabalho, 3ª Turma, Processo n. 3.536/71) dizendo que "em trabalho artístico *é* impossível a equiparação por impossível a comparação do valor entre ambas". O impossível talvez fosse expressão demasiadamente forte e discutível. Também no trabalho artístico há muitos casos em que, mesmo descontando o subjetivismo de quem analisa, é flagrante o desnível entre dois desempenhos, diferença de qualidade interpretativa ou criativa. Havia outros, no entanto, nos quais realmente a avaliação se fazia muito difícil, dependente de critérios pessoais de quem julgava. Enfim, aplicava-se ao caso o que, com arte e pertinência, dizia o pensador castelhano: "todo depende del color del cristal con que se mira".

O princípio de "igual salário para igual trabalho" já fora adotado pelo Tratado de Versalhes, em 1919, que o consagrou no art. 427, parágrafo sétimo.

A fonte inspiradora dessa limitação-garantia foi, no caso do Tratado pós-1ª Guerra Mundial, não exatamente o problema da discriminação decorrente da *diferença de sexo* do trabalhador, mas a desproteção e o desabrigo a que eram lançados, perseguidos por tratamento desigual e desumano, os trabalhadores *migrantes*. Esse quadro de diferenciações indevidas se agravou com o final da Grande Guerra, posto que, à condição desigual de trabalhador estrangeiro — logo, migrante — agregava-se, muitas vezes, a de migrante operário, originário de país derrotado. O acordo internacional visou a combater essa situação injusta e penosa, e incluiu

---

das autarquias e das fundações públicas. § 3º Aplica-se aos servidores ocupantes de cargo público o disposto no art. 7º, IV, VII, VIII, IX, XII, XIII, XV, XVI, XVII, XVIII, XIX, XX, XXII e XXX, podendo a lei estabelecer requisitos diferenciados de admissão quando a natureza do cargo o exigir.

tal diretriz no capítulo com que foram inaugurados praticamente os compromissos formais do recém-criado Direito Internacional do Trabalho. Assim, no contexto da sensibilidade social com que se recheou o entendimento político-econômico que regulamentou o fim da guerra, adicionou-se o combate ao tratamento salarial discriminatório, não condenando apenas a hipótese em que tal decorresse de motivação sexual, mas *lato senso*.

*b)* Estabeleceu o art. 461 da Consolidação das Leis do Trabalho que "sendo idêntica a função, a todo trabalho de igual valor, prestado ao mesmo empregador, na mesma localidade, corresponderá igual salário, sem distinção de sexo, nacionalidade ou idade".

O consolidador definiu, com bastante precisão, a igualdade referida:

"§ 1º Trabalho de igual valor, para os fins deste Capítulo, será o que for feito com igual produtividade e com a mesma perfeição técnica, entre pessoas cuja diferença de tempo de serviço não for superior a dois anos".

A CLT, na década de 1940, impedia que se diferenciasse, em razão da nacionalidade, do sexo e da *idade*. As Constituições posteriores, destacando a de 1967, não colocavam a idade como elemento de diferenciação salarial. Permitiam a diferença do salário do menor, pelo simples fato de sê-lo, o que deu lugar a leis permitindo remuneração inferior para trabalhadores com menos de dezoito anos de idade, e até mesmo diferentes gradações remuneratórias na faixa dos doze aos dezoito anos, de maneira a considerar-se o tempo de vida como justificativa, para fixação salarial. Assegurava-se aumento de salário pelo fato de se ir ficando mais velho, e não pela experiência na função, ou por mais tempo na empresa. Tal era a linha constitucional anterior. Por isso, a Consolidação das Leis do Trabalho, apesar de mais antiga (1943) que as últimas Constituições, nesse aspecto lhes foi mais moderna: sim, porque não se deve confundir antiguidade com arcaísmo, nem o novo com inovação (ou recente com moderno). A CLT (*in fine*, art. 461) proibia a distinção de salário, em razão da idade, coisa que Constituições seguintes, não consagrando tal vedação e explicitando outros motivos proibitivos de diferenciação (sexo, cor e estado civil), derrogaram, abrindo caminho para as que disciplinaram o "salário do menor".

De outra parte, a CLT não teve a sensibilidade adequada para combater a discriminação salarial, em razão de um outro fator: a *cor*. A Constituição de 1967 condenou tal fator discriminatório, alinhando-se, portanto, numa correta política que não se limitava ao campo do Direito do Trabalho (pela garantia de igualitário tratamento salarial, de acesso ao emprego etc.), mas atingindo também outros segmentos da sociedade. A negra, ou o negro, tantas vezes, viram-se preteridos por serem de uma tonalidade epidérmica escura. Com o tempo, com as leis, as denúncias de seu descumprimento, as mobilizações da sociedade, e tanto as discriminações quanto os privilégios, o fenômeno foi diminuindo. Mas ainda existia, e bem fazia a Constituição de 67 (corrigindo omissão da CLT), como bem fez o constituinte de 1988, proibindo tratamento salarial distinto a trabalhadores que exercitam funções idênticas, com a mesma qualidade de performance, mesmo tempo de serviço, e que se distinguem por etnia (ou por pigmentação).

*d)* A isonomia salarial (art. 461 da CLT) em vigor, com os complementos das decisões jurisprudenciais não conflitantes com o texto constitucional, se fazia exigível quando se comprovasse que dois empregados exerciam função igual, e com a mesma performance, quer no volume da produção, na assiduidade e também na qualidade do bem produzido ou do serviço prestado. Não bastava a idêntica nomenclatura da função. Tal pressupõe a igualdade, mas o que se requeria, efetivamente, era a comprovação de que ao mesmo nome funcional correspondia igual tarefa, desempenhada com idêntico resultado.

Ao lado dessa avaliação, *job evaluation*, alguns elementos de comparação deviam ser agregados: que o requerente e o paradigma tivessem tempo de serviço, não na empresa, mas *na* função[124], não superior a dois anos, na presunção de que o biênio de atividade a mais pressuporia uma experiência que justificaria diferença de salário. Mais, até recomendável.

Para permitir o acolhimento do pleito de isonomia — art. 461 da CLT — requeria-se que a prestação de serviço dos trabalhadores em comparação se fizesse no mesmo local, levando em conta, no país continental que é o Brasil, os desníveis regionais e a influência deles nas condições de trabalho, por um lado, e o próprio custo de vida, por outro.

A jurisprudência consolidada na Súmula n. 6 do Tribunal Superior do Trabalho indica a possibilidade de equiparação, inclusive para trabalho intelectual, no inciso VII: "Desde que atendidos os requisitos do art. 461 da CLT, é possível a equiparação salarial de trabalho intelectual, que pode ser avaliado por sua perfeição técnica, cuja aferição terá critérios objetivos".

*e)* A Consolidação explicitava um outro impedimento para qualquer discriminação: a *nacionalidade,* não retirado de Constituições passadas, nem citado pela Carta Magna atual. Tal, no entanto, não quer dizer que não se preserve a garantia de tratamento protetivo ao trabalhador de qualquer nacionalidade aqui atuando. O simples fato de ser estrangeiro não deveria e não poderia ser motivo para discriminações no tratamento salarial do(a) empregado(a).

Não se confundia a reserva de um espaço no quadro funcional da empresa, para a mão de obra nacional, com discriminação, ocorrida, até hoje, em alguns

---

(124) O Supremo Tribunal Federal adotou posição no sentido de que a diferença de dois anos, indicando que seria em relação ao tempo de serviço na função: "Na equiparação de salário, em caso de trabalho igual, toma-se em conta o tempo de serviço na função, e não no emprego". (Súmula n. 202 do STF), o que se repete no Tribunal Superior do Trabalho, com a Súmula n. 6, inciso II: "Para efeito de equiparação de salários em caso de trabalho igual, conta-se o tempo de serviço na função e não no emprego".

países onde se fixaram diretrizes de diferenciação, impedimento e limitação no que tange aos estrangeiros, particularmente dos "frontaliers", gerando conflitos de interesses estatal-internacionais, e sindicais além-fronteiras, pela competição aberta travada entre operários de diferentes nacionalidades (naturais e estrangeiros), na disputa pelo emprego.

No Brasil, assegurado o direito à participação majoritária de nacionais no quadro funcional da empresa (conforme art. 352 e seguintes da CLT, particularmente, art. 354), no qual se determina que a "proporcionalidade será de dois terços de empregados brasileiros, podendo, entretanto, ser fixada proporcionalidade inferior, em atenção às circunstâncias especiais de cada atividade", garantiu-se ao estrangeiro o direito de tratamento igualitário que a lei havia mais de quarenta e cinco anos consagrara e as Constituições, não rejeitando, acolheram tacitamente.

*f)* A Consolidação nunca expressou vedação ao processo discriminatório em razão do *estado civil*. Tal tratamento menos favorável ocorria, usualmente, em detrimento da mulher casada, ante a presunção da gravidez, do parto, da maternidade e das garantias que cercaram tais eventos, determinando períodos de remuneração antes e benefícios previdenciários depois, sem contrapartida laboral.

Coube, por isso, às Constituições o oferecimento da proteção devida. Dizia o art. 165, inciso III, da Carta Magna anterior: "proibição de diferença de salário e de critério de admissões por motivo de sexo, cor e *estado civil*".

A medida viria a ter acolhimento do constituinte de 1988 que escreveu, no inciso XXX do art. 7º: "proibição de diferença de salários, de exercício de funções e de critérios de admissão por motivo de sexo, idade, cor ou *estado civil*".

A Carta Magna evidenciou que solteiro, casado, divorciado etc. têm as mesmas condições de disputar um emprego e se lhe remunerará em razão de suas condições laborais, e não em decorrência de nunca ter sido, de estar ou de já ter deixado de ser casado.

Recorde-se de que as relações de natureza afetiva, na estruturação da família, tiveram mudança substancial na sociedade em geral, e na brasileira, em particular, de uns tempos a esta parte. Fortes indutores culturais, motivações decorrentes de um novo contexto econômico-social, espaços profissionais descobertos e ocupados pela mulher a quem, antes, se negava o direito de disputar fatias do mercado de trabalho, alteraram substancialmente o quadro costumeiro do matrimônio tradicional. A lei acompanhou essa mutação e aceitou o que faticamente vinha ocorrendo, isto é, a legalidade da quebra do vínculo e da queda da indissolubilidade, depois de entrechoques religiosos, debates jurídicos e conflitos políticos. A Constituição de 1988 hierarquizou a norma. Tal postura da sociedade, e da lei que a regulava e que dela, numa democracia, deve ser reflexo, dela originando-se e sobre ela recaindo, tem consequências no mercado de trabalho: nas formas de remuneração, na divisão de funções etc.

Menos consistente o vínculo e menos duradouro um estado civil que, antes, costumava ser assumido com vocação de permanência, e hoje tem a perspectiva da transitoriedade que não afastou, em certos casos, a sedimentação do definitivo: ser casada, ou não; estar divorciada, ou não; permanecer solteira, ou não, isso tende ao conjuntural e, assim, há de ser menos significativo para motivar a discriminação laboral. Já não seria mais só porque a Constituição vedaria. E seria suficiente. Também porque o estado civil — mais mutável do que antes — não teria, por isso, a força de gerar as reações que anteriormente poderia — sem justo motivo, mas como realidade prática — desencadear.

Anteriormente, da mulher de certa faixa econômica e condição intelectual profissional só se presumia a gravidez e a maternidade na constância do casamento. Depois que tais fatos passaram a ocorrer, com assiduidade, também para quem ainda não era como para quem já fora e não é mais casada, o impedimento ditado pelo risco de a empregada ficar grávida, afastar-se do emprego e ter de se lhe guardar o lugar, pagando o salário sem que trabalhasse, o que lhe gerava tantas discriminações, não teria razão de ser porque o encargo-risco também alcançaria empregadas que não estariam na vigência do matrimônio.

*g)* A discriminação que motivava maiores reclamatórias e denúncias era pertinente ao *salário,* mas também se proibia e punia a distinção indevida no concernente à admissão no emprego.

Tanto a Constituição de 1967 era enfática ao proibir a adoção de diferentes critérios de *admissão,* como também o é, e com redação quase idêntica, a Constituição vigente.

A medida tem relação causal com o seu subproduto: a discriminação salarial. Esta só ocorrerá desde que, anteriormente, tenha acontecido a celebração do contrato individual de trabalho. Só acontecerá diferenciação indevida de salário, se alguém faz jus a um salário melhor; para tanto, terá de ser empregado; e só o será se tiver ocorrido, preliminarmente, vínculo empregatício.

Não seria pertinente limitar o combate à discriminação — por cor, sexo, idade, estado civil, nacionalidade etc. — se o fizéssemos estritamente às garantias de igual trabalho, igual salário. Antes disso, haveria de se pôr em prática o mesmo esquema de combate ao injusto desnivelamento na entrada do emprego, isto é, na *admissão*. E assim o fizeram as Constituições, antes e agora, sofrendo burlas, o que não tirou a importância da proibição, reduzindo o volume das fraudes.

A Lei n. 5.473 tratou da matéria em 1968, determinando no art. 1º: "São nulas as disposições e providências que, direta ou indiretamente, criem *discriminação* entre brasileiros de ambos os sexos para o *provimento* de cargos sujeitos à seleção, assim nas *empresas privadas* como nos quadros do *funcionalismo público* federal, estadual ou municipal, de serviço autárquico, de sociedades de economia mista e de empresas concessionárias de serviço público".

Implementando a medida constitucional, o legislador explicitou o impedimento a qualquer propósito de preferência discriminatória na admissão de trabalhadores tanto na esfera privada (restringindo *jus gestionis*) como na área pública.

Se o Poder Público diminuiu a área autônoma da livre iniciativa e dizia o que nela não se poderia fazer, vedando subjetivismos patronais na escolha de seu quadro de pessoal, com a justificativa de impedir discriminações, também o Governo haveria de se autolimitar, impedido, pela mesma vontade da sociedade, via norma jurídica, de fixar critérios que poderiam permitir a diferenciação injustificada no recrutamento de pessoal.

*h)* Cuidou-se o consolidador, quando traçou as disposições que policiariam a discriminação salarial e empregatícia. Para não amarrar a empresa a um emaranhado de vedações que lhe tirassem a agilidade organizacional, a lei estipulou (art. 461, § 2º, da CLT) que "os dispositivos deste artigo não prevalecerão quando o empregador tiver pessoal organizado em quadro de carreira, hipótese em que as promoções deverão obedecer aos critérios de antiguidade e merecimento". Tal diretriz, que não se chocaria com os mandamentos constitucionais, ao contrário, com eles se ajustavam e sob eles se praticaram, continua a vigorar. Estimulou-se a estruturação da empresa, sobretudo, o valioso processo de premiação da competência, por meio da consagração do mérito como elemento de ascensão na vida funcional.

O quadro de carreira dá ao empregador o direito de retomar, na moldura da lei, o exercício do *jus gestionis*, e até mesmo do *jus variandi*, dentro do espaço que a ele se reserve nos ajustamentos mais amplos, feitos mediante a negociação coletiva.

A interpretação dos Tribunais, por meio da Súmula n. 6 do Tribunal Superior do Trabalho, em seu inciso I, exigiu o cuidado de homologação do quadro: "Para os fins previstos no § 2º do art. 461 da CLT, só é válido o quadro de pessoal organizado em carreira quando homologado pelo Ministério do Trabalho, excluindo-se, apenas, dessa exigência o quadro de carreira das entidades de direito público da administração direta, autárquica e fundacional aprovado por ato administrativo da autoridade competente".

*i)* A Constituição atual reforçou o posicionamento antidiscriminação, incluindo, na sua hierarquia, o fator idade entre os elementos não aceitos como capazes de justificar diferenciado tratamento empregatício.

Foi explícito, como não o foram seus antecessores, o constituinte de 1988 ao combater a discriminação quanto a critérios de admissão, desnível salarial e, também, no concernente *ao exercício de funções*. Com isso se quis combater a discriminação, não só quanto à possibilidade de alguém ser ou não contratado numa empresa; ou de se lhe pagar menos do que devia, ou do que percebia um(a) colega que, com tempo similar de casa e de função, trabalhasse no mesmo local, mas também de se não valorizar o desempenho, sem motivações objetivas, de uma função de maior hierarquia, na estrutura empresarial, negando-se ganho adicional; ou de preterir alguém da possibilidade a que faria jus, preenchendo os pré-requisitos exigidos, de assumir funções de maior importância. Tudo isso implicaria atos discriminatórios, vedados pela Constituição.

*j)* Obstaculizando práticas discriminatórias de acesso ou manutenção de empregado o art. 373-A, CLT (incluído pela Lei n. 9.029/95), estabeleceu proibições de publicações discriminatórias e revistas íntimas, que no caso devem ser interpretadas para ambos os sexos e não apenas ao feminino, para não causar exatamente a discriminação que não se deseja.

Diz o art. 373-A da CLT: Ressalvadas as disposições legais destinadas a corrigir as distorções que afetam o acesso da mulher ao mercado de trabalho e certas especificidades estabelecidas nos acordos trabalhistas, é vedado:

"I — publicar ou fazer publicar anúncio de emprego no qual haja referência ao sexo, à idade, à cor ou situação familiar, salvo quando a natureza da atividade a ser exercida, pública e notoriamente, assim o exigir;

II — recusar emprego, promoção ou motivar a dispensa do trabalho em razão de sexo, idade, cor, situação familiar ou estado de gravidez, salvo quando a natureza da atividade seja notória e publicamente incompatível;

III — considerar o sexo, a idade, a cor ou situação familiar como variável determinante para fins de remuneração, formação profissional e oportunidades de ascensão profissional;

IV — exigir atestado ou exame, de qualquer natureza, para comprovação de esterilidade ou gravidez, na admissão ou permanência no emprego;

V — impedir o acesso ou adotar critérios subjetivos para deferimento de inscrição ou aprovação em concursos, em empresas privadas, em razão de sexo, idade, cor, situação familiar ou estado de gravidez;

VI — proceder o empregador ou preposto a revistas íntimas nas empregadas ou funcionárias.

Parágrafo único. O disposto neste artigo não obsta a adoção de medidas temporárias que visem ao estabelecimento das políticas de igualdade entre homens e mulheres, em particular as que se destinam a corrigir as distorções que afetam a formação profissional, o acesso ao emprego e as condições gerais de trabalho da mulher".

*k)* A Constituição avançou no combate à discriminação. Contudo, novas formas de discriminação se multiplicam, como no caso dos portadores de determinadas doenças (HIV[125] e AIDS[126]) que ainda são discriminados.

---

(125) "HIV" refere-se ao vírus da imunodeficiência humana, o qual danifica o sistema imunológico humano. A infecção pode ser prevenida por medidas adequadas;

(126) "Aids", a síndrome da imunodeficiência adquirida, que resulta de estágios avançados de infecção pelo HIV e é caracterizada por infecções oportunistas ou cânceres relacionados com o HIV, ou ambos.

A Organização Internacional do Trabalho — OIT, por meio da Recomendação n. 200 (Genebra — 99ª Sessão, em 2 de junho de 2010), destacou o forte impacto desta enfermidade na sociedade, na economia, no mundo do trabalho, nos trabalhadores, suas famílias e dependentes, comprometendo o trabalho decente e o desenvolvimento sustentável.

Preocupada com o combate dessas enfermidades no mundo do trabalho e com o combate da falta de informação e sensibilização, adotou, como princípio, entre outros, que não deveria haver discriminação ou estigmatização dos trabalhadores, em particular das pessoas que buscam e as que se candidatam a um emprego, em razão do seu estado sorológico relativo ao HIV, real ou suposto, ou do fato de pertencerem a regiões do mundo ou a segmentos da população considerados sob maior risco ou maior vulnerabilidade à infecção pelo HIV. Além disso, estipula, também, como princípio, que os trabalhadores, suas famílias e seus dependentes deveriam gozar de proteção da sua privacidade, incluindo a confidencialidade relacionada ao HIV e à Aids, em particular no que diz respeito ao seu próprio estado sorológico para o HIV, nenhum trabalhador devendo ser obrigado a realizar o teste de HIV ou a revelar seu estado sorológico para o HIV.

Nota-se a necessidade de incluir a não discriminação, também para os enfermos de qualquer espécie, avanço que não necessita de Emenda Constitucional, podendo ser ampliada em legislação infraconstitucional.

Reitera-se o Capítulo I (Garantia de Emprego) e o disposto na Lei n. 9.029/95, art. 4º, nos quais se tipificam casos de discriminação no emprego e se proíbem práticas discriminatórias nas relações de trabalho, ensejando a readmissão com pagamento dos atrasados. Veja-se o texto legal:

LEI N. 9.029 DE 13. 4.1995 — DOU 17.4.1995

"Art. 4º O rompimento da relação de trabalho por ato discriminatório, nos moldes desta Lei, faculta ao empregado optar entre:

I — a readmissão com ressarcimento integral de todo o período de afastamento, mediante pagamento das remunerações devidas, corrigidas monetariamente, acrescidas dos juros legais;

II — a percepção, em dobro, da remuneração do período de afastamento, corrigida monetariamente e acrescida dos juros legais".

Existem várias decisões do Tribunal Superior do Trabalho determinando a reintegração do empregado, vítima de discriminação, em especial por doença como a Aids (vide Capítulo I — Garantia de Emprego).

## PROIBIÇÃO DE DISCRIMINAÇÃO NAS CONSTITUIÇÕES ESTRANGEIRAS

| | Tradução Livre |
|---|---|
| **ITÁLIA**<br>Art. 37.<br>La donna lavoratrice ha gli stessi diritti e, a parità di lavoro, le stesse retribuzioni che spettano al lavoratore . Le condizioni di lavoro devono consentire l'adempimento della sua essenziale funzione familiare e assicurare alla madre e al bambino una speciale adeguata protezione.<br>La legge stabilisce il limite minimo di età per Il lavoro salariato.<br>La Repubblica tutela il lavoro dei minori con speciali norme e garantisce ad essi, a parità di lavoro, il diritto alla parità di retribuzione. | Art. 37.<br>A mulher trabalhadora têm os mesmos direitos e, por trabalho igual, os mesmos salários do trabalhador.<br>As condições de trabalho devem permitir que as mulheres cumpram as suas essenciais funções familiares e assegurar à mãe e à criança proteção especial apropriada.<br>A lei estabelece a idade mínima para o trabalho assalariado.<br>A República tutela o trabalho dos menores com disposições especiais e lhes garante, por trabalho igual, o direito à igualdade de remuneração. |
| **RÚSSIA**<br>Article 37.<br>Work shall be free. (…)<br>Everyone shall have the right to work under conditions meeting the requirements of safety and hygiene, to remuneration for work without any discrimination whatsoever and not below the statutory minimum wage, and also the right to security against unemployment. (…) | Artigo 37.<br>Trabalho deve ser livre. (…)<br>Toda pessoa terá o direito de trabalhar em condições que satisfaçam os requisitos de segurança e higiene, de remuneração do trabalho sem discriminação alguma e não abaixo do salário mínimo legal, e também o direito à segurança contra o desemprego. (…) |
| **ARGENTINA**<br>Art. 14-BIS — (…) igual remuneración por igual tarea; (…) | Artigo 14 bis (…) igual remuneração por trabalho igual, (…) |
| **CUBA**<br>Artículo 45.- El trabajo en la sociedad socialista es un derecho, un deber y un motivo de honor para cada ciudadano.<br>El trabajo es remunerado conforme a su calidad y cantidad; (…) | Artigo 45.- O trabalho na sociedade socialista é um direito, um dever e um motivo de orgulho para cada cidadão.<br>O trabalho é remunerado de acordo com sua qualidade e quantidade; (…) |
| **PORTUGAL**<br>**Artigo 59º**<br>**Direitos dos trabalhadores**<br>1. Todos os trabalhadores, sem distinção de idade, sexo, raça, cidadania, território de origem, religião, convicções políticas ou ideológicas, têm direito:<br>a) À retribuição do trabalho, segundo a quantidade, natureza e qualidade, observando-se o princípio de que para trabalho igual salário igual, de forma a garantir uma existência condigna; (…) | |

| | |
|---|---|
| **ESPANHA**<br>**Artículo 35**<br>1. Todos los españoles tienen el deber de trabajar y el derecho al trabajo, a la libre elección de profesión u oficio, a la promoción a través del trabajo y a una remuneración suficiente para satisfacer sus necesidades y las de su familia, sin que en ningún caso pueda hacerse discriminación por razón de sexo.<br>2. La ley regulará un estatuto de los trabajadores | **Artigo 35**<br>1. Todos os espanhóis têm o dever de trabalhar e o direito ao trabalho, à livre escolha de profissão ou ofício, ao progresso por meio do trabalho, e a uma remuneração suficiente para satisfazer as suas necessidades e às de sua família, sem que em nenhum caso possa ocorrer discriminação em razão do sexo.<br>2. A lei regulará o Estatuto dos Trabalhadores |
| **CHILE**<br>N. 16.- La libertad de trabajo y su protección.<br>Toda persona tiene derecho a la libre contratación y a la libre elección del trabajo con una justa retribución.<br>Se prohíbe cualquiera discriminación que no se base en la capacidad o idoneidad personal, sin perjuicio de que la ley pueda exigir la nacionalidad chilena o límites de edad para determinados casos.<br>(...) | N. 16.- Do direito ao trabalho e sua proteção.<br>Toda pessoa tem o direito de livre contratação e de livre escolha do emprego com uma remuneração justa.<br>Proíbe-se qualquer discriminação que não se baseie na capacidade ou idoneidade pessoal sem prejuízo de que a lei possa exigir a cidadania chilena ou limites de idade para determinados casos. |
| **MÉXICO**<br>**Artículo 1º** En los Estados Unidos Mexicanos todo individuo gozará de las garantías que otorga esta Constitución, las cuales no podrán restringirse ni suspenderse, sino en los casos y con las condiciones que ella misma establece.<br>Está prohibida la esclavitud en los Estados Unidos Mexicanos. Los esclavos del extranjero que entren al territorio nacional alcanzarán, por este solo hecho, su libertad y la protección de las leyes.<br>Queda prohibida toda discriminación motivada por origen étnico o nacional, el género, la edad, lãs discapacidades, la condición social, las condiciones de salud, la religión, las opiniones, las preferencias, el estado civil o cualquier otra que atente contra la dignidad humana y tenga por objeto anular o menoscabar los derechos y libertades de las personas. | **Artigo 1º** — Nos Estados Unidos Mexicanos todo indivíduo gozará das garantias concedidas pelo presente Constituição, que não poderão ser restringidas ou suspensas, exceto nos casos e nas condições que ela mesma estabelece.<br>A escravidão é proibida no Estados Unidos Mexicanos. Os escravos vindos do exterior, que entrem no território nacional, só por esse motivo, alcançarão a sua liberdade e a proteção das leis.<br>É proibida toda discriminação motivada pela origem étnica ou nacional, gênero, idade, limitação ou incapacidade, condições sociais e de saúde, religião, opiniões, preferências, estado civil ou qualquer outro que atente à dignidade humana e tenha por objetivo a anular ou minimizar os direitos e liberdades das pessoas. |

| PARAGUAI | |
|---|---|
| **Artículo 88 — DE LA NO DISCRIMINACION**<br>No se admitirá discriminación alguna entre los trabajadores por motivos étnicos, de sexo, edad, religión, condición social y preferencias políticas o sindicales.<br>El trabajo de las personas con limitaciones o incapacidades físicas o mentales será especialmente amparado. | **Artigo 88 — DA NÃO DISCRIMINAÇÃO**<br>A discriminação não será admitida entre os trabalhadores por motivos de raça, sexo, idade, religião, condição social e preferências políticas ou sindicais.<br>O trabalho de pessoas com limitações ou deficiências físicas ou mentais será especialmente protegido. |

# Capítulo XXXI

# DISCRIMINAÇÃO SALARIAL — PORTADOR DE DEFICIÊNCIA FÍSICA

**TRAJETÓRIA NA CONSTITUINTE**

> *Discriminação — portador de deficiência física*
>
> *Subcomissão dos Direitos dos Trabalhadores*
>   "nihil"
>
> *Comissão da Ordem Social*
>   "nihil"
>
> *Comissão de Sistematização*
>   "nihil"
>
> *Constituição Federal, art. 7º, XXXI — (texto oficial)*
>   "PROIBIÇÃO DE QUALQUER DISCRIMINAÇÃO NO TOCANTE A SALÁRIO E CRITÉRIOS DE ADMISSÃO DO TRABALHADOR PORTADOR DE DEFICIÊNCIA".

Consagra o art. 7º, inciso XXXI, da Constituição a "proibição de qualquer discriminação no tocante a salário e critérios de admissão do trabalhador portador de deficiência".

Louvável dispositivo que ampliou a proteção, especificando o sentimento antidiscriminação do qual se nutriu a Lei Maior. Iniciou-se o processo constitucional protetivo dos deficientes, particularmente na sua condição de agente produtivo, de pessoa economicamente válida, na Emenda Constitucional n. 12/78, que, em seu artigo único, asseverava:

> "é assegurado aos deficientes a melhoria de sua condição social e econômica especialmente mediante:
>
> III — proibição de discriminação, inclusive quanto à admissão ao trabalho ou ao serviço público e a salários".

Deixando de lado a má qualidade de técnica legislativa da Emenda — segundo a qual, pela leitura, se conclui que serviço público e trabalho são duas expressões autônomas, pela maneira contraposta com que foram apresentadas no texto, abriu-se caminho, na Lei Maior, para hierarquização da tutela laboral do deficiente. Deficiente, no caso, não foi adjetivado, evitando-se, com isso, reduzir a esfera de influência do mandamento constitucional.

Tratou-se, na Emenda de antes, e na Constituição do depois — esta com mais clareza de conteúdo — de fixar a defesa contra práticas discriminatórias laborais, tanto no pertinente à admissão empregatícia, quanto no concernente a valores remuneratórios. Deu-se ao deficiente um "plus" à proteção que se ofereceu, no combate à discriminação, ao trabalhador normal.

*a)* O art. 461, § 4º, da CLT estipula que "o trabalhador readaptável em nova função, por motivo de deficiência física ou mental, atestada pelo órgão competente da Previdência Social, não servirá de paradigma para fim de equiparação salarial".

Era o sentido protecionista do Direito do Trabalho. O trabalhador, vitimado por enfermidade que motivasse deficiência, mesmo depois de uma ação eficaz de readaptação que o fizesse apto novamente para atividade laboral, apenas limitada por suas novas condições, mais restritas — pelas sequelas da enfermidade — do que aquelas de que anteriormente dispusesse, não serviria de paradigma para fins de equiparação. A lei protegeu o deficiente readaptado, recolocando-o na empresa, e garantindo-lhe o salário ainda que o retorno se desse para uma outra função, e um empregado, sem deficiência, ao exercitá-la, menor salário receberia. O deficiente readaptado teve o nível salarial original garantido. Por isso, o legislador explicitou que o valor salarial assegurado o é, para o trabalhador vítima da deficiência e readaptado para nova função. Não o será para servir, quando maior, de paradigma para outro trabalhador que, usualmente, é íntegro, física e mentalmente, e realiza a mesma função, posto que aí se estaria transformando em regra, e esta é uma exceção decorrente da faceta protetiva do Direito do Trabalho.

*b)* Quanto ao dispositivo da Constituição (inciso XXXI, art. 7º), predispondo-se a evitar a discriminação, tanto na admissão quanto no salário, seu objetivo é abrir caminho para o emprego e reemprego daquele que se viu vítima, ou foi congenitamente vítima, do processo de redução de capacidade. Haveria de buscar o deficiente, também, um tipo de atividade, e nela uma colocação para a qual as suas condições, mesmo limitadas na comparação com o trabalhador normal, permitam-no desincumbir-se satisfatoriamente. E haveria múltiplas tarefas nessa situação que a possibilidade não se faria nem remota, e muito menos fantástica. Os recursos fisioterápicos, a adoção de modernas técnicas de laborterapia, o treinamento com habitualidade de vivência no ambiente profissional, o despertar de certas faculdades e instintos compensatórios para execução de tarefas, para outros mais difíceis ou inadequadas, tudo isso comporia um esforço valioso de reintegração (ou de integração) do deficiente no mercado de trabalho. Essa imprescindível correção, ao lado do imperativo fator moral, da solidariedade humana, da viabilidade funcional e do recomendável aspecto operacional, a existência de dispositivo claro e de mandamento imperativo da Constituição, demonstraram a vontade e o dever da sociedade. Importante que o Poder Público, na prática — ao contrário do que tem, sobretudo ultimamente, ocorrido — corresponda com políticas públicas práticas a tal cometimento. Impõem-se, numa visão contemporânea, ensejar ao deficiente a sua inclusão social.

*c)* A Lei n. 8.213[(127)], de 1991, estabeleceu, em alinho à Constituição, cotas mínimas de trabalhadores com algum tipo de deficiência para as empresas com cem ou mais empregados. Segundo a norma infraconstitucional, as empresas que têm entre cem e duzentos empregados devem reservar pelo menos dois por cento da quantidade de suas vagas para profissionais com deficiência. Nas empresas com até quinhentos empregados a cota se eleva para três por cento; de quinhentos até mil empregados, quatro por cento e acima de mil a cota estipulada se eleva para cinco por cento. A empresa que não atender às cotas, na afirmação positiva imposta pela legislação, poderá ser autuada e arcar com multas.

O conceito de deficiente é variado, podendo ser acolhido o do Decreto n. 5.296/04, que afirma ser deficiente "toda perda ou anormalidade de uma estru-

---

(127) Art. 93. A empresa com 100 (cem) ou mais empregados está obrigada a preencher de 2% (dois por cento) a 5% (cinco por cento) dos seus cargos com beneficiários reabilitados ou pessoas portadoras de deficiência, habilitadas, na seguinte proporção:

I — até 200 empregados.................. 2%

II — de 201 a 500................................ 3%

III — de 501 a 1.000........................... 4%

IV — de 1.001 em diante.................. 5%

§ 1º A dispensa de trabalhador reabilitado ou de deficiente habilitado ao final de contrato por prazo determinado de mais de 90 (noventa) dias, e a imotivada, no contrato por prazo indeterminado, só poderá ocorrer após a contratação de substituto de condição semelhante.

§ 2º O Ministério do Trabalho e da Previdência Social deverá gerar estatística sobre o total de empregados e as vagas preenchidas por reabilitados e deficientes habilitados, fornecendo-as, quando solicitadas, aos sindicatos ou entidades representativas dos empregados.

tura ou função psicológica, fisiológica ou anatômica que gere incapacidade para o desempenho de atividade, dentro do padrão normal para o ser humano".

As empresas estão encontrando dificuldade de completar as cotas impostas, por falta de qualificação profissional (as vagas estão reservadas para deficiente habilitado), ou pelo desejo do deficiente em não retornar ao mercado de trabalho, posto que, por vezes, está albergado sob benefício previdenciário e tem medo de perdê-lo.

A mesma norma que impôs a cota de trabalhadores deficientes também estabeleceu uma garantia indireta no emprego para o deficiente, eis que a condicionou a dispensa de um "handicapé" à contratação de outro em condição semelhante. Diante dessa exigência, há decisões acolhendo o pedido de reintegração. Ei-las:

> "DEFICIENTE FÍSICO. NULIDADE DA DISPENSA. SISTEMA DE COTAS. ÔNUS DA PROVA. Não havendo impugnação à alegação de que o empregado foi contratado dentro do sistema de cotas reservadas para os deficientes físicos, é nula a sua dispensa por não comprovado o requisito do § 1º, do artigo 93, da Lei 8.213/91, que impõe a contratação de empregado em condição semelhante. (Recurso Ordinário n. 0082500-98.2008.5.01.0064, 8ª Turma do TRT da 1ª Região/RJ, Rel. Ana Maria Moraes. j. 2.3.2010, unânime, Publ. 9.4.2010)."

> "DEFICIENTE FÍSICO. TRABALHADOR REABILITADO. RESILIÇÃO. GARANTIA DE EMPREGO E REINTEGRAÇÃO. O art. 93 da Lei n. 8.213/91, ao estabelecer como condição para a dispensa de trabalhador reabilitado ou de deficiente habilitado a contratação de substituto de condição semelhante, institui garantia de emprego, que, embora não tenha caráter de direito individual, assume feição social e coletiva. Havendo forma peculiar de garantia de emprego para os deficientes reabilitados que compõem a cota de vagas reservadas pelo art. 93 da Lei n. 8.213/91, a falta de atendimento da condição prevista em lei retira do empregador o direito potestativo de resilir o contrato de trabalho, o que torna nula a dispensa. Reintegração deferida. (TRT 15ª R. — 5ª T. — RO n. 00982-2002-071-15-00-5 — Rel. João Alberto Alves Machado — DOE 5.9.2003)".

A realidade (em especial do deficiente) que se criou é precária, conflitante injusta e beira o absurdo. Os empregadores, quando idôneos e dispostos a cumprir a lei, têm de fazê-lo admitindo deficiente HABILITADO, o que é relativamente raro.

Situação anômala: no Brasil, há 26 milhões de deficientes (prevalência de mulheres e, regionalmente, do Nordeste), ou seja, cerca de 13% da população; 48% são visuais e 11%, auditivos, sendo que 7 dos 26 milhões são analfabetos e 70% vêm de famílias de baixa renda.

Apenas duzentos e trinta mil vagas de um total de oitocentos e cinquenta mil reservadas, pela Lei n. 8.213, estão ocupadas, já que há muitos deficientes, mas, por absoluta falta de políticas públicas, não os há habilitados.

Por isso, deficiente que existe em grande número e precisa de emprego NÃO É CONTRATADO; a empresa, mesmo querendo, não consegue cumprir a lei e o GOVERNO, que teria obrigação de formar, MULTA AS EMPRESAS.

## A TRABALHADOR DEFICIENTE NAS CONSTITUIÇÕES ESTRANGEIRAS

| ITÁLIA | Tradução Livre |
|---|---|
| Art. 38. (...) Gli inabili ed i minorati hanno diritto all'educazione e all'avviamento professionale. (...) | Art. 38. (...) Pessoas com deficiência têm direito à educação e à formação profissional. (...) |
| PARAGUAI Artículo 88 — DE LA NO DISCRIMINACION (...) El trabajo de las personas con limitaciones o incapacidades físicas o mentales será especialmente amparado. | Artigo 88 — DA NÃO DISCRIMINAÇÃO (...) O trabalho de pessoas com limitações ou deficiências físicas ou mentais será especialmente protegido. |

# Capítulo XXXII

# Distinção entre trabalho manual e técnico

**TRAJETÓRIA NA CONSTITUINTE**

> **Distinção entre trabalho manual e técnico**
>
> *Subcomissão dos Direitos dos Trabalhadores*
>
> "proibição de distinção por trabalho manual, técnico ou intelectual, quanto à condição de trabalhador ou entre profissionais respectivos".
>
> *Comissão da Ordem Social*
>
> "nihil"
>
> *Comissão de Sistematização*
>
> "proibição de distinção entre trabalho manual, técnico e intelectual ou entre profissionais respectivos".
>
> *Constituição Federal, art. 7º, XXXII — (texto oficial)*
>
> "PROIBIÇÃO DE DISTINÇÃO ENTRE TRABALHO MANUAL, TÉCNICO E INTELECTUAL OU ENTRE OS PROFISSIONAIS RESPECTIVOS".

A Constituição anterior dispunha no art. 165, inciso XVII: "proibição de distinção entre trabalho manual, técnico e intelectual ou entre os profissionais respectivos". A Constituição vigente no seu art. 7º, inciso XXXII, reproduz *ipsis litteris* o texto da Lei Maior anterior.

Tal dispositivo consagrava também o combate à discriminação. Vedou-se a criação de hierarquias indevidas pela natureza do trabalho, o que não quer dizer que não se aprecie o tipo de prestação de serviços e a sua forma, sem levar em conta a característica do processo produtivo, sua rentabilidade, qualificação do empregado, índice de produtividade obtida etc.

Recorde-se de que a diferenciação, aparentemente flagrante, entre trabalho manual e intelectual, ou entre ambos e o técnico, na prática sempre se fez muito difícil. Todo trabalho é intelectual, posto que só será válido, para fins juslaborais, quando humano, consciente e, por isso, inteligente. Daí, chegar-se à conclusão de que o trabalho que se disciplina na lei e na Carta Magna é o fruto do raciocínio. E dessa conclusão decorreria que todo trabalho realizado pelo homem implica uma atividade intelectual. Mesmo a que se exercita com o emprego da força física, com o uso da habilidade manual etc., só será possível porque, antes de aquela ou de esta, programá-la e ordená-la, houve um impulso inteligente racional. Por isso, a diferença que pareceu visível a olho nu se tornaria questionável.

*a)* Entendeu-se que a prevalência do uso da capacidade muscular identificaria o trabalho como manual, enquanto a atividade desenvolvida em consequência de um prévio aprendizado sistemático e sequenciado indicaria o trabalho técnico. Reservar-se-ia àquele tipo de serviço que pressupusesse pesquisa, planejamento sistêmico e alta indagação, a condição de trabalho intelectual. Seria o realizado utilizando abstrações e lidando com generalizações, enquanto a atividade manual, pela sua objetividade material, seria individualizante e específica.

Tudo isso ficaria no plano das teorias e doutrinas, posto que a realidade interligou e fez mista a natureza da prestação de serviço. Dificilmente, uma atividade, por mais cerebral que seja, não requereu do seu agente algum estudo prévio que poderá identificá-lo como técnico, sem deixar de ser intelectual.

A CLT preconizava, no parágrafo único do art. 3º:

"Não haverá distinções relativas à espécie de emprego e à condição de trabalhador, nem entre o trabalho intelectual, técnico e manual".

Tendo em vista a norma constitucional de antes e de depois — idênticas — e o preconizado pela CLT, conclui-se que, na empresa, proíbe-se ao empregador estabelecer disciplina peculiar, levando em conta aspectos comuns da relação de emprego.

O legislador ordinário poderia fixar disciplina peculiar para esta ou para aquela atividade profissional (jornada de trabalho do radialista, por exemplo, é inferior à comum, considerando que o locutor tem um desgaste de voz muito significativo). Teria amparo legal para fazê-lo, em nome da realidade específica mais fatigante, e/ou insalubre de uma ou outra atividade. É o caso do trabalho dos mineiros — penoso, insalubre e até perigoso — requerendo, por isso, normas típicas protetivas que compensassem o prejuízo do trabalhador. E assim por diante: com o bancário, o aeronauta etc., cada um por razões peculiares, desde o desgaste físico, até a pressão atmosférica artificial, como pelos riscos ao desempenho da tarefa, pertinentes, por exemplo, ao piloto e a seus companheiros de tripulação.

Portanto, quando se vedou a diferenciação entre o trabalho intelectual, manual e técnico, não se proibiu que a lei oferecesse tutelas compensatórias, capazes de atenuar — por adicionais salariais, redução de jornada, intervalos mais largos, encurtamento de tempo de contribuição para obtenção de aposentadoria etc. — em favor de empregados que são profissionais em atividades deste ou daquele ramo profissional em que há mais fadiga, mais exigência intelectual, mais desgaste físico, mais concentração de atenção etc.

*b)* Muitas vezes, a maneira de compensar esse desequilíbrio entre atividades mais exigentes e as que não o são se fez por meio de regramentos específicos, isto é, leis de regulamentação profissional, que tantas temos no Brasil. Tal forma implicou um estímulo a uma corporativização de atividade profissional, situação, aliás, desencadeada desde os idos do pré 1940, quando as categorias mais numerosas, entre as mais esclarecidas e intelectualmente mais habilitadas, médicos e advogados, sobretudo, buscaram obter — e obtiveram — normas legais que ofereciam aos profissionais determinados tipos de proteção e delimitação do espaço de jurisdição profissional significativa na competição de mercado. Outras profissões, ao depois, foram mobilizando sua força política para chegar a fixações legais de competências e atribuições, de requisitos de formação e até a pisos mínimos de garantia remuneratória.

Nossas leis profissionais, que se multiplicaram atentas às profissões de nível superior, ao depois, alcançam atividades e técnicos que vão das ciências exatas aos especialistas dos diversos compartimentos de saúde, das ciências econômicas e suas diversificações aos profissionais em conhecimentos sociais etc.

Tal plêiade de leis profissionais que, em princípio, melhor seria se não existissem, mas que se compreende que existam, a partir do momento em que a primeira delas se viu aprovada. Com isso, pôs-se em vigência, oferecendo proteção, reserva de mercado e garantia de jurisdição e competência a uma profissão. Implementou-se disciplina referente ao exercício de atividade regrada, fixando limitações e espaços. Definiram-se comportamentos laborais que não ofenderam a vedação constitucional e legal da proibição de distinção apenas porque um trabalho (e um trabalhador) seria manual, intelectual ou técnico, mas porque aquela tarefa — que poderia ser um pouco de cada um, ou um pouco mais de um do que de outro — mereceria ter determinadas garantias e proibições que o mercado de trabalho requeria.

*c)* Diante da gama de profissões e legislação correspondente cumpre elencar: Administrador (Lei n. 4.769/65, Decreto n. 61.934/67 e Lei n. 7.321/85); Advogado (Lei n. 8.906/94); Aeronauta (Lei n. 7.183/84); Aeroviário (DCM n. 1232/62); Agrícola e Industrial Técnicos (Lei n. 5.524/68, D. n. 90.922/85, Resolução Normativa n. 24/70 e Decreto Normativo n. 44/92); Agrimensor (Lei n. 3.144/57 e D. n. 53.943/6);

Agrônomo (Lei n. 5.194/66, Lei n. 8.195/91 e Lei n. 4.950-A/66); Analista Laboratorial (Lei n. 6.686/79); Arquiteto (Lei n. 5.194/66); Arquivista e Técnico de Arquivo (Lei. n. 6.546/78 e Decreto n. 82.590/85); Arrumador (art. 285, parágrafo único, III da CLT); Artista e Técnico em espetáculos de diversão (Lei n. 6.533/78 e Decreto n. 82.385/78); Assistente Social (Lei n. 8.662/93); Atleta de Futebol (Lei n. 6.354/76, Lei n. 9.615/98); Atleta Profissional (Lei n. 9.615/98); Atuário (Decreto-lei n. 806/69 e Decreto n. 66.408/70); Bancário (Art. 224 e seguintes da CLT); Bibliotecário (Lei n. 4.084/62, Decreto n. 56.725/65 e Lei n. 9.674/98); Biomédico (Lei n. 7.017/82 e Decreto n. 88.439/83); Biólogo (Lei n. 7.017/82 e Decreto n. 88.438/83); Bombeiro Civil (Lei n. 11.901/09); Cabineiro de Elevador (Lei n. 3.270/57); Carros-Restaurantes das Estradas de Ferro (Lei n. 1.652/52); Conferente de carga e descarga (Lei n. 8.630/93 e Decreto n. 56.367/65); Consertador de carga e descarga (Lei n. 8.630/93 e Decreto n. 56.410/65); Contabilista (Decreto-lei n. 9.295/64, Decreto-lei n. 9.710/46, Lei n. 570/48, Lei n. 4.695/65, Decreto-lei n. 1.040/69 e Lei n. 5.730/71); Corretor de Fundos Públicos (Lei n. 2.146/53 e Lei n. 9.069/95); Corretor de Imóveis (Decreto-lei n. 515/69, Lei n. 6.530/78 e Decreto n. 81.871/78); Corretor de Seguros (Lei n. 4.594/64, Decreto n. 56.903/65, Decreto n. 60.459/67, Decreto n. 63.670/68, Decreto n. 66.656/70, Lei n. 7.278/84); Despachante Aduaneiro (Decreto-lei n. 366/68, Lei n. 6.562/78, Decreto-lei n. 2.472/88); Doméstico (Lei n. 5.859/72 e D. 71.885/73); Economista (Lei n. 1.411/51, Decreto n. 31.794/52, Lei n. 6.021/74, Lei n. 6.537/78); Economista Doméstico (Lei n. 7.387/85, Decreto n. 92.524/86 e Lei n. 8.042/90); Educação Física (Lei n. 9.696/98); Enfermeiro (Decreto n. 50.387/61, Lei n. 5.905/73, Lei n. 7.498/86, D. N. 94.406/87); Engenheiro (Lei n. 5.194/66, Decreto n. 241/67); Engenheiro de Segurança (Lei n. 7.410/85, Decreto n. 92.530/86); Enólogo (Lei n. 11.476/07); Estatístico (Lei n. 4.739/65, Decreto n. 62.497/68, Decreto n. 63.111/68, Decreto n. 80.404/77); Farmacêutico (Lei n. 3.820/60, Decreto n. 49.840/61, Lei n. 4.817/65, Decreto n. 85.878/81); Ferroviário (art. 236 da CLT); Fisioterapeuta e Terapeuta Ocupacional (Decreto-lei n. 938/69, Lei n. 6.316/75); Fonoaudiólogo (Lei n. 6.965/81, Decreto n. 87.218/82); Frigorífico (art. 253 da CLT); Garimpeiro (Lei n. 11.685/08); Geólogo (Lei n. 4.076/62); Geógrafo (Lei n. 6.664/79, Decreto n. 85.138/80, Lei n. 7.399/85, Decreto n. 92.290/86); Guardador e Lavador de veículos (Lei n. 6.242/75, Decreto n. 79.797/77); Instrutor de Trânsito (Lei. 12.302/10); Jornalista (art. 302 e seguintes da CLT, Decreto-lei n. 972/69, Decreto n. 83.284/79, Decreto n. 82.285/78); Laboratório-Técnico de (Resolução 99/86, Conselho Federal de Química, DOU, 31 de dezembro de 1986); Leiloeiro (Decreto n. 21.981/32); Leiloeiro Rural (Lei n. 4.021/61); Mãe Social (Lei n. 7.644/87); Marinha Mercante (Art. 248 da CLT); Massagista (Decreto-lei n. 8.345/45 e Lei n. 3.968/61); Médico (Lei n. 3.268/57, Lei n. 3.999/61, Decreto-lei n. 150/67, Lei n. 5.965/71, Decreto n. 80.281/77, Decreto n. 66.981/70, Lei n. 6.681/79); Médico Residente (Lei n. 6.932/81); Médico Veterinário (Lei n. 5.517/68, Decreto-lei n. 467/69, Decreto n. 64.704/69, Decreto-lei n. 818/69, Decreto n. 69.134/71 e Decreto n. 5.541/05) Meteorologista (Lei n. 6.835/80); mototaxista e motoboy (Le 12.009/09); Museólogo (Lei n. 7.287/84, Decreto n. 91.775/85); Músico (art. 232 da CLT, Lei n. 3.857/60, Decreto

n. 5.492/28); Nutricionista (Lei n. 8.234/91, Lei n. 6.583/78, Decreto n. 84.444/80); Oceanógrafo (Lei n. 11.760/08); Odontologista (Lei n. 4.324/64, Lei n. 5.081/66, Decreto n. 68.704/71, Lei n. 6.215/75); Operador Cinematográfico (art. 234 CLT); Orientador Educacional (Lei n. 5.564/68, Decreto n. 72.846/73); Peão de Rodeio (Lei n. 10.220/01); Pescador (Decreto n. 64.618/69, Decreto n. 70.334/72); Petroquímico (Lei n. 5.811/72); Portos: Capatazia, Praticos/Estivador (art. 285 da CLT revogado pela Lei n. 8.630/93, Observação: unificadas as categorias em operadores de carga e descarga); Professores (art. 317 e seguintes da CLT); Propagandista e vendedor de produtos farmacêuticos (Lei n. 6.224/75); Prótese Dentária (Lei n. 6.710/79, Decreto n. 87.689/82); Psicólogo (Lei n. 4.119/62, Decreto-lei n. 706/69, Lei n. 5.766/71, Decreto n. 79.822/77); Publicitário (Lei n. 4.680/65, Decreto n. 57.690/66, Decreto n. 60.574/67); Químico (art. 325 da CLT, Lei. 2.800/65, Decreto n. 85.877/56); Radialista (Lei n. 6.615/78, Decreto n. 84.134/79, Decreto-lei n. 95.684/88); Radiologia — técnico (Lei n. 7.394/85, Decreto n. 92.790/86); Relações Publicas (Lei n. 5.377/67, Decreto n. 63.283/68, Decreto-lei n. 860/69); Repentista (Lei n. 12.198/10); Representantes Comerciais Autônomos (Lei n. 4.886/65, D. N. 65.705/69, Lei n. 8.420/92); Secretário Executivo e Técnico em Secretariado (Lei n. 7.377/85, Lei n. 9.261/96); Sociólogo (Lei n. 6.888/80, Decreto n. 89.531/84); Telefonia e Telegrafia (art. 227 da CLT); Transportador Rodoviário Autônomo (Lei n. 7.290/84); Treinador Profissional de Futebol (Lei n. 8.650/93); Vendedores, Viajantes ou Pracistas (Lei n. 3.207/57); Vigilante bancário (Lei n. 7.102/83, Decreto n. 89.056/83); Vigias Portuários (Decreto n. 83611/79) e Zootecnista (Lei n. 5.550/68, Decreto n. 425/69).

## *A DISTINÇÃO DE TRABALHO NAS CONSTITUIÇÕES BRASILEIRAS*

*Constituição de 1946*

Art. 157, § 1º:

"não se admitirá distinção entre o trabalho manual ou técnico e o trabalho intelectual, nem entre os profissionais respectivos, no que concerne a direitos, garantias e benefícios".

*Constituições de 1967 e 1969 (Emenda n. I), mesma redação:*

Art. 165, inciso XVII

"proibição de distinção entre trabalho manual, técnico ou intelectual ou entre os profissionais respectivos".

# Capítulo XXXIII

# PROTEÇÃO DO TRABALHO DO MENOR

**TRAJETÓRIA NA CONSTITUINTE**

> **Menor — trabalho noturno, perigoso ou insalubre**
>
> *Subcomissão dos Direitos dos Trabalhadores*
> "proibição de qualquer trabalho a menor de quatorze anos e de trabalho noturno ou insalubre aos menores de dezoito anos".
>
> *Comissão da Ordem Social*
> "proibição de qualquer trabalho a menor de quatorze anos e de trabalho noturno ou insalubre aos menores de dezoito anos".
>
> *Comissão de Sistematização*
> "É proibido o trabalho noturno ou insalubre aos menores de dezoito e qualquer trabalho aos menores de quatorze anos, salvo na condição de aprendiz".
>
> *Constituição Federal, art. 7º, XXXIII — (texto oficial)*
> "PROIBIÇÃO DE TRABALHO NOTURNO, PERIGOSO OU INSALUBRE AOS MENORES DE DEZOITO E DE QUALQUER TRABALHO A MENORES DE QUATORZE ANOS, SALVO NA CONDIÇÃO DE APRENDIZ".
>
> *Emenda Constitucional n. 20, de 1998:*
> "XXXIII — PROIBIÇÃO DE TRABALHO NOTURNO, PERIGOSO OU INSALUBRE A MENORES DE DEZOITO E DE QUALQUER TRABALHO A MENORES DE DEZESSEIS ANOS, SALVO NA CONDIÇÃO DE APRENDIZ, A PARTIR DE QUATORZE ANOS;"

Proibia a Constituição anterior o trabalho "em indústrias insalubres, a mulheres e menores de dezoito anos e de qualquer trabalho a menores de doze anos". Fixara, assim, o constituinte da época garantias à trabalhadora e ao empregado menor, fazendo com que ele fosse impedido de ter de prestar serviços à noite, quando se encontrasse na faixa etária de doze a dezoito anos, ao mesmo tempo em que vedava, sem exceções, à criança, até doze anos, de ingressar no mercado de trabalho.

*a)* A Consolidação das Leis do Trabalho, em seu art. 403, teve três momentos distintos: quando de seu nascimento, o art. 403[128] vedava o trabalho ao menor de quatorze anos, salvo os alunos ou internados nas instituições que ministrassem exclusivamente ensino profissional e nas de caráter beneficente ou disciplinar sob à fiscalização oficial. Em 1967, nova redação[129], por força do Decreto Lei n. 229, onde fica vedado o trabalho para o menor de doze anos e para o menor de doze a quatorze condicionava-se à frequência à escola que assegurasse sua formação ao menos em nível primário e de que os serviços fossem de natureza leve, não nocivos à sua saúde e ao seu desenvolvimento normal. Por fim, para atender aos moldes da Emenda Constitucional n. 20, por força da Lei n. 10.097/2000, dá-se nova redação do art. 403[130] da CLT, segundo a qual é proibido qualquer trabalho a menores de dezesseis anos, salvo na condição de aprendiz, a partir dos quatorze anos. O parágrafo único do artigo salienta que o trabalho do menor não poderá ser realizado em locais prejudiciais à sua formação, ao seu desenvolvimento físico, psíquico, moral e social e em horários e locais que não permitam a frequência à escola.

No período anterior à Emenda Constitucional n. 20, de 1998, o consolidador evidenciou as suas prioridades. Teve o intuito de assegurar, como recomendavam as diretrizes internacionais da Organização Internacional do Trabalho (OIT), o acesso ao aprendizado formal, por meio da educação institucionalizada, pelo menos até o final do primeiro grau (à época denominado de "primário"). Completava-se a norma celetista, determinando que o empregado menor de doze a quatorze anos de idade deveria ser protegido, privilegiadamente, impedindo-se-lhe de cumprir tarefas que não fossem de natureza leve (expressão difícil de

---

(128) Art. 403. Ao menor de 14 anos é proibido o trabalho. Parágrafo único. Não se incluem nesta proibição os alunos ou internados nas instituições que ministrem exclusivamente ensino profissional e nas de caráter beneficente ou disciplinar submetidas à fiscalização oficial.

(129) Art. 403. Ao menor de 12 (doze) anos é proibido o trabalho. Parágrafo único. O trabalho dos menores de 12 (doze) anos a 14 (quatorze) anos fica sujeito às seguintes condições, além das estabelecidas neste Capítulo: a) garantia de frequência à escola que assegure sua formação ao menos em nível primário; b) serviços de natureza leve, que não sejam nocivos à sua saúde e ao seu desenvolvimento normal.

(130) Art. 403. É proibido qualquer trabalho a menores de dezesseis anos de idade, salvo na condição de aprendiz, a partir dos quatorze anos. Parágrafo único. O trabalho do menor não poderá ser realizado em locais prejudiciais à sua formação, ao seu desenvolvimento físico, psíquico, moral e social e em horários e locais que não permitam a frequência à escola. a) revogada; b) revogada.

caracterizar-se na prática), que se mostrassem nocivas e obstaculizassem o seu desenvolvimento normal. Pareciam mais boas intenções do que um mandamento de aplicação direta, face à carência de elementos objetivos para sua implementação.

O consolidador tinha consciência da responsabilidade que assumia, ao lado da antiga Constituição, abrindo tão polêmica permissão, ao permitir o trabalho do menor de doze a quatorze anos de idade, faixa etária em que, normalmente, se veda a atividade laboral dependente do trabalhador, recomendando-se que, nesse período de vida, o cidadão-criança esteja submetido ao dever e garantido pelo direito de educar-se. Cobra-se do Estado o encargo social de oferecer-lhe acesso à escola — no caso, pública — e à sociedade, de ensejar-lhe condições dignas de vida, sem necessitar da relação de emprego, para, por meio dela, obter o salário indispensável à sobrevivência.

Para tentar contornar essa proibição a CLT fixou alguns condicionantes, como a frequência escolar, o trabalho leve, a proibição de agentes nocivos à saúde na atividade laboral e a garantia de inexistência de elementos capazes de prejudicar o desenvolvimento normal do empregado-jovem, no ambiente e nas condições laborais. Eram regras e exigências que minimizavam as consequências da autorização laboral dada à faixa etária tão baixa, tentando compatibilizar tal permissão com o compromisso de proteção ao contingente infantojuvenil, cuja prioridade deve ser o da educação.

A Emenda Constitucional e a alteração do art. 403 da CLT, adequando-se à nova regra constitucional, ampliaram a data de início da possibilidade de trabalhar, vedando qualquer trabalho antes dos dezesseis anos e admitindo entre quatorze e dezesseis apenas na condição de aprendiz, reiterando as exigências de um suposto ambiente de trabalho, se não completamente saudável, no mínimo agradável.

*b)* A nova Constituição derrubou, no inciso XXXIII, a liberação de trabalho a partir dos doze anos e a Emenda n. 20 a partir dos quatorze. Retomou-se, assim, o sentimento da Carta de 1946 que já se preocupara em afastar, por medida protetiva, a criança, de doze a quatorze anos, do mercado formal de trabalho. Determinava a Lei Maior pretérita: "proibição de trabalho noturno, perigoso ou insalubre aos menores de dezoito e de qualquer trabalho a menores de quatorze anos, salvo na condição de aprendiz".

Invalidou-se, em 1988, a permissão dos art. 402 e seguintes da CLT, adatados anteriormente, em função da Carta de 1967, estipulando-se que só poderia haver vinculação empregatícia a partir dos quatorze anos, estando, antes disso, a criança impedida de participar da relação de emprego. A Emenda n. 20 limitou mais a possibilidade de vínculo de emprego, permitindo apenas a contar de dezesseis anos.

Há de se conjuguar tal dispositivo com o inciso XXX, art. 7º da atual Carta Magna, que explicitou proibição de tratamento diferenciado de salários, em razão de IDADE, coisa que não ocorria na Constituição anterior, na qual se ensejara o chamado "salário de menor", isto é, a diferenciação remuneratória em razão da faixa etária do trabalhador, e não por sua qualificação profissional, produtividade, tempo de serviço, assiduidade etc.

*c)* O inciso XXX, art. 7º da Constituição vigente, preocupou-se exclusivamente com o *menor* e não como fazia seu antecedente histórico (isto é, inciso X, art. 165, da Lei Maior de 67), que também oferecia especial proteção para a mulher, tratada, na Carta de 1988, em separado (inciso XX, do art. 7º), com normas específicas.

Manteve-se, no inciso XXXIII, o impedimento ao *trabalho noturno* para os jovens empregados — entendidos como os de até dezoito anos — corrigindo-se, porém, o texto, de maneira a fazê-lo mais amplo: não se preservou a exclusão do trabalho só em atividade *industrial* insalubre, mas em qualquer local e ambiente onde existisse a insalubridade (na indústria, no comércio, no setor de serviços, na agricultura ou na pecuária), o que tornava a garantia bem mais abrangente.

Na Constituição pré-88, a proibição do trabalhador menor restringia-se à jornada noturna e à insalubridade industrial. Agora, reiterava-se, como vimos, a vedação da atividade noturna — sem qualquer alteração — e se estendia a proteção, face à insalubridade, para todo e qualquer setor de atividade. Ademais, incluiu-se, na faixa de proibição, o trabalho *perigoso*. A Carta de 1967 não relacionara o risco maior, o perigo em si na prestação laboral, como algo que devesse obstar a prestação de serviços do menor de dezoito anos. O constituinte de 1988 teve tal preocupação e completou a norma protetiva, de maneira a fazê-la a mais larga e lógica possível. Era incompreensível que se permitisse, legalmente, a exposição do empregado em atividades de perigo reconhecido, ao mesmo tempo em que se lhe impedia de trabalhar ante a insalubridade que, afinal de contas, é apenas mais uma das manifestações laborais danosas.

*d)* Por defeito redacional, a Constituição atual ficou aquém da carta anterior, quando esta excluía a atividade em área insalubre industrial para o menor de dezoito anos, sem criar qualquer exceção ou condicionalidade. Por um texto que se prestou a um ambíguo entendimento, poderia o intérprete que não tivesse visão histórica e teleológica da norma concluir que o *empregado-menor, sendo aprendiz,* poderia trabalhar em qualquer atividade insalubre. A Carta de 1988, nesse caso, daria curso ao texto da CLT (art. 405), que, ferindo a Constituição de 1967, autorizava, mediante o preenchimento de pré-requisitos, entre os quais o do contrato de aprendizado e a prévia fiscalização das áreas e atividades pelo Ministério do Trabalho e Emprego, o trabalho em atividade insalubre para o aprendiz com mais de dezesseis anos. Era a inconstitucionalidade no essencial que, no entanto, ensejava muitas franquias permissivas, que foram da jurisprudência oscilante à fiscalização não rigorosa.

O texto constitucional de outubro de 1988 ("proibição de trabalho noturno, perigoso ou insalubre aos menores de dezoito e de qualquer trabalho a menores de quatorze anos, *salvo na condição de aprendiz*", admitiu que, num esforço de hermenêutica, se concluísse que o fato de ser aprendiz permitia a possibilidade de excluir-se o menor das limitações protecionistas da norma jurídica. E a exegese não era *formalmente* incompatível, posto que não se poderia interpretar que a expressão "salvo na condição de aprendiz" estivesse a referir-se específica e exclusivamente à vedação — que se acreditava fosse absoluta — de trabalho do menor de quatorze anos (hoje dezesseis anos), ao qual, segundo se acreditava, não se abriria essa possibilidade de trabalhar mesmo na mera condição de aprendiz. Logo, se não havia tal exceção, a qual quebraria a regra básica da proteção ao menor de quatorze anos (hoje dezesseis anos), a quem não se incluiria no mercado de trabalho, entendendo conceitualmente que deveria estar reservada sua inteligência e o seu vigor à formação educacional, ao aprendizado metódico de primeiro grau, *a exceção aberta* só poderia estar vinculada ao menor de dezoito anos, o qual, em tal interpretação criticável, rejeitável, mas passível de ser defendida, se aprendiz, poderia trabalhar em atividades insalubres e perigosas.

Tal entendimento, extraído da visão formal do texto, mostrou como acabou sendo perigosa, por sinuosa, a redação do inciso XXXIII, ela que, na comparação do essencial com sua antecessora de 1967, indicava propósitos e afirmações gerais de avanço tuitivo, mas que, por força de deficiente técnica redacional, acabou permitindo interpretações que ensejariam dúvidas e divergências que fracionariam a proteção crescente ao trabalhador menor traçada pelo constituinte.

*e)* Numa análise lógica, não se poderia admitir essa versão que vinculava o aprendizado à possibilidade de prestação de serviços insalubres, ou perigosos do menor de dezoito anos. Acolhida tal tese, chegar-se-ia a uma incoerência, admitindo-se que o menor aprendiz de quatorze anos, ante tal permissão, seria submetido ao trabalho perigoso, durante um ou dois anos (enquanto durasse o aprendizado), e concluída a formação, com seus quinze ou dezesseis anos, deixando de ser aprendiz, e continuando obviamente menor, estaria proibido — já como trabalhador qualificado e preparado — de fazer aquilo que, como aprendiz, lhe fora ensejado, isto é, expor-se à atividade insalubre ou perigosa. Sim, porque, como menor, continuaria protegido pela lei e pela Constituição, em nome do interesse social e do bem-comum, desaparecendo a permitida e perigosa exposição ocorrida enquanto aprendiz. Aos quatorze anos, como aprendiz, poderia trabalhar na insalubridade. Aos dezessete anos, como profissional habilitado, permanecendo, como menor, não mais poderia submeter-se a tal atividade face à proteção de ordem pública!!!

Logo, recriminando a redação que estimulava a discrepância formal interpretativa, rechaçava-se a ideia de que tivesse a Constituição de 1988 regredindo, com relação à Carta que a antecedeu, quebrado o seu próprio posicionamento laboral, abrindo uma franquia ilógica de permitir que o trabalhador menor, enquanto e porque aprendiz, pudesse trabalhar em atividade insalubre ou perigosa. Protegia-se o menor, porque menor e enquanto o fosse, tanto fazia que estivesse aprendendo uma profissão, ou simplesmente trabalhando sem o *status* de aprendiz. E enquanto merecesse a tutela da lei, não se entenderia que pudesse haver dificuldades transitórias que o excluiriam, ainda que aprendiz, da proteção, porque era circunstancialmente aprendiz, e voltariam a protegê-lo, depois, quando, ainda menor, mas mais velho, porque continuava menor, mas já não era mais aprendiz.

*f)* A Consolidação das Leis do Trabalho, no art. 404, dispôs: "ao menor de dezoito anos é vedado o trabalho noturno, considerado este o que for executado no período compreendido entre as 22 e as 5 horas".

A Constituição de 1967, sem tergiversar, também proibiu a atividade laboral noturna, como empregado, do menor de dezoito anos, sem exceções.

A atual Carta, apesar do espírito protetivo, por defeito redacional, ensejou interpretações formais, que levariam a autorizar o trabalho do empregado-menor, desde que aprendiz, com menos de dezoito anos, em horário noturno. Seria contrapor-se, na contramão da História, a conquistas que vinham de quase meio século na lei, e há mais de duas décadas na Carta Magna.

Não havia como interpretar, que houvesse fundamento na autorização de trabalho do menor de dezoito anos, aprendiz, em jornada noturna. Estaria, no caso, a conflitar-se com a própria razão de ser que justifica a inserção do inciso no corpo constitucional. Recorde-se de que esse cuidado com o menor, excluindo-o da jornada noturna, vinha de longa data, posto que a Convenção n. 6, de 1919, da Organização Internacional do Trabalho, definia o trabalho noturno como aquele prestado entre as 22 e as 5 horas e dele afastava, tuitivamente, o empregado menor.

*g)* O consolidador, no art. 408, fazia valer garantias ao trabalhador menor: "ao responsável legal do menor é facultado pleitear a extinção do contrato de trabalho, desde que o serviço possa acarretar para ele prejuízos de ordem física ou moral". Pressupondo que o empregado-menor se visse impedido, por dependência funcional, de tomar a iniciativa na defesa de seu interesse, ou, eventualmente, porque menos experiente, ou seduzido por eventuais perspectivas de ganho atual ou promessa futura, não se apercebesse do prejuízo que estaria sofrendo ou viria a sofrer, entregou-se ao seu representante o direito de em nome dele atuar, para fazer cessar uma relação de emprego que lhe estaria sendo prejudicial. Com a **emancipação efetiva** dos moços, obrigados a madrugar na atividade laboral para garantir seu sustento, o dispositivo talvez não tenha utilidade prática. Antes de o representante legal se aperceber de danos presentes ou prejuízos futuros, o empregado-menor, na sua antecipada maturidade, já teria julgado ganhos e perdas, da situação que estaria a viver. Ainda assim, preservou-se o dispositivo original como salvaguarda para as situações excepcionais que, por isso mesmo, confirmariam a regra geral.

*h)* As Constituições, tanto as anteriores quanto a atual, não regularam, no concernente ao trabalho do menor, a prorrogação da jornada de trabalho. Acolheram — pelo princípio da recepção — o que dispunha a legislação ordinária. O art. 413 da CLT: estabelecia que "é vedado prorrogar a duração normal diária do trabalho do menor, salvo:

"I — até mais 2 (duas) horas, independentemente de acréscimo salarial, mediante convenção ou acordo coletivo, nos termos do Titulo VI, desta Consolidação, desde que o *excesso de horas em um* dia seja compensado *pela diminuição em outro*, de modo a ser observado...

II — excepcionalmente, por motivo de força maior, até o máximo de 12 (doze) horas, com acréscimo salarial de, pelo menos, 25% (vinte e cinco por cento) sobre a hora normal e desde que o trabalho de menor seja imprescindível ao funcionamento do estabelecimento".

O princípio normativo, anteriormente consagrado e que continuava vigorando em convivência com a Constituição, determinava que o menor empregado não prorrogaria a sua jornada de trabalho e, quando o fizesse, teria, como forma de compensação a redução da atividade laboral em idêntica carga horária no outro dia, o que não significava que o trabalhador deixasse de ter direito, pela prorrogação feita, a um adicional salarial. A compensação redutora era uma garantia de proteção física, e não elidiria o direito a uma eventual compensação salarial. Abriu a CLT a possibilidade de uma prorrogação, decorrente de força maior, que obedeceu a critérios retributivos e a duração máxima previamente fixados.

*i)* O art. 440 da Consolidação das Leis do Trabalho, por não conflitar com as disposições constitucionais, permaneceu vigente. Garantia de que "contra os menores de 18 anos não corre nenhum prazo de prescrição". Assim, mesmo com as alterações introduzidas pela nova Carta, no que tange à prescrição trabalhista, nenhum aspecto inovador determinou a revogação dessa proteção que ensejou ao menor a segurança de que ele não veria fulminado pela prescrição seu direito de pleitear, uma vez atingindo a maioridade laboral, os direitos que lhe teriam sido negados durante a vigência da relação de emprego mantida enquanto menor de dezoito anos.

*j)* O constituinte solidificou a proteção com relação ao menor. Preservou a infância para ser dedicada à educação. Cresceu a demanda no mercado de trabalho. São os moços querendo exercitar o direito de trabalhar. Com um sistema de previdência bastante precário, na capacidade de ensejar um ganho correto a quem se retira da vida laboral, muitos trabalhadores idosos permanecem na ativa, temerosos de perder remuneração ao rumar para a aposentadoria. E com isso mais se reduziu, particularmente naquele então, o mercado laboral.

Teve-se, além disso, um país onde a família, por desajustes mais econômicos do que culturais, apresentou dificuldades de estabilização, e até mesmo de constituição. Tantas vezes na população de baixa renda, sobretudo, a realidade apresentou a mãe solteira, com vários filhos pequenos, e a difícil identificação ou o abandono do pai. Fechar as portas do emprego ao menor de quatorze anos (hoje dezesseis anos), para que pudesse formar-se, instruindo-se, era o recomendável, como princípio protetivo, visando a evitar o risco da exploração infantil. No entanto, a realidade próxima de nós mostra que, muitas vezes, proibir o emprego, excluir o jovem (criança, é verdade) poderá até levá-lo (obrigá-lo) a enveredar por descaminhos do delito para sobreviver.

Por isso, em termos trabalhistas, à luz das regras jurídicas, em função de nossos compromissos de obrigação solidária, nada autorizaria a que se entregasse a criança ao mercado de trabalho competitivo, muitas vezes egoisticamente individualista. Indo além do compartimento jurídico, das lições programáticas do jusloboralismo, da intenção do constituinte, e compulsando o levantamento socioeconômico dos dados extraídos pela assistente social, pelo economista e pelo sociólogo, na visualização dos contrastes sociais, o político, sobretudo, pragmático, precisaria remediar tal contexto. Haveria de fortalecer o convencimento de mudá-lo para menos injusto, para que o Direito não tivesse de ser declaração de intenções, e pudesse aplicar-se, garantindo-se a quem o merecesse, como algo a ser exercido, e não como um símbolo de confronto da lei com a vida cotidiana.

*k)* Na eventualidade de ser celebrado contrato de emprego com menor de dezesseis, salvo aprendiz, o mesmo é nulo. Ocorre que não se faz retroagir a declaração da nulidade ao momento da celebração do contrato. Nesses casos, vigora a regra da irretroatividade, sendo devido o correspondente aos salários. Eis a jurisprudência a respeito:

> "CONTRATO DE TRABALHO — MENOR DE DEZESSEIS ANOS. É nulo, à luz do art. 7º, inc. XXXIII, da Constituição do Brasil, o contrato de trabalho celebrado por menor de catorze anos. São devidos, no entanto, os salários, uma vez que, no direito do trabalho, prevalece a regra geral da irretroatividade das nulidades. (Ac. TRT/RO 6398. 1ª Turma. Rel.: Juiz Manuel Cândido Rodrigues, DJMG de 5.12.1997)."

Há analogia à situação dos trabalhadores contratados de forma irregular pelo setor público, sem prévia seleção por concurso público, o que também caracteriza contrato nulo. Serão devidos, no entanto, o salário e o valor correspondente ao FGTS, nos moldes da Súmula n. 363 do TST:

> TST SÚMULA N. 363 — CONTRATO NULO. EFEITOS
>
> "A contratação de servidor público, após a CF/1988, sem prévia aprovação em concurso público, encontra óbice no respectivo art. 37, II e § 2º, somente lhe conferindo direito ao pagamento da contraprestação pactuada, em relação ao número de horas trabalhadas, respeitado o valor da hora do salário mínimo, e dos valores referentes aos depósitos do FGTS".

Assim, no caso do menor com menos de dezesseis anos, fora da condição de aprendiz, mesmo sendo nulo o contrato de emprego, deve receber salário e FGTS, em forma compensatória. Nesse sentido a jurisprudência exemplificativa:

> NULIDADE. CONTRATO DE TRABALHO. DEVIDAS AS DIFERENÇAS DO SALÁRIO PAGO A MENOR E O FGTS. SÚMULA N. 363 DO TST.
>
> "Em conformidade com a Súmula n. 363 do c. TST, que entende em casos de nulidade do contrato somente ser devida a contraprestação pactuada, em relação ao número de horas trabalhadas, respeitado o valor da hora do salário mínimo e os valores referentes

aos depósitos do Fundo de Garantia por Tempo de Serviço, o recorrido, em relação ao período reconhecido, faz jus às diferenças salariais, referentes à duração do contrato, as quais deverão ser apuradas mês a mês, tendo como minuendo o salário mínimo e como subtraendo os valores efetivamente recebidos, e aos depósitos do FGTS.

Acordam os Juízes do Tribunal Regional do Trabalho da 14ª Região, à unanimidade, conhecer do recurso ordinário. Por maioria, rejeitar a proposição do Ministério Público do Trabalho, no sentido de conhecer da remessa oficial, vencida, no particular, a Juíza Maria Cesarineide de Souza Lima. No mérito, dar-lhe parcial provimento, nos termos do voto da Juíza-Relatora. (Recurso Ordinário n. 00009.2005.421.14.00-0, TRT da 14ª Região/AC-RO, Feijó, Rel. Juiz Vânia Maria da Rocha Abensur. j. 16.8.2005, Publ. 28.9.2005)".

*l*) Diariamente deparamos com crianças trabalhando no meio artístico, junto à televisão, na propaganda, nos espetáculos, no cinema, no Brasil e no exterior. Fato consumado e antigo, nas sociedades atuais ou já passadas. Realidade que colide com o artigo constitucional que veda qualquer trabalho infantil, antes dos dezesseis anos, salvo aprendiz.

A Organização Internacional do Trabalho — OIT, por meio da Convenção 138[131], já ratificada pelo Brasil, em seu art. 8º, estabelece que:

> "Art. 8º — 1. A autoridade competente, após consulta com as organizações de empregadores e de trabalhadores concernentes, se as houver, poderá, mediante licenças concedidas em casos individuais, permitir exceções para a proibição de emprego ou trabalho provida no art. 2º desta Convenção, para finalidades como a participação em representações artísticas. 2. Licenças dessa natureza limitarão o número de horas de duração do emprego ou trabalho e estabelecerão as condições em que é permitido".

Nota-se a tolerância no meio artístico, no contexto internacional, mediante a autorização de órgão ou pessoa competente. Em nossa legislação infraconstitucional, temos o ECA (Estatuto da Criança e do Adolescente — Lei n. 8.069/90) que em seu art. 149[132], inciso II, letras "a" e "b", indica a necessidade e a possibilidade de autorização para participação da criança e do adolescente em atividade artística. A Consolidação, em seu art. 406[133], trata também da autorização. Além disso, a Constituição em seu art. 5º, inciso IX, diz: "é livre a expressão da atividade

---

(131) (Aprovada na 58ª reunião da Conferência Internacional — Genebra — 1973 e em vigor no plano internacional em 1976 — no Brasil, aprovada — Decreto Legislativo n. 179 de 14.12.1999, ratificada em 28 de junho de 2001, promulgada Decreto n. 4.134 de 15.2.2001)

(132) Art. 149. Compete à autoridade judiciária disciplinar, através de portaria, ou autorizar, mediante alvará: II — a participação de criança e adolescente em: a) espetáculos públicos e seus ensaios; b) certames de beleza.

(133) Art. 406 — O Juiz de Menores poderá autorizar ao menor o trabalho a que se referem as letras "a" e "b" do § 3º do art. 405: I — desde que a representação tenha fim educativo ou a peça de que participe não possa ser prejudicial à sua formação moral; II — desde que se certifique ser a ocupação do menor indispensável à própria subsistência ou à de seus pais, avós ou irmãos e não advir nenhum prejuízo à sua formação moral. Art. 405 — § 3º Considera-se prejudicial à moralidade do menor o trabalho: a) prestado de qualquer modo, em teatros de revista, cinemas, buates, cassinos, cabarés, dancings e estabelecimentos análogos; b) em empresas circenses, em funções de acróbata, saltimbanco, ginasta e outras semelhantes;

intelectual, artística, científica e de comunicação, independentemente de censura ou licença".

O fato é que o inciso em tela é rígido e não estabeleceu essa tolerância, praticada de forma universal, sendo oportuna sua interpretação em alinho ao art. 5º da Constituição e à Convenção Internacional n. 138, para que, por meio da devida autorização, controle e rigidez necessários no caso, venha a se permitir o trabalho no meio artístico.

*m)* O Brasil ratificou, ainda, a Convenção n. 182[134] da OIT, sobre Proibição das Piores Formas de Trabalho Infantil e Ação Imediata para sua Eliminação, devendo ser alinhada à Recomendação n. 190 da OIT.

São compreendidas como "piores formas de trabalho infantil" todas de escravidão ou práticas análogas à escravidão, como a venda e tráfico de crianças, sujeição por dívida, servidão, trabalho forçado ou compulsório, inclusive recrutamento forçado ou obrigatório de crianças para serem utilizadas em conflitos armados; utilização, demanda e oferta de criança para fins de prostituição, produção de pornografia ou atuações pornográficas; utilização, recrutamento e oferta de criança para atividades ilícitas, particularmente para a produção e tráfico de entorpecentes conforme definidos nos tratados internacionais pertinentes bem como trabalhos que, por sua natureza ou pelas circunstâncias em que são executados, são suscetíveis de prejudicar a saúde, a segurança e a moral da criança. A Convenção conclama todo Estado-membro a adotar medidas necessárias para assegurar aplicação de seus objetivos.

## PROTEÇÃO DO TRABALHO DO MENOR NAS CONSTITUIÇÕES ESTRANGEIRAS

| JAPÃO<br>Article 27:<br>(...)<br>3.) Children shall not be exploited | Tradução Livre<br>Artigo 27:<br>(...)<br>3.) As crianças não devem ser exploradas. (vedação do trabalho infantil). |
|---|---|
| **PORTUGAL**<br>Artigo 59º<br>**Direitos dos trabalhadores**<br>(...)<br>2. Incumbe ao Estado assegurar as condições de trabalho, retribuição e repouso a que os trabalhadores têm direito, nomeadamente:<br>(...) | |

---

(134) Convenção n. 182 da OIT — Convocada em Genebra pelo Conselho de Administração da Secretaria Internacional do Trabalho e reunida em 1º de junho de 1999, em sua 87ª Reunião. No Brasil: a) aprovação pelo Decreto Legislativo n. 178, de 14.12.1999; b) ratificação: 2 de fevereiro de 2000; c) promulgação: Decreto n. 3.597, de 12.9.2000;

| | |
|---|---|
| **PORTUGAL** (cont.)<br>c) A especial proteção do trabalho das mulheres durante a gravidez e após o parto, bem como do trabalho dos menores, dos diminuídos e dos que desempenhem actividades particularmente violentas ou em condições insalubres, tóxicas ou perigosas; | |
| **MÉXICO**<br>**Título Sexto**<br>**Del Trabajo y de la Previsión Social**<br>**Artículo 123.** Toda persona tiene derecho (…)<br>**III.** Queda prohibida la utilización del trabajo de los menores de catorce años. Los mayores de esta edad y menores de dieciséis tendrán como jornada máxima la de seis horas.<br>(…)<br>**XI.** Cuando, por circunstancias extraordinarias deban aumentarse las horas de jornada, se abonará como salario por el tiempo excedente un 100% más de lo fijado para las horas normales. En ningún caso el trabajo extraordinario podrá exceder de tres horas diarias, ni de tres veces consecutivas. Los menores de dieciséis años no serán admitidos en esta clase de trabajos.<br>(…) | **Título sexto**<br>**Do Trabalho e da Previdência Social**<br>**Artigo 123.** Toda pessoa tem direito (…)<br>**III** — Proíbe-se a utilização do trabalho de crianças menores de quatorze anos. Pessoas acima dessa idade e menores de dezesseis anos terão uma jornada máxima de seis horas.<br>(…)<br>**XI** — Quando, devido a circunstâncias excepcionais, devem aumentar-se as horas das jornadas, se pagará pelo tempo excedente o 100% a mais que o definido para a hora normal. Em nenhum caso o trabalho extraordinário superará a três horas por dia, nem ocorrerá por três vezes consecutivas. Os menores de dezesseis anos não serão admitidos nesse tipo de trabalho.<br>(...) |
| **PARAGUAI**<br>**Artículo 90 — DEL TRABAJO DE LOS MENORES**<br>Se dará prioridad a los derechos del menor trabajador para garantizar su normal desarrollo físico, intelectual y moral. | **Artigo 90 — DO TRABALHO DOS MENORES**<br>Será dada prioridade aos direitos do menor trabalhador para garantir o seu desenvolvimento normal físico, intelectual e moral. |

# Capítulo XXXIV

# IGUALDADE DE DIREITOS
# — TRABALHADOR PERMANENTE
# E AVULSO

**TRAJETÓRIA NA CONSTITUINTE**

> **Igualdade de direitos — trabalhador permanente e avulso**
>
> *Subcomissão dos Direitos dos Trabalhadores*
>   "nihil"
>
> *Comissão da Ordem Social*
>   "igualdade de direitos entre o trabalhador com vínculo empregatício permanente e o trabalhador avulso".
>
> *Comissão de Sistematização*
>   "igualdade de direitos entre o trabalhador com vínculo empregatício permanente e o trabalhador avulso".
>
> *Constituição Federal, art. 7º, XXXIV — (texto oficial)*
>   "IGUALDADE DE DIREITOS ENTRE O TRABALHADOR COM VÍNCULO EMPREGATÍCIO PERMANENTE E O TRABALHADOR AVULSO".

Não trataram as Constituições anteriores da matéria constante no inciso XXXIV do art. 7º:

"igualdade de direitos entre o trabalhador com vínculo empregatício permanente e o trabalhador avulso".

Ficaram das antigas Cartas excluídos os avulsos, pela pouca representação sindical, pela falta de mobilização classista — rarefeitos como são —, pela timidez, na capacidade de pressão junto à área política.

*a)* Salvo a Lei n. 5.085, de agosto de 1966 (reconhece férias aos avulsos), só em agosto de 1968 a Lei n. 5.480, ao revogar o Decreto-lei n. 127 e alterar a redação do dispositivo do Decreto-lei n. 5, entronizou o avulso no convívio com garantias parciais extraídas do Direito do Trabalho. A Lei n. 5.480/68, que foi um marco para a categoria, foi revogada pela Lei n. 8.630/93 (lei dos portos), que do seu art. 18 ao art. 25 trata do trabalhador avulso (portuário). Além disso, a Lei n. 9.719/98 complementou a matéria sobre trabalhador avulso (portuário). Diz-se que se aplicavam aos avulsos disposições das Leis ns. 4.090, de julho de 1962, e da Lei n. 5.107 (hoje regida pela 8.036, de 1990); a primeira delas ensejando a retribuição antecipada, a título de 13º salário proporcional, de parcela remuneratória em favor do avulso, nos moldes do Decreto n. 63.912, de dezembro de 1968, que regulamentou a matéria, assegurando sua prática aplicação, posto que complexa, desde o cálculo até a mecânica e definição dos partícipes do pagamento. A outra, tomando similar medida com relação ao Fundo de Garantia do Tempo de Serviço, até então só aplicável — após mais de um ano e meio de vigência na ocasião — ao empregado urbano, no seu conceito tradicional. Regulamentação por decreto definiu a implementação ao avulso do FGTS, fixando os procedimentos pertinentes, desde o cálculo e processo do recolhimento do depósito, interveniência e responsabilidade da entidade sindical representativa da categoria e sob cuja gestão se operava, usualmente, a prestação de serviço, bem como forma de pagamento ao trabalhador beneficiado.

A Lei n. 8.212/91 (fins de previdência social), em seu art. 12, inciso VI, definiu avulso como:

"Art. 12. São segurados obrigatórios da Previdência Social as seguintes pessoas físicas: VI — como trabalhador avulso: quem presta, a diversas empresas, sem vínculo empregatício, serviços de natureza urbana ou rural definidos no regulamento".

Além disso, a Lei n. 12.023/09 definiu que as atividades de movimentação de mercadorias em geral exercidas por trabalhadores avulsos são aquelas desenvolvidas em áreas urbanas ou rurais sem vínculo empregatício, mediante intermediação obrigatória do sindicato da categoria, inclusive por meio de Acordo ou Convenção Coletiva de Trabalho para execução das atividades. A lei estabeleceu como obrigação do tomador do serviço: pagar ao sindicato os valores devidos pelos serviços prestados ou dias trabalhados, acrescidos dos percentuais relativos a repouso remunerado, 13º salário e férias acrescidas de um terço. Também os percentuais devidos referentes aos adicionais extraordinários e noturnos; efetuando-se o pagamento, no prazo máximo de setenta e duas horas úteis, contadas a partir do encerramento do trabalho requisitado, recolhendo-se os valores devidos ao Fundo de Garantia por Tempo de Serviço, acrescido dos percentuais relativos ao 13º salário, às férias, aos encargos fiscais, sociais e previdenciários. Nota-se a existência e conquista, em parte, de direitos equivalentes, aos dos trabalhadores permanentes.

Caracterizada está a existência de uma pluralidade de tipos de avulsos, como a dos portuários (Lei n. 8.630/93) que criou o OGMO — Órgão Gestor de Mão de Obra administradora do trabalho portuário avulso. O trabalhador avulso urbano ou rural (Lei n. 12.023/09) outorga ao sindicato a tarefa de intermediação.

*b)* Quem abriu o caminho para o avulso foi a Lei n. 5.085, de 27 de agosto de 1966, ainda que, por força de uma mancha cultural, de um mau costume psicossocial, tenha ela demorado a "pegar", face certo desapreço que a levou, inicialmente, ao ostracismo da "desuetudo". Normas posteriores, já referidas, e um crescimento político-salarial progressivo reavaliaram-na e estimularam a sua aplicação prática.

A Lei n. 5.085, ao dizer que se incluíam, entre os avulsos, os estivadores, conferentes e consertadores de carga e descarga, vigias portuários, arrumadores e ensacadores de café e de cacau, ajudou, sobremaneira, a normatizar o quem é quem, sem o que difícil se tornaria, até então, fixar diretrizes para estabelecer direitos, definir competências e fixar deveres para os integrantes da categoria. Sem saber os que a compunham, não se poderia disciplina-la, até porque, sendo uma área profissional de serviços múltiplos, e nem sempre similares (praticamente nunca idênticos), indispensável, para distingui-la das demais, a conceituação que, a um tempo só, limitava seu universo real e, dentro dele, lhe dava o espaço e a liberdade de manobras indispensáveis.

O Decreto n. 80.721, de 1977, aumentou o rol dos tidos como avulsos, ao incluir na relação, oficialmente, os amarradores, trabalhadores em estiva de carvão e minérios, trabalhadores em alvarengas, trabalhadores do serviço de bloco, trabalhadores avulsos de capatazia, ensacadores de sal e trabalhadores na indústria da extração de sal que operassem em caráter não continuado e com risco próprio de atividade.

O Decreto-lei n. 1.535, ao ampliar as diretrizes pertinentes ao avulso e, mais especificamente, no que se referia à forma de regramento e operacionalização de seu repouso anual, fazendo-o garantia mais ampla, exigiu novo regulamento para atualizar o enquadramento dessa figura de prestador de serviços que, no processo de produção, se integra como coadjuvante. Não é partícipe de relação de emprego específica, mesmo sendo da relação de trabalho.

Tanto a Lei n. 5.085, como o Decreto n. 80.721, e, posteriormente, o Decreto-lei n. 1.535, tendo como protagonista o trabalhador avulso, detalhando sua conceituação e abundando na exemplificação de suas atividades, tiveram como razão prioritária de sua edição o estabelecimento de normas disciplinadoras do pagamento, a título de indenização, das férias anuais.

Como dito anteriormente, tivemos a ampliação do conceito com a Lei n. 12.023/09, tratando do avulso urbano e do rural, bem como a conceituação junto à Previdência Social (Lei n. 8212/91).

*c)* O trabalho avulso implicou, também, prolongadas discussões no que concerne a sua definição. Expressões múltiplas como "trabalhador eventual" (aplicável àquele prestador de serviços sem vínculo continuado com o tomador, mas atuando de maneira individual, sem intermediação de entidade sindical), "trabalhador volante" (espécie de eventual rural, que tinha no "boia-fria" uma de suas manifestações aproximada), de quando em vez, eram feitas sinônimas do avulso, o que não era exato.

Contribuíram, também, para essa dificuldade de identificação, algumas imprecisões decorrentes da multiplicidade normativa (até conflitante) do regramento previdenciário: portarias contrariavam ordens de serviço, que chucavam com instruções, e todas, muitas vezes, não correspondiam à diretriz dos decretos.

Nesse emaranhado de normas de diversas hierarquias de que se constituía o regramento trabalhista-previdenciário brasileiro, inúmeras foram as ocasiões em que uma específica definição tinha validade restritiva, ou seja, aplicava-se para fins de previdência, ou tão somente para enquadramento sindical, ou exclusivamente à relação de emprego. Era o caso da expressão "trabalhador rural", tão diferentemente conceituada, na medida em que se via inserida numa norma sobre sindicalização camponesa ou num dispositivo sobre previdência social. A expressão "trabalhador avulso" sofreu de síndrome similar. Pelo menos, dentro da previdência, com tratamento diversificado, na medida em que fosse regulada para fins de contribuição, benefício ou prestação de serviços.

Doutrinariamente, trabalho avulso deveria entender-se como aquele que, por sua própria natureza, se desdobraria sem vocação de continuidade que primava pela transitoriedade na prestação do serviço. Não seria seu traço distintivo a ausência da subordinação, ainda que esta não se referisse a uma só pessoa ou a um predefinido titular do direito. O trabalho avulso marcava-se pela sua prestação sem identificação prévia e individualização do prestador. Era arregimentado por estar habilitado e ser parte de um grupo, coordenado por uma instituição associativa credenciada a intermediar legalmente a oferta da atividade laboral, e que se via remunerada para tanto (normalmente, o sindicato). Contratava-se, normalmente, *um* arrumador, e não *o* arrumador. Este seria indicado, em termos formais, pela entidade gestora. O mesmo aconteceria com o estivador, o ensacador etc.

O avulso não era o autônomo, ainda que houvesse quem os confundisse e certos traços da caracterização de um e de outro pudessem ser coincidentes. Distinguia-se do autônomo porque o *avulso* passa por um processo de dependência e intermediação no processo de seleção e arregimentação laborais. Ao colocar como disponível sua força de trabalho, o avulso ensejaria ao sindicato, a quem se daria o poder legal de administrá-la e contratá-la, que exercitasse o direito e cumprisse o dever de vinculá-la. Pelo sindicato passaria, necessariamente, a fixação do critério remuneratório, bem como seria ele quem estipularia, cobraria e distribuiria, também, os adicionais indenizatórios antecipados, pagos a título de férias, décimo terceiro salário e Fundo de Garantia do Tempo de Serviço. O *autônomo* é prestador de serviços que oferece sua capacidade laboral (no que se assemelha ao avulso e ao empregado) em troca de uma contrapartida remuneratória, fazendo-o — e aí a diferença do avulso — no entanto, a título individual, de forma direta, sem intermediação de terceiros, muito menos de entidade gestora representativa que tivesse tal incumbência e poder por força de lei. O autônomo também o seria para contratar seu trabalho, escolher o tomador de serviço, fixar o preço e as condições da sua atividade, sem que houvesse fórmulas prévias a que se submeteria ou instituições — mesmo as categorias — às quais tivesse de incumbir a sua representação contratual.

O *avulso* também não podia nem devia ser confundido com o *empregado*. Normalmente, como este, a sua prestação de serviço ocorre sob o manto da subordinação com relação ao tomador do trabalho. Tal processo de submissão hierárquica, típica e individualizada com relação ao empregado, e sobre ele incidente por meio do contrato de trabalho, ganharia diferente matiz no caso do avulso, posto que, contratado em grupo, mediante administração de entidade sindical, sem identificação personalizada, a dependência ocorrente — e ela existe — haveria de ser diluída, numa responsabilidade combinada com a entidade coordenadora, selecionadora e arrecadadora. A relação jurídica de trabalho terá uma personalização no que tange à sua prestação, mas não se poderia deixar de consignar o fato de que ele — o avulso — é conteúdo de um continente, isto é, a companhia permanente e indispensável da relação contratual entre sindicato e tomador de serviço; em certa proporção, também responsável pela atividade e avalista da dependência.

Ademais disso, o empregado contrata-se com ideia de continuidade e, exceção feita nos contratos a termo, é decorrência de ajuste para tempo indeterminado. O acordo nasce para durar. Tem aspiração à permanência. O avulso, ao contrário, tem caracterizado, no seu aproveitamento, a transitoriedade. Trabalhador de muitos vínculos sucessivos, de permanente troca, posto que se alteraria rotineiramente o outro polo da relação, ainda que efetivada geograficamente em área quase permanente. Trabalhador de muitos chefes, ainda que não empregado de muitos empregadores, porque o é, e, logo, não pode tê-los.

Poderia dizer-se que se não é autônomo, ainda que, em certos aspectos, com ele se parecesse; se não é empregado, ainda que com ele tivesse traços de semelhança, talvez poderia ser entendido como sinônimo do *eventual,* com quem também parece, mas não é, porque este se relaciona com o tomador de seu serviço transitório, sem qualquer intermediação, regra formal prévia, definição conceitual de direitos na lei, nem tampouco lista exaustiva de atividades específicas como tal conceituadas. E tudo isso existe na bagagem do avulso, cujo perfil passaria por exigências, definições, rol de atividades e limites laborais dados pelas normas jurídicas, que também o fizeram vinculado, para não dizer umbilicalmente dependente, do sindicato, seu defensor, seu gestor, seu amo. E dessa proteção careceria o eventual que, por outro lado, não se asfixiou nessa estreita limitação legal-associativa.

*d)* A Constituição de 1988 ofereceu, no inciso XXXIV do art. 7º, no qual se equipara o avulso ao empregado, uma redação imprecisa. Falou-se, de início, em igualar os direitos do trabalhador avulso com os do trabalhador com vínculo empregatício permanente. Se o vínculo for empregatício, obviamente que será permanente, posto que essa é uma das características tipificadoras da relação de emprego, e, por consequência, de identificação do empregado definido pela CLT.

Há, pois, redundância do constituinte, induzindo a erro aquele que possa vir a entender que é a permanência a única diferença entre o empregado e o avulso, quando é uma delas, ao lado de outras como a sua necessidade legal de ser contratado, sem identificação personalizada prévia pelo tomador de serviços, posto que cabe a escolha dos trabalhadores ao sindicato, entidade intermediadora e gestora da prestação do serviço. Aí a substancial diferença, no caso do avulso, que, mesmo levado à prestação de serviço individual, não a inicia por uma personalizada contratação, diferentemente do empregado, admitido diretamente — sem intermediários — e exercitando serviços individualmente.

*e)* O constituinte de 1988 falou de *igualdade* entre empregados e avulsos, em matéria de direitos. E não limitou, nem explicitou quais são esses direitos, o que faz pressupor que seriam tantos quantos estão elencados no rol do art. 7º da Carta. Ali, se não estão todos os direitos de um empregado, em matéria trabalhista, estão quase todos, e, com abundância de garantias, os mais importantes. Desde o salário-família ao FGTS; desde o aviso-prévio à prescrição; desde a fixação da jornada diária até o repouso semanal, passando pela hora extra e pelo salário mínimo; garantia de emprego e seguro-desemprego etc.

Evidente a boa intenção do constituinte, mas pareceu flagrante a não praticidade do dispositivo. Havia direitos, e não são poucos, do rol constante do art. 7º, absolutamente pertinente ao empregado, os quais, por razões jurídicas ou por especificidades operacionais, não são compatíveis com o trabalhador avulso. Por isso, a afirmativa do inciso XXXIV determinando a igualdade genérica de direitos entre empregados e avulsos pareceu ato de pura boa fé, com boa dose de ingenuidade, mas sem perspectiva de efetivação, por impedimentos decorrentes, não apenas de razões formais, mas da distinta natureza jurídica de que são dotadas ambas as figuras. Não haveria como querer que sejam idênticos, quando teriam suas afinidades, alguns pontos em comum, mas ostentariam peculiaridades que os fariam diversos. O dispositivo constitucional seria um objetivo a ser alcançado — e muito dificilmente —, e não um mandamento objetivo. Não haveria qualquer condicionamento no texto, o qual o faria dependente, para fins de implantação, de uma lei complementar. Teria, assim, contorno da autoaplicabilidade, o que o faria mais inexequível, posto que, se houvesse necessária passagem por norma regulamentadora, permitiria fazer a triagem do viável e do inviável.

O que pareceria ser fantástico avanço em favor do avulso termina por ser verdadeiro "presente grego". Faz-se impossível dar essa igualdade de direitos, como estender tais direitos a quem, como o avulso, tem regime próprio e peculiaridades na prestação do serviço. Seria o que ocorreria com a garantia de emprego, por exemplo, incabível para quem trabalha em períodos circunstanciais e mediante arregimentação e intermediação de terceiros; o seguro-desemprego (incompatível para quem não tem empregador, nem teve emprego, logo não tendo como, nem podendo perder o que nunca teve); o aviso-prévio (específico para os contratos individuais de trabalho com prazo indeterminado, logo inaplicável para prestadores de serviços em caráter eventual, de transitoriedade absoluta, cujo tempo de atividade efetiva usualmente seria menor que o prazo da notificação antecipada de encerramento do vínculo) etc.

Far-se-ia assim visível quão inócuo seria o dispositivo constitucional.

Na verdade, querendo garantir tudo — muito mais do que podia e devia —, terminou por não garantir praticamente nada. Deveria ter declarado a sua intenção de oferecer direitos aos avulsos, iguais aos dos empregados, nos termos de lei que viesse a regulamentar a matéria, permitindo, então, que se limitasse pelo bom senso o avanço possível, em vez de anunciar a promessa irrealizável. Não há ganho com tal inciso para o trabalhador avulso. Restam-lhe, apenas, os direitos que já tinha conquistado. Novos só os que leis ordinárias, daqui em diante, vierem a lhe conferir.

# Capítulo XXXV

# Direitos dos Empregados Domésticos

**TRAJETÓRIA NA CONSTITUINTE**

> **Direitos dos empregados domésticos**
>
> *Subcomissão dos Direitos dos Trabalhadores*
>
> *Comissão da Ordem Social*
>
> "são assegurados à categoria dos trabalhadores domésticos, além de outros que visem à melhoria de sua condição social, os direitos previstos nos itens IV, VI, IX, X, XII, XVIII, XXIX e XXVI do art. 2º, bem como a integração à previdência social e aviso-prévio de despedida, ou equivalente em dinheiro".
>
> *Comissão de Sistematização*
>
> "são assegurados à categoria dos trabalhadores domésticos os direitos previstos nos incisos IV, VI, VIII, XIV, XVI, XVIII e XXI do artigo anterior, bem como a integração à previdência social".
>
> *Constituição Federal, art. 7º, parágrafo único — (texto oficial)*
>
> "SÃO ASSEGURADOS À CATEGORIA DOS TRABALHADORES DOMÉSTICOS OS DIREITOS PREVISTOS NOS INCISOS IV, VI, VIII, XV, XVII, XVIII, XIX, XXI e XXIV, BEM COMO A SUA INTEGRAÇÃO À PREVIDÊNCIA SOCIAL".

Não só as Constituições, mas, durante muito tempo, a própria legislação ordinária eram extremamente parcimoniosas com relação ao trabalho e ao empregado doméstico. "Gata borralheira" da história juslaboralista, pagando a discriminação de tempos imemoriais e escravocratas, numa relação em que a tutela pessoal fazia da proximidade, até da intimidade, instrumento de subordinação ilimitada, o trabalho doméstico ficou, até recentemente, à margem de uma política cultural de renovação, no relacionamento entre tomadores e prestadores de serviço.

O doméstico — entre eles, obviamente, o motorista particular, o jardineiro da mansão, o caseiro da residência de verão ou do sítio de recreio etc., mas, por amplamente majoritária e marca simbólica de toda a categoria, *a serviçal da residência* — não acompanhou a evolução, no Brasil, das normas protetivas do vínculo empregatício.

Numa sociedade que trouxe a escravidão até fins do século XIX e, mesmo depois da Abolição legal, a cultivou de fato, por interesses econômicos e padrões arraigados de natureza cultural e estrutura de poder, o trabalho doméstico próximo e submisso foi deixado ao arbítrio. Não houve nele negociação categorial, nunca, até porque era difícil, para a doméstica, agrupar-se satisfatoriamente, e também pelo desnível econômico-cultural entre empregador e empregado. Historicamente, o ajuste caracterizava-se como um pacto de adesão, segundo o qual à doméstica cabia aceitar as regras patronais, sem, na época, poder — em regra geral — propor e compor no decurso de negociação.

Essa situação, com o tempo, e descompassada, especialmente com relação aos trabalhadores da indústria e do comércio, começava a ser amenizada, ainda que tivesse de superar não só o pouco caso das Constituições antecedentes, mas também a indisposição excludente da norma que deveria abrigar todos os trabalhadores, ao mesmo tempo que escorraçava os domésticos. Isto é, a Consolidação das Leis do Trabalho. *Vide* art. 7º:

> "Os preceitos constantes da 'presente Consolidação, salvo quando for, em cada caso, expressamente determinado em contrário, *não se aplicam:*
>
> a) *aos empregados domésticos,* assim considerados, de um modo geral, os que prestam serviços de natureza não econômica à pessoa ou à família, no âmbito residencial destas".

O consolidador não se contentou em só omitir a doméstica das referências de proteção. Resolveu excluí-la expressamente da convivência com as normas tutelares.

E essa discriminação, coberta de um limitado e sofrível disfarce com a expressão "salvo quando for, em cada caso, expressamente determinado em contrário" perdurou, praticamente de maneira absoluta, até o advento de uma Lei Especial n. 5.859, de 11 de dezembro de 1972, com a qual se fixaram os primeiros e limitados direitos do empregado doméstico.

*a)* Foi em março de 1973 que o Poder Executivo regulamentou a Lei n. 5.859, fazendo-o por meio do Decreto n. 71.885, complementado pela Portaria n. 3.106, de 6 de abril de 1973, do Ministério do Trabalho. Foi só, então, trinta anos após a edição da Consolidação das Leis do Trabalho, que se colocou de forma tímida, mas valiosa, o doméstico na trilha do Direito do Trabalho.

O sempre citado mas quase inexistente na consequência prática — Decreto--lei n. 3.978 — estabeleceu o aviso-prévio, em abril de 1941, que alguns tentaram ressuscitar, durante a vigência da CLT, entendendo sua preservação, por força do art. 3º, § 5º. Foi, no entanto, pela Justiça fulminado, face inaplicabilidade originada pelo discriminante art. 7º da Consolidação.

*b)* A Lei n. 5.859 e sua regulamentação complementar, ademais de correta — enquanto a da CLT, na exclusão, fora imprópria, ao falar em "serviços de natureza *não econômica",* quando deveria empregar a expressão "não lucrativa" —, recordou que o "empregado doméstico é aquele que presta serviços de natureza contínua não lucrativa à pessoa ou à família, no âmbito residencial destas".

A Lei n. 5.859 fez-se mesclada de matéria combinada: previdenciária e trabalhista. Buscava ser, e foi, um protoestatuto do trabalho doméstico, reunindo as medidas de natureza securitária e de caráter protetivo laboral aplicáveis à espécie.

Consagrou a comprovação do contrato de trabalho, formalizado mediante anotação da Carteira do Trabalho que, também para o doméstico, passou a ser documento válido de identificação profissional. Estatuiu o direito às férias anuais, por vinte dias úteis — à época período de duração do repouso anual dos demais empregados —, condicionando, para celebração do contrato, a apresentação pelo empregado de atestado de boa conduta e também de saúde. Essas exigências, por burocratizantes, caíram no esquecimento, não sendo validadas pela prática. Como se tratava de documentos que o empregador pediria para anotar a Carteira e formalizar um contrato que, mesmo sem tal anotação, se de fato houvesse a prestação de serviço, estaria celebrado, entendeu-se melhor a inutilidade. Os empregadores não se preocuparam com o requisito e, usando um direito todo seu, de contratar, ou não, em razão de interesse e necessidade, celebraram admissões e despedimentos, sem exigir, salvo casos excepcionais, os documentos prévios que a legislação previra.

Praticamente, na anotação da Carteira e no direito às férias, limitou-se o avanço do empregado doméstico por força da lei de 1972, que mais desbravou, do que conquistou.

Preocupou-se em inserir o doméstico nos quadros da Previdência Social, não por caridade. Abriram-se-lhe as portas do seguro, ensejando-lhe o direito — dever de contribuir, e, simultaneamente, estabelecendo o mesmo regramento para o empregador. Inicialmente, pagando sobre o valor estimado de um salário mínimo, salário-contribuição que a lei estipulou como piso e teto, independentemente da remuneração menor, ou maior, que pudesse realmente perceber o empregado. Em dezembro de 1980, a Lei n. 6.887 alterou tal limite contributivo, ensejando uma possibilidade de graduação no valor do recolhimento calculado sobre o possível salário efetivo da empregada doméstica. Sem ficar estático no inamovível salário mínimo anterior à lei, e com maior enfoque de realidade, determinou que a contribuição poderia ser calculada sobre até três salários mínimos, atendendo ao valor anotado na Carteira Profissional. Com isso, indiretamente se validou o reconhecimento da remuneração contratada, ainda que, naquele então, para fins exclusivamente previdenciários. Era a Previdência fazendo estrada para a sedimentação posterior que o Direito do Trabalho haveria de aproveitar.

*c)* Ocorreram discussões doutrinárias ante o advento da Lei n. 5.859, quanto à competência da Justiça do Trabalho para apreciar demandas decorrentes da relação de emprego doméstico; havendo quem entendesse que a norma trabalhista previdenciária não teria vigor suficiente para assegurar ao doméstico o direito de pleitear perante a Justiça especializada, posto que continuaria, pela força excludente do art. 7º da CLT, inviabilizado de ter acesso à Corte trabalhista. Tal tese, elitizante e restritiva, não mereceu acolhimento da Justiça do Trabalho, que decidiu: "tendo o reclamado, na defesa, reconhecido a existência do vínculo empregatício com o reclamante como doméstico, deve ser reformada — e não anulada — a decisão de primeira instância, que concluíra pela carência de ação. O empregado doméstico tem direito às anotações do contrato de trabalho e às férias, de acordo com a Lei n. 5.859" (TRT, 2ª Região, 2ª Turma, Processo n. 4.313/78, *in* "Revista TRT, 2ª Região", LTr Editora, 1978, p. 219).

A postura dos que invalidavam a pretensão de o doméstico pleitear os direitos trabalhistas teria de ser rechaçada pela Justiça, posto que, expressamente, tal prerrogativa lhe era consagrada pelo art. 2º, parágrafo único da Lei n. 5.859, que sugeria o caminho do Ministério do Trabalho para apreciação das "divergências entre empregado e empregador doméstico relativas a férias e anotação na Carteira de Trabalho e Previdência Social", mas, logo em seguida, identificava hierarquia maior nesse particular, ao asseverar: "ressalvada a competência da Justiça do Trabalho".

*d)* A Organização Internacional do Trabalho (OIT), em 28 de junho de 1952, adotou a Convenção n. 103, que foi aprovada pelo Congresso Nacional, por meio do decreto legislativo n. 20, de 1965, com reserva dos incisos "b" e "c" do § 1º do art. 7º. Tal Convenção dispõe, de maneira ampla, sobre proteção à maternidade, promulgada, no Brasil, pelo Decreto n. 58.820, de julho de 1986.

A citada norma internacional, acolhida pelo Direito Brasileiro, visava a oferecer tutela, também como forma de desdobramento do objetivo maior que inspirara o documento da OIT, ao "trabalho assalariado doméstico efetuado em casas particulares", bem como "às mulheres assalariadas trabalhando em domicílio". Na primeira das duas espécies, protegida pela Convenção e implementada pelas normas jurídicas vigentes, estava a doméstica. Na segunda, a empregada em domicílio.

Graças à letra "c" do § 1º do art. VII da Convenção, abriu-se caminho ao redirecionamento de nossa descuidada legislação, à época, em favor da esquecida doméstica que, na Constituição de 1988, daria um salto de qualidade, atenuando-se a dívida contraída pela sociedade.

*e)* Em linguagem imprecisa, quanto a esse aspecto, o constituinte ofereceu "ao trabalhador", e não "ao empregado" (como deveria ser, pois o *é)* os direitos previstos em vários incisos do art. 7º da Carta, nos quais se identificariam as principais garantias laborais dos assalariados brasileiros.

*e1) Salário Mínimo* (art. 7º, inciso IV) — incluiu-se o doméstico entre os assalariados que teriam direito ao mínimo salarial, pago de acordo com os critérios usuais de relacionamento, das condições típicas de trabalho e das parcelas que, sendo ajustadas ou decorrerem de tácito procedimento, em utilidade oferecidas. O empregado receberia, em espécie, pelo menos uma parcela mínima, mesmo se o patrão oferecesse toda a gama — em condições satisfatórias — dos demais bens e serviços permitidos, tais como alimentação, habitação, vestuário, higiene, saúde, educação, lazer, previdência e transporte. Se o patrão ensejasse apenas alguns deles, teria direito ao desconto parcial que a lei tabelaria expressamente, evitando imposições de valores indevidos, que desnaturassem a regra de equilíbrio do contrato.

*e2) Irredutibilidade* (art. 7º, inciso VI) — o principio constitucional estipulando que o salário é irredutível, salvo disposição em convenção ou acordo coletivo, aplica-se ao empregado doméstico. Faticamente, sem perspectivas de redução excepcional, já que não se tem nem se terá, para a espécie, convenção ou acordo coletivo de trabalho. Este, porque impossível, posto que só viável se o empregador fosse alguma(s) empresa(s). O doméstico não poderá ter por patrão uma pessoa jurídica; será sempre assalariado de um(a) dono(a) de casa, que o teria contratado nessa condição e para trabalhos que não se pudessem praticar com finalidade lucrativa. Enquanto a outra possibilidade legal — a da convenção, fruto de um ajuste entre sindicato de empregados e sindicato de empregadores — também seria remota (ainda que não impossível, como a anterior), porque estamos longe dessa entidade classista que reuniria, com credenciamento prático e estrutura sindical, as donas de casa, pelo fato de sê-lo. Atividade personalíssima (cada família é uma célula à parte, complexa e completa) a possibilidade de fazer com que suas titulares se agrupassem para, corporativamente, agir, seria de difícil concretização, ainda que não impossível. Por isso, praticamente insuscetíveis da exceção redutora via convenção e(ou) acordo, poder-se-ia dizer que o salário da doméstica, mais ainda do que o do empregado *lato senso* (da indústria, do comércio, da agricultura etc.), seria irredutível.

*e3) Décimo terceiro salário* (art. 7º, inciso VIII) — havia situações em que empregados domésticos e patrões contratavam, incluindo a gratificação natalina. O constituinte consagrou o que vinha, minoritariamente, ocorrendo na prática, e fez obrigatório o pagamento do 13º salário, em critérios idênticos aos dos empregados em geral.

Aplicam-se ao doméstico todas as regras já incidentes, no regramento da natalina. Calcula-se o décimo terceiro com base do salário de dezembro, incluindo-se, além da parcela em dinheiro usualmente paga, também as que normalmente lhe fossem oferecidas *in natura*, convertíveis, na gratificação de Natal, em moeda corrente. O doméstico também terá direito a requerer o pagamento antecipado de parcela do valor da gratificação natalina, fazendo-a coincidir, inclusive, com as férias.

Não houve dispositivo de lei ordinária que não se lhe aplicasse, salvo as pertinentes a situações especiais (como, o que regulava o pagamento dos que percebem por comissão). Isso determinou uma situação estimulante: no momento em que a Constituição consagrou a extensão do 13º salário ao doméstico, não foi preciso aguardar regulamentação posterior ou adatação específica de normas pre-existentes. Bastou a nova Carta autorizar, para que se passasse à aplicação, já que a lei implementadora preexistia ao texto da Lei Maior.

*e4) Repouso semanal remunerado* (art. 7º, inciso XV) — quase repetição da situação anterior foi a que aconteceu na extensão do repouso semanal ao doméstico. Também se identificavam contratos individuais que adotavam tal garantia em favor do empregado. Raros, mas valiosos. O que era exceção, minoria apreciável, na realidade do caso a caso, tornou-se obrigatória por determinação da Carta Magna.

Conviria à empregadora controlar a assiduidade da doméstica, posto que sua frequência seria elemento regulador do direito de perceber a remuneração do descanso. Por tradição cultural, o repouso semanal do doméstico ocorreria coincidente com o domingo.

A regra teria a mesma aplicação no caso do doméstico com direito à habitação, fornecida pelo patrão. Usufruiria a casa, no fim de semana, apenas como moradia, ficando desobrigado de prestar serviço durante o repouso semanal remunerado.

*e.5) Férias* (art. 7º, inciso XVII),— o direito às férias havia sido conquistado pela doméstica, por meio da Lei n. 5.859, de 1972. Na ocasião, como os demais trabalhadores, limitado em vinte dias úteis.

Se a nova Carta consolidou posições tutelares para o doméstico, oferecendo-lhe a proteção de vários institutos, logicamente as férias — direito que incorporara há mais de quinze anos — teriam de ser consagradas pela nova Lei Maior. E foram.

Na lei ordinária já existente, garantiram-se trinta dias corridos, bem como a franquia de recebimento de parte desse período a título de abono, reduzindo o descanso e aumentando a receita, pela autorização de comercialização de parte do período de repouso.

A Constituição de 1988 agregou o direito, para os empregados, entre os quais o doméstico, de cobrar ou trinta dias gozados integralmente, ou ter parte — dez dias — transacionadas a título de abono complementar; isto é UM TERÇO a mais de adicional remuneratório, sob a justificativa de tratar-se de uma complementação financeira das férias. Visava-se, com isso, a dar ao empregado, que teria seu tempo de lazer e recuperação garantido, condições de, percebendo um "plus", efetivamente divertir-se e recompor-se para a continuidade da futura jornada.

O doméstico, desde a promulgação da nova Carta, teve direito a perceber o "terço", antecipadamente pago, para melhorar o desfrute do repouso anual. O salário normal, sobre o qual se calculava o "terço" adicional, incorporaria, no seu cálculo, todas as parcelas remuneratórias, fossem em dinheiro ou *in natura*. As férias do doméstico obedeceriam, quanto ao seu período de duração, à escala variável que vinculava o prazo de repouso à assiduidade demonstrada pelo trabalhador no período aquisitivo. A ele se aplicariam as regras pertinentes ao prazo de aquisição do direito e de concessão do benefício, válidos aos demais assalariados.

*e6) Licença-gestante* (art. 7º, inciso XVIII) — a empregada doméstica não via, na legislação ordinária, amparo à maternidade. Não se fazia referência a tal garantia, nem nas normas trabalhistas, nem nas previdenciárias.

Como dito no Cap. XVIII (licença à gestante), o que tomamos a liberdade de reiterar, a empregada doméstica, pelo parágrafo único[135] do art. 7º da Constituição, teve garantida a licença-gestante, contudo não foi agraciada pela garantia de emprego, prevista no inciso I do mesmo artigo, delimitada no art. 10 das Disposições Transitórias (vedada a dispensa arbitrária ou sem justa causa desde a confirmação da gravidez até cinco meses após o parto).

Trata-se de empregada *sui generis* que trabalha no domicílio de seu empregador, ou seja, provavelmente na sua residência pessoal ou de lazer. Conferir a mesma estabilidade provisória, no seio familiar, conflitaria com a inviolabilidade da casa. Imprudente seria reintegrar a empregada nesse ambiente. Mais e importante: o Direito do Trabalho não confere estabilidade ao empregado que ocupa cargo de confiança (art. 499 da CLT); em analogia, a empregada doméstica ocupa cargo de confiança, vez que guarda os maiores bens da vida, os filhos, quando existentes.

A Constituição não conferiu garantia no emprego à empregada doméstica, distinguindo o estabelecimento do empregador da residência, não se tratando de discriminação e sim de prudência.

Ocorre que, em julho de 2006, por meio da Lei n. 11.324, foi incluído o art. 4-A[136] na Lei n. 5.859 (dispõe sobre a profissão do empregado doméstico), vedando a dispensa arbitrária ou sem justa causa da empregada doméstica gestante desde a confirmação da gravidez até cinco meses após o parto, ou seja, concedendo direito que a Constituição entendeu por não outorgar.

*e7) Licença-paternidade* (art. 7º, inciso XIX) — o doméstico também se viu incluído entre os que teriam direito à licença-paternidade. Dela, não houve legislação ordinária antecedente. Sua aplicação ficaria para depois de editada a lei regulamentadora, o que não obstaculizou o constituinte de entender necessária

---

(135) Parágrafo único. São assegurados à categoria dos trabalhadores domésticos os direitos previstos nos incisos IV, VI, VIII, XV, XVII, XVIII, XIX, XXI e XXIV, bem como a sua integração à previdência social.

(136) Art. 4º-A. É vedada a dispensa arbitrária ou sem justa causa da empregada doméstica gestante desde a confirmação da gravidez até 5 (cinco) meses após o parto.

sua implementação imediata — mesmo sob forma provisória. Por isso, o art. 10, § 1º, das Disposições Transitórias, determinou que "até que a lei venha disciplinar o disposto no art. 7º, inciso XIX, da Constituição, o prazo da licença-paternidade a que se refere o inciso é de *cinco* dias".

Originariamente, projetara-se o benefício em oito dias. Depois, retirou-se o prazo formal do corpo permanente da Carta, decidindo que tal incumbência seria da lei ordinária. Ao final, outorgou-se às Disposições Transitórias — para não haver vazio legal, pela caída no esquecimento da nova garantia, enquanto a regulamentação exigida não fosse adotada — a tarefa de estipular um período de valia intermediário (cinco dias), entre o nada de antes e os oito dias constitucionais, em princípio contestados pelos patrões.

Os domésticos, no que tange à licença-paternidade, estão na mesma situação dos demais assalariados. Ninguém fizera, quer em Constituição antecedente, quer em legislação ordinária prévia, qualquer referência a tal garantia. Com a nova Carta, foi a licença instituída para todos e, provisoriamente, implementada, até que lei ordinária posterior a disciplinasse, num tratamento idêntico que alcançaria o doméstico e o assalariado que não o fosse. A licença-paternidade teve aplicabilidade imediata.

*e8) Aviso-prévio* (art. 7º, inciso XXI) — o doméstico, que só dispunha do direito às férias e à anotação da Carteira do Trabalho e da Previdência Social, quando da celebração do contrato, por força da diretriz constitucional de 1988, viu-se alçado a uma posição não de igualdade, mas de melhora no seu patrimônio trabalhista. Várias garantias passaram a protegê-lo. Entre elas, o aviso-prévio, cuja aplicação tradicional não pareceria muito fácil na prática. As relações entre empregador e empregado doméstico sempre foram travadas no âmbito do lar. O doméstico é partícipe do dia a dia da casa. O aviso-prévio, sendo uma garantia do trabalhador assalariado, é a notificação de uma situação para a qual ele não teria concorrido e com a qual provavelmente não concordaria. O aviso-prévio trabalhado, isto é, com o(a) empregado(a) por mais trinta dias dentro de casa, sem estímulo e sem agrado, não pareceria ideia prática. Tal crítica, no entanto, não invalidaria o direito que, com justiça, tal intuito ensejaria, no fortalecimento da situação devida pela sociedade e pelo empregador, ao assalariado doméstico.

Não se contestaria a obrigação de o empregador pré-avisar. Questionar-se-ia a praticidade de manter-se, no âmbito do lar, em contato direto com a família que a despede, a empregada doméstica durante trinta dias, exposta a um ambiente onde não mais se sentiria bem e expondo a família a uma reação hostil à despedida. Sabe-se o quanto é peculiar a relação de emprego doméstico e, por isso, a necessidade de adatar-se o rol de garantias juslaborais a essa especificidade. Anteriormente, em nome do caráter *sui generis* da prestação dos serviços domésticos, aplicava-se a sua (do aviso-prévio) exclusão do rol dos protegidos pela lei. Mudou-se esse entendimento. Cabia encontrar um ajustamento, dar plasticidade às leis trabalhistas para que elas, reconhecendo as especificidades do trabalho doméstico, não o deixem desprotegido mas não lhe queiram aplicar aquilo que valeria para situações genéricas, com as quais ele não se identificaria, nem se assemelharia.

Daí a conveniência de que se assegurasse ao doméstico o direito à notificação, nos termos do que dispôs a Constituição, forma de proteger o trabalhador assalariado de um despedimento abrupto que o lançaria à rua da amargura sem tempo de obter novo contrato. Isso, no entanto, não coincidiria com a ideia de que fosse exigida na lei regulamentar que regraria o instituto, a prestação de seu serviço durante o prazo do aviso-prévio. Certo seria transformá-lo em valor indenizatório, dispensado o assalariado de trabalhar durante o período da notificação. A dispensa da prestação do serviço, a transformação da notificação em indenização substitutiva, não elidiria o direito de o empregado de computar o tempo correspondente — mesmo não trabalhado — de aviso-prévio para todos os fins laborais e previdenciários, como ocorreria se trabalhado tivesse durante tal período.

*e9) Aposentadoria* (art. 7º, inciso XXIV) — o doméstico já tinha direito à aposentadoria, na medida em que, pela Lei n. 5.859, fora incluído no rol dos segurados, como tal, contribuinte e beneficiário, da Previdência Social. Não foi, pois, a Constituição de 1988 quem viabilizou a sua participação no seguro social. Já se lhe cobrava, desde 1973, contribuição calculada sobre estimativa salarial, bem como se exigia participação contributiva de seu empregador, dentro dos critérios usuais do sistema tripartite de receita.

O doméstico, preenchidos os requisitos legais, já recebera o sinal verde para requerer aposentadoria; quando enfermo, solicitar auxílio-doença, e, para seus dependentes, fosse pleiteada pensão por sua morte.

Disse a Constituição, no parágrafo único do art. 7º, que se estenderiam ao doméstico as garantias trabalhistas de todos os incisos que foram transcritos e analisados e, ao final, afirmou que se assegurava também a "integração à previdência social". Tratava-se de reiteração — posto que a lei ordinária já o estipulara — colocando-o em nível constitucional.

Culto à redundância. A lei ordinária já dava garantia securitária e previdenciária ao doméstico, sendo, portanto, meramente reiterativo o parágrafo único do art. 7º, ao assinalar que se devia assegurar integração à Previdência Social de quem já a tinha desde 1973. Mais redundante ainda era o próprio inciso XXIV do art. 7º, posto que destacava, como direito do doméstico, especificamente, a aposentadoria que é um dos institutos previdenciários. Se o doméstico já tinha o todo, logo teria a parte. E mais, se o parágrafo único oferecia a previdência social, desnecessário garantir isoladamente a aposentadoria, que era espécie incluída no e absorvida pelo todo.

*f)* Como foi ventilado no capítulo III (fundo de garantia do tempo de serviço), agora reiterado, os empregados domésticos, quando da promulgação da Constituição em 1988, não foram contemplados com o FGTS, de vez que o parágrafo único do art. 7º não incluiu o inciso III que trata do FGTS.

Somente com a Lei n. 10.208, de 23 de março de 2001, foi facultada a inclusão do empregado doméstico no Fundo de Garantia do Tempo de Serviço, mediante requerimento do empregador.

Ocorre que a informalidade no emprego doméstico perdura ao longo de décadas. A confirmação se reproduz no *Comunicado 90: Situação atual das trabalhadoras domésticas no país,* divulgado pelo Instituto de Pesquisa Econômica Aplicada (Ipea). Com base nas informações da Pesquisa Nacional por Amostra de Domicílio (PNAD/ IBGE), o estudo revela que, em dez anos (1999 a 2009), a proporção de trabalhadores domésticos com carteira assinada mudou de 23,7% para 26,3%, crescendo menos de três pontos percentuais.

Além disso, pela pesquisa, houve crescimento no número de diaristas. A proporção de trabalhadores domésticos que prestam serviços em mais de um domicílio atingiu, em 2009, 29,3%, doze pontos percentuais acima do registrado dez anos antes. O fato é que, como diaristas, o valor ganho ao final do mês é maior, apesar de não haver os benefícios da relação de emprego, em especial a Previdência Social. A sociedade do consumo, aliada ao fato das premências de uma faixa de trabalhadores carentes e necessitados, estimula a relação como diarista, informal, mas de retorno imediato.

O trabalho doméstico desdobra-se em um universo predominantemente feminino, de vez que 94,5% (em 2009) dos trabalhadores desse segmento são do sexo feminino. Gradualmente, ocorre um significativo envelhecimento entre as domésticas. As mulheres com mais de trinta anos ganharam importância na composição do grupo, representando 72,7% (em 2009), sendo que, em 1999, eram 56,5%.

Trata-se de uma relação de trabalho diferenciada, envolvendo laços afetivos, exatamente por estar no núcleo familiar e de contato diário, direto e pessoal com o tomador do trabalho; de pouco profissionalismo, estando os trabalhadores isolados, dificultando a criação de sindicatos e a fiscalização pelos órgãos públicos, bem como de distanciamento das políticas públicas.

Assim, apesar de ter sido facultada às partes a inclusão no regime do FGTS, tal não se está efetivando. É notória a pouca adesão.

*g)* A Organização Internacional do Trabalho — OIT, por meio da Recomendação n. 201, em sua 100ª sessão, em junho de 2011, dispôs sobre os trabalhadores domésticos, incentivando a criação de suas entidades representativas; incentiva, ainda, a providência de exames médicos, diagnósticos de gravidez e HIV; preocupa-se com o menor junto ao trabalho doméstico; estimula a proteção dos trabalhadores domésticos do abuso, do assédio e da violência.

A diretriz que mais chama atenção diz respeito à jornada de trabalho, uma vez que na legislação brasileira não existe limitação de jornada e nem mesmo jornada considerada noturna, ficando apenas garantido o repouso semanal remunerado. Na Recomendação da OIT, do item 8 ao 12, trata-se de jornada de trabalho e do repouso, inclusive das horas extras e das horas noturnas, dizendo:

> "8. (1) As horas de trabalho, inclusive as horas extras e os períodos de disponibilidade imediata para o trabalho, deveriam ser registradas com exatidão, em consonância com o § 3º do art. 10 da Convenção, e o trabalhador doméstico deveria ter fácil acesso a essa informação;
>
> (2) Os Membros deveriam considerar a possibilidade de elaborar orientações práticas a esse respeito, em consulta com as organizações mais representativas de empregadores e de trabalhadores, assim como com as organizações representativas dos trabalhadores domésticos e com organizações representativas de empregadores de trabalhadores domésticos, quando elas existam.
>
> 9. (1) Com respeito aos períodos nos quais os trabalhadores domésticos não dispõem livremente de seu tempo e permanecem à disposição dos membros do domicílio para atender a possíveis demandas por seus serviços (períodos de disponibilidade imediata para o trabalho), os Membros, na medida em que a legislação nacional ou acordos coletivos determinem, deveriam regulamentar:
>
> (a) o número máximo de horas por semana, mês ou ano que pode ser solicitado ao trabalhador doméstico que permaneça em disponibilidade imediata para o trabalho e a forma com que podem calcular-se estas horas;
>
> (b) o período de descanso compensatório ao qual o trabalhador doméstico tem direito, caso o período normal de descanso seja interrompido pela obrigação de permanecer em disponibilidade imediata para o trabalho; e
>
> (c) a taxa segundo a qual o período de disponibilidade imediata para o trabalho deveria ser remunerado.
>
> 2. Para os trabalhadores domésticos cujas tarefas habituais sejam realizadas à noite, levando em consideração as dificuldades do trabalho noturno, os Membros deveriam considerar a adoção de medidas comparáveis às que se refere o subparágrafo 9.1.
>
> 10. Os Membros deveriam tomar medidas para garantir que trabalhadores domésticos tenham direito a períodos adequados de descanso durante a jornada de trabalho que permitam a realização de refeições e pausas.
>
> 11. 1. O descanso semanal deveria ser de ao menos 24 horas consecutivas. 2. O dia fixo de descanso semanal deveria ser determinado em comum acordo entre as partes, em conformidade com a legislação nacional ou acordos coletivos, atendendo às demandas do trabalho e às necessidades culturais, religiosas e sociais do trabalhador doméstico. 3. Quando a legislação nacional ou acordos coletivos prevejam que o descanso semanal poderá ser acumulado em um período de mais de sete dias para os trabalhadores em geral, tal período não deverá exceder 14 dias para o trabalhador doméstico.
>
> 12. A legislação nacional ou os acordos coletivos deveriam definir as razões pelas quais pode-se exigir dos trabalhadores domésticos que prestem serviço em seu período de descanso diário ou semanal, e se deveria prever um período de descanso compensatório apropriado, independente de compensação financeira".

A Recomendação avança e, se não iguala, aproxima os direitos do trabalhador urbano e do rural ao doméstico, o que certamente influenciará o legislador para futuras alterações legislativas que se avizinham.

# REFERÊNCIAS BIBLIOGRÁFICAS

ÁRIES COMUNICAÇÃO E EDITORAÇÃO. *Fazendo Justiça:* A História do FGTS. Disponível em: <http://www.fgts.gov.br/downloads.asp>. Acesso em: 25 jul. 2011.

BRASIL. Código Civil. Disponível em: <http://www.planalto.gov.br>. Acesso em: 20 nov. 2011.

BRASIL. Código Penal. Disponível em: <http://www.planalto.gov.br>. Acesso em: 20 nov. 2011.

BRASIL. Constituição Federal. Disponível em: <http://www.planalto.gov.br>. Acesso em: 20 nov. 2011.

BRASIL. Ministério da Previdência Social — Anuário Estatístico da Previdência Social (AEPS 2010). Disponível em: <http://www.mpas.gov.br/vejaNoticia.php?id=44331>. Acesso em: 29 dez. 2011.

BRASIL. Supremo Tribunal Federal — ADI n. 4.568, Rel. Min. Cármen Lúcia, julgamento em 3.11.2011, Plenário, Informativo 646. — Disponível em: <http://www.stf.jus.br/portal/constituicao/artigoBD.asp?item=167>. Acesso em: 30 jan. 2012.

BRASIL. TRIBUNAL SUPERIOR DO TRABALHO — "TST manda reintegrar ao emprego bancário com HIV", dia 28.9.2007; Disponível em: <tst.jus.br>. Acesso em: 20 jun. 2011.

CABANELLAS. *Apud*: NASCIMENTO, Amauri Mascaro. *Curso de direito do trabalho:* história e teoria geral do direito do trabalho: relações individuais e coletivas. 13. ed. São Paulo: Saraiva, 1997.

DE LA CUEVA, Mário. *Derecho mexicano Del trabajo.* 1960. Porrúa, v. 2, p. 8 — *Apud:* NASCIMENTO, Amauri Mascaro. *Curso de direito do trabalho:* história e teoria geral do direito do trabalho: relações individuais e coletivas. 13. ed. São Paulo: Saraiva, 1997.

DELGADO, Mauricio Godinho. *Curso de direito do trabalho.* 2. ed. São Paulo: LTr, 2003.

FUKUYAMA, Francis. *O fim da história e o último homem.* Rio de Janeiro: Rocco, 1992.

IBGE — Instituto Brasileiro de Geografia e Estatísticas — Disponível em: <http://www.ibge.gov.br>. Acesso em: 5 outubro 2011.

MIRANDA, Mauro. *Mauro Miranda defente direito a moradia*. Disponível em: <http://www.direito2.com.br/asen/1999/out/7/mauro-miranda-defende-direito-a-moradia>. Acesso em: 13 de julho de 2011.

MORUS, Tomás. *Utopia*. Tradução de Paulo Neves. Porto Alegre: L&PM, 2006.

NASCIMENTO, Amauri Mascaro. *Curso de direito do trabalho:* história e teoria geral do direito do trabalho: relações individuais e coletivas do trabalho. 19. ed. rev. e atual. São Paulo: Saraiva, 2004.

NASCIMENTO, Amauri Mascaro. *Direito contemporâneo do trabalho*. São Paulo: Saraiva, 2011.

OIT — Organização Internacional do Trabalho. Disponível em: <http://www.oit.org.br/>. Acesso em: 3 fev. 2012.

PLÁ RODRIGUEZ, Américo. *Princípios de direito do trabalho*. Tradução de Wagner D. Giglio. São Paulo: LTr; Ed. da Universidade de São Paulo, 1993.

PORTUGAL. *Código do Trabalho*. Disponível em: <http://www.cite.gov.pt/pt/legis/CodTrab_indice.html>. Acesso em: 3 fev. 2012.

PRUNES, José Luiz Ferreira. *CLT Comentada*. 2. ed. Caxias do Sul: Plenum, 2011.

QUINTANA, Mário. *Das utopias*. Disponível em: <http://www.estado.rs.gov.br/marioquintana/>. Acesso em: 13 mar. 2012.

RAMALHO, Maria do Rosário Palma. *Direito do Trabalho,* Parte I, Dogmática Geral. Coimbra: Almedina, 2005.

ROMITA, Arion Sayão. A participação nos lucros à luz das medidas provisórias. *Revista Trabalho e Doutrina*, São Paulo: Saraiva, n. 6, p. 6-19, setembro de 1995.

Produção Gráfica e Editoração Eletrônica: GRAPHIEN DIAGRAMAÇÃO E ARTE
Projeto de Capa: FABIO GIGLIO
Impressão: COMETA GRÁFICA E EDITORA